替 补
SPARE
PRINCE HARRY
哈里王子自传

[英] 哈里王子 —— 著

李尧 陈鲁豫 —— 译

民主与建设出版社
·北京·

献给梅格、阿奇和莉莉……当然,还有我的母亲

过去永不消逝,它甚至不曾过去。

——威廉·福克纳

目 录

楔子 / 1

第一部　走出笼罩我的暗夜 / 001

第二部　浴血,但我不屈服 / 145

第三部　我的灵魂导师 / 343

尾声 / 515

楔子

我们约好在葬礼结束几个小时后见面。在弗罗格莫尔花园,古老的哥特式废墟旁。我先到了,环顾四周,连个人影儿也没有看到。

我看了看手机,没有短信,也没有语音留言。

他们一定是迟到了,我靠在石墙上想。

我收起手机,告诉自己保持冷静。

典型的四月天,冬已去,春未至。树木光秃秃的,但风儿柔和。灰蒙蒙的天空下,郁金香已经绽开。天光暗淡,花园里,靛蓝色的湖水亮光闪闪。

多美呀,我想,但又多么悲凉。

曾经,我以为这里将是永远的家。到头来,却只是又一次短暂的停留。

我和妻子出于对自身精神和人身安全的担忧而逃离这个地方时,我不知道何时才能回来。那是 2020 年 1 月。现在,十五个月后,我又来到这里。几个小时前,我一觉醒来发现三十二个未接电话,随后和奶奶进行了简短的、让人心跳加速的通话。"哈里,爷爷走了……"

风愈刮愈猛,天愈来愈冷。我端着肩膀,揉着胳膊,为白衬衫的单薄懊恼,后悔不该换掉丧服,后悔没带件外套。我背对着风,看见身后隐隐约约的哥特式废墟。事实上,它并不比千禧之轮[①]更哥特式。那是聪明的

[①] 千禧之轮(Millennium Wheel),又名伦敦眼(The London Eye),坐落在英国伦敦泰晤士河畔。(本书中脚注均为译者注。)

建筑师的杰作，是舞台的艺术，和周围许多景物别无二致。

我从石墙旁挪到一个小木凳上。坐在那儿再次查看手机，在花园小径上来回张望。

他们在哪儿呢？

又一阵风扑面而来。有趣的是，那冷风竟让我想起爷爷。也许因为他举手投足的冷峻，也许因为他的"冷幽默"。我不由得想起几年前的一个周末。那天，一位朋友和爷爷聊天，问他如何看待我刚留的胡子。我留胡子这件事已经引起家人的担忧和媒体的争议。"女王会强迫哈里王子剃掉胡子吗？"爷爷看看我的同伴，又看看我的下巴，露出调皮的微笑："那压根儿就不算胡子！"

大家都笑了。留胡子还是不留胡子，这是一个问题。但是爷爷却要求留更多的胡子："让我们长出血腥维京人①那样的华丽须毛吧！"

我想起爷爷的固执，想起他对赶马车、烧烤、射击、美食和啤酒的诸多爱好，他拥抱生活的方式。他和我母亲有许多共同点。也许这就是他也成为她的"粉丝"的原因。早在她成为戴安娜王妃之前，当她还是戴安娜·斯宾塞、幼儿园教师、查尔斯王子秘密女友的时候，爷爷就是她最坚定的支持者。有人说他实际上促成了我父母的婚姻。如果真是这样，爷爷就是我来到这个世界最主要的原因。要不是他，我不会在这里。

我哥哥也不会。

但是，也许我们的妈妈会还在这个世界上，如果她没有嫁给爸爸……

我想起最近的一次聊天，只有我和爷爷，就在他刚刚九十七岁的时候。他在想自己人生的结局，他说，他再也无法激情满怀，他最想念的还是工作。他说，没有工作，一切就都崩溃了。他看起来并不悲伤，只是做好了准备。"你得知道什么时候该走，哈里。"

---

① 维京人，指北欧海盗。

我向远处瞥了一眼，望着弗罗格莫尔旁边由墓穴和墓碑构成的微型天际线。那里是皇家墓地，包括维多利亚女王在内的许多人最后的安息之地。这里有臭名昭著的沃利斯·辛普森①，还有她同样臭名昭著的丈夫——前国王爱德华八世，也就是我的曾伯祖父。在爱德华为沃利斯放弃王位，离开英国之后，两人都曾为最终的归属之地焦虑，都希望归天之后能埋葬在这里。女王，也就是我的祖母，同意了他们的请求，但她把他们安葬在一棵弯曲的梧桐树下，与其他人保持了一定距离。也许是最后一次指责，也许是最后一次"流放"。我想知道，沃利斯和爱德华现在对他们昔日的焦虑有何感想？这一切最终对他们还重要吗？我想知道，他们是否想过这些？他们是漂浮在某个虚幻之境，仍在思考自己的选择，还是无处可去，什么都不想？生命完结之后真的什么都没有吗？意识是否和时间一样，也有一个终结点？或者，我想，只是也许，他们现在就在这里，就在伪哥特式废墟旁边，甚至就在我身边，偷听我的想法。如果是这样的话……也许妈妈也在？

像往常一样，一想到她，我就充满了希望和活力，还有悲伤。

我每天都想念母亲，但那天，在弗罗格莫尔焦急不安地等待的时候，我的心里充满了对她的渴望，却又无法说出其中的原因。个中滋味，很难用语言表达。虽然母亲是一位王妃，以女神的名字命名，但这两个称谓总让人觉得太过柔弱，并不恰如其分。人们经常将她比作偶像和圣人，从纳尔逊·曼德拉到特蕾莎修女，再到圣女贞德。但每一次这样的比较，虽然崇高且充满爱意，但也让人觉得不太恰当。我的母亲，作为这个星球上最有名、最受人爱戴的女人之一，无法用言语形容。这是无可辩驳的事实。

---

① 沃利斯·辛普森（Wallis Simpson，1896—1986），即温莎公爵夫人，是历史上颇具争议性的女人。英国国王爱德华八世由于对她的痴迷，继位不到一年便为了与她结婚放弃了王位。

然而，一个无法用言语形容的人，怎么会如此真实？怎么会如此栩栩如生地出现在我的脑海之中？我怎么能看见她的身影，犹如靛蓝色湖面上向我飞来的天鹅？我怎么能听到她的笑声，像光秃秃的树上黄莺婉转的歌声？有很多事情我都不记得了，因为她去世的时候我年龄尚小。但宛如奇迹，我仿佛还记得一切：她那令人销魂的微笑，她那目光温柔的眼睛，她对电影、音乐、衣服、糖果如孩子般的热爱。还有对我们的爱。噢，她多么爱我和我的哥哥。她曾向一位采访者坦言，她对我们的爱是"如此执着"。

嗯，妈妈。我们对你的爱亦然。

也许她无处不在的原因和她无法被形容的原因是一样的。因为她是光，纯净而光芒四射。你怎么能描述光呢？就连爱因斯坦也曾为这个问题纠结。最近，天文学家重新安放了最大的望远镜，将它对准宇宙中的一道裂缝，成功瞥见了一个令人惊叹的球体，将其命名为厄伦德尔（Earendel）——来自古英语，意为"晨星"。它距离我们有数十亿英里[①]之远，可能已经消失很久了，它比我们的银河系更接近宇宙大爆炸，也就是宇宙创造的那一刻。然而，人类的眼睛仍然可以看到它，因为它如此明亮和闪耀。

那是我妈妈。

这就是我总能看到她、感觉到她的原因。尤其在这个4月的下午，在弗罗格莫尔。

还有，我高举着她的旗帜，来弗罗格莫尔花园，是为了安宁。我追求安宁胜过一切，为了我的家庭，为了我自己，也为了她。

人们忘记了我母亲为世界的安宁所做的努力。她多次绕地球飞行，穿越雷区，拥抱艾滋病患者，安慰战争孤儿，总是努力为某个地方的人带来安宁。我知道她是多么迫切地希望——是真的希望——她的儿子之间，我

[①] 1英里约为1.61千米。

们俩和爸爸之间，以及整个家族之间，都和睦安宁。

几个月来，温莎家族一直争论不休。上溯几个世纪，我们这个家族便纷争不断，延续至今。但这次不同。这次是全面的、公开的破裂，而且很可能发展到不可挽回的地步。所以，我专程飞回家参加爷爷的葬礼，在葬礼上，我请求与哥哥威利和父亲秘密会面，谈谈现在的情况。

我想寻找解决问题的办法。

我又看了看手机，又在花园的小路上来回看了看，心想，也许他们改变主意，不会来了。

有那么一瞬，我想一走了之，去花园散步，或者回到那幢房子里去，在那里，家族中的兄弟姐妹正一起喝酒，讲爷爷的故事。

后来，我终于看到了他们，两个人肩并肩，大步流星向我走来，神情严肃，咄咄逼人。而且，他们看起来似乎已经达成某种共识。我的心一沉。通常他们总会为这样或那样的事情争论不休，但现在似乎步调一致——一副已然结盟的架势。

我脑海里闪过一个念头：等一会儿我们见面后，是一起散步，还是决斗？

我从木凳上站起来，试探性地向前走了一步，露出勉强的微笑。他们没有朝我微笑，我的心立刻怦怦地跳了起来。深呼吸！我告诉自己。

除了恐惧，我还感受到了自己的高度敏感，以及一种极度紧张的脆弱感。这种感觉我在其他关键时刻也曾经历过。

走在母亲的棺材后面的时候。

第一次投入战斗的时候。

"恐慌症"发作的情况下发表演讲的时候。

那同样是一种开始挑战的感觉，不知道是否能如愿以偿，却知道已经没有回头路可走了。命运掌握了主动权。

好吧，妈妈。我这么想着，加快脚步。开始了，祝我好运吧。

我们在路中间相遇。

"威利？爸爸？你们好。"

"哈罗德。"

彼此都不冷不热。

我们回转身，排成一行，沿着砾石小道出发，走过爬满常春藤的小石桥。

三个人低着头，一言不发，迈着同样的步伐，向前走着。不远处就是一座座坟墓，我不由得想起妈妈的葬礼。我一再告诉自己不要去想那些往事，而是去想我们悦耳的、嘎吱嘎吱的脚步声，去想我们的话语宛如一阵烟雾随风飘散的样子。

作为英国人，作为温莎家族的人，我们开始有一搭没一搭地聊起天气，谈论爷爷的葬礼，我们苦笑着说，葬礼的一切都是他自己策划的，包括最微小的细节。

闲聊。聊那些最没意思的话题，都是不咸不淡的事儿。我一直等待他们转入正题，不知道为什么花这么长时间闲扯，不知道为什么父亲和哥哥表现得如此冷静。

环顾四周。我们已经走了一段路，现在正好在皇家墓地的中央，这里周遭埋葬的尸体比哈姆雷特王子脚踝边的还要多。① 仔细想想……我不是也曾打算葬在这里吗？在我奔赴战场的几个小时前，私人秘书说我应该选择一个埋葬遗体的地方。"以防万一。殿下……战争是一件很难预测的事情……"

有几种选择。选择圣乔治教堂？选择温莎的皇家墓地——爷爷此刻安息的地方？

---

① 莎士比亚创作的悲剧《哈姆雷特》（*Hamlet*）中，因许多人惨死，哈姆雷特王子站在很多尸体之间。

可我选择了这个地方,因为花园很可爱,而且看起来很宁静。

我们的脚几乎踩在沃利斯·辛普森的脸上时,爸爸开始给我们做一场"小型训话"。埋葬在这边的是什么人物,埋葬在那边的是哪个王室表亲,以及目前长眠在草坪下的所有曾经显赫的公爵和公爵夫人、勋爵和贵妇。作为一名毕生学习历史的学生,他有大量的信息可以分享。我心里想,这下子我们可得在这儿待上几个小时,最后还可能被他考问一番。幸运的是,他停止了说教,我们沿着湖边的草地继续前行,来到一小片美丽的水仙花前。

在那里,我们终于开始谈正事了。

我试图解释我的观点,但不在最佳状态。首先,我仍然很紧张,我努力控制自己的情绪,想做到言简意赅、表达准确。更重要的是,我发誓决不让这次相聚演变成另一场争吵。但我很快发现,这不是一厢情愿的事情。爸爸和威利有自己的角色要扮演,他们准备好了战斗。每次我尝试一个新的解释,开始一个新的思路,他们中的一个或两个就会打断我。尤其是威利,他什么也不想听。在他三番五次拒绝我的善意之后,我们俩互相攻击起来,又把几个月甚至几年来一直在说的那些话搬了出来。场面非常激烈,爸爸举起手,大声说:"够了!"

他站在我俩中间,抬起头看着我们通红的脸:"求求你们,孩子们——不要让我的晚年变得痛苦。"

他的声音沙哑而虚弱,说实话,听起来非常苍老。

我想起了爷爷。

突然,我的内心发生了变化。我看着威利,认真地看着他。也许从小到大第一次这样直直地盯着他。一切的一切"尽收眼底":他那熟悉的怒容,是和我打交道时惯有的表情;他那惊人的头顶,比我秃得还要厉害;他和妈妈众所周知的相似之处也逐渐消失。随着年龄的增长,在某些方面,他是我的镜像;在某些方面,却是我的对立面。亲爱的哥哥,我的宿敌,这一切是怎么发生的?

我觉得非常疲倦。我想回家,但意识到家已经变成一个复杂的概念。或许一直都是这样。我指了指花园,指了指远处的城市,指了指这个国家,说道:"威利,这里本该是我们的家。我们打算在这里度过余生的家。"

"可你走了,哈罗德。"

"是的,你知道原因。"

"我不知道。"

"你……不知道?"

"我真的不知道。"

我向后靠了靠,简直不敢相信自己的耳朵。对于往事的是非曲直、孰是孰非,观点不同是一回事,但他声称完全不知为何我要逃离我的出生地——我曾经为之战斗并准备为之牺牲的土地——我的祖国。这种说法让人心寒。难道你不知道我和妻子为什么会采取极端的行动,抱起孩子,抛下一切——房子、朋友、家具,拼命逃跑?真的什么都不知道吗?

我抬头看着树说:"你不知道!"

"哈罗德……我真的不知道。"

我转过脸,望着爸爸。他盯着我,脸上的表情好像在说:"我也不知道。"

哦,我想,也许他们真的不知道。

虽然难以置信,但也许是真的。

如果他们真的不知道我为什么离开,也许是因为他们根本就不了解我。或者他们从来就没有真正了解过我。

说句公道话,我也不了解他们。

这个想法让我觉得寒意袭人,内心深处非常孤独。

但这也点燃了我的激情。我想,必须告诉他们。

可该怎么告诉他们呢？我没法做到，那需要花很多时间。

而且，他们显然没有心情听我倾诉。至少现在没有，今天没有。

于是我写下这本书，给爸爸、威利，还有这个世界。

我要让你们知道这一切。

第一部

走出笼罩我的暗夜

1

总是有故事。

人们时不时悄悄议论那些在巴尔莫勒尔堡①过得不好的人。比如很久以前的女王。她曾悲痛欲绝，把自己锁在巴尔莫勒尔堡里，发誓永远不再出来。还有一位非常体面的前首相，称这个地方"超现实"和"绝对怪异"。

不过，我觉得我是很久以后才听到这些故事的。也许以前听到过，但没听进去。对我来说，巴尔莫勒尔永远是天堂，是迪士尼乐园和德鲁伊树林的结合体。我总是忙着钓鱼，射击，在"山上"跑来跑去，根本就没有注意到古堡的风水。

我想说的是，我在那里很开心。

事实上，1997年8月30日，在巴尔莫勒尔度过的那个金色夏日可能是我一生中最快乐的一天。

我们在城堡待了一个星期，计划再待一个星期，和上一年一样，和之前的每一年一样。巴尔莫勒尔有它自己的"小季节"，苏格兰高地为期两周的炎热与凉爽的"变奏曲"，标志着从盛夏到初秋的交替。

奶奶也在那儿。这是自然而然的事。她每年夏天大部分时间都在巴尔莫勒尔度过，和爷爷，还有威利、爸爸。全家人都在，除了妈妈，因为妈妈已经不再是这个家庭的一员了。她要么是逃跑了，要么是被赶出家门了，答案取决于你问的是谁。不过我从来没有问过任何人。不管怎

---

① 巴尔莫勒尔堡（Balmoral Castle），于阿伯丁郡的巴尔莫勒尔庄园，英国王室的私有住宅，英国女王伊丽莎白二世的避暑行宫。2022年9月8日，伊丽莎白二世在这里去世，享年九十六岁。

样,她到别处度假去了。有人说在希腊。有人说在撒丁岛。有人插话进来说,不对,你妈妈在巴黎。也许是妈妈自己说的在巴黎。在那天早些时候她打来电话和我聊天的时候?唉,这记忆和其他无数记忆一样,在一堵高高的心灵之墙那边。知道它们就在那边,就在另一边,只有几英寸远,那是一种多么可怕又多么诱人的感觉——但那堵墙总是太高,太厚,无法逾越。

与巴尔莫勒尔的炮塔没有什么不同。

不管妈妈在哪里,我都知道她是和她的新"朋友"在一起。大家都用这个词,不是男朋友,也不是情人。是朋友。我认为这家伙还不错。威利和我刚认识他不久。其实,妈妈在法国圣特罗佩兹第一次见到他时,我们已经和妈妈一起在那儿待了好几个星期了。就我们仨,玩得很开心,住在某位老先生的别墅里。那时候,只要妈妈、威利和我在一起,就笑声不断、嬉戏打闹。那个假期更是如此。圣特罗佩兹仿若天堂,天气宜人,食物美味,妈妈总是面带微笑。

最棒的是,还有水上摩托艇。

那玩意儿是谁的?不知道。但我清楚地记得,威利和我骑着摩托艇飞驰到海峡最深处,转着圈子,等待大渡船过来。我们把摩托艇巨大的尾流当作斜坡,以便腾空而起。真不知道我们是怎么逃过一劫的。

妈妈的朋友第一次出现在我们面前,是水上摩托艇事故之后的事吗?不是,更可能是在那之前。"你好,你一定是哈里吧。"他头发乌亮,皮肤黝黑,笑容浅淡。"你今天好吗?我是……"他跟我们闲聊,跟妈妈闲聊,更多是和妈妈聊。他盯着妈妈看的时候,一双眼睛亮光闪闪。

毫无疑问,他脸皮很厚,但是人也很好。他送给妈妈一件礼物:钻石手镯。她似乎很喜欢,经常戴着。后来,他便从我的关注里消失了。

我对威利说只要妈妈开心就好。他说他也这么想。

2

从阳光普照的圣特罗佩兹到阴云密布的巴尔莫勒尔，我的情感受到猛烈的冲击，我依稀记得当时心灵的震撼。不过在城堡第一个星期的情景，我已经记不太清了，但几乎可以肯定，大部分时间都是在户外度过的。我们家的人都喜欢户外运动，尤其是奶奶。如果每天不呼吸至少一小时的新鲜空气，她就会生气。然而，我们在户外做了什么，说了什么，穿了什么，吃了什么，我都想不起来了。有报道说，我们乘坐皇家游艇从怀特岛前往城堡，这是游艇的最后一次航行。听起来真不错。

我还清楚地记着周围的风景——茂密的森林，鹿儿啃食青草的小山。迪河蜿蜒曲折流经高地。洛赫纳加山巍然耸立，山顶永远白雪皑皑。风景、地理、建筑，这便是我全部的记忆。至于日期嘛，抱歉，我得查一下。对话？我会尽绞尽脑汁回想，但不可能逐一还原，尤其是20世纪90年代那些事情。但如果你问我曾经去过的地方——城堡、驾驶舱、教室、特等舱、卧室、宫殿、花园、酒吧——我会如数家珍，从头到尾重新展示一番。

为什么记忆会这样编织往日的经历？是遗传？是精神创伤？或是两者弗兰肯斯坦①式的组合？是我内心深处的战士，把每一个空间都当作潜在的战场了吗？是我天生"宅男"的禀性，在反抗被迫的游牧生活吗？还是出于某种基本的领悟，认为世界的本质是一座迷宫，你不应该在没有地图的情况下陷入其中？

不管什么原因，我的记忆就是我的记忆，一切顺其自然，以它认为合适的方式收集和整理，所以我记忆的内容和记忆的方式与所谓客观事

---

① 弗兰肯斯坦，英国作家玛丽·雪莱创作的科幻小说中的主人公，他用不同尸体的各个部分拼接出了一个巨大的怪物。

实一样真实。像年表和因果关系这样的东西通常只是告诉自己关于过去的寓言。"The past is never dead. It's not even past."[①]不久前，我在"智者说"[②]（brainyquote.com）上发现这句话时，大吃一惊，心想，福克纳到底是谁？和我们温莎家族有什么关系？

　　记忆搜索到巴尔莫勒尔。闭上眼睛，我就能看到它的大门、嵌着镶板的窗户、宽阔的门廊和通向巨大的威士忌色橡木门的三级灰黑色台阶。大门常用沉重、圆滑的大石头支着，门口站着穿红色外套的守门人。宽敞的大厅内，放着巨大的壁炉和乌木雕刻而成的华丽的壁炉架；白色的石头地板上，镶嵌着星形灰色瓷砖。大厅一侧有一个储物间，左边高大的窗户旁边挂着钓鱼竿、手杖、橡胶雨靴和厚实的雨衣。雨衣很多，因为苏格兰的夏天雨水很多，又湿又冷，这个宛如西伯利亚的小角落冷得彻骨。之后，是一道浅棕色的木门，通往铺着深红色地毯的走廊。走廊的墙上贴着奶油色壁纸，金黄色的植绒图案像盲文一样凸起。沿着走廊有许多房间，每个房间都有特定的功能，比如静坐、读书、看电视、喝茶。还有一个房间专供男侍从使用，他们中的许多人我都喜欢，就像怪叔叔一样。最后，是城堡的主屋。它建于19世纪，几乎是建在了另一座可追溯到14世纪的城堡的遗址之上。在相隔几代人之后，还有另一个哈里王子，他被流放，回来之后摧毁了眼前的一切人和物。他算是我的远亲，和我同名。有人说，他和我是同类人。我出生于1984年9月15日，被命名为威尔士的亨利·查尔斯·阿尔伯特·大卫。

　　但从我出生第一天起大家都叫我哈里。

　　主屋的中央是一个大楼梯，宽阔，惹眼，很少有人使用。奶奶到二楼她的卧室时，柯基犬跟在脚后跟旁边。她更喜欢乘电梯，柯基犬也

---

① 中文大意是：过去永不消逝，它甚至不曾过去。
② 世界上最大的引语库之一，上面有大量的英文经典语录、名人名言。

喜欢。

在奶奶的电梯附近，穿过两扇深红色的客厅门，沿着绿色格子地板往前走，有一截厚重的铁栏杆环绕的小楼梯，通向二楼，那里立着维多利亚女王的雕像。我从雕像旁边走过时，要向她鞠躬致敬："陛下！"威利也是这样。大人要求我们这么做。不过即使没人要求，我还是会这么做。我发现"欧洲祖母"①非常吸引人，不仅仅因为奶奶爱她，也不是因为爸爸曾经想用她丈夫的名字给我命名（妈妈阻止了他）。维多利亚懂得伟大的爱情和无限的幸福，但她的生活本质充满悲剧色彩。她的父亲爱德华王子，即肯特和斯特拉森公爵，据说是个虐待狂，看到士兵被马鞭抽打就会产生性冲动，而她亲爱的丈夫阿尔伯特，就死在她眼前。此外，漫长而孤独的统治期间，她在八个不同的场合，被七个不同的杀手袭击过八次。

没有一颗子弹击中目标。没有什么能打倒维多利亚。

走过维多利亚雕像，就有些走进迷宫的感觉。门变得一模一样，房间连在一起，很容易迷路。倘若开错了门，就有可能在男仆帮爸爸穿衣服的时候闯进去。更糟糕的是，可能在他倒立的时候闯进房门。按照理疗师的医嘱，这种锻炼是治疗爸爸颈椎和脊背持续疼痛的唯一有效方法。这些伤痛大部分都是打马球留下的"病根儿"。他每天都锻炼，穿一条平角裤，像技艺娴熟的杂技演员一样，靠在门上或倒挂在吧台上。倘若你走错门，刚把一根小手指放在门把手上，就会听到他在门那边乞求："别！别！别开门！求求上帝，别进来！"

巴尔莫勒尔有五十间卧室，其中一间给我和威利分享。大人们管它

---

① 维多利亚女王的子女基本都与欧洲各国王室成员联姻，使得德国、希腊、俄国、罗马尼亚、西班牙等国的君主，或远或近都和维多利亚女王有血缘关系。维多利亚女王因此获称"欧洲祖母"。

叫育儿室。威利住大一些的那一半，里面有一张双人床、一个很大的脸盆、一个门上装着镜子的橱柜，还有一扇精致的窗户，可以俯瞰美丽的庭院、喷泉和雄鹿铜像。我的那一半房间要小得多，也没那么豪华。我从没问过为什么。我不在乎，也不需要。威利比我大两岁，他是Heir（继承人），而我是Spare（替补继承人）。

这不只是媒体对我们的称谓——尽管确实如此，这也是爸爸、妈妈和爷爷经常使用的速记法。就连奶奶也这么叫。"Heir"与"Spare"——没有评判，但也没有歧义。我是他的影子，他的支持，他的备胎。我来到这个世界，似乎只是为了防止威利出什么事。我被召唤到此，是为了提供支持、转移视线。必要时，还可以提供备用零件，也许是肾脏，或者是输血、骨髓移植。这一切在我刚刚踏上生命之旅的时候，就清楚明了，此后定期得到强化。二十岁那年，我才第一次听到这个故事，据说爸爸在我出生那天对妈妈说："太好了！现在你给了我一个'继承人'和一个'替补'——我的任务完成了。"想必这是玩笑话。可是另一方面，据说讲完这段"高雅喜剧"的台词几分钟后，爸爸就见他的女朋友去了。所以，很多真话都是开玩笑说出来的。

我没有生气，一点儿感觉都没有，真的没有！君主演替就像天气变化，或行星的位置，或季节的交替。谁有时间去为那些根本就不可能改变的事情费心劳神？谁会被刻在石头上的命运困扰？作为温莎家族的一员，意味着要找出哪些真理是永恒的，然后将它们从你的脑海中剔除出去；意味着要接受一个人身份的基本参数，凭直觉知道你是谁，确保你永远是你，而不是谁的副产品。

我不是奶奶。

我不是爸爸。

我不是威利。

我排在他们后面。

每个男孩和女孩，至少有一次，曾经想象自己是王子或公主。因此，不管是不是备胎，成为一个王位的继承人替补也不是啥坏事。更重要的是，坚定地支持你所爱的人，这难道不是荣誉的含义吗？

还有爱的含义。

比如经过维多利亚雕像时向她鞠躬？

3

紧挨我卧室的是一间圆形客厅。圆桌，壁镜，写字台，壁炉和壁炉前面铺着的垫子。远处的角落有一扇很大的木门，通向一间浴室。浴室里，两个大理石脸盆看起来就像第一批生产出来的脸盆的模型。巴尔莫勒尔的一切不是很古老就是看上去很古老。城堡是一个游乐场，一个狩猎小屋，但也是一个舞台。

浴室里最显眼的是一个爪足浴缸，连水龙头里喷出来的水都显得很古老，也还不错，就像梅林[①]帮助亚瑟找到魔法剑的湖一样古老。褐色的水让人联想到淡茶，这样的水常常让周末来访的客人感到不安。"对不起，卫生间里的水看起来好像有点儿问题。"爸爸总是微笑着向他们保证水没有问题，相反，那水经过苏格兰泥炭的过滤，甜丝丝的，"水直接从山上流下来，你即将体验到的是生命中最好的乐趣之一：高原浴。"

根据你的喜好，你的高原浴可以是极冷的，也可以是温热的。城堡里的水龙头都调得很好。对我来说，很少有什么乐趣能与泡个热水澡相比。当我从城堡狭窄的窗户向外凝望时，我想象那里曾经有弓箭手站岗。我抬头仰望星空，或者低头俯瞰围墙环绕的花园，想象自己飘浮在大草坪上。多亏了一大群园丁，草坪光滑碧绿，就像斯诺克球台。草坪

---

① 梅林（Merlin），亚瑟王的导师。

是如此完美，每一块草地都被精心修剪过，威利和我都为走过草坪而感到内疚，更不用说骑自行车了。但我们还是一直都在草坪上嬉闹。有一次，我们在草坪上追逐堂妹。我们坐的是四轮摩托赛车，堂妹开的是卡丁车。一切都很有趣，直到她撞上了绿色的路灯柱。这是1000英里内唯一的灯柱。我们尖声大笑起来。其实路灯柱前不久还是附近森林里的一棵树。"树干"突然啪的一声断成两截，砸在了她身上。幸运的是她没有受重伤。

1997年8月30日，我没有花很多时间在草坪上玩闹。威利和我都匆匆洗完澡，穿上睡衣，急切地坐在电视机前看新闻。仆人端着托盘来了，托盘上放着盘子，每个盘子上都盖着银质圆顶罩子。仆人们把托盘放在木架子上，然后和我们开玩笑。他们总是这样，放下盘子祝我们好胃口。

男仆，骨瓷——听起来很时髦。我想也是。漂亮的罩子下面，都是孩子们喜欢吃的东西。炸鱼条、肉馅土豆泥饼、烤鸡、青豌豆。

保姆梅布尔也来了，她曾经是爸爸的保姆。我们吃东西的时候，听见爸爸洗完澡，穿着拖鞋吧嗒吧嗒地走了过去。他带着"无线"，也就是他的便携式CD播放机。他喜欢一边泡澡一边听他的"故事书"。爸爸就像钟表一样准时，所以当我们听到他在大厅里的响动时，就知道快8点了。

半小时后，我们听到大人们晚上开始往楼下走动的声响，接着是风笛伴奏的第一个低沉的音符。随后的两个小时里，大人们将被"囚禁"在"晚餐的地牢里"，被迫围坐在那张长长的餐桌周围，被迫在阿尔伯特亲王[①]设计的烛台的昏暗光线下眯着眼睛互相打量，被迫在工作人员（用卷尺）以数学的精确度测量、摆放的瓷盘和水晶高脚杯前面保持笔直

---

① 阿尔伯特亲王（Prince Albert, 1819—1861），维多利亚女王的表弟和丈夫，一个统治英国二十年而没有名分的无冕之王。

的身姿，被迫"啄食"鹌鹑蛋和比目鱼，被迫一边把美食塞进他们衣着华贵的肚皮一边闲谈。黑领带，黑皮鞋，紧身格子呢绒裤，甚至是苏格兰裙。

我想：真烦！这些成年人！

爸爸下楼吃饭的时候，在我们的餐桌前停下脚步。他虽然要迟到了，但还是夸张地举起一个银质圆顶罩："嗯，真希望我也能吃点这玩意儿。"然后深深地闻了一下。他总是闻东西：食物、玫瑰、我们的头发。他前世一定是只猎犬。他吸了那么长时间，因为除了自己的气味，很难闻到任何味道。他使用野水①。他会在脸颊、脖子、衬衫上涂上厚厚的一层。淡淡的花香，带一点儿辛辣味，像辣椒或火药，巴黎制造。瓶子上的说明是这么写的。这让我想起了妈妈。

"是的，哈里，妈妈在巴黎。"

就在一年前，他们终于离婚了。到现在快到一周年了。

"乖点儿，孩子们。"

"我们会的，爸。"

"不要熬夜太晚。"

他离开了。气味还在。

威利和我吃完晚饭，又看了会儿电视，然后开始典型的"睡前狂欢"。我们坐在侧面那个楼梯的最高一级，偷听大人说话，希望能听到一些调皮话或者好玩的故事。我们在几十个死鹿头的注视下，在长长的走廊跑来跑去。不知什么时候，我们碰到了奶奶的风笛手。他满脸皱纹，脑袋像个梨，眉毛浓密，穿粗花呢短裙。奶奶无论去哪儿都带着他。因为她喜欢笛声，就像维多利亚一样。不过据说阿尔伯特称风笛为"野蛮的乐器"。在巴尔莫勒尔避暑的时候，奶奶请风笛手用笛声叫她起床，用

---

① 野水（Eau Sauvage），迪奥品牌的男用香水。

笛声唤她吃晚餐。

他的乐器看起来像一条喝醉了的章鱼，只是柔软的"手臂"是蚀刻的白银和深色桃花心木。这个风笛我们以前见过很多次，但那天晚上他主动提出让我们拿着它试一试。

"真的吗？"

"来吧。"

可是除了轻微的吱吱声，我们什么调调也吹不出来，根本没有能吹响那玩意儿的气力。而吹风笛的人胸膛像威士忌酒桶，能让风笛呻吟，也能让风笛尖叫。

我们感谢他给我们上了一课，向他道了晚安，然后回到育儿室。梅布尔在那儿监督我们刷牙洗脸。然后我们上床睡觉。

我的床很高，必须跳上去，然后滚到它凹陷的中心。就像爬上一个书柜，掉进狭窄的沟壑。床上用品干净整洁，虽然都是白色，但深浅不一。雪白的床单。奶白色毯子。蛋壳黄棉被。（大部分印着 ER ——伊丽莎白女王的印章。）所有的东西都像一面军鼓，被拉得紧紧的，被熟练地抚平，很容易就能发现一个世纪以来修补过的小洞和撕破的地方。

我把床单和被子拉到下巴，因为不喜欢黑暗。不，不是不喜欢，而是讨厌。妈妈也是，这是她亲口告诉我的。我想这是从她身上遗传来的，还有她的鼻子，她的蓝眼睛，她对人的爱，她对自以为是、虚伪和一切奢华的憎恶。我能想象出自己躲在被窝里，凝视着黑暗，听着昆虫爬过的沙沙声和窗外猫头鹰的啼叫。我想象过墙壁上滑动的暗影吗？我有没有一直盯着地板上那一缕灯光？那缕光一直在那儿，因为我总是坚持让门拉开一条缝。过了多久我才进入梦乡？换句话说，我的童年时光还剩多少？在我稀里糊涂意识到这一切之前，该怎样珍惜它，品味它……

"爸爸？"

他站在床边，俯身看着我。白色睡袍使他看起来像戏里的幽灵。

"是我，亲爱的孩子。"

他微微一笑，把目光移开。

房间里不再漆黑，也不明亮。一种怪怪的影影绰绰的昏暗，几乎是棕色的，宛如古老浴缸里的水。

他看我的样子很古怪，以前从来没有这样看过我。好像带着……恐惧？

"怎么了，爸爸？"

他在床边坐下，手放在我的膝盖上。"亲爱的孩子，妈妈出车祸了。"

记得我当时心里想：车祸……哦。但是，她没事儿？对吧？

我清楚地记得这个想法在我脑海中闪过。我还记得我耐心地等着爸爸确认妈妈确实没事。可是，我记得他久久没有说话。

我突然害怕起来，开始默默地恳求爸爸，或者上帝，或者两者兼而有之："不，不，不。"

爸爸低头看了看旧被子、毯子和床单上的褶皱。"有并发症。妈妈伤得很重，被送进了医院，亲爱的孩子。"

他虽然平常也叫我"亲爱的孩子"，但现在是一口一个"亲爱的孩子"，而且声音柔和，似乎受到了惊吓。

"哦。送到了医院？"

"是的。头部受伤。"

他当时提到狗仔队了吗？他提到她被人追赶了吗？我觉得没有。我不敢保证，但可能没有。对妈妈来说，对每个人来说，被狗仔队跟踪拍摄都是一个大问题，大家心照不宣，不需要说出来。

我又想：妈妈受伤了……但她没事。她被送到医院，他们会治好她的头，我们就去看她。今天。最迟今晚。

"他们尽力了，亲爱的孩子。可她没能挺过来。"

这几句话就像飞镖扎在飞镖盘上一样，牢牢地扎进我的脑海里。他确实是那样说的,这点我敢肯定。"她没能挺过来。"然后一切似乎都停止了。

不对。不是"似乎"。根本就没有什么"似乎"。一切都明显地、肯定地、无可挽回地停止了。

我当时对他说了什么话我都不记得了。可能什么都没说。我清楚地记得,我没有哭。一滴眼泪也没有。

爸爸没有拥抱我。在平常情况下,他尚且不善于表达自己的感情,怎么能指望他在这样的危机中表达出来呢?但他的手又一次抚摸我的膝盖,说:"一切都会好起来的。"

对他来说,做到这样已经够多了。慈父一般,充满希望,和蔼可亲,却又显得很不真实。

他起身离开。他已经去过另一个房间了,我不记得我是怎么知道的。但我知道,他已经告诉了威利。

我躺在那儿,或者坐在那儿,没起床,没洗澡,没撒尿,没穿衣服,没喊威利或梅布尔。经过几十年的努力,我才重新回想起那天早上的情景,得出如下的结论:我一定一直待在那个房间里,什么也没说,谁也没见,直到上午9点整,外面的风笛手开始吹奏风笛。

我希望能记得他演奏了什么。但也许这并不重要。风笛吹奏出来的不是曲子,而是音调。风笛有几千年的历史,它被用来放大人们心里已经存在的东西。如果你觉得自己很傻,它会让你更傻。如果你很生气,它会让你热血上涌。如果你陷入悲伤——即使只有十二岁,不知道何为悲伤——是的,尤其在你不知道的情况下,风笛会让你发疯。

4

那天是周日。像往常一样,我们去了克拉西·柯克教堂。花岗岩墙壁，苏格兰松木的大屋顶，彩色玻璃窗，都是几十年前维多利亚捐赠的，也许是为了弥补她之前到那儿做礼拜在民众中引起的不安。我始终弄不明白，为什么英格兰国教领袖在苏格兰教堂做礼拜会引起轩然大波。

我看到过那天去教堂的照片，但没有勾起任何回忆。牧师说什么了吗？他让事情变得更糟了吗？我是听他说话，还是盯着长椅靠背想妈妈？

回巴尔莫勒尔，只有两分钟的车程，有人建议我们停下车来。上午，大门外已经聚集了很多人，有些人奉上祭奠之物：毛绒玩具、鲜花和卡片。我们应该下车表示谢意。

汽车在路边停下，我们都走下汽车。我什么也看不见，除了一堆堆五彩缤纷的圆点。鲜花。还是鲜花。更多的鲜花。我什么也听不见，除了马路对面传来有节奏的咔嗒声。媒体！我伸出手去拉父亲的手，寻求安慰。然后诅咒自己，因为这个姿势引发了一连串的咔嗒声。

我正好给了他们想要的东西——戏剧性的场面，难以自持的痛苦。他们朝我们"开火"，"开火"，不停地"开火"。

5

几个小时后，爸爸去了巴黎。同行的还有妈妈的两个姐姐——莎拉姨妈和简姨妈。有人说，他们需要了解这次事故的详情，需要安排把妈妈的尸体送回。

尸体。人们一直在用这个词。那是打在我喉咙上的一拳，是血腥的谎言。因为妈妈没有死。

这是我的顿悟。我无事可做，只能在城堡里闲逛，自言自语，我开始怀疑，然后怀疑变成坚定的信念——这一切都是骗局。只不过这一次，制造骗局的不是周围的人，也不是媒体，而是妈妈。"她的生活太悲惨了,被跟踪,被骚扰,被造谣,被欺骗。所以她制造了一场事故来转移人们的注意力,然后逃跑了。"

这种"顿悟"让我激动得喘不过气来,但也让我松了一口气。

"当然!这都是计谋,这样她就能重新开始生活!此时此刻,她肯定在巴黎租了一间公寓,或者在瑞士阿尔卑斯山的高山之巅秘密地买了一个小木屋,正在那里摆放鲜花。很快,很快,她会派人来接我和威利。这太明显了!为什么我之前没想到?妈妈没死!她只是藏起来了!"

我的感觉好多了。

然后,怀疑悄然而至。

"等一下!妈妈绝不会这样对待我们。她永远不会让这种难言的痛苦发生在我们身上,更不要说自己一手导演、制造这样的痛苦。"

之后,我又宽慰自己:"她别无选择。这是她获得自由的唯一希望。"

接着,我再次怀疑:"妈妈不会躲躲藏藏,她太坚强了。"

然后,我又松了口气:"这是她战斗的方式。她会回来,一定会回来。两周后是我的生日!"

但是回来的是爸爸和姨妈们。每个电视频道都报道了他们的归来。当他们踏上诺索尔特皇家空军机场的停机坪时,全世界都在注视他们。有一个频道甚至为他们的到来播放了音乐,有人悲伤地唱着赞美诗。家里不允许威利和我看电视,但我想我们听到了。

接下来的几天我们仿佛在真空中度过,谁也不说什么。我们都待在城堡里,就像在一个地下室里。只不过在这个地下室,大家都穿着紧身格子呢绒裤,遵守正常的作息时间。就算有人说话,我也听不见。我唯一听到的是脑海中嗡嗡作响的声音,在与自己争论。

"她走了。"

"不,她躲起来了。"

"她死了。"

"不，她在装死。"

后来，某天早上，时间到了，我们回到伦敦。关于这次旅行，我什么都不记得了。开车了吗？是坐皇家航班回去的吗？我记得和爸爸、姨妈们重逢的情景，记得与莎拉姨妈非常重要的会面。尽管仿佛都笼罩在迷雾中，而且可能时间顺序不对。有时候，记忆展示的就是那时的情景——那个可怕的 9 月初。但在另外一些时候，记忆又会被推迟到许多年之后。

无论何时发生的，当时的情景都是这样：

"威廉？哈里？莎拉姨妈有东西要给你们，孩子们。"

她走过来，手里拿着两个蓝颜色的小盒子。

"这是什么？"

"打开看看。"

我揭开蓝盒子的盖子。里面是……蛾吗？

不是。

胡子吗？

不是。

"那是什么？"

"她的头发，哈里。"

莎拉姨妈解释说，在巴黎的时候，她从妈妈头上剪了两绺头发。

就是这样。证据确凿！"她真的走了。"

可是，我马上就又心生疑窦，而且因此感到一丝宽慰，好像捞到一根救命的稻草。"不，这可能是任何人的头发。"妈妈，她美丽的金发完好无损，还飘扬在这个世界的某个地方。

如果她已经不在了，我会知道。我的身体会知道。我的心灵会知道。可现在是我的身体、我的心灵都不知道。

我的身体和心灵对她的爱一如既往。

6

威利和我在肯辛顿宫①外面的人群中走来走去，微笑着和人握手。就像我们在竞选公职一样。成百上千只手不断地抚摸我们的脸，手指大多是湿润的。

怎么会是湿的？我想知道。

眼泪，我意识到。

我不喜欢那一双双手的感觉。更重要的是，我讨厌他们给我的那种感觉。歉疚感。为什么这些人都在哭，而我没有哭，也不曾哭。

我想哭，我试着哭，因为妈妈的生活太悲惨了，她觉得有必要消失，编造出这个巨大的"谜中谜"。但我一滴泪也挤不出来。也许我把我们这个家族的道德观与民族精神——哭不是我们的选择，永远不是——学得太好了，理解得太深入了。

我记得周围那一堆堆的鲜花。记得我满心说不出的悲伤，但始终保持着礼貌。记得老太太们说："哦，上帝，多么有礼貌，可怜的孩子！"记得我一遍又一遍地嘟囔着，"谢谢"，"谢谢你能来"，"谢谢你这么说"，"谢谢你在这里据守了好几天"。记得我曾安慰过几个瘫倒在地、悲痛欲绝的人，好像他们了解妈妈一样，但当时我也在想：你不了解。你表现得好像了解……但你不了解她。

其实……你不"了解"她。此时此刻。

在向人群致谢意之后，我们走进肯辛顿宫，穿过两扇黑色的大门，进入妈妈的套房，穿过一条长长的走廊，进入左边的一个房间。那里放

---

① 肯辛顿宫（Kensington Palace），位于英国伦敦肯辛顿 - 切尔西区肯辛顿花园的西侧，是一座皇家宫殿。查尔斯王子与戴安娜王妃宣布离异后，曾作为戴安娜王妃的住所。现在是戴安娜王妃故居及威廉王子夫妇居住地。

着一口大棺材，深棕色，英国橡木的。棺木上覆盖着一面英国国旗——这是我记忆中的，还是我想象出来的？

那面旗帜让我着迷。也许因为我喜欢孩子气的战争游戏。也许因为我早熟的爱国主义。也可能是因为这几天我听到太多关于国旗的传言，国旗，国旗……人们似乎都在谈论国旗。白金汉宫的旗帜没有降半旗，人们对此表示强烈的不满。他们不在乎王旗①从来不会降半旗，无论发生什么事情，只要奶奶在家就高高飘扬，她不在家的时候就不再飘扬，就是这样。民众只关心官方的哀悼，对它的缺失感到愤怒。英国报纸点燃了民众的怒火，媒体深知自己在妈妈"消失"的事件中扮演了什么角色，现在想极力转移人们的注意力。我记得有一篇文章的标题是《让我们看到你的关心》，把矛头对准了奶奶。

真可笑！白纸黑字出自同样的"恶魔"之手。他们非常"关心"妈妈，把她追进一个隧道，让她再也没有出来。

到目前为止，我无意中听到的这件事的"官方"版本是这样的：狗仔们在巴黎的街道上追赶妈妈，然后追进一个隧道，在那里妈妈乘坐的奔驰车撞上一堵墙或水泥柱子，她和她的朋友以及司机都死了。

站在覆盖着国旗的棺材前，我问自己：妈妈是爱国者吗？妈妈对英国到底有什么看法？有人问过她吗？

"我什么时候能亲自问问她？"

我不记得那一刻家人相互之间说了什么，对棺材说了什么。我不记得我和威利之间说过什么，但我记得周围的人说"两个孩子"看起来"吓坏了"。人们都懒得小声说话，好像我们都吓成了聋子，什么也听不

---

① 王旗（Royal Standard），英国皇家的旗帜。根据英国旗帜协议，它只能飘扬在女王所在的建筑物，也必须比英国国旗、其他王室成员旗帜和其他英国的旗子位置高。它从未降过半旗。

见了。

关于第二天的葬礼，人们争论不休。最新的方案是，棺材将由皇家礼炮队的马车拉着穿街而过，威利和我步行跟随。这对两个小男孩来说似乎要求太高了。几个成年人大吃一惊。妈妈的弟弟——查尔斯舅舅——大声抗议：你们不能让两个孩子走在母亲的棺材后面！这太野蛮了。

有人提出了另一个方案。让威利一个人走，毕竟他已经十五岁了。"就别让那个小的参与了"。放过"替补"吧。这个替代方案被呈报上去，然后收到了回复。

必须是两位王子一起走。大概是为了博人同情吧。

查尔斯舅舅勃然大怒。但我没有。我不想让威利独自一人经历这场苦行。如果角色互换，威利也绝不会希望我——确切地说，是允许我——独自一人经历这场磨难。

第二天早晨，天一亮，我们就出发了。查尔斯舅舅在我右边，威利在他右边，后面跟着爷爷。我左边是爸爸。我一开始就注意到，爷爷看上去是那么平静，好像这只是又一次王室订婚典礼。我能清楚地看到他的眼睛，因为他凝视着前方。他们都是。但我一直低着头。威利也是。

我记得我当时感觉很麻木。我记得我攥紧了拳头。我记得我眼角的余光总能看到威利，并从他的身上汲取力量。我记得最清楚的则是耳边的响声——六匹汗淋淋的棕色骏马缰绳的叮当声、马蹄踩在路上的嘚嘚声，还有它们拖着的炮车车轮的吱吱声。（有人说，这是第一次世界大战的遗迹，这似乎没错。因为妈妈虽然热爱和平，但经常像个士兵，无论在与狗仔还是与爸爸的争斗中。）我相信我余生都会记得那声响，因为那声音和周围的寂静形成鲜明的对比。没有引擎的轰鸣，没有卡车，没有飞翔的鸟。没有人的声音——这是不可能的，因为有二百万人排在道路两旁。唯一让我们意识到此刻正在穿越"人的峡谷"的，是不时听到的哀号声。

二十分钟后，队伍到达威斯敏斯特教堂。我们鱼贯而入，走过一排排长椅。葬礼以一连串的诵读和悼词开始，以艾尔顿·约翰①的表演达到高潮。他慢慢地、动作僵硬地站了起来，仿佛是埋在大教堂下面几个世纪的某个伟大的国王突然复活过来。他走到前面，坐在一架大钢琴前。他唱的《风中之烛》②尽人皆知，那是他为妈妈重新改编的版本。我不确定脑海里留下的音符是来自那一刻，还是来自后来看到的影像片段。也可能是反复出现的噩梦留下的痕迹。但不管怎么说，我清清楚楚记得那首歌进入高潮时，我的眼睛开始刺痛，眼泪几乎掉了下来。

几乎。

葬礼快结束的时候，查尔斯舅舅来了，轮到他讲话的时候，他猛烈抨击了所有人——家人、国家、新闻界，就是因为他们跟踪，妈妈才被逼上不归路。你能感觉到大教堂以及教堂外面整个国家的人们都因他的抨击而退缩。真相伤人。随后，八名威尔士卫队士兵走上前，抬起巨大的铅衬棺材。棺材上覆盖着王旗，这是对王室礼仪的极大突破。（他们还屈服于压力，降了半旗。降的当然不是王旗，而是英国国旗——这已经是前所未有的妥协。）王旗是王室成员专用的，他们告知我，妈妈不再是王室成员了。降国旗，意味着她被原谅了吗？是奶奶原谅的？显然如此。但当灵柩被慢慢抬到外面，从后面装进一辆黑色灵车的时候，这些问题我都说不清，更不用说问其他人了。在漫长的等待之后，灵车启动，平稳地驶过伦敦，人群从四面八方涌向这座"永恒之城"，人数是庆祝第二次世界大战结束的人群的两倍。灵车经过白金汉宫，沿着公园路，驶向

---

① 艾尔顿·约翰（Elton Hercules John, 1947— ），英国歌手、曲作者、钢琴演奏者、演员、慈善家。
② 《风中之烛》（Candle in the Wind），是1973年博尼·托平和艾尔顿·约翰为纪念玛丽莲·梦露创作的歌曲，艾尔顿·约翰1997年为纪念已故戴安娜王妃改编了这首单曲，这一版本又称《再见，英格兰玫瑰》。

郊区，经过芬奇利路、亨顿路、布伦特十字立交桥、北环线、M1 到 15a 路口，向北到哈里斯通，最后穿过查尔斯舅舅庄园前面的铁门。

到达奥尔索普①。

路上的情景威利和我大部分都是在电视上看到的。我们提前到达奥尔索普庄园。路上车速很快，不过事实证明没有必要那么匆匆忙忙。灵车不但绕了很长一段路，还因为人们往灵车上撒花，堵住了排风口，引擎过热，好几次司机不得不把车停靠在路边，让保镖下车清理排风口和挡风玻璃上的花。保镖是格雷厄姆，威利和我都很喜欢他，我们都叫他饼干，全麦饼干②。我和威利都觉得这场面太滑稽了。

灵车终于到达奥尔索普庄园，棺材又被移走，被抬着走过一座由工兵匆忙搭建而成的绿色铁桥，穿过小湖，来到一座小岛，放在一个平台上。威利和我走过那座桥，来到岛上。据报道，妈妈双手交叉放在胸前，十指之间放着一张我和威利的照片。这可能是仅有的真正爱过她的两个男人。当然是最爱她的那两个人。我们将永远在黑暗中对她微笑。当人们取下国旗，将棺材沉到洞底时，我终于崩溃，全身抽搐，下巴耷拉着，不由自主地双手捂脸呜咽起来。

我为违反了家族精神而羞愧，但再也忍不住了。

没关系，我安慰自己。没关系，周围没有摄像头。

此外，我之所以哭，不是因为相信妈妈在那个洞里，或者在棺材里。我安慰自己，无论别人说什么，我都不会相信。

不，我只是为这个想法哭泣。

我想，如果这一切都是真的，那真是一场让人难以忍受的悲剧。

---

① 奥尔索普（Althorp），哈里王子的舅舅查尔斯的庄园，坐落在英国中部北安普敦郡，距离伦敦仅 7 公里。戴安娜就长眠在奥尔索普的一个远离尘嚣但又不感孤寂的小岛上。

② 全麦饼干，英文是 graham cracker。格雷厄姆，英文是 Graham。故有此说。

7

生活在继续。

家人回去工作，我也回去上学，就像每年暑假过后一样。

大伙儿都高兴地说一切都恢复正常了。

坐在爸爸那辆敞篷阿斯顿·马丁轿车的副驾驶座位上，一切看上去毫无变化。拉德格罗夫学校坐落在满眼碧绿的伯克郡乡村，一如既往，看上去像一座乡村教堂。（仔细想想，这所学校的校训出自《传道书》："凡你手所当做之事，当尽力去做。"[①]）话说回来，没有几座乡村教堂能拥有 200 英亩[②]林地和草地、运动场和网球场、科学实验室和小教堂，还有一个藏书丰富的图书馆。

1997 年 9 月，如果你想找我，图书馆是最不可能看到我身影的地方。最好去树林里或者运动场上找我。我一直努力保持运动，努力让自己忙碌起来。

大多数时候，我都孤身一人，虽然我天生爱交际，愿意和人打交道。但那时我不想和任何人太亲近。我需要自己的空间。

然而，在拉德格罗夫，要做到这一点非常困难。因为一百多个男孩生活在一起。一起吃饭，一起洗澡，一起睡觉。有时候十个人住一个房间，彼此没有隐私，连谁割过包皮，谁没割都知道。（我们称之为"圆颅党"对"骑士党"。）

然而，新学期开始之后，没有一个男孩儿在我面前提到过母亲。

出于尊重？更可能是出于害怕。

我自然不会和任何人说这事儿。

---

① 引自《传道书》第九章第 10 节。

② 200 英亩，约 809 372 平方米，1 英亩约为 4046.86 平方米。

回来几天后，就是我的生日。1997年9月15日，我十三岁了。根据拉德格罗夫的传统，学生过生日会有蛋糕和果汁冰糕，我可以选择两种口味。我选了黑醋栗。还有杧果，那是妈妈最喜欢的。

在拉德格罗夫，过生日总是一件大事，因为男孩和大多数老师都非常喜欢吃甜食。为了抢到"寿星"旁边的座位，同学们常常推推搡搡，吵得不亦乐乎。因为那是保证你能吃到第一块儿也是最大一块儿的地方。我不记得那天谁抢到了我旁边的座位。

"许个愿吧，哈里！"

"你想让我许愿吗？好吧，我希望妈妈——"

突然，莎拉姨妈不知从哪儿冒了出来！

她拿着一个盒子。"打开，哈里。"

我撕开了包装纸和丝带，往里面看了看。

"是什么？"

"妈妈给你买的。不久之前……"

"你是说在巴黎？"

"是的。巴黎。"

那是一台游戏机。我很高兴。我喜欢电子游戏。

不管怎么说，事情就是这样。它像福音书一样出现在我的生活中，我不知道这是不是真的。爸爸说妈妈伤了头，但也许我才是脑损伤的那个人？作为一种"防御机制"，我的记忆很可能不再像以前那样记录事情了。

8

尽管学校有两位男校长——传奇人物杰拉德和马斯顿先生，但是拉德格罗夫主要由女人运营。我们叫她们女学监。日复一日，孩子们每天得到的温柔和关爱，都是她们给的。女学监拥抱我们，亲吻我们，给我们包伤口、擦眼泪。（除了我。自从那次在妈妈坟墓前哭过之后，我再也没有哭过。）她们自诩我们的"代理人"，"远离妈妈的孩子们的妈妈"，她们总是叽叽喳喳，怪怪的，但现在我有点困惑，因为妈妈去世了，也因为女学监们突然……让人迷恋。

我迷恋罗伯茨小姐，确信总有一天会娶她。我还喜欢两位林恩小姐，她们是姐妹俩，我被妹妹迷得神魂颠倒，心想将来也会娶她。

每周三次，晚饭后，女学监们会帮助最小的男孩洗澡。我还能看见那长长的一排白色浴池，每个浴池里都有一个男孩像小法老一样斜倚着，等待他"个性化"的洗头。（黄色的门后面有两个单独的浴缸，是为已经进入青春期的大男孩准备的。）女学监们朝那排浴缸走过来，手里拿着硬刷子和花香皂。每个男孩都有自己的毛巾，上面印着学号。我的是116。

给男孩洗完头，女学监们让他仰着头，慢慢冲洗，非常舒服。

真让人困窘。

女学监们也会帮助我们清除虱子。虱子常常突然"暴发"。几乎每周都有一个男孩沾染上它。大伙儿都指指点点，哈哈大笑。"好呀，好呀！你长虱子了！"不一会儿，一位女学监就会跪在生了虱子的男孩身边，在他的头皮上抹一点儿药水，然后用一把特制的梳子把虱子、虮子刮出来。

十三岁时，我已经不用女学监帮助洗浴了，但仍然喜欢她们每晚临睡前的拥抱，仍然珍惜她们每天早上醒来后的问候。她们是我们每天最先看到的面孔。她们推门进屋，拉开窗帘。"早上好，孩子们！"我睡眼惺忪，凝视着被太阳光环笼罩的美丽的面孔——

"那是……那可能是……"

从来都不是。

我接触最多的女学监是帕特。和别的女学监不同，帕特并不性感。

她总是冷冰冰的,个子矮小,胆儿也不大,看起来疲惫不堪,头发油腻腻地耷拉在没有神采的眼睛前。帕特似乎并没有从生活中得到太多的快乐,不过,她倒是觉得有两件事让她很满意:一是在男孩不该去的地方把那个倒霉蛋儿抓了个正着;二是及时制止任何一次粗暴的打闹。每次枕头大战之前,我们都会在门口安排一个"哨兵"。如果帕特(或校长)走近,"哨兵"就大喊:"KV!KV!"我想是拉丁语吧。有人说是"头儿来了!"的意思,有人说是"当心!"的意思。

不管怎么说,听到警告,你就赶快住手,或者假装睡着了。

如果出了什么事儿,只有刚来的、最傻的孩子才会找帕特。更糟的是,如果你割破了手指,她不会用绷带包扎伤口,她会用手指去戳,或者往里面喷点什么,疼得你龇牙咧嘴。她不是虐待狂,只是看起来缺乏"同情心"。这很奇怪,因为她知道痛苦的滋味。帕特有许多苦难要承受。

最大的苦难来自她的膝盖和脊椎。脊柱弯曲,膝盖长期僵硬,走路非常辛苦,爬楼梯对她是一种折磨。她会像就要消融的冰川一样向后仰着身体。孩子们经常站在下面的平台上,对着她跳滑稽的舞蹈,做鬼脸。

需要我说谁干这事儿最起劲吗?

我们从不担心会被帕特抓到。她是乌龟,我们是树蛙。不过,乌龟偶尔也会走运。她会猛冲过去,一把抓住某个男孩。啊哈!那小家伙就彻底完蛋了。

她没能阻止我们,颤颤巍巍走下楼梯时,孩子们继续嘲笑她。我们虽然冒点儿险,但如果有所回报也值得。对我来说,这个回报不是折磨可怜的帕特,而是逗伙伴们笑。能让别人笑的感觉真好,尤其是我已经好几个月没笑过了。

也许帕特知道这一点。她不时转过身来,看到我十足的傻瓜相,也会哈哈大笑。这是最棒的。我喜欢逗朋友开心,但没有什么比逗可怜的帕特开心更能让我开心的了。

9

我们称之为"聚餐日"的日子，我记得是周二、周四和周六。一吃完午饭，我们就在走廊里沿着墙排队，伸出头去看前面的饭桌。桌上堆满了糖果、小点心、彩虹糖、巧克力棒，最好的是欧宝糖果。（当欧宝糖果公司把名字改成"星爆"时，我非常生气。纯粹的异端，就像不列颠改名一样。）

光是看到那张饭桌就足以使我们陶醉。大家流着口水，谈论即将到嘴的糖果，就像饱受干旱折磨的农民谈论天降甘霖一样。与此同时，我想出一个办法，尽量多吃点儿糖。我会把我得到的欧宝水果软糖捏成一大块，塞进嘴里。那一大块糖融化时，血液就会变成泡沫状的葡萄糖瀑布。"凡你手所当做之事，当尽力去做。"

与"聚餐日"的快乐截然相反的是"写信日"。每个男孩都要老老实实坐下来，给父母写一封信。即使在最美好的时光，这也是件苦差事。我几乎不记得爸爸和妈妈什么时候离的婚，所以给他们写信时不提及他们相互之间的恩怨，不提及让人揪心的分手，需要职业外交官的技巧。

"亲爱的爸爸，妈妈好吗？"

嗯。不能这样写。

"亲爱的妈妈，爸爸说你们还没有……"

不能这样写。

但妈妈去世之后，我就不可能在这个日子写什么信了。

有人告诉我，女学监要我给妈妈写"最后"一封信。我隐隐约约记得，我想争辩说她还活着，但没有这样做，因为担心人们认为我疯了。而且，这样做有什么意义呢？妈妈从藏身之地出来之后就会读到这封信，所以写这封信并不完全是浪费精力。

我可能匆匆忙忙写了几句套话，说我想她，说学校很好，诸如此类。

我大概叠好就交给了女学监。我记得，交上去之后，我立刻就后悔没能更认真地对待这件事。我真希望当时能挖掘得更深一些，把埋在心里所有的话都告诉妈妈，尤其是我对上次和她通电话那件事的悔恨。那天晚上，也就是发生车祸的那天晚上，她很早就打来了电话。但我当时正和威利以及堂兄妹们一起疯跑着玩，不想停下来。所以我态度冷淡，迫不及待地想回去玩游戏，赶紧把妈妈的电话挂了。真希望我当时向她道歉了。真希望我能找到合适的话表达对她的爱。

我尚不知这种寻找会花几十年的时间。

10

一个月后是期中假。我终于要回家了。

等等，不，我没有回家。

显然，爸爸不想让我在假期里漫无目的地在圣詹姆斯宫①闲逛。和妈妈分手之后，他大部分时间都住在那儿。轮到我和威利跟爸爸待在一起的时候，我们俩也住在那里。现在爸爸担心我一个人在那座大宫殿里会惹出什么事来。他怕我瞥见报纸，无意中听到收音机。更重要的是，他担心我会被从开着的窗户偷拍，或者在花园里玩玩具士兵的时候被偷拍。他可以想象记者们试图和我说话，大声问："嗨，哈里，你想妈妈吗？"整个国家都陷入了歇斯底里的悲痛之中，而歇斯底里的媒体已经变得精神错乱。

最糟糕的是，威利不能在家照顾我。他在伊顿公学上学。

于是爸爸宣布，他要带我去南非。那是计划内的工作旅行。

---

① 圣詹姆斯宫（St. James's Palace），位于伦敦市中心的圣詹姆斯公园旁，属于英国君王的高级宫殿，外国派驻英国的大使和专员呈递国书时，按礼节和传统都是呈递到圣詹姆斯宫。查尔斯做王储时最常住的就是圣詹姆斯宫。

"南非，爸爸？真的吗？"

"是的，亲爱的孩子。去约翰内斯堡。"

他说要会见纳尔逊·曼德拉……还有辣妹[①]！

我非常激动，也有点儿困惑。问爸爸是辣妹组合吗，他解释说，辣妹组合要在约翰内斯堡开演唱会，她们要借此机会向曼德拉总统表示敬意。我心想，太好了。爸爸的话解释了为什么辣妹会在那儿……可这和我们有什么关系呢？我没明白。我不知道爸爸是否想让我弄明白。

事实是，爸爸的工作人员希望爸爸能拍一张与世界上最受尊敬的政治领袖和世界上最受欢迎的女子合唱队站在一起的照片。这张照片会成为头条新闻，传递出一些积极的信息，而这是他眼下迫切需要的。自从妈妈去世，他一直备受折磨。人们把离婚和随后发生的一切都归咎于他。他在全世界的支持率只剩下个位数。仅以斐济为例，为纪念他而设立的全国性假日已被取消。

这次旅行的官方原因是什么，我都不在乎。我只是很高兴能和他一起远行。这是一个逃离英国的机会。而且更好的是，能和爸爸在一起待一段时间。他似乎有点儿不在状态。

这倒不是说爸爸一直不在状态，但他总让人觉得还没有做好为人之父的准备——责任感、耐心以及付出时间。即使是他，一个骄傲的人，也承认这一点。而作为单亲爸爸呢？他可从来就不胜任。

平心而论，他努力了。晚上，我在楼下大声喊："爸，我要睡觉了！"他总是乐呵呵地回喊道："我马上就到，亲爱的孩子！"他说到做到，几分钟后就会坐在我的床边。他从来不曾忘记我怕黑，所以会轻轻地挠我的脸，直到我睡着。那是我最美好的回忆，他轻轻地抚摸我的脸颊、我的额

---

① 指英国的辣妹组合（Spice Girls），该组合诞生于20世纪90年代末期，在商业上取得了全球范围内的成功。

头。我醒来发现他走了,神奇的是,门总会小心翼翼地开着一条缝。

然而,除了那些稍纵即逝的美好时光,爸爸和我大部分时间都是"和平共处",若即若离。他似乎有沟通障碍、倾听障碍、面对面亲密交流的障碍。有时,在一顿漫长的、好几道菜的晚餐后,我走上楼,发现枕头上有一封信。信中说,他为我做的事或取得的成就感到自豪。我微笑着把信放在枕头下,但也会想,为什么他刚才坐在我对面的时候,不把这些话说出来呢?

因此,能和爸爸不受限制地在一起待几天,想想都让人开心。

然后是我们面对的现实。这是爸爸的一次工作旅行。对我来说也是。参加辣妹组合演唱会是妈妈葬礼后我第一次公开露面。直觉和无意中听到的只言片语都告诉我,公众对我生活状况的好奇有增无减。我不想让他们失望,但也希望他们都离开。记得踏上红地毯时,我脸上挂着微笑,心里却突然希望自己正躺在圣詹姆斯宫的床上。

我旁边的是"宝贝辣妹"[①]。她穿着白色塑料高跟鞋,鞋跟高达12英寸。我盯着她的高跟鞋,她盯着我的脸颊,还不停地捏。"那么胖!好可爱啊!"然后"时尚辣妹"冲过来,抓住我的手。再往前走,我看见了"姜汁辣妹",唯一让我觉得和我有关联的辣妹——一个"姜汁同伴"[②],她最近还因为穿了一件英国国旗做的迷你裙而闻名世界。"为什么棺材上覆盖一面英国国旗?"她和别的几个辣妹对着我叽叽喳喳,说着一些我听不懂的话,同时和那些记者们开着玩笑。那几个记者朝我大声叫喊:"哈里,朝这儿看!哈里,哈里,你好吗,哈里?"问的都是些不成其为

[①] 宝贝辣妹(Baby Spice),辣妹组合的成员,其他几个是:姜汁辣妹(Ginger Spice)、运动辣妹(Sporty Spice)、时尚辣妹(Posh Spice)、疯狂辣妹(Scary Spice)。

[②] 在英语国家,拥有红头发的人被称为"Gingerhead"(生姜头),哈里王子和姜汁辣妹都拥有一头红发。

问题的问题。但每个问题都是陷阱,就像砍刀,挥舞在我头上。他们根本不在乎我在做什么,只想让我说些乱七八糟的话,好编造新闻。

我凝视着他们的闪光灯,露出牙齿,什么也没说。

如果说我被闪光灯吓坏了,辣妹们却是陶醉其中。是的,是的,一千次的闪光都不会让她们厌倦。每次闪光都映照出她们的婀娜多姿。这对我有利。她们越靠前,我就越容易被人忽略。记得她们对媒体大谈她们的音乐和使命。我不知道她们也有崇高的使命。但一位辣妹组合的成员把她们反对性别歧视的运动比作曼德拉反对种族隔离的斗争。

最后,有人说音乐会该开始了。"你可以走了。跟着你父亲。"

音乐会吗?我爸爸参加?

真是难以置信。更不可思议的是,它真的发生了。我亲眼看到爸爸兴致勃勃地跟着节拍摇头晃脑,脚敲着地板:

> If you want my future, forget my past.
> If you wanna get with me, better make it fast.[①]

之后,离开音乐会的路上,更多的闪光灯在我们眼前闪烁。这一次,没有辣妹组合为我们转移注意力。闪光灯下,只有爸爸和我。

我伸出手,抓住他的手,紧紧不放。

我记得,一个念头如闪光灯般明亮:爱他。

我需要他。

---

① 辣妹组合歌曲《想要》(wanna be)的歌词。这两句的中文大意是:如果你想要我的未来,那就忘记我的过去。如果你想和我在一起,那就最好迅速一点儿。

11

  第二天早上，爸爸和我去了一座位于蜿蜒曲折的河边的漂亮小屋。小屋位于南非的夸祖鲁 - 纳塔尔省。我知道这个地方，1879 年夏天，英国士兵和祖鲁人在这里发生了战争。我听过关于这场战争的所有的故事和传说，看过无数次电影《祖鲁》。但爸爸说，现在我要成为一个真正的专家了。他安排我们坐在篝火前的露营椅上，听世界著名历史学家大卫·格雷·拉特雷①重现那场战役。

  这可能是我第一次认真听讲。

  拉特雷说，在这片土地上作战的人都是英雄。双方都是英雄。祖鲁人是凶残的巫师，他们使用祖鲁王短矛，当地人称之为"iklwa"，得名于从受害者胸部拔出时发出的响声。然而，仅仅一百五十名英国士兵就成功地抵挡住了四千名祖鲁人的进攻。这场不可思议的抵抗，被称为罗克渡口战役②，立即成为英国神话的一部分。十一名士兵被授予维多利亚十字勋章，创下了一个团在一次战斗中获得勋章最多的纪录。另有两名士兵，在罗克渡口战役的前一天击退了祖鲁人，也被追授了维多利亚十字勋章。

  "追授，爸爸？"

  "嗯，是的。"

  "那是什么意思？"

  "在他们去世之后，你知道。"

  "什么？"

  "死后，亲爱的孩子。"

---

① 大卫·格雷·拉特雷（David Grey Rattray，1958—2007），南非军事历史学家。
② 罗克渡口战役（Rorke's Drift），1879 年发生于南非祖鲁战争时期的一场战役。

虽然罗克渡口战役是许多英国人引以为豪的事情，但它却是帝国主义、殖民主义、民族主义的产物，简而言之，就是掠夺。大不列颠非法入侵，侵略一个主权国家并试图将其据为己有，这意味着在某些人——包括拉特雷先生在内——看来，英国最优秀的士兵那天白白流淌了宝贵的鲜血。他没有回避这样严酷的事实。必要时，他严厉谴责英国人。（当地人称他为白祖鲁人。）但我太年轻了。我听懂了他说的话，又好像没有听懂。也许因为我看了太多次电影《祖鲁》，也许我和我的玩具英国士兵进行了太多次想象中的战斗。对战争的看法，对英国的看法，不允许我接受新的事实。所以我放大了男人的勇气和英国的力量，当我本该感到恐惧的时候，却被鼓舞了。

回家的路上，我对自己说，这次旅行真是太棒了。这不仅是一次很棒的冒险，也是一次和爸爸增进感情的经历。现在的生活肯定会完全不同。

12

我的大多数老师都是善良的人，他们让我顺其自然，他们理解我所面临的一切，不想给我更多的压力。在教堂里演奏管风琴的道森先生和蔼可亲。鼓乐老师利特尔非常有耐心。因为他只能坐轮椅，乘面包车上课，我们花很长时间才能把他从车上弄到教室，然后还得留出足够的时间让他下课后回到面包车，所以实际上教学时间永远不会超过二十分钟。我并不介意，作为回报，利特尔先生也从来没有抱怨过我打鼓不在点上。

然而，有些老师对我毫不留情。就像我的历史老师休斯-盖姆斯先生。

休斯-盖姆斯先生住在运动场旁边的平房里。不论白天还是晚上，总能听到他养的那两条指示犬托斯卡和比德刺耳的叫声。两条狗长得很漂亮，身上有斑点，灰眼睛，休斯-盖姆斯先生把它们当孩子一样养，把它们的照片装在银相框里放在桌子上。这也是许多男孩认为休斯-盖姆斯有点儿古怪的原因之一。因此，当我意识到休斯-盖姆斯先生认为我是个怪人的时候，我非常惊讶。有一天，他对我说，还有什么比一个英国王子不了解英国历史更奇怪的事情呢？

"我无法理解，威尔士。我们在说你的血亲——难道这对你毫无意义？"

"比没意义还没意义，先生。"

这不仅仅因为我对自己家族的历史一无所知，也因为我不想知道关于他们的任何事情。

理论上我喜欢英国历史。我发现有些事情很有趣。比如《大宪章》的签署，我就略知一二。那是1215年6月在温莎附近的兰尼米德签订的。我曾经透过爸爸的车窗眺望过那个地方。就在河边。看起来很漂亮。我想，那是缔结和平、建立安宁的绝佳之地。但是关于"诺曼征服"的细节，或者亨利八世①和教皇之间的恩怨，或者第一次十字军东征和第二次十字军东征的区别，我又知道多少呢？

拜托。

事情在某天休斯-盖姆斯先生谈到查尔斯·爱德华·斯图亚特②（此人自称"查理三世"）时，迎来了高潮。休斯-盖姆斯先生对这个王位觊觎

---

① 亨利八世（Henry VIII, 1491—1547），都铎王朝第二位英格兰国王及首位爱尔兰国王。他在位期间，与当时的罗马教皇反目，推行宗教改革，使英国教会脱离罗马教廷，自己成为英格兰最高宗教领袖，英国王室的权力因此达到顶峰。

② 查尔斯·爱德华·斯图亚特（Charles Edward Stuart, 1720—1788），是詹姆斯·弗朗西斯·爱德华·斯图亚特的长子，苏格兰、英格兰和爱尔兰国王詹姆斯二世（在苏格兰称詹姆斯七世）之孙，英国斯图亚特王室最后一个王位争夺者，史称"小王位觊觎者"（Young Pretender）。

者^①有很大的意见。他气咻咻地和我们分享他的看法时，我一直盯着铅笔，努力不让自己睡着。

突然，休斯-盖姆斯先生停下脚步，提出一个关于查尔斯生平的问题。如果你读过书，答案就很容易了。可是没有人读过。

"威尔士，你一定知道。"

"为什么我一定知道？"

"因为是你的家人！"

周围传来一阵笑声。

我低下头。男孩子们当然知道我是王室成员。如果他们忘记了哪怕半秒钟，我那些无处不在的保镖（全副武装）和分散在周围场地上、身穿制服的警察也会非常乐意提醒他们。休斯-盖姆斯先生有必要在大庭广众之下，这样大声说出来吗？他需要用"家人"这个意味深长的词吗？我的家人就只是把我当备胎而已。我是"替补"。我对此没有抱怨，也没有纠结。在我看来，最好不要去想某些事实，比如按照王室旅行的基本规则，爸爸和威利永远不能乘坐同一架飞机旅行。因为王位的第一顺位继承人和第二顺位继承人不能同时出事。但没有人在乎我和谁一起旅行。备胎总是可以被舍弃的。我知道这一点，知道自己的位置，所以为什么非要拎出我开涮呢？为什么非要让我记住从前那些备胎的名字呢？这有什么意义呢？

更重要的是，我又何必梳理我的家谱呢？反正不管怎么梳理都会指向同一个断裂的分支——妈妈。

下课后，我走到休斯-盖姆斯先生的桌子跟前，请他停一停。

"什么事，威尔士？"

"你让我难堪了，先生。"

---

① 王位觊觎者，指声称自己有合法权利继承王位，但实际上并未被承认的人。

他扬了扬眉毛，眉梢几乎翘到发际线上，像受惊的小鸟。

我争辩说，像他对我这样，问其他男孩，问拉德格罗夫学校任何一个学生关于他的曾曾曾祖父的尖锐问题，都太残忍了。

休斯-盖姆斯先生哼了一声，抽了抽鼻子。他知道，他这样做已经越界了，但他很固执。

"这对你有好处，威尔士。我叫你的次数越多，你学到的东西就越多。"

然而，几天后，开始上课的时候，休斯-盖姆斯先生提出一个"大宪章"式的和平提议。他给了我一把木头尺子，两面都刻着自1066年哈罗德以来每一位英国君主的名字。（尺子，明白了吗？）王室的血脉，一代一代，一直到奶奶。他说我可以把它放在桌子上，需要的时候可作为参考。

我谢谢你呗。

13

深夜熄灯后，有些同学会偷偷溜出宿舍，在走廊里晃来晃去。这是严重违反纪律的，但我很孤独，很想家，也许还有焦虑和沮丧，无法忍受被锁在宿舍里的郁闷。

有一位特别的老师，每次被他抓到，他都会对我实施一种特别的惩罚。他总是手里拿着一本新《圣经》，精装本，打我的脑袋。我一直觉得，那本书的封面确实很硬。被它打在头上，无论对我，对老师，还是对《圣经》，都不是什么好事儿。尽管如此，第二天晚上我还是会继续无视校规，到走廊溜达。

我如果没在走廊溜达，就是在学校操场上闲逛，通常是和我最好的朋友亨纳斯在一起。和我一样，亨纳斯正式名字也叫亨利，但我一直叫他亨纳斯，他叫我哈兹。

亨纳斯很瘦，肌肉一点儿也不发达，头发竖起来，永远都是一副顺从的样子。亨纳斯对我真心实意地好。他一笑，简直能让人融化。（妈妈去世后，他是唯一向我提起她的男孩。）他那迷人的微笑、温柔的天性，让你忘记亨纳斯也可以很淘气。

学校操场那边，跨过一道低矮的篱笆，有一个很大的"自选"农场。有一天，亨纳斯和我跳过篱笆，脸朝下跌在胡萝卜的犁沟里。一垅又一垅的胡萝卜旁边还长着肥美多汁的草莓。我们一边往前走，一边往嘴里塞草莓，像猫鼬一样时不时伸长脖子张望，确保周围没有人。我每咬一口草莓，就又回到那儿，在犁沟里，和可爱的亨纳斯待在一起。

几天后，我们又去了一次。这一次，我们吃饱了草莓，刚跳过篱笆，就听到有人喊我们的名字。

我们沿着马车车道，朝网球场方向走去，然后慢慢转过身来。径直向我们走来的是一位老师。

"你们俩！站住！"

"你好，先生。"

"你们俩做什么呢？"

"没做什么，先生。"

"你们去过农场。"

"没有！"

"伸出手来。"

我们伸出手。完蛋了。手掌一片深红。老师的反应冷峻，就像看到满手鲜血。

我已经忘了这次受到了什么样的惩罚。又是用新《圣经》打脑袋？关禁闭拘留？送到杰拉德先生的办公室？不管是什么，我都不介意。

拉德格罗夫能给我的任何折磨都比不上我内心的痛苦。

14

马斯顿先生巡视餐厅时,经常带着一个小铃铛。这让我想起酒店前台的铃铛。"丁零,有房间吗?"每当他想引起男孩子们注意的时候,他就会摇铃。铃声一成不变,而且毫无意义。

被"放养"的孩子们根本不在乎铃铛的响声。

吃饭的时候,马斯顿先生经常觉得有必要宣布一件事。他开始讲话,没有人听,甚至没有人会放低声音,所以他就会不停地摇铃。

丁零。

一百个男孩不停地说说笑笑。

他会更用力地摇铃。

丁零!丁零!丁零!

铃声没能让大家安静下来,马斯顿先生的脸涨得通红,一边摇铃,一边大声叫喊:"伙计们!你们能听见吗?"

不能,这是简单的回答。我们不爱听,并不是因为不尊重,而是出于简单的声学原理——我们听不见他说话。大厅太宽敞了,我们太专注于自己的谈话了。

但他不这样认为。他满腹狐疑,好像我们无视他的铃声是某种阴谋的一部分。我不知道其他人怎么回事,反正我没有参与任何阴谋。而且,我并没有无视他。恰恰相反,我目不转睛地看着他。我经常问自己,如果局外人目睹了这样的场面——一百个男孩在叽叽喳喳地聊天,一个成年人发了疯似的站在他们面前,毫无用处地摆弄一个小铜铃——他们会说什么?

这条路的另一头有一家精神病院——布罗德莫精神病院,更增添了学校大厅里混乱的气氛。在我来拉德格罗夫之前的一段时间,布罗德莫精神病院有一个病人逃跑,杀死了附近村庄的一个孩子。为了防止类似的事情发生，布罗德莫精神病院安装了一个警报器。他们时不时测试一下，以确保它能正常工作。听起来像世界末日。马斯顿先生的铃铛好像打了兴奋剂。

有一天，我向爸爸提起这件事。他点点头，一副洞悉一切的样子。作为他的慈善工作的一部分，他最近去过一个类似的地方。他向我保证，大多数病人都很温和，不过有一个人很特别，一个自称是威尔士王子的小个子。

爸爸说他对这个冒牌货摇了摇手指，严厉地训斥了他。

"听我说。你不能把自己当威尔士王子！我是威尔士王子。"

病人也摇了摇手指："不可能！我才是威尔士王子！"

爸爸喜欢讲故事，这是他的拿手好戏之一。他总是以一种哲学思考结束他的故事："如果这个精神病人能像我一样彻底地相信自己的身份，那么确实提出了一些非常重大的问题。谁能说我们俩谁是清醒的？谁能确定他们压根儿就不是精神病人，而是被朋友和家人无可救药地欺骗了呢？谁知道我是不是真的威尔士王子？谁知道我是不是你的亲生父亲？也许你的亲生父亲在布罗德莫精神病院，亲爱的孩子！"

他笑了又笑，这是一个非常不好笑的笑话，因为当时有传言说我的亲生父亲是妈妈以前的情人之一：詹姆斯·休伊特[①]少校。这个谣言之所以流传，原因之一是休伊特少校那一头姜色头发，但另一个原因是他的施虐癖。小报读者对查尔斯王子的小儿子不是查尔斯王子的孩子的说法津津乐道。出于某种原因，他们对这个"笑话"饶有兴趣。也许这能让他们觉得自己的生活会更有滋味，因为一个年轻王子的生活是一个笑话。

尽管母亲是在我出生很久之后才见到休伊特少校的，但这个故事实

---

① 詹姆斯·休伊特（James Hewitt，1958— ），曾服役于英国皇家骑兵队，并与戴安娜王妃相识，成为她的马术教练。

在是太精彩了，不容忽视。媒体反复报道它，不断添油加醋，甚至有传言说，一些记者正在寻找我的 DNA 来证明这一点。听闻这个传言，我的第一个想法是，在折磨了我的母亲并致使她藏起来之后，他们很快就会来找我。

直到今天，几乎每一本关于我的传记，每一份报纸或杂志上稍微长一些的介绍，都会涉及休伊特少校，都严肃地谈论他的父亲身份，包括描述爸爸终于和我坐下来促膝长谈的那一刻，他向我保证休伊特少校不是我的亲生父亲。场景生动，凄美动人，但完全是虚构的。如果爸爸对休伊特少校真的有什么想法，他也不会说出来。

15

据传，妈妈说，她的婚姻中有三个人。但她算错了。

她把我和威利排除在外了。

我们当然不明白她和爸爸之间发生了什么，但我们的直觉足以让我们感觉到另一个女人的存在，因为我们感受到了因她存在带来的影响。威利长期以来对这个女人心存怀疑，这让他困惑不解，深受折磨。当怀疑被证实时，他感到非常内疚，因为他没能早一天做点什么，说点什么。

我年纪还小，不会起疑心，但也不禁感到，我们家缺乏稳定，缺乏温暖和爱。

现在，妈妈去世了，这道算术题的结果对爸爸有利。他可以自由自在地去见"另一个女人"。公开去见，随时都可以。但光见还不够，爸爸想公开这件事。他要光明磊落。实现这一目标的第一步是获得"男孩子们"的支持。

先是威利被拉拢。他曾经在宫殿里偶遇那个女人，现在被正式从伊顿公学召回，去参加一个"高风险的"私人会面。我想是在海格洛夫庄园①。大概是喝茶的时候吧。后来从威利那里得知，事情进展得很顺利，不过他没有透露细节，只是给我留下这样一个印象："另一个女人"卡米拉做了努力，他很欣赏这一点，他只想说这些。

接下来轮到我了。我告诉自己：没什么大不了的。就像打针一样。闭上眼睛，不知不觉就结束了。

我依稀记得卡米拉和我一样冷静（或无聊）。我们都不太在意对方的意见。她不是我母亲，我也不是她最大的障碍。换句话说，我不是"继承人"。和我见面只是走走过场罢了。

不知道我们有什么好谈的。也许能聊聊马。卡米拉喜欢马，我对怎么骑马也略有所知。除此之外，很难想象还能找到别的什么话题可聊。

记得喝茶前，我心里想，她会不会对我很刻薄，会不会像故事书里所有邪恶的继母一样。但她没有。和威利一样，我对此真的很感激。

最后，在与卡米拉紧张的谈话结束之后，爸爸和我们进行了最后的会谈。

他问："你们觉得怎么样？"

我们认为他应该快乐。没错儿，卡米拉在父母婚姻破裂中扮演了关键角色。这也意味着在母亲去世的悲剧中，她也扮演了一个角色。但我们明白，她和其他人一样，被困在这件事的激流中。我们不怪她，事实上，如果她能让爸爸高兴，我们很乐意原谅她。可是看得出来，和我们一样，爸爸并不高兴。我们看出了他脸上那种茫然若失的、沮丧的表情，听到了他无奈的叹息。我们不能绝对肯定，因为爸爸很少谈到感情上的事，但这些年来，根据他无意中说出来的一些小事情，可以拼凑出一幅相当准确的爸爸的"肖像画"。

---

① 海格洛夫庄园（Highgrove Gardens），是查尔斯王子历时四十年打造的私人花园，位于英格兰格洛斯特郡泰特伯里镇西南。

比如，大约那个时候，爸爸承认，他小时候曾受到"霸凌"。奶奶和爷爷为了磨炼他的意志，让他坚强起来，把他送到高登斯顿学校①读书，在那里他受到了可怕的欺凌。他说，在高登斯顿，最容易被欺负的受害者是有创造力的人、敏感的人、书生气十足的人——换句话说，就是爸爸。他最优秀的品质成了恶棍追寻的"诱饵"。我记得他低声说："我差点儿没活下来。"他是怎么活下来的？低着头，抓紧他的泰迪熊。多年后他仍然和泰迪熊形影不离。爸爸无论到哪儿，都带着他的泰迪。那是一个可怜的小熊，断了胳膊，丝线耷拉着，到处都是补上的窟窿。我想，爸爸被那些坏孩子欺负完之后一定就是这个样子。泰迪充分表达了爸爸孩童时代最本质的孤独，比爸爸自己表达得更好。

威利和我都认为爸爸应该过得更好。对不起，泰迪。爸爸应该有个合适的伴侣。这就是为什么当爸爸征求威利和我的意见时，我们答应他，欢迎卡米拉加入我们的家庭。

我们唯一的要求是，不要娶她。"你不需要再婚。"我们恳求道。婚礼会引起争议，刺激新闻界，让整个国家、整个世界都谈论妈妈，拿妈妈和卡米拉做比较。没有人希望这样，尤其是卡米拉。

我们说："我们支持你。"

我们说："我们支持卡米拉。"

"可是求你别娶她。爸，在一起就是了。"

他没有回答。

但她回答了，直截了当。在我们与她私下举行"会谈"后不久，她就开始打持久战——一场旨在与爸爸结婚并最终戴上王冠的战斗。（我们推测，一定是得到了爸爸的同意。）关于她和威利私下谈话的故事到处流

---

① 高登斯顿学校（Gordonstoun），建立于 1934 年的私立寄宿制学校，位于苏格兰北部，查尔斯王子九岁时被送到该校读书。

传，刊登在所有的报纸上。故事里有非常精确的细节，当然，没有一句话是威利说出去的。

只可能是在场的另一个人泄露的。

而消息泄露显然是爸爸那个媒体顾问唆使的结果。这个人恰恰是卡米拉说服爸爸刚刚雇来的。

16

我在春天完成了在拉德格罗夫的学业，1998年初秋进入了伊顿公学。

这真是心灵的震撼。

伊顿公学是世界上最好的男校，我想，伊顿公学就是要让人心灵震撼。"震撼"一定是它最初章程的一部分，甚至可能是学校创始人——我的祖先亨利六世——给第一批建筑师的部分指示。他认为伊顿公学应该是某种神圣的圣地，犹如神圣的庙堂。为此，他希望它能强烈地压迫人们的感官，让游客觉得自己像温顺、卑微的朝圣者。

对我来说，他的这个目的达到了。

（亨利甚至授予学校无价的宗教文物，包括耶稣受难荆棘冠的一部分。一位伟大的诗人称这个地方为"亨利的圣荫"。）

几个世纪以来，伊顿公学的使命变得不那么虔诚，但课程设置却严格得令人震惊。伊顿现在有理由不再称自己为一所学校，而是简单地称为……公学。对于那些知情人来说，这里是最好的选择。伊顿公学的课堂培养了十八位首相，外加三十七位维多利亚十字勋章获得者。那是聪明男孩的天堂，而对于一个非常不聪明的男孩来说可能是炼狱。

第一次上法语课，我就看出情况有多么严重。听到老师不停地用语速很快的法语在班里讲课时，我非常吃惊。出于某种原因，他认为我们的法语都很流利。

也许其他人都流利。但是我呢？我的法语流利吗？是不是因为我在入学考试中表现还说得过去？Au contraire, mon ami！①

后来我走到老师面前，向他解释说，一定是搞错了，我分错了班。他让我放松，向我保证我很快就能跟上进度。他不知道我的底细，对我信心十足。于是我就去找舍监，求他把我和那些法语说得慢、学习迟钝的男孩，exactement comme moi②，安排到一个班。

他照我说的做了。但他只是权宜之计。

有一两次，我向老师或同学承认，我不仅到了错误的班级，而且上错了学校。我完全、完全听不懂。他们总是说同样的话："别担心，没事儿。"

"别忘了你哥哥一直在这里读书！"

但要忘记的人不是我。威利让我假装不认识他。

"什么？"

"你不认识我，哈罗德。我也不认识你。"

他解释说，过去的两年里，伊顿公学一直是他的圣地。没有一个小兄弟跟在屁股后面，缠着他问问题，打扰他的社交圈。他营造自己的生活，不愿意就此放弃。

其实他这样说并不稀奇。威利一直讨厌别人把他跟弟弟"捆绑"。他讨厌妈妈给我们穿一样的衣服。（她对童装的品位达到了极致，可这也没用。我们经常看起来像《爱丽丝漫游仙境》里的双胞胎。）对这些事儿我很少注意。我不在乎衣服，不管是我的还是别人的。只要不穿苏格兰裙，

---

① 法语。意思是：恰恰相反，我的朋友。
② 法语。意思是：和我完全一样的。

不在袜子里别一把让人担心的刀①，屁股上没有冷风吹，我就没事。但对威利来说，和我穿一样的运动衫和紧身短裤纯粹是痛苦。而现在，和我上同一所学校，对他来说简直是谋杀。

我告诉他不要担心，"我会忘记曾经认识你。"

但伊顿公学可没这么简单。为了彼此有个照应，学校让我俩住在同一个屋檐下。

我们住在庄园别墅。不过我在一楼。威利在楼上，跟大孩子们在一起。

17

庄园别墅里六十个男孩中有许多人都像威利一样"热情"。然而，比起他们的冷漠，他们的轻松更让我不安。就连我这个年纪的孩子也表现得就好像他们是在学校操场上出生的一样。

拉德格罗夫有它自身的问题，但至少我在那里轻车熟路，知道如何作弄帕特，知道什么时候分发糖果，知道如何熬过"写信日"。随着时间的推移，我一路摸索，爬到了拉德格罗夫金字塔的顶端。而现在，在伊顿公学，我又回到了金字塔的底部。

一切重新开始。

更糟的是，我最好的朋友亨纳斯不在身边。他在另一所学校上学。

我甚至不知道早上该怎么穿衣服。每个伊顿学生都被要求穿黑色燕尾服，白色无领衬衫，白色硬领别在衬衫上，配上细条纹裤子，沉甸甸

---

① 苏格兰人的习俗。他们把"Sgian Dubh"（隐蔽的刀）插在长袜里。"Sgian Dubh"最初用于切割水果、肉类、面包、奶酪，后来成为用途更广泛的日常生活用品，用来切割材料和自我防卫。

的黑皮鞋，还有一条不是领带的领带——更像是一条折叠在白色的可拆卸领口上的布条。这套行头被称为正装，但它不是正装，而是适合葬礼的服装。这是有原因的，我们需要永远为老亨利六世而哀悼。（或者为乔治国王，他是这所学校的早期支持者，他经常让孩子们到城堡里喝茶，或做类似的事情。）虽然亨利是我的曾曾曾曾曾曾祖父，尽管我为他的去世感到难过，也为他的死给爱他的人带来的痛苦而悲伤，但我并不热衷于日夜不停地悼念他。任何一个男孩都不愿意参加永无止境的葬礼，尤其对于一个刚刚失去母亲的男孩来说，这更是每天都要经历的痛苦。

第一天早上，我花了很长时间才系好裤子，扣好马甲的扣子，折好僵硬的衣领，总算走出了宿舍。我急得要命，生怕迟到。因为如果迟到了就必须把名字写在一个叫作"迟到簿"的大"账本"上。这是我需要学习的许多新规矩之一，另外还有一长串新单词和短语。"课程"不再是"classes"，而是"divs"①。"老师"不称为"teachers"，而是"beaks"。"香烟"是"tabbage"（似乎每个人都有很重的烟瘾）。老师们上午召开的会议叫"chambers"。会上，他们讨论学生，特别是"问题学生"的情况。他们开会的时候，我经常感到耳朵发烧。

在伊顿公学，体育是我的最爱。喜欢运动的男孩被分为两组："dry bobs"（喜欢陆上运动的男孩）和"wet bobs"（喜欢水上运动的男孩）。"dry bobs"玩板球、足球、橄榄球或马球。"wet bobs"划船、航行或游泳。我是偶尔会被"弄湿"的"干货"。虽然橄榄球让我痴迷，我还是参加了所有的陆上运动。这是超棒的运动，让我有一个很好的理由迎战困难。橄榄球让我宣泄了心中的愤怒，现在有人把这种愤怒称为"红雾"②。

---

① "divs"是伊顿公学学生间使用的暗语。后面的"beaks""tabbage""chambers"同上。

② 愤怒可以被描述为一团红雾（red mist），当你非常生气的时候，你的眼睛会充血，你会"看到红色"，称之为"红雾"。

另外，我不像其他男孩对疼痛那么敏感。这让我在球场上很可怕。没有人知道，这个男孩实际上是在寻求外在的痛苦平复内心的苦难。

我交了几个朋友。这并不容易。因为我有特殊的要求。我需要一个不会取笑我是王室成员的人，一个不会提及我是"替补"的人。我需要一个能正常对待我的人，这意味着他必须无视睡在走廊尽头的武装保镖——其工作是防止我被绑架或暗杀。（更不用说我一直随身携带的电子追踪器和求救报警器了。）我的朋友们都符合这些标准。

有时，我和我的新伙伴会逃离学校，跑到温莎桥。这座桥横跨泰晤士河，连接伊顿公学和温莎。具体点儿说，我们会溜到桥下，找个私密的地方抽烟。伙伴们似乎很享受这样的顽皮，而我这样做只是因为仿佛处于"自动驾驶"的状态。吃完麦当劳后当然想抽根烟，谁不想呢？但如果我们想逃学的话，我更喜欢去温莎城堡的高尔夫球场，一边打高尔夫球，一边喝点儿啤酒。

尽管如此，我还是像机器人一样，接过给我的每一根烟。很快，我就以同样自动的、不假思索的方式，开始抽大麻了。

18

这项运动，只需要一个球拍、一个网球，完全不必顾虑人身安全。四个球员：一个投球手，一个击球手，两个站在走廊中间的外野手，每个外野手都一只脚踩在走廊上，另一只脚踩在房间里。因为不总是在我们自己房间门口玩，所以经常打扰别的正在学习的男孩。他们会求我们离开。

我们说，对不起，这也是我们的功课。

散热器代表三柱门。我们常常为怎样才算接杀①成功争论不休。接住从墙上弹下来的球算吗？算！从窗户上弹过来的呢？不算！单手接住落地后反弹一次的球算吗？算"半出局"。②

有一天，我们组里最爱运动的一个同学向一个球扑过去，试图抓住一个棘手的球，结果脸碰到墙上挂着的灭火器，舌头裂开个口子。你会想，在那之后——地毯上永远留下他的血迹之后——我们就该不在走廊里打板球比赛了。

我们照玩不误。

不玩走廊板球的时候，我们就懒洋洋地躺在房间里。我们很擅长摆出一副极其懒散的样子。重点是，要让你看起来毫无目标，好像只有做坏事的时候——或者更甚，做蠢事的时候——才能让你振作起来。那天，在我的上半场快结束的时候，大家突然想到一些非常愚蠢的事情。

有人说我的头发太糟糕了，就像荒原上的草。

"嗯……那该怎么办呢？"

"让我试一试。"

"你？"

"是呀。让我把它剃掉。"

哦。这话听起来不对劲儿呀。

---

① 接杀，是板球运动中比较常见的出局方式。规则是：击球手用球拍击出或碰出的球，碰到击球手的手套或球拍柄后，没有弹地而直接被防守队员接住，则击球手出局。

② 板球的街头玩法或简易玩法中有一种约定俗成的规则，称为"one hand, one bounce"，指攻方（击球手）将球击到地上时，如果球只反弹了一次，就被守方（外野手）用一只手（只能单手）接住，仍算接杀成功，击球手出局。因为哈里和同学玩的是只有四人参与的板球极简玩法，不能完全照搬常规板球玩法的规则，所以他们要争论规则，争论的结果是：单手接住落地后只反弹一次的球，算击球手"半出局"。板球的常规玩法中不存在"半出局"的规则。

但我想试一试。我想成为最棒的小伙子,一个有趣的家伙。

于是我说:"好吧。"

有人拿来剪刀。有人把我推到椅子上。在我脑袋上"健康成长"这么多年的头发,转眼之间,在一阵咔嚓声中滑落下来。剪完之后,我低头一看,看到地板上有十几座姜色的"金字塔",就像从飞机上看到的红色火山,我知道我犯了一个传奇性的错误。

我跑到镜子前。怀疑得到证实,我惊恐地尖叫起来。

同伴们也尖叫起来,伴随着嘻嘻哈哈的笑声。

我急得团团转,想让时间倒转,想把头发从把地板上捡起来再粘回到脑袋上,想从噩梦中醒来。我不知道还能向谁求助,就违反了"神圣的规定",那一条永远不能违反的"闪闪发光的戒律",我跑上楼去找了威利。

当然,威利也无能为力。我只是希望他能告诉我,没事儿,别惊慌,保持冷静,哈罗德。可是,他像其他人一样笑了。我记得他坐在书桌前,低头看一本书,咯咯咯地笑着,而我站在他面前,用手指摸着刚刚裸露的头皮。

"哈罗德,你这是干了什么?"

这话问的。听起来像《恶搞之家》[①]里斯特威的问话。我干了什么难道不是显而易见吗?

"你不该这么做,哈罗德!"

我们现在不是正在讨论显而易见的事实吗?

他又说了几句毫无意义的废话,我就走了出去。更恶毒的嘲笑还在后面。几天后,《每日镜报》头版刊登了有关我新发型的消息,标题是《光头党哈里》。

---

① 《恶搞之家》(*Family Guy*),美国喜剧动画剧集。

我无法想象他们是怎么听到这个故事的。一定是同学告诉了别人，别人又告诉了别人，别人又告诉了报纸。谢天谢地，他们没有照片。但他们即兴发挥，在头版刊登了"替补"的图片，是电脑生成的效果图，光秃秃的脑袋像颗鸡蛋。谎言。比谎言还无耻，真的。

我虽然看起来很糟糕，但也没到那么糟糕的程度。

19

我认为情况不会更糟。然而，对于一个王室成员来说，论及媒体，倘若认为事情不会变得更糟，是多么严重的错误！几周后，同一家报纸把我放在了头版头条，标题是《哈里出了意外》。

我玩橄榄球时拇指骨折了，本来没什么大不了的，但报纸报道说，我是靠生命维持系统维持生命的。在任何情况下，这种报纸的品位都极低，而在妈妈所谓的事故发生一年多之后，还会如此拙劣！

那么来吧，伙计们。

我一直在跟英国媒体打交道，但他们从来没有拿出我"单挑"。事实上，自从妈妈死后，媒体对她两个儿子的报道就有了一个不成文的约定。约定是这样的："别再写了。"

"让他们在安宁中接受教育。"

显然，这个约定现在已经失效了，因为我就在那儿，被人泼洒在头版上，被渲染成一朵娇嫩的花，或者一个混蛋，或者两者兼备。

还有《敲响死亡之门》，这篇报道我读了好几遍，尽管它的弦外之音很阴郁——哈里王子有点儿不对劲。但它的语气让我惊讶：充满玩闹意味。对这些人来说，我的存在只是乐趣和游戏。对他们来说，我不是人。我不是一个十四岁的小男孩。我是一个卡通人物，一个被人操纵、嘲笑取乐的布偶。所以，如果他们的乐趣使我本已艰难的日子更加艰难，让我在同学面前抬不起头，更不用说让我在更广阔的世界成为笑柄，那又怎么样呢？如果他们在折磨一个孩子，那又怎么样呢？一切都是正当的，因为我是王室成员，而在他们心目中，王室成员就是"非人"的代名词。几个世纪以前，王室的男人和女人被认为是神圣的。现在却犹如昆虫。扯下它们的翅膀玩，多么有趣呀！

爸爸的办公室正式投诉这家报纸，要求他们公开道歉，指责报纸欺负他的小儿子。

报纸叫爸爸的办公室走开。

继续正常生活之前，我最后看了一眼这篇文章。在所有让我惊讶的事情中，最让我吃惊的是，这篇文章写得非常糟糕。我不是什么出色的学生，写作能力也很差，然而我所受的教育足以让我看到，这家报社简直就是文盲大师班。

比方说，在解释我受了重伤，濒临死亡之后，文章便慌忙提醒读者，我受伤的具体情况不能透露，因为王室禁止编辑这样做。（好像我的家人能控制这些食尸鬼似的。）"为了让你们放心，我们可以告诉大家，哈里的伤势并不严重。但是这次事故被认为严重到足以将他送往医院。但是我们相信你们有权知道王位继承人是否卷入了一场事故——无论多么小，无论是否造成了伤害。"

这一段话连续使用两个"但是"，自以为是，缺乏连贯性，驴唇不对马嘴，歇斯底里，空洞无物。据说这一段狗屁般的文字是由一位年轻记者编辑的，或者根本就是他自己写的。我扫了一眼这个家伙的名字，很快就忘了。

我想我再也不会看到这个名字，也不会看到他本人。就凭他的写作能力，我无法想象他还能继续当记者。

20

我忘了是谁先用这个词的。可能是媒体的什么人，或者我的老师。不管是谁，它生根发芽并流传开来。我在"皇家风云大戏"中被设定了角色。早在我长到（合法）喝啤酒的年龄之前，这就成了一种教条。

"哈里？没错儿，他是那个淘气的。"

淘气，成了我在水中搏击的逆流，天空飞翔的逆风，成了我永远都无法摆脱的日常成见。

我不想淘气。我想变得高尚。我想做个好人，努力工作，长大了做一些有意义的事情。但是，每一次罪过，每一次失误，每一次挫折，都给我贴上同样令人厌倦的标签，受到同样公开的谴责，从而强化了我"天生淘气"的固有偏见。

如果我的学习成绩好，事情可能就不一样了。但我学习不好，谁都知道。我的成绩单是公开的。整个英联邦都知道我学业不佳，这在很大程度上是由于伊顿公学高手云集，竞争激烈。

但没人讨论过其他可能的原因。

因为我妈妈的离世。

学习，需要专注，需要与思想"结盟"，而十几岁的时候，我正在与思想进行全面的战争。我永远在抵挡最黑暗的思想、最让人心悸的恐惧、最美好的回忆（记忆愈深，痛苦愈深）。我找到了一些这样做的策略，有些是健康的，有些不是，但都很有效。每当这些策略无法使用时——比如，当我被迫静静地坐着看书的时候——我就会抓狂。当然我会尽力避免这种情况发生。

无论如何，我都努力避免一个人静静地坐着看书。

我突然意识到，教育的全部基础就是记忆。一串名字、一列数字、一个数学公式、一首美丽的诗——要学习这些东西，你必须把它们上传到大脑中存储东西的"记忆库"。但我一直抗拒的正是大脑的这个部分。自从妈妈去世之后，我的记忆就断断续续，这是我故意的，我不想修复它，因为记忆等于悲伤。

忘记是一种安慰。

也可能那时候，我的记忆力出了什么差错。因为我确实记得，我还是非常擅长记某些东西的，比如《神探飞机头》和《狮子王》。我经常大段大段地背诵给我的伙伴听，给我自己听。我记得我有这样一张照片：我坐在屋子里，在推拉式办公桌前，文件架和乱七八糟的文件中间放着一张妈妈装在银相框里的照片。由此可见，尽管我清楚地记得我不想记住她，但也努力不忘记她。

我既淘气又蠢，读书于我而言很难。这对爸爸来说是一种痛苦，因为这意味着我是他的对立面。

最让他烦恼的是我总是想方设法避开书本。爸爸不仅喜欢读书，而且把书看得很重，尤其看重莎士比亚的作品。他喜欢《亨利五世》①，把自己比作哈尔王子。他的生活中有很多"福斯塔夫"②，比如他敬爱的舅公蒙巴顿勋爵③，以及卡尔·荣格的性格暴躁的知识分子助手劳伦斯·凡·德·普斯特。

我六七岁的时候，爸爸去了斯特拉特福④，为维护莎士比亚，做了一次言辞激烈的讲演。站在英国最伟大的作家出生和去世的地方，父亲谴

---

① 《亨利五世》(Henry V)，莎士比亚创作的戏剧。
② 福斯塔夫（Falstaff）是莎士比亚历史剧中最著名的人物之一。他出现在历史剧《亨利四世》和《亨利五世》中，是哈尔王子（后来的亨利五世）的玩伴。
③ 即路易斯·蒙巴顿（Louis Mountbatten，1900—1979），菲利普亲王的舅舅，二战时期任英国海陆空三军中将、盟军东南亚战区总司令、海军上将。
④ 斯特拉特福（Stratford），莎士比亚的出生地，位于伦敦北方 50 多公里处英格兰沃里克郡。

责学校对莎士比亚戏剧的忽视，痛斥莎士比亚从英国的课堂和国家的集体意识中消失。爸爸在这篇慷慨激昂的演讲中引用了《哈姆雷特》《麦克白》《奥赛罗》《暴风雨》《威尼斯商人》中的经典语录——他背诵剧中的台词，就像从自己种的玫瑰上扯下一片片花瓣，扔向听众。这是一种表演技巧，但不是空洞无物、装腔作势。他是在强调：你们都应该做到这一点，你们都应该知道这些台词，这是我们共同的遗产，我们应该珍惜它们，保护它们，而我们却眼睁睁看着它们死去。

我从未怀疑过，自己就是不懂莎士比亚的那群人中的一员，这让爸爸多么难过。我试着改变，打开《哈姆雷特》。嗯，孤独的王子，为死去的父亲痛苦，看着还活着的母亲爱上了死去的父亲的篡位者……

我砰的一声合上书。不看了，谢谢。

爸爸从来没有停止过捍卫莎士比亚的战斗。他在海格洛夫庄园待的时间更多，那是他在格洛斯特郡占地 350 英亩的庄园，距离斯特拉特福不远，所以他特意时不时带我去看演出。我们不请自来，演什么戏，爸爸都不在乎。对我来说也不重要，尽管原因不同。

对于我都是折磨。

有很多个夜晚，我看不懂舞台上正在发生的事情，听不懂他们说的话。但当我真正明白的时候，对我来说更糟。那些话语在燃烧，让人受折磨。我为什么要看一个悲痛欲绝的国王"愁眉紧锁"[①]呢？这让我想起 1997 年 8 月。我为什么要思考这个不可改变的事实："活着的人任谁都要死去，穿越自然踏进永恒的宁静……"[②] 我没有时间去想永恒。

---

① "愁眉紧锁"（contracted in one brow of woe），引自《哈姆雷特》第一幕第二场国王克劳狄斯的台词"……and our whole kingdom to be contracted in one brow of woe."（……王国上下理当愁眉紧锁共展一片哀容）。

② 这句话是引自《哈姆雷特》第一幕第二场中王后的台词。英文是：All that lives must die, passing through nature to eternity.

我记得有一部我最喜欢的文学作品，我读得津津有味，是一部篇幅不长的美国小说，约翰·斯坦贝克的《人鼠之间》。是老师在英语课堂上布置我们阅读的。

与莎士比亚不同，斯坦贝克不需要翻译。他用朴素的白话写作。更妙的是，他的作品结构紧凑。《人鼠之间》只有一百五十页。

最重要的是，它的情节很有趣。两个家伙，乔治和伦尼，在加利福尼亚游荡，寻找一个属于他们自己的地方，试图突破他们的局限。他们都不是天才，但伦尼的问题似乎不只是低智商。他在口袋里放着一只死老鼠，用大拇指抚摸它，以求安慰。他还非常喜欢一只小狗，以至于把它杀死了。

这是一个关于友谊、兄弟情谊、忠诚的故事，它的主题让我产生共鸣。乔治和伦尼让我想起了我和威利。两个朋友，两个流浪者，经历着同样的事情，互相照应。正如斯坦贝克笔下的一个角色所说："一个男人需要有人在他身边。一个人没有人陪伴会发疯的。"

千真万确。我想和威利一起分享。

可惜他还在假装不认识我。

21

应该是1999年的早春。我从伊顿公学回来过周末。

醒来时发现爸爸坐在我床边，说他要安排我再到非洲。

"非洲，爸爸？"

"是的，亲爱的孩子。"

"为什么？"

还是老问题。他解释说，学校这次的假期比较长，要过复活节，我总得做些事。非洲是个好去处。确切地说，是去博茨瓦纳。狩猎旅行。

狩猎旅行！跟爸爸一起去吗？

不是。唉，这次他不会去。但是威利会去。

哦，很好。

他补充说还有一个非常特别的人，担任我们的非洲向导。

"谁，爸爸？"

"马可。"

马可？我几乎不认识这个人，尽管听说他人不错。他是威利的保镖，威利似乎很喜欢他。在这个问题上，大家对他的看法都一样。爸爸手下的人都一致认为马可是最好的，最粗犷，最坚韧，最勇猛。

他在威尔士卫队已经工作多年，是个擅长讲故事的人。男人中的男人，真正的男子汉。

一想到马可带领我们开始的狩猎之旅，我就兴奋不已，不知道接下来几周在学校里的日子是怎么过的。事实上，我已经什么都不记得了。爸爸告诉我这个消息之后，我的记忆仿佛完全消失了，然后在我和马可、威利以及我们的保姆之一蒂吉一起登上英国航空公司的飞机时，我的记忆又恢复了正常。准确地说，蒂吉是我们最喜欢的保姆，尽管她无法忍受这样的称呼。谁敢这么做，她就跟谁吵翻天。"我不是保姆，我是你们的朋友！"

遗憾的是，妈妈不这么认为。妈妈不是把蒂吉当成保姆，而是把她当对手。众所周知，妈妈怀疑蒂吉会被培养成她的母亲身份的替代者。（妈妈把蒂吉看作她的备胎吗？）现在，这个妈妈担心可能取代她的女人，实际上已经取代了她——这对妈妈来说多么可怕啊。因此，蒂吉每一次的紧紧拥抱或轻轻拍头，一定会让我心中释放出某种内疚的刺痛、某种不忠的悸动，但我不记得了。我只记得当蒂吉坐在我旁边，告诉我系好安全带时，我的心怦怦直跳。

我们直接飞到约翰内斯堡，然后乘螺旋桨飞机去了博茨瓦纳北部最大的城市马翁。在那里，遇到一大群游猎导游，带我们加入了一队敞篷丰田陆地巡洋舰。我们驱车离开，直奔荒野，驶向广阔的奥卡万戈三角洲。我很快发现那里可能是世界上最美丽的地方。

奥卡万戈通常被称为河流，但这就像把温莎城堡称为房子一样。奥卡万戈下游是一个巨大的内陆三角洲，位于地球上最大的沙漠之一卡拉哈里沙漠的中部，一年中有部分时间非常干燥。但到了夏末，它开始被上游的洪水填满。最初是安哥拉高地的绵绵细雨，慢慢汇集成涓涓细流，然后是奔腾的流水，把三角洲变成几十条河流，而不是一条。从太空看，它就像充满血液的心脏。

有水就有生命。这里有大量的动物，可能是世界上生物多样性最丰富的地方。各种动物来喝水，洗澡，交配。想象一下，方舟突然出现，然后倾覆的情景。

当我们接近这个神奇的地方时，我激动得连气都喘不过来。狮子、斑马、长颈鹿、河马——一切仿佛都是一场梦。最后我们停了下来，这里是我们下个星期的露营地。这个地方挺热闹，更多的导游，更多的追踪者，至少有十几个人。很多人击掌，拥抱，打招呼。

"哈里，威廉，跟阿迪打个招呼！"（阿迪二十岁，长发，笑容甜美。）

"哈里，威廉，跟罗杰和大卫打个招呼。"

马可站在人群中，像个交警，指挥，哄劝，拥抱，大声嚷嚷，哈哈大笑，总是笑。

他很快就把我们的露营地收拾好了。巨大的绿色帆布帐篷，柔软的帆布椅子围成几圈。最大的一个圆圈围绕着石头灶坑里的篝火。每当我想起那次旅行，那堆篝火立刻就映入脑海，就像我瘦弱的身体围拢到篝火旁边一样。篝火旁是我们每天定期聚集的地方。早晨，中午，黄昏，尤其是晚饭后。我们会盯着那团火，然后抬起头看辽阔的苍穹。星星看起来就像木头上飞溅的火花。

有一位导游称这篝火为"丛林电视"。

是的,我说,每次扔到火堆上一根木头,就像换了一个频道一样。

他们都很喜欢我的说法。

我注意到,篝火催眠了或者麻醉了我们这帮人里的每一个成年人。橙色的光辉中,他们的脸变得柔和起来,话也多了。然后,随着时间的推移,威士忌端到面前,他们又要经历一次巨大的变化。

笑声会变得……响亮。

我会想:"请再来点儿这个。"更多的火,更多的谈话,更响亮的笑声。

我一生都害怕黑暗,而非洲有治愈方法。

篝火。

22

马可是团队中体型最大的人,笑声也最响亮。他的体型和声音的音量之间似乎存在某种比例关系。同样,他的嗓音的洪亮度与他的头发的鲜艳度之间也有类似的关联。我是个姜色头发的人,对自己的头发有些不自信。马可的头发更红,但他完全不介意这一点。

我呆呆地看着他,心想:"教教我,让我也像他一样吧。"

然而,马可不是那种好老师。他总是不停地行动,不停地做事。他喜欢很多东西——食物、旅行、大自然、枪支,还有我们——但他对"讲课"没有兴趣,更注重以身作则,并且享受美好时光。他就像一场盛大的"红发狂欢节",如果你来参加派对,那太好了,不来参加,那也没关系。看着他狼吞虎咽地吃晚餐,大口大口地喝杜松子酒,大声说笑话,拍拍"跟踪者"的肩,我多次想,为什么没有更多的人像这个家伙一样啊。

为什么没有更多的人至少尝试一下呢？

我想问威利，有这样一个人照顾他，指导他，是什么感觉，但显然伊顿公学的"规则"也被带到博茨瓦纳，就像在学校里一样，威利不想在丛林里认识我。

关于马可，唯一让我感到介意的是他曾在威尔士卫队服役的经历。那次旅行中，看到他，我就会想到那八名身穿红色紧身短上衣的威尔士卫兵，把棺材扛在肩上，沿着教堂的过道行进……我努力提醒自己，马可那天并不在场。我努力提醒自己，不管怎样，那个"盒子"是空的。

一切都很好。

蒂吉"建议"我去睡觉的时间总比别人早，我没有抱怨。白天很长，帐篷犹如一个受欢迎的茧。帆布散发着旧书的书香，地板上铺着柔软的羚羊皮，我的床上铺着舒适的非洲毯。这么多年来，我第一次很快就睡着了。当然，帐篷映照着篝火熊熊燃烧的火光，帐篷那边传来大人们的说话声和远处动物的叫声。所有这一切都有助于我进入梦乡。天黑后，各种野兽的尖叫声、咩咩声、咆哮声不绝于耳——那是它们最忙碌的时候，那是它们的高潮时间。天色越晚，喧闹声越大。我听了感觉到宽慰，也觉得好笑。不管野兽的声音有多大，还是能听到马可的笑声。

一天晚上，睡着之前，我下定决心：一定要想办法让那个家伙因为我的原因大笑一次。

23

和我一样，马可也爱吃甜食。和我一样，他特别喜欢布丁，他总是管布丁 (puddings) 叫布德（puds）。所以我就想到在他的布丁里加点非常辣的塔巴斯科辣椒酱。

吃第一口，他一定会大声号叫。意识到这是个骗局，他就会笑。哦，他会笑得特别开心！等到意识到是我干的好事儿，那笑声一定更加洪亮！

我都等不及了。

第二天晚上，大家吃晚饭时，我蹑手蹑脚走出当作餐厅的帐篷，沿人行道走了50米，走进厨房帐篷，往马可的布丁（是黄油面包布丁，妈妈的最爱）碗里倒了一整杯塔巴斯科辣椒酱。厨房工作人员看到了我，但我把手指放在了嘴唇上。他们都咯咯咯地笑了起来。

我匆匆跑回餐厅帐篷，对蒂吉眨了眨眼睛。我俩已经相互信任，心照不宣，她认为整个恶作剧都很精彩。我不记得有没有告诉威利我在做什么。可能没有。我知道他不会同意的。

我局促不安，一分一秒地计算着，直到甜点端上来，我强忍着，努力不笑出声来。

突然有人大喊一声："哇！"

另一个人喊道："什么——"

我们一齐转过身来。就在门敞开的帐篷外面，有一条黄褐色的尾巴摇摆着，发出嗖嗖嗖的响声。

是豹子！

大伙儿都像冻僵了一样，除了我。鬼使神差，我居然朝它走了过去。

马可一把抓住我的肩膀。

豹子走开了，像一个首席芭蕾舞演员，穿过我刚才走的那条小径。

我回过头，看到大人们都张着嘴，面面相觑："哦，天哪！"

然后他们的目光转向我："哦……哦……哦……天哪！！"

他们都在想同样的事情，想象着国内报纸上会打出同样的大字标题：《哈里王子被豹子咬伤》。

世界将会动荡。甚至将有人头落地。

我却根本没想过这些。我在想妈妈。那只豹子显然是她发出的信号，是她派来的信使，让它来告诉我：

"一切都很好。一切都会好起来的。"

同时我也在想：太恐怖了！

要是妈妈终于从她的藏身之地出来，却发现她的小儿子被豹子活生生地吃了，会发生什么事呢？

24

作为王室成员，你总是被教导要和其他人之间保持一个缓冲区。即使在人群中工作，也总要与他们保持谨慎的距离。保持距离是正确的，保持距离是安全的，保持距离就是生存的保障，保持距离是身为王室成员必不可少的素养，就像站在阳台上，向白金汉宫外的人群挥手，家人都在你身边。

当然，家人之间也要保持距离。无论你多么爱一个人，你永远无法跨越，比方说，君主和孩子之间、"继承人"和"替补"之间的鸿沟，无论是身体上的，还是情感上的。不仅仅是威利要属于自己的空间。老一辈对任何身体接触都持近乎零容忍的态度。不能拥抱，不能亲吻，不能拍拍打打。也许偶然会轻触脸颊……在特殊的场合。

但在非洲，就不是这么回事儿了。在非洲，距离消失了。所有的生物都自由地融合在一起。只有狮子昂首阔步，只有大象像皇帝一样趾高气扬，甚至它们也不是完全冷漠的。它们每天都与臣民交往，别无选择。是的，这里有掠夺，有猎物，生命可能是肮脏、野蛮和短暂的，但在我一个十几岁孩子的眼睛里，这一切看起来都是浓缩的民主。是乌托邦。

这还不包括追踪者和导游见面后的熊抱和击掌。

另一方面，也许我喜欢的不仅仅是与人或其他生物的亲密接触，还喜欢那千奇百怪的生物令人难以置信的数量。短短几个小时之内，我从一个干旱、贫瘠、充满死亡气息的地方，来到一块富饶的湿地。也许这就是我最渴望的生活。

也许这就是我 1999 年 4 月在奥卡万戈发现的真正奇迹。

那一整个星期我都没眨过眼。我想我一直在笑，甚至睡觉的时候都在笑。如果我回到侏罗纪时期，也不会比现在更满心敬畏了——让我着迷的不仅仅是霸王龙。我也喜欢最小的动物。还有鸟儿。多亏了阿迪，他显然是我们团队中最聪明的向导。我开始认出飞行中的冠兀鹫、黄头鹫、南方胭脂红蜂食鸟、非洲鱼鹰。甚至连甲虫也很吸引人。阿迪教会我如何看清它们。他教我往下看，注意不同种类的甲虫，欣赏幼虫的美丽。此外，我们还可以欣赏白蚁丘的巴洛克式建筑，这是除人类外所有动物建造的最高水平的建筑。

"要知道的太多了，哈里。好好欣赏。"

"没错儿，阿迪。"

每当我和他一起散步，每当我们遇到一具刚死不久、爬满蛆虫或者被野狗围着的新鲜兽尸，每当我们绊倒在一堆大象粪便上（这些粪便长出的蘑菇看起来就像《雾都孤儿》中"机灵鬼"①的礼帽），阿迪从不畏缩。

"这是生命的轮回，哈里。"

阿迪说，我们周遭的所有东西中，最壮观的是水。奥卡万戈只是另一种生命的形式。孩提时代，他和父亲一起走遍了奥卡万戈，只带着铺盖。他对奥卡万戈了如指掌，觉得它有点儿像浪漫的爱情。它的表面宛如光滑的脸颊，他经常轻轻抚摸它。

---

① 英国作家查尔斯·狄更斯的小说《雾都孤儿》中小偷头目杰克·道奇斯的绰号，英文为"Artful Dodger"，《雾都孤儿》中文版译为"机灵鬼"。

但他对这条河也有一种清醒的敬畏和尊重。他说，大河深处就是死亡。饥饿的鳄鱼，坏脾气的河马，都在河里，在黑暗中，等着你失足。河马每年杀死五百人。阿迪一遍又一遍地往我脑海里灌输这句话。这么多年过去了，我仍然能听到他的声音。

"永远不要进入黑暗的水里，哈里。"

一天晚上，所有的向导和追踪者围坐在篝火旁谈论这条河，大声讲着关于在波峰浪谷间搏击、游泳、划船的奴隶，还有人们对这条河的恐惧。大家七嘴八舌，讲得津津有味。那一晚我都在听，这条河的神秘，这条河的神圣，这条河的诡异。

说到它的诡异……大麻的味道在空气中飘散。

故事越讲越离谱。

我问，我能不能也讲一个。

大伙儿都哄笑起来。

"还是算了吧！"

威利满腹狐疑地看着我。

但我不会退缩。我据理力争，说我也见多识广。大家都转过头来。

"哦，真的吗？"

我得意扬扬地说，我和亨纳斯最近偷了两箱六瓶装的果味啤酒，喝得酩酊大醉。而且，蒂吉和我一起游猎时，总是把她的小酒瓶递给我，让我喝一口。（黑刺李杜松子酒，她酒不离身。）我想最好还是别把我的全部经历都讲给他们听。

大人们狡黠地交换了一下眼神。有一个家伙耸耸肩，卷了一根大麻，递给我。

我吸了一口，咳嗽起来，还有点儿反胃。非洲大麻比伊顿公学的大麻更低劣。给人的兴奋感也降低了。

但我至少是个男子汉了。

不。我还是个小屁孩儿。所谓"大麻"只是新鲜的罗勒叶裹在肮脏的卷烟纸里罢了。

25

休和艾米丽是爸爸的老朋友。他们住在诺福克,遇到学校假期和暑假时,我们经常去看望他们一两个星期。他们有四个儿子,威利和我总是作为一方和他们一起玩,就像两只小狗落入一群比特犬中。

我们玩游戏。今天捉迷藏,明天夺旗①。但不管玩什么,都是一场混战的借口,不管怎样争斗,都没有赢家。因为没有规则。揪头发,抠眼睛,扭胳膊,锁喉。在休和艾米丽的乡间别墅里,爱和战争都是公平的。

我年纪最小,个子最矮,我总是承受着巨大冲击,但也总是我挑起最严重的事端,结果只能是自讨苦吃。我"咎由自取",常常被打成乌眼青,伤痕青紫,嘴唇肿胀。我不介意,恰恰相反,也许我想让自己看起来坚韧不拔,也许只是想有所感受。不管动机是什么,我对打架的理念很简单:来吧,再多一点儿。

我们六个人用具有历史意义的名字来包装假装的战斗。休和艾米丽的房子经常被当作滑铁卢、索姆②和罗克渡口。我向对方猛冲过去,尖叫着:"祖鲁!"

阵营通常以血缘关系划分,但也不总是这样。不总是以"温莎"为一方,其他人为另一方,也会混搭。我有时与威利并肩作战,有时和他是对手。不过,不管如何联盟,休和艾米丽的一两个孩子经常会转而攻

---

① 夺旗(Capture the Flag)是一种欧美传统游戏。
② 索姆(Somme),法国一个省的名字。这里爆发的索姆河战役是第一次世界大战中规模最大的一次会战。

击威利。我听到他大声呼救，就眼冒怒火，好像眼睛后面的血管爆裂了一样。我会完全失去控制，无法专注于家庭、国家、部落之外的任何事情。我扑向某个人，任何一个人，踢，打，掐脖子，蹬腿。

休和艾米丽的孩子们应付不了这场面，不知如何是好。

"放开他，他疯了！"

我不知道自己是个多么"武艺高强"的斗士，但总能成功地把威利解救出来。他会检查伤口，擦擦鼻子，然后撤离战场。等到打斗最终结束，我们一起蹒跚而去时，我的心里总是充满对他的爱，并且感觉到爱的回报，但也有点儿尴尬。我只有威利一半高，一半重。我是弟弟，应该是他来救我，而不是我去救他。

随着时间的推移，打斗升级，"轻武器"被引入。我们向对方投掷罗马烟火筒，用高尔夫球管做"火箭"发射器，上演夜战——我们俩保卫空地中央的一座石头碉堡。我现在仿佛还能闻到硝烟味，还能听到"火箭弹"飞向受害者时发出的嘶嘶声。受害者唯一的"盔甲"是一件羽绒服，几只羊毛手套，也许还有一副滑雪镜，不过通常没人戴。

"军备竞赛"愈演愈烈。和他们一样，我们开始使用 BB 枪，近距离射击。怎么没有人致残？怎么没人失去一只眼睛？

有一天，我们六个人在他们家附近的树林里散步，寻找松鼠和鸽子猎杀。看见一辆旧军用路虎，威利和男孩们都笑了。

"哈罗德，上车，开走。我们朝你射击。"

"用什么？"

"猎枪。"

"不，谢谢。"

"我们装子弹了。你要么上车赶快开走，要么就在这里等着挨枪子儿。"

我跳上车，开走了。

片刻之后,砰的一声,大号铅弹打在车上,嘎嘎作响。

我咯咯咯地笑着,猛踩油门。

他们庄园里有个建筑工地(休和艾米丽正在盖新房子)。那里变成我们最激烈的一场战斗的战场。黄昏时分,一个兄弟在那座毛坯房里,受到"炮火"猛烈的袭击。他撤退时,我们继续用"火箭"袭击他。

然后……他不见了。

"尼克上哪儿去了?"

我们用手电筒照了照。没看见尼克。

我们脚步稳健地向前走着,发现地上有个大坑,像个方井,就在工地旁边。从坑边往下看,借着手电筒的亮光,发现很深的地方,尼克仰面躺着呻吟。我们一致认为,他没摔死真是太幸运了。

大伙儿说真是个好机会。

我们点燃一些鞭炮,还有大个儿的,一股脑儿扔进坑里。

26

当周围没有其他男孩,没有共同的敌人时,威利和我就会互相攻击。

这种事经常发生在爸爸开车带我们去某个地方的后座上。比如去乡间别墅,或者鲑鱼溪流。有一次,在苏格兰,去斯佩河的路上,我们俩打起来,很快就扭成一团,来回翻滚,互相殴打。

爸爸突然把车停到路边,大声叫威利下车。

"我吗?为什么是我?"

爸爸觉得没有必要解释。

"下去!"

威利怒不可遏地转过脸看着我。他觉得我占了大便宜。他走下车,和保镖一起坐到后备车上,系好安全带。(妈妈去世后,我们一直系安全带。）车队继续前进。

我不时地从后窗往外看。

我隐约看到，未来的英国国王正在我们身后谋划复仇。

27

我第一次杀生。蒂吉说："干得好，宝贝儿！"

她把细长的手指伸进兔子的肚子里，从那块破皮里掏出一团血污，轻轻地涂在我的额头、脸颊和鼻子上。"现在，"她用嘶哑的声音说，"你完成涂血礼①了。"

涂血礼——自古以来的传统。这是对被杀者的尊重，也是一种杀戮者的交流行为。同时，标志着从少年时代进入……不是成为男子汉大丈夫。不，不是。但差不多。

所以，尽管我身上还没长汗毛，声音也很清脆，但我认为自己涂抹鲜血之后，就成了一个羽翼丰满的"追猎者"。十五岁生日的时候，我被告知要参加真正的"追猎者"入会仪式。

赤鹿。

事情发生在巴尔莫勒尔。清晨，浓雾笼罩在山巅，薄雾在山谷里缭绕。指导我的人桑迪好像已经活了一千年，看上去就像追踪过乳齿象。"老派"，我和威利都这样形容他和他这类绅士。桑迪说话"老派"，举止"老派"，穿着也很"老派"：褪色的迷彩夹克，破旧的绿色毛衣，巴尔莫勒尔花呢裙加四件套，满是毛刺的袜子，戈尔特斯牌步行靴。他头上戴着一顶经典的粗花呢平顶帽，"帽龄"是我年龄的三倍，日久天长，被汗水染成了棕色。

---

① 涂血礼（Blooding），用猎物的血涂新猎手的脸，使其先取得经验。

整个上午,我都在他身边蹑手蹑脚地穿过石楠丛,穿过沼泽。牡鹿出现在前面。一点点靠近,越来越近,我们终于停下脚步,看着牡鹿大口嚼着干草。桑迪确保我们还在顺风处。

他指指我,又指指我手里的步枪。把握时机。

他滚到旁边,留给我足够的空间。

他举起望远镜。我慢慢瞄准时,能听到他急促的呼吸声。

扣动扳机。一声震耳欲聋的、雷鸣般的爆裂声。然后,一片寂静。

我们站起身来,往前走。到达牡鹿身边时,我松了一口气。它已经目光迷离。人们总是担心你不能击中要害,只能伤着猎物的皮肉,让可怜的家伙冲进树林里独自承受几个小时的痛苦。被我击中的牡鹿目光变得越来越模糊时,桑迪跪在它面前,拿出寒光闪闪的刀,从鹿脖子上放血,然后切开它的肚子。他示意我跪下。我跪了下来。

我以为我们要一起祈祷。

桑迪对我厉声说:"再靠近一点儿!"

我跪得更近一些,近到能闻见桑迪腋窝里的气味。他把一只手轻轻地放在我脖子后面。我以为他要拥抱我,祝贺我:"真是个好小子!"

可是出乎意料,他把我的头塞进牡鹿的肚子里。

我挣扎着,但桑迪把我的脑袋塞得更深。他好像发了疯一样,力大无比,让我震惊。还有那令人作呕的气味。刚吃过的早餐从胃里涌了上来。

"求你了,求你了,别让我吐在牡鹿肚子里。"

过了一会儿,我什么也闻不到了,因为无法呼吸。我的鼻子和嘴巴里满是血和内脏,还有一种深沉的、令人不安的温暖。

哦,我想,这就是死亡。涂血礼最高的形式,跟我想象的大不一样。

我浑身无力。再见,一切的一切。

桑迪把我拉了出来。

我的肺里充满早晨新鲜的空气。我开始擦脸上的血，但桑迪抓住我的手。"别擦，孩子，别擦。"

"为什么？"

"让它自己干吧，小伙子！让它晾干！"

我们用无线电和山谷里的士兵联系，让他们派一匹马过来。等待时，我们开始给牡鹿"gralloching"，这是古苏格兰语，意思是"开膛破肚"。我们把它的胃取出来，把没用的东西扔在山坡上喂鹰和秃鹫，挖出肝脏和心脏，剪断阴茎，要小心别把输尿管弄断，否则你会被尿弄湿，那种臭味十个高地浴都洗不掉。

马到了。我们把粗毛满身的牡鹿放在一匹白色的种公马背上，把它送到储藏室，然后我和桑迪肩并肩走回城堡。

等脸上的血干了，胃也不再翻腾，我越想越骄傲。就像别人告诉我的那样，这样其实对那头牡鹿很好。一枪命中，打穿心脏。除了无痛之外，立即被杀死，肉还好吃。如果我只是伤了它，或者让它看到我们，它就会心跳加速，血液中会充满肾上腺素，做成鹿排和肉片就无法下咽。抹在我脸上的血里也没有肾上腺素，这是我这个"神枪手"的功劳。

我也善待了大自然。控制鹿的数量意味着拯救整个鹿群，确保它们有足够的食物过冬。

最后一点，我为社区做了好事。对于住在巴尔莫勒尔附近的人来说，储藏室里的一只大鹿意味着有足够的好肉享用。

我从小就被灌输了这些美德，但现在实践了这些理念，并在我的脸上感受到它们。我不信教，但对我来说，这种"血面"是一种洗礼。爸爸是虔诚的教徒，每天晚上都祈祷。现在，这一刻，我也感到离上帝很近。爸爸总是说，如果你热爱大自然，就得知道什么时候该放手不管，什么时候该控制它。控制就意味着淘汰，淘汰就意味着杀戮。这都是崇拜的一种形式。

在食品储藏室，桑迪和我脱下衣服，互相查看有没有蜱虫。在那片树林里，马鹿很常见，它们身上的蜱虫一旦爬上你的腿，就会钻到皮肤下面，经常会爬进你的蛋蛋里。一个可怜的猎场看守最近就得了莱姆病[①]。

我惊慌失措。每一个雀斑看起来都像是厄运。

"是蜱虫吗？是什么？"

"不是，孩子，不是！"

我穿好衣服。

我转身对桑迪说再见，感谢他给我的这次经历。我想跟他握手，给他一个拥抱。但我内心一个微弱而平静的声音说："不必，小伙子，不必。"

28

威利也喜欢狩猎，所以这就成了他那年不去克洛斯特斯[②]的借口。他宁愿留在诺福克奶奶的庄园里。那是我们都很喜欢的占地 20000 英亩的桑德林汉姆庄园。

他告诉爸爸他宁可打鹧鸪。

谎话。爸爸不知道他在撒谎，但我知道。威利留在家里的真正原因是他不想面对那些摄影记者。

在克洛斯特斯滑雪之前，我们总是要走到山脚下的一个指定地点，站在大约七十名摄影师面前。他们层层叠叠宛如一堵高墙。那些记者指着镜头，喊着我们的名字，不停地拍照片。而我们眯着眼睛，坐立不安，

---

① 莱姆病（Lyme disease），由蜱虫叮咬而出现麻疹、发烧等症状的一种传染性疾病。

② 克洛斯特斯（Klosters），瑞士东部滑雪胜地。

听爸爸回答他们那些愚蠢的问题。面对"记者墙",是我们为在山坡上享受一小时无忧时光所付出的代价。只有走到那堵"墙"前停留一会儿,他们才会暂时给我们点儿安宁。

爸爸不喜欢那堵"墙",他不喜欢"记者墙"是出了名的。而威利和我是鄙视它。

因此,威利在家,拿鹧鸪出气。如果可以的话,我会和他在一起,但我还不够大,不能像他那样坚持自己的主张。

威利不在场。爸爸和我不得不面对那堵"高墙",这让事情变得更加不愉快。我紧紧地贴在爸爸身边,摄像机、照相机发出嗡嗡声和咔嗒声。我不由得想起辣妹组合。也想起妈妈,她也讨厌克洛斯特斯。

我想,这就是她藏起来的原因。就是这里。这个鬼地方。

除了那些记者,妈妈痛恨克洛斯特斯还有一个原因。我三岁时,爸爸和一个朋友在那里的山坡上发生了可怕的事故。一场巨大的雪崩袭击了他们。爸爸侥幸逃过一劫,但他的朋友没能幸免于难。他被埋在雪墙下,最后的呼吸一定是被雪覆盖之后艰难的喘息。妈妈经常含着眼泪提起他。

通过那堵"墙",我试着专心玩乐。我喜欢滑雪,而且擅长滑雪。但一想到妈妈,我就被自己情感的"雪崩"和纷至沓来的问题完全淹没了。

"喜欢妈妈讨厌的地方有错吗?如果我今天在这个斜坡上玩得开心,是不是对她太残忍了?如果我和爸爸一起坐缆车玩得不亦乐乎,我是不是一个坏儿子?我想念她和威利,但也享受和爸爸独处的短暂时光,妈妈会理解吗?"

等她回来,我该怎么跟她解释这一切?

克洛斯特斯之行结束后,我把我的想法告诉威利,说妈妈藏起来了。他承认他也曾有过类似的想法,但最终放弃了。

"她走了,哈罗德。不会回来了。"

不，不，不，我不愿意听这种话。

"威利，她总说她想消失！你听她说过这话。"

"是的，她说过。但是，哈罗德，她绝不会这样对待我们！"

我告诉他，我也有过同样的想法。"但她不会死，威利！她也不会扔下我们不管！"

"说得对，哈罗德。"

29

我们沿着长长的车道行驶，经过奶奶的白色小牡鹿，穿过高尔夫球场，经过王太后曾经一杆进洞的果岭，经过住在小木屋里的警察（干脆利落的敬礼），经过几条减速带，然后驶过一座小石桥，来到一条安静的乡间小路。

爸爸开着车，眯着眼睛透过挡风玻璃看了看。

"真是个美妙的夜晚，不是吗？"

巴尔莫勒尔。2001年夏天。

我们爬上一个山坡，经过威士忌酒厂，沿着一条微风吹拂的小路，驶过牧羊场。牧羊场上，兔子到处乱跑。也就是那些有幸逃过我们枪口的家伙。那天早些时候我们已经打死不少。几分钟后，我们拐上一条尘土飞扬的小路，开了400米，来到鹿场的围栏前面。我跳下车，打开锁着的大门。现在，因为我们在偏远的私人道路上，我终于被允许开车了。我坐到方向盘前，踩下油门，把这些年来（经常坐在爸爸的大腿上）跟爸爸学的驾车技巧付诸实践。我开着车，穿过紫色的石楠丛，进入广袤的苏格兰荒原的最深处。前面，像一位老朋友一样，屹立着洛赫纳加山，山顶覆盖着皑皑白雪。

我们来到最后一座木桥上，轮胎发出宛如摇篮曲的悦耳的响声。我总是把那声音和苏格兰联系在一起。嗒咚,嗒咚……嗒咚,嗒咚……木桥下面,最近的一场大雨之后,小溪开锅似的冒着泡。一团团蠓在水面上嘤嘤嗡嗡。日光退去前的最后时刻,透过树林,依稀看见几只高大的牡鹿正盯着我们。现在我们来到一片空地,右边是一座古老的石头小屋,供打猎人休息之用。左边是冰冷的小溪,穿过树林流进河里。她就在那里。在因奇纳伯巴特①!

我们跑进小屋。温暖的厨房!老壁炉!我坐在炉围前面破旧的红色靠垫上,旁边金字塔似的堆着的一大堆白桦木头棒子,散发着扑鼻的芳香。我不知道还有什么气味比白桦更令人陶醉、更诱人。爷爷比我们早半个小时出发,已经在小屋后面的烤架上烤肉了。他站在浓烟中,眼泪从眼角流下。他头戴平顶帽,不时摘下来擦擦额头或拍一只苍蝇。鹿肉片发出咝咝声,他用一把大火钳转动着肉片,然后用坎伯兰香肠圈起来。通常我会求他做一锅拿手好菜,意大利肉酱面。今天晚上,出于某种原因,我没有提要求。

奶奶的拿手菜是沙拉酱。她拌一大盆沙拉,然后点燃长桌上的蜡烛,我们都坐在木头椅子上,草席发出沙沙的响声。经常有客人来这里参加我们的宴会,一些著名的或杰出的人物也会来。我曾多次与首相或主教谈论肉还热不热,晚风凉不凉。但今晚只有家人。

曾外祖母来了。我连忙跳起来,向她伸出手。我总是伸出手要扶她,这是爸爸反复灌输给我的——但那天晚上我看见甘甘②确实需要有人扶她一把。她刚过完一百零一岁生日,看上去很虚弱,不过,还是很整洁。我记得她穿着蓝色的衣服,全是蓝色的。蓝色开衫,蓝色格子裙,蓝色

---

① 因奇纳伯巴特(Inchnabobart),英国王室在苏格兰巴尔莫勒尔高地的一处房产,是一个供打猎人休息的石头小屋。
② 甘甘,英文Gan-Gan,称曾祖母、曾外祖母为Gan-Gan是英国王室的传统。

帽子。蓝色是她最喜欢的颜色。

她要了一杯马提尼。过了一会儿,有人递给她一杯冰镇杜松子酒。我看她喝了一口,熟练地避开杯口漂浮的柠檬。我心血来潮,决定和她一起喝。我从来没有在家人面前喝过鸡尾酒,所以这是一件大事。有点儿叛逆。

事实证明,这是徒劳的叛逆。压根儿没人在意,也没人注意。除了甘甘。她看到我像个小大人似的手里拿着杜松子酒加奎宁水,高兴了好一会儿。

我坐在她旁边,一开始只是开玩笑,后来聊天逐渐深入。我们仿佛建立了某种联系。那天晚上,甘甘认真地跟我说话,认真地听我讲话。我简直不敢相信,不明白为什么。是因为杜松子酒吗?是因为去年夏天以来我长高了4英寸吗?身高6英尺[①]的我现在属于家里的高个子之一。再加上甘甘的身高萎缩了,我比她还高。

真希望我能回忆起我们具体谈了些什么,希望我问了更多的问题,并记下了她的答案。她是闻名于世的"战争女王"。希特勒的炸弹如雨点般从天而降时,她就在白金汉宫(炸弹九次直接命中王宫)。她曾与丘吉尔共进晚餐——战时的丘吉尔。她拥有丘吉尔式的口才。她的一句名言是,无论情况多糟糕,她都永远不会离开英国。人们因此爱戴她。我因此而爱她。我爱我的国家,宣称"永远不会离开英国"的想法让我感到很美妙。

当然,她也因为说了别的话而声名狼藉。她来自不同的时代,以在某些人看来不合时宜的方式做王后。但我不这么认为。她是我的甘甘,她的出生时间比飞机的发明时间还早三年。她在百岁生日时仍然能演奏邦戈鼓。现在她握着我的手,就像我是从战场归来的骑士。在那个神奇的夜晚,带着爱、幽默和尊重和我说话。

[①] 1英尺约等于30.48厘米。6英尺约为183厘米。

真希望我问过她，关于她的丈夫——英年早逝的乔治六世，还有她的姻兄爱德华八世，显然她很讨厌他。他为了爱情放弃了王位。甘甘相信爱情，但没有什么能超越王冠。

据报道，她还鄙视他选择的那个女人。

真希望我问过，关于她在格拉密斯城堡①的远祖的事情，那里也是麦克白②的故乡。

她见多识广，有那么多东西可以向她学习，但我不够成熟，尽管正在快速成长；也不够勇敢，尽管喝了杜松子酒。

不过，我确实逗她笑了。通常这是爸爸的活儿。他有本事找到甘甘的笑点。他爱她就像他爱世界上任何人一样，也许更爱她。我记得他瞥了我几次，看起来很高兴，因为我让他最喜欢的人发出开心的笑声。

有一次，我给甘甘讲了萨莎·拜伦·科恩③扮演的阿里·G④。我教她说"booyakasha"⑤，教她如何像萨莎那样弹手指。她听不懂，不知道我在说什么，但很开心地弹了弹，说了那个词。每次说"booyakasha"，她都会尖叫起来，大伙儿听了都笑了起来。我非常高兴。这让我觉得……我也能派点用场。

这就是我的家，至少这天晚上，我扮演了一个与众不同的角色。

这一次，那个角色不是"淘气包"。

---

① 格拉密斯城堡（Glamis Castle），苏格兰古堡，是伊丽莎白王太后的出生地。
② 麦克白是莎士比亚四大悲剧之一的《麦克白》（*Macbeth*）中的主人公。《麦克白》是以格拉密斯城堡为背景创作的。
③ 萨莎·拜伦·科恩（Sacha Baron Cohen，1971— ），英国演员、编剧、制片人。
④ 阿里·G（Ali G），萨莎·拜伦·科恩演出的脱口秀节目 *Da Ali G Show* 中的人物。在这个节目中萨莎·拜伦·科恩饰演三个来自不同地方不同类型的记者，对不知情的名人或是高官等进行荒谬可笑的采访，阿里·G是三个记者之一。
⑤ 《忍者神龟》中米开朗基罗的标志性口头禅，意思相当于"我来了""我来也"。

30

　　几周后，我回到了伊顿公学，路过两扇蓝色的门，那颜色几乎和甘甘的短裙一模一样。我想她一定会喜欢这两扇门。

　　那是电视室的门，电视室是我的"避难所"之一。

　　几乎每天午饭后，我和伙伴们都会去电视室看一会儿《芝麻绿豆》[①]或《家里家外》[②]，然后再去做运动。但2001年9月的这一天，房间里挤满了人，《芝麻绿豆》没有播出。

　　在播新闻。

　　这个消息简直是一场噩梦。

　　一些建筑物着火了？

　　"哦，哇，这是哪里？"

　　"纽约。"

　　我想从聚集在房间里男孩子们攒动的人头中间看屏幕，问我右边那个男孩发生了什么。

　　他说美国正在遭受袭击。

　　恐怖分子驾驶飞机撞向纽约的双子塔。人们从五百米高的建筑物顶部……跳楼。

　　越来越多的男孩聚集起来，站在电视机周围，咬着嘴唇，咬着指甲，揪着耳朵，因震惊而沉默，因年轻而困惑。眼巴巴看着我们唯一熟悉的世界消失在有毒的烟雾中。

　　"第三次世界大战。"有人喃喃自语。

　　有人打开蓝色的门。男孩子们不断地涌进来。没有一个人说话。

[①] 《芝麻绿豆》(*Neighbours*)，澳大利亚一部老少咸宜的情景喜剧。
[②] 《家里家外》(*Home and Away*)，澳大利亚肥皂剧，又译《聚散离合》。

那么多混乱，那么多痛苦。

能做些什么？我们能做什么？

我们将被召唤去做什么？

几天后，我满十七岁了。

31

每天早晨，我醒来后对自己说的第一句话就是："也许就是今天。"

早餐后，我会说："也许她今天早上就会出现。"

午饭后，我会说："也许她今天下午就会出现。"

毕竟已经四年了。她肯定已经站稳脚跟，开始了新生活，有了新身份。也许，她就在今天现身，召开新闻发布会，震惊世界。在回答完目瞪口呆的记者们的大声提问后，她会靠向麦克风说："威廉！哈里！如果你们能听到我说的话，到我身边来！"

晚上我做了一个非常复杂的梦。我做的梦基本情节都是一样的，尽管场景和服装略有不同。有时她会精心策划一次胜利归来。其他时候，我只是在什么地方突然碰到她。比如街角或一家商店。她总是精心打扮——戴金色假发，或者很大的太阳镜。但我总能认出她。

我会走上前去，低声说："妈妈？是你吗？"

她还没来得及回答，我还没来得及弄清楚她去了哪里，为什么还没回来，就突然惊醒了。

我环顾四周，失望至极。

只是一场梦。又是梦。

但后来我告诉自己："也许这意味着……就在今天？"

我就像宗教狂热分子一样，相信世界末日会在某一天到来。当那个日子平静地过去，什么也没有发生，信仰依然不会动摇。

"一定是我理解错了梦中的预兆,或者看错了日历。"

我想,内心深处我其实知道事情的真相。妈妈"藏起来"了,总有一天再次出现在我面前。这样的幻想从来没真实到能完全掩盖现实的地步,但足以减轻我的悲伤,使我不至于立刻被那巨大的痛苦压倒。我仍然没有哀悼,仍然没有哭泣,仍然不肯接受赤裸裸的事实,除了有一次站在她的坟墓前。我的大脑一部分清楚,一部分糊涂。而这两部分之间的分裂使我的意识处于分裂、两极化、僵化的状态。这正是我想要的。

有时我会很认真地告诉自己:"别人似乎都相信妈妈已经死了,看来就这么回事了,你就认了吧。"

转念又想,有证据我才会相信。

我想,有了确凿的证据,我才能哀悼,哭泣,然后在生活的道路上继续走下去。

32

不记得我们是怎么弄到那玩意儿的。我想是一个或者是几个朋友从什么地方搞来的。每次弄到手,我们都会在楼上霸占一个小浴室。在那里,我们"建立"了一条令人惊讶的、深思熟虑的、井然有序的"流水线"。吸第一口大麻的家伙跨坐在窗边的抽水马桶上,第二个男孩靠在洗手盆上,第三和第四个男孩坐在空荡荡的浴缸边儿,耷拉着两条腿,等候轮到他们。一个人吸一两口,把烟吹到窗外,然后轮到下一个人,循环往复,直到烟瘾消失。然后我们都回到自己的房间里,傻笑着看一两集新播的电视剧《恶搞之家》,我觉得我和剧里的斯特威——一个不受欢迎的"预言家"——有一种难以言喻的联系。[1]

---

[1] 《恶搞之家》中的小儿子斯特威是个天才邪恶儿童。

我知道这是不好的行为。我知道这是不对的。伙伴们也都知道。飘飘然的时候，大家经常谈论，浪费伊顿公学的教育资源多么愚蠢。有一次，我们甚至还做了一个约定，发誓从被称为"选拔"的考试期开始，直到考试结束，绝不再吸。但是就在第二天晚上，我躺在床上，又听到伙伴们在走廊里咯咯地笑，窃窃私语。我正要去洗手间。真该死，他们已经违反约定了！我起了床，加入他们的队伍。"流水线"开始运转，从浴缸到洗脸盆再到马桶。大麻开始起作用，我们都摇着头。

我是有多愚蠢，以为抽了那玩意儿就能改变处境。

把大麻递给我，伙计。

一天晚上，我蹲在厕所里，深深地吸了一口大麻，抬头望着月亮，然后低头看学校操场，只见几个泰晤士河谷警察局的警察走来走去。他们驻扎在那里都是因为我，但我并没有因此而有安全感，只有一种被关在笼子里的感觉。

在我看来，他们身后，才是安全的地方。外面一片宁静祥和。我想：多美啊！对于有的人——那些可以自由探索的人——来说，那个更广阔的世界，如此安谧、和平……

就在这时，我看见有什么东西从院子里一闪而过，在一盏橙色的路灯下停了下来。我突然僵住了，把身子探出窗口。

一只狐狸！直盯盯地看着我！

"怎么啦，伙计？"

"没怎么。"

我低声对狐狸说："你好，伙计。你怎么样？你在说什么呢？"

"没有，没说什么。"

也许是大麻的缘故——毫无疑问是大麻的缘故——我对那只狐狸产生了一种非常强烈的亲切感。比起浴室里的男孩，比起伊顿公学的其他男孩，甚至比起远处城堡里的温莎家族，我仿佛和那只狐狸的关系更亲密。我相信，这只小狐狸，就像博茨瓦纳的豹子一样，是从另一个世界——也许是从未来——派到我这里来的信使。

倘若知道是谁派来的就好了。它传递的信息是什么？

33

我放假回家就躲起来。躲在楼上的育儿室，躲在新电子游戏里。我一直在玩《光环战争》（*Halo*），对手是自称先知的美国人，他只知道我叫"Billand Baz"。

我躲在海格洛夫庄园的地下室里，通常是和威利一起。

我们称它为 H 俱乐部。许多人以为 H 代表哈里，但实际上它代表海格洛夫。

地下室曾经是个防空洞。要进入它的深处，就得穿过地面上一扇沉重的白色大门，然后走下一段陡峭的石头台阶，沿潮湿的石头地板摸索着往前走，再下三层台阶，走进一条低矮潮湿的拱形长廊，然后经过几个酒窖，卡米拉在那里存放着她装在最漂亮的瓶子里的美酒，然后经过一个冷冻室和几个储藏室，里面装满了绘画作品、马球装备以及外国政府和要人赠送的荒唐礼物。（没有人想要那些东西，但又不能转送、捐赠或扔掉，所以只能登记造册，仔细记录，密封起来。）最后一间储藏室后面，有两扇绿色的门，门上有小小的黄铜把手，另一边是 H 俱乐部。这里没有窗户，但粉刷成骨白色的砖墙让人感觉不那么幽闭。此外，我们用各种王室住宅的精美家具装饰了这个空间。波斯地毯，红色摩洛哥沙发，木桌，电动飞镖。我们还安装了一个巨大的立体声系统，听起来不十分悦耳，但声音足够大。一个角落里放着一辆饮料推车，里面装满各种饮料。由于"库存充足"，总是有淡淡的啤酒味和其他酒的香气弥漫。多亏有一个运转良好的大通风口，这里还能闻到花香。爸爸花园里的新鲜空气不断地被抽进来,带着淡淡的薰衣草和金银花的味道。

周末晚上,我和威利偷偷溜进附近的酒吧,喝上几杯酒,喝上几品脱[①]的"蛇咬"[②],然后召集一群朋友,把他们带回H俱乐部。人数从不超过十五人,但不知怎么的,也从不少于十五人。

我还能想起一些人的名字。巴杰、卡斯珀、尼莎、丽齐、斯杰比、艾玛、露丝、奥利维亚、琴普、佩尔。我们都相处得很好,有时甚至有点儿好过了头。有天真的接吻,也有不那么天真的喝酒。朗姆酒,可乐,或者伏特加,通常倒在大玻璃杯里,再加一点儿"红牛"。

我们经常喝得晕晕乎乎,有时酩酊大醉,但从来没有人把毒品带到那里,更没有人在那儿吸食毒品。保镖总在附近转悠,所以一切都在可控的范围之内。当然,不仅仅是这样。我们自己也有分寸。

H俱乐部对于十六七岁的青少年来说,是完美的藏身之地,尤其对我这个"青少年"。想要平静时,H俱乐部提供了安宁。想恶作剧时,H俱乐部是最安全的地方。想独处的时候,还有什么地方比英国乡村中心的防空洞更好呢?

威利也有同感。我常想,他在那里似乎比在地球上任何地方都要心平气静。我想,在一个他觉得没有必要假装与我是陌生人的地方,是一种解脱。

只有我们两个人的时候,我们一起玩游戏,听音乐,聊天。伴随着鲍勃·马利、流线胖小子、DJ萨金或尤曼达的背景音乐,威利有时候想谈论妈妈的事。H俱乐部是一个足够安全的地方,可以谈论这个禁忌话题。

---

① 品脱,英美制容量单位。英制1品脱约合0.568 3升。
② "蛇咬"(Snake Bite),一种酒吧调制的鸡尾酒。

只有一个问题，我不愿意谈及。他刚开口，我就改变话题。

他会很沮丧。而我不承认他的沮丧。更大的可能是，我根本无法意识到这一点。

如此迟钝，情感如此淡漠，这不是我的选择，而是我没有能力。我还没准备好。

有一个话题永远是我们喜欢聊的，那就是不被人看见的感觉是多么美妙。我们推心置腹地谈论荣誉、奢侈、隐私，多么希望能远离媒体的窥探，哪怕只有一两个小时。我们都说，真正的天堂是那些狗仔永远找不到我们的地方。

可他们还是找到了我们。

2001年年末，马可来伊顿公学找我。我们在镇中心一家小餐馆共进午餐，我觉得这真是一种享受，还能借机逃课，离开学校，我高兴得满脸笑容。

但是没那么简单。马可脸色阴沉，说他可不是来跟我玩的。

"怎么了，马可？"

"他们要我弄清真相，哈里。"

"什么事儿？"

我怀疑他指的是我最近失去童贞的事。我和一个年长的女人不光彩的苟合。她喜欢马，非常喜欢，对待我就像对待一匹年轻的种公马，过程迅速短暂，之后拍了拍我的屁股，让我去吃草。这件事有许多不妥之处，发生在一家繁忙的酒吧后面的草地上。

显然有人看见我们了。

"什么真相，马可？"

"关于你是否吸毒的问题，哈里。"

"什么？"

大概就是英国发行量最大的小报编辑最近给爸爸的办公室打电话，

说她发现了我在不同地点吸毒的"证据",包括 H 俱乐部,还有一家酒吧(不是我失去童贞的那个酒吧)后面的一个自行车棚。我父亲的办公室立即派马可与这位编辑的一位副手秘密会面,地点是在一家酒店光线昏暗的房间里,那位副手把他们掌握的情况告诉了马可,现在马可告诉了我。

他问是不是真的。

我说是谎话。全是谎话。

他逐条说出编辑的证据。我逐条反驳,提出异议。

错,错,错。基本事实、细节,都是错的。

然后我问马可,这个编辑到底是谁?

我猜,一定是那个令人作呕的癞蛤蟆。认识她的人都说她就是屁股上的脓包,一个狗屁不通的烂记者。但这些都已经不重要了,因为她已经设法争取到一个权力很大的位置,最近把注意力都集中到我的身上。她在"猎杀"王室"替补",毫不遮掩,毫无歉意。好像不把我的蛋蛋钉在她办公室的墙上誓不罢休。

我不知所措。"就因为做了青少年都可能做的事情,马可?"

"不,孩子。不,问题没那么简单。"

马可说那个编辑猜测我是一个瘾君子。

"一个什么?"

不管怎样,马可说这就是她要发表的故事。

我就这位编辑如何处理她的报道提出建议,让马可回去告诉她,她全错了。

马可答应说他会的。

几天后马可打电话给我,说他已经按我说的做了,但编辑不相信,她现在发誓不仅要揭穿我,还要揭穿马可。

我说我相信爸爸肯定会想办法阻止她。

接着是一阵长时间的沉默。

马可说爸爸没去阻止。爸爸的办公室想了一个……不同的方法。王宫没有让编辑闭嘴,而是选择与她合作。他们采取内维尔·张伯伦[①]式的绥靖政策。

马可有没有告诉我为什么?还是后来我才知道,影响他们采用这个腐朽策略的人,正是爸爸和卡米拉最近雇用的那个"公关专家",也就是泄露我们与卡米拉私下"峰会"细节的那个家伙。马可说,这个"公关专家"认为,在这种情况下,最好的办法就是把我推出去。这样做一石二鸟,既可以安抚编辑,也可以提振爸爸日渐衰落的名声。"公关专家"从这些令人不快的事件、敲诈勒索的花招中,发现了一根救命稻草——一个给爸爸的亮光闪闪的"安慰奖"。在世人眼里,爸爸不再是那个不忠的丈夫,而是一个要面对吸毒成瘾的孩子、饱受折磨的单身父亲。

34

我回到伊顿公学,试着把这一切抛诸脑后,试着专注于学业。

试着保持冷静。

我一遍又一遍地听着我最喜欢的CD《奥卡万戈之声》。

四十首曲子:蟋蟀。狒狒。暴风雨。雷声。鸟。狮子和土狼争抢猎物。晚上,我关上灯,按下播放键。我的房间听起来像奥卡万戈河的一条支流。只有这样我才能入睡。

几天后,与马可的会面逐渐被我淡忘。仿佛做了一场噩梦。

[①] 内维尔·张伯伦(Neville Chamberlain,1869—1940),英国政治家,1937年到1940年任英国首相。他由于在第二次世界大战前夕对希特勒执政的纳粹德国实行绥靖政策而备受谴责。这里作者借用这一历史事实讽刺挖苦王室。

但是醒来时，我看到了真正的噩梦。

醒目的头版标题是《哈里吸毒之耻》。

2002年1月。

报纸里的七页纸上都是马可那天给我讲述的他们编造的谎言，而且更多。这个故事不仅把我变成一个瘾君子，还让我最近去了戒毒所。

戒毒所！

编辑不知道从哪儿看到我和马可几个月前去郊区戒毒所拍的一些照片。那是我慈善工作的一部分，她却改变了这些照片的用途，让它们成为她"诽谤小说"的视觉辅助。

我凝视着照片，那故事让我目瞪口呆。我感到恶心，恐惧。我想象每个人——所有的男女同胞——都在读这篇杜撰的报道，并对此深信不疑。我能听到整个英联邦的人都在议论我。

"哎呀，这孩子真丢脸。"

"他可怜的爸爸——经历了那么多痛苦之后，还要承受这些？"

更让我心碎的是，在一定程度上这是我自己的家人，父亲和未来的继母助纣为虐造成的。他们助长了这种无稽之谈。为了什么？仅仅为让自己的生活更轻松一点儿？

我打电话给威利，许久说不出话。他也说不出。他对我深表同情，甚至更难过。（太不公平了，哈罗德。）他对整件事甚至比我更生气，因为他知道更多关于那个"公关专家"的细节，知道关于公开牺牲"替补"的幕后交易的细节。

但他同时又语气肯定地对我说，没有什么办法。这是爸爸。是卡米拉。这就是王室的生活。

这就是我们的生活。

我打电话给马可。他也表示同情。

我问他，那位编辑叫什么名字？他报了一个名字，我牢记于心。但从那以后许多年，这个名字我一直避而不提，我也不想在这里重提它。饶了读者，也饶了我自己吧。此外，这会是一个巧合吗？那个编造我去戒毒所的女人的名字是"Rehabber Kooks"（戒毒怪人）的完美变位词。[①]难道冥冥之中，有谁在告诉我们什么奥秘吗？

我凭什么不听呢？

几个星期以来，"戒毒怪人"的诽谤文章经各地报纸添油加醋后继续发表出来。同时对 H 俱乐部发生的事情做了各式各样、胡编乱造的报道。我们那个相当无辜的青少年俱乐部被他们描绘得好像卡里古拉[②]的卧室。

就在这个时候，爸爸一位最亲密的朋友来到海格洛夫庄园。她和她丈夫一起来的。爸爸让我带他们参观一下。我带他们在花园里转了一圈，但他们并不关心爸爸种的薰衣草和金银花。

女人急切地问："H 俱乐部在哪里？"

她是所有报纸的忠实读者。

我把她领到门口，打开门，指着漆黑的台阶。她深深地吸了一口气，笑了："哦，这里甚至有大麻的味道！"

但事实并非如此。台阶散发着潮湿的石头和苔藓的味道。闻起来还有一股鲜切花的味道，干净的泥土味道，也许还有一点儿啤酒的味道。总之很好闻，完全是大自然的气味，但是舆论的力量已经控制了这个女人。即使我向她发誓那里没有大麻，我们一次都没在那里吸过毒，她还是对我眨了眨眼。

那样子让我觉得她想让我卖给她一包大麻。

[①] 变位词（anagram）指变换一个词或短语的字母顺序构成的词或短语。这里指女编辑的署名是由 "Rehabber Kooks"（戒毒怪人）这个词改变字母顺序而来。

[②] 卡里古拉（Caligula）是罗马帝国的第三任皇帝盖乌斯·尤利乌斯·凯撒·奥古斯都·日耳曼尼库斯（Gaius Julius Caesar Augustus Germanicus，12—41）的绰号，他是公认的罗马帝国早期的典型暴君，他神化王权，建立恐怖统治，做事荒唐至极。

35

我们的家庭规模不再扩大。没有即将结婚的年轻夫妇,没有即将诞生的孩子。我的婶婶和叔叔——苏菲和爱德华、菲姬和安德鲁——已经不再添丁进口。当然,爸爸也是。一个停滞期开始了。

但现在,2002 年,我明白了,我们所有人都明白了,这个家庭毕竟不是静止的。我们家族的规模就要变小了。

玛格丽特公主①和甘甘都身体不适。

我和玛格丽特公主不熟悉,我叫她玛戈姨妈。实际上她是我的姨祖母。我们虽然在一起过重大的节日,但她几乎完全是陌生人。像大多数英国人一样,我只知道她这个人,对她悲惨的一生略知一二。伟大的爱情被王宫阻挠。自我毁灭式的生活被小报铺天盖地地报道。草率的婚姻,从一开始就注定要失败,而结果比预期还要糟糕。丈夫在家里到处留下言辞恶毒的纸条,把她的毛病一五一十地列举出来:我恨你的二十四个理由!

我从小到大对她都没有什么感情,只有一点儿怜悯和许多不安。她似乎一皱眉就能杀死一盆花。大多数情况下,我对她都敬而远之。在那些极为罕见的情况下,当我们相遇时,当她屈尊注意到我,和我说话时,我很想知道她对我有没有什么看法。她似乎没有。从她说话的口气和态度的冷漠来看,她对我的看法并不怎么样。

后来有一年圣诞节,我似乎终于解开了谜团。全家人像以往一样,平安夜聚集在一起拆礼物——这个德国传统在家族姓氏从萨克森-科堡-

---

① 玛格丽特公主(Princess Margaret, 1930—2002),英国国王乔治六世的次女,英国女王伊丽莎白二世的妹妹。

哥达到温莎的英国化过程中幸存下来。①桑德林汉姆庄园的一个大房间里，有一张长条桌，上面铺着白布，放着白色名片。按照惯例，夜幕降临时，每个人都找到自己的位置，站在礼物前。然后突然，大伙儿同时打开礼物。就像陷入一场混战，几十个家人一边说话，一边解开蝴蝶结，撕开包装纸。

站在我的礼物堆前，我选择先打开最小的礼物。标签上写着：玛戈姨妈送。

我看了看，大声喊道："谢谢你，玛戈姨妈！"

"希望你喜欢，哈里。"

我把纸撕下来。那是……一支圆珠笔吗？

我说："哦。圆珠笔，哇。"

她说："是的，圆珠笔。"

我说："非常感谢。"

但她指出，不是普通的圆珠笔——缠绕着一条小橡皮鱼。

我说："哦，鱼圆珠笔！好呀。"

我心里的台词是：这也太没诚意了。

随着年龄的增长，我经常想，我和玛戈姨妈应该是好朋友。我们有很多共同之处——两个备胎。她和奶奶的关系跟我和威利的关系虽然不完全一样，但也很像。潜在的对手，激烈的竞争者（主要是因为年长的兄弟姐妹推波助澜），一切的一切看起来都很熟悉。玛戈姨妈和妈妈也

---

① 萨克森 - 科堡 - 哥达是一个源自德国的家族，其本姓韦廷。英女王维多利亚的母亲就来自这个家族。1840 年维多利亚女王与其表弟萨克森 - 科堡 - 哥达公国的王子阿尔伯特结婚，将萨克森 - 科堡 - 哥达这个姓氏带入英国王室。第一次世界大战期间，英德作战，英国王室带有德国姓氏，令英国人不安，当时在位的英王乔治五世宣布将英国王室姓氏和王室父系裔私人姓氏改为温莎。

有相似之处，都是反叛者，都被贴上了塞壬①的标签（巴勃罗·毕加索是迷恋马戈的众多男人之一）。所以当我在 2002 年初得知她生病时，我的第一个想法是希望有更多的时间来了解她。但为时已晚。她已不能自理。她洗澡时烫伤了脚，伤得很重，只能坐在轮椅上，据说身体正在迅速衰弱下去。

2002 年 2 月 9 日，她去世了，我的第一个想法是，这对身体同样每况愈下的甘甘来说，将是一个沉重的打击。

奶奶试图说服甘甘不要参加葬礼。但是甘甘挣扎着从病床上爬了起来，那天之后不久，她就重重地摔了一跤。

爸爸告诉我，甘甘一直在皇家小屋②卧床不起。那是一处很大的乡村别墅。过去五十年里，她主要居住在克拉伦斯宫③，不在那儿住的时候，就下榻于皇家小屋。皇家小屋位于温莎城堡以南 3 英里处，仍在温莎大公园内，仍属于王室地产，但就像城堡一样，它的一只脚已经进入了另一个世界。高得令人眩晕的天花板。鹅卵石车道蜿蜒穿过美丽的花园。

它建于克伦威尔死后不久。④

我知道甘甘喜欢皇家小屋，听说她住在那里，我感到很欣慰。爸爸说，她躺在自己的床上，并不痛苦。

奶奶经常和她在一起。

几天后，在伊顿公学念书时，我接了这个电话。真希望还记得电话那头是谁的声音。一个朝臣，我想。我记得那是复活节前，天气晴朗而

---

① 塞壬（Sirens），古希腊神话中半人半鸟的女海妖，用她们美妙的歌声诱惑船上的海员，从而使船只在岛屿周围触礁沉没。
② 皇家小屋（Royal Lodge），英国王室房产之一，曾是伊丽莎白王太后的私人居所。
③ 克拉伦斯宫（Clarence House），建于 19 世纪早期，原为英国女王伊丽莎白二世的寝宫，后成为英王查尔斯三世担任王储期间的住所。
④ 皇家小屋始建于 1662 年，克伦威尔死于 1658 年。

温暖,光线斜射进窗户,房间里充满了生动的色彩。

"殿下,王太后去世了。"

几天后,镜头切换到我和威利身上。深色的西装,哀伤的脸,眼中充满似曾相识的感觉。我们跟在炮车后面慢慢地走着,风笛声四起。仿佛成百上千的人齐声吹奏。笛声把我带回了过去。

我开始发抖。

我们又一次艰难跋涉到威斯敏斯特教堂。然后上了一辆车,加入送葬队伍中。从城中心,沿着白厅①,走到林荫大道,最后到了圣乔治教堂。

那天早上,我的眼睛一直盯着甘甘的棺材。他们把王冠放在棺材上面。三千颗钻石和镶满珠宝的十字架在春天的阳光下闪闪发光。十字架的中心是一颗板球大小的钻石。事实上,那不是一颗普通的钻石,是世界上最大的钻石,重达105克拉,被称为光明之山②——人类见过的最大的钻石,是大英帝国鼎盛时期"收购"的。有人认为是偷来的。我听说它让人着迷,还听说它被诅咒了。男人为它而战,为它而死,因此这个诅咒被认为是针对男人的。只有女人被允许佩戴。③

---

① 白厅(White-hall),伦敦市内的一条街,接议会大厦和唐宁街。
② 光明之山钻石英文为Koh-I-Noor Diamond,也译作柯伊诺尔钻石。它曾是世界上最大的钻石,原为印度皇室拥有,几百年间,围绕这颗钻石发生了很多血腥斗争和屠杀。1850年,维多利亚女王通过东印度公司得到这颗钻石。维多利亚女王把这颗钻石镶嵌于一枚胸针上。维多利亚女王逝世后,它被重新镶嵌在英国王室珠宝中的一顶女王王冠上,该王冠目前陈列于伦敦塔。
③ 传说光明之山钻石受到这样的诅咒:"拥有它的人,便拥有整个世界,但谁拥有它,谁就要承受它所带来的灾难。唯有上帝或一位女人佩戴,才不会受到惩罚。"

36

令人不自在的是，在经历了这么多的悲痛之后，还能……聚会，开派对。几个月后就迎来奶奶当政五十周年金禧庆典。

2002年夏天，连续四天，威利和我穿上另一套漂亮的礼服，跳进另一辆黑色汽车，到另一个地方参加另一个派对或游行、招待会或晚会。

整个英国都陶醉在欢乐之中。人们在街上跳快步舞，在阳台和屋顶上唱歌。每个人都举着不同版本的英国国旗。在一个以含蓄拘谨著称的国家，这是令人吃惊、无拘无束的喜悦的表达。

不管怎么说，我都感到很惊讶。可是奶奶泰然处之。她的镇定自若让我诧异。这并不是说她没有感情。恰恰相反，我一直认为奶奶经历了所有正常人情感的起伏跌宕。她只是比我们这些普通人更懂得如何控制感情。

金禧周末的大部分时间里，我都站在她身边或身后。我经常想，如果面对这样隆重的场面，她都不喜形于色，那么镇定自若的名声于她而言真是当之无愧。和奶奶相比，我觉得我简直就是个弃儿！因为我总是紧张得要命。

我紧张有几个原因，但最主要的是一桩正在酝酿中的丑闻。就在金禧年纪念日前夕，我被一位朝臣召到他的小办公室，他没做任何铺垫，张口就问："哈里，你在吸可卡因吗？"

让我想起前不久和马可共进午餐时的情景。

"什么？我吸可卡因……怎么可能？没有！"

"嗯。好。会有照片流出吗？会不会有什么人拍下你在什么地方吸食可卡因的照片？"

"天哪！不会！这简直太可笑了！为什么会这样呢？"

他解释说，一位报纸编辑找到他，声称手里有哈里王子吸食可卡因的照片。

"他是个骗子。这不是真的。"

"我明白了。这位编辑表示,愿意把这张照片永远锁在他的保险箱里。但作为交换,他想和你坐下来聊聊,告诉你,你的所作所为是非常有害的。他想给你一些人生忠告。"

"啊。真令人毛骨悚然,真阴险毒辣。其实他用心险恶。因为如果我同意和他见面,那我就等于认罪了。"

"没错儿。"

我告诉自己,"戒毒怪人"得手之后,他们都想占我的便宜。她直接命中了目标,现在她的竞争对手正排队等我成为下一个目标。

什么时候是个完?

我安慰自己说,那个编辑什么证据都没有,他只是在钓鱼。他肯定听到了谣言,就想一查到底。我告诉自己坚持就是胜利。然后告诉朝臣要揭穿记者的虚张声势,反驳他的说法,拒绝这笔交易。最重要的是,要拒绝会面。

"我不会屈服于勒索。"

朝臣点点头。事情到此为止。

当然……那时我确有吸食可卡因。在一个周末,在某人的乡间别墅,我吸了一次,之后,又吸了几次。但我觉得那玩意儿没什么意思,也没有让我格外开心,尽管周围的人都觉得特别好玩儿。可它确实给了我一种不一样的感觉,而这正是我干这种事的主要目的——寻找不一样的感觉。我是一个非常不快乐的十七岁的男孩,愿意尝试几乎任何可以改变现状的东西。

反正我就是这么为自己开脱的。那时,我可以毫不费力地对自己撒谎,就像对那个朝臣撒谎一样。

但现在我意识到,吸食可卡因实在得不偿失。风险远远超过回报。

面对被曝光的危险，面对可能破坏奶奶金禧庆典的危险，面对疯狂的媒体，这一切都不值得。

好的一面是，我赌对了。拆穿这位记者的虚张声势之后，他沉默了。正如我怀疑的那样，他根本就没有照片。见骗局没起作用，那个家伙闭嘴了。（或者不完全如此。他溜进克拉伦斯宫，与卡米拉和爸爸成了好朋友。）我为撒谎而羞愧。但也很骄傲。危难时刻，面对巨大的、可怕的危机，我虽然没能像奶奶那样镇定自若，但至少没有惊慌失措。我继承了她的一些超常的能力，她英雄般的坚忍。我后悔给朝臣讲了一个荒谬的故事，但如果不那样做的话，情况会糟糕十倍。

所以……我干得挺漂亮？

也许我根本就不是什么弃儿。

37

周二是女王登基五十周年庆典的高潮。数百万人观看了奶奶从王宫前往教堂的壮丽景象。那是特别的庆祝仪式。她和爷爷一起坐着一辆金车——纯金的马车，每一平方英寸都金光闪闪。金色的门，金色的车轮，金色的车篷，车篷上，三个闪闪发光的金色天使高举着一顶金色的王冠。这辆马车是美国独立战争前十三年建造的，但跑起来仍然非常快。马车载着她和爷爷穿街而过时，远处的某个地方响起大型唱诗班的《加冕赞歌》。"喜乐！喜乐！"我们确实很快乐！确实很快乐！此情此景，即使最暴躁的反君主主义者，也会激动得浑身直起鸡皮疙瘩。

那天有一场午宴，还举行了盛大的晚宴，但这两场活动给人的感觉都有点儿虎头蛇尾。大家都知道，最重要的活动是前一天晚上在白金汉宫外的花园里举行的由当代一些最伟大的艺术家参与的演出。保罗·麦卡特尼演唱了《女王陛下》。布莱恩·梅在屋顶上演奏了《天佑女王》[1]。许多人说，太神奇了。不可思议的是，奶奶如此时尚，如此现代，甚至允许享受现代摇滚。

我坐在她身后，也忍不住想同样的事情。看着她脚尖轻轻叩击地板，身体随着节拍晃动。我想拥抱她，当然我没有。这不可能。我从来没有拥抱过奶奶，也无法想象在什么情况下这样的行为才不会被禁止。

有一个关于妈妈试图拥抱奶奶的著名故事。如果目击者说的话可以相信的话，那实际上更像是猛扑，而不是拥抱。奶奶连忙转身，避免和妈妈的身体接触。一件本来应该温情脉脉的事非常尴尬地结束了。奶奶移开目光，喃喃地表示歉意。每当我在心里描绘那个场景时，都会想起被挫败的扒手，或者橄榄球比赛中运动员做铲球的动作。看着奶奶在布莱恩·梅演奏的音乐中摇晃，我心想，爸爸会不会也试着要拥抱奶奶呢？可能不会。他五六岁的时候，奶奶就离开他，去参加持续了几个月的王室旅行。她回来的时候，和小儿子使劲握了握手。这种慈爱可能比他从爷爷那里得到的还要多。确实，爷爷那么冷漠，总是忙于旅行和工作。爸爸出生后的头几年，很少能见到爷爷。

音乐会进行着，我觉得累了。喧闹的音乐和过去几周的紧张与压力让我头疼。然而，奶奶却丝毫看不出疲倦。依然兴致勃勃，还在跟着音乐的节拍敲打和摇晃。

突然，我凑到她身边看了看，我注意到她耳朵里有什么东西——是黄金吗？

如黄金马车的黄金。

---

[1] 《天佑女王》（*God Save the Queen*），是一首爱国歌曲，不确定作者是谁。传统上它被用作英国及其他英联邦成员的国歌，同时也是英国王室的颂歌，在位的君主为男性时，唱作"天佑国王"，在位的君主为女性时，唱作"天佑女王"。

如黄金天使的黄金。

我又往前凑了凑。也许不是黄金。

不是,比黄金更黄。

哦,是黄色的耳塞。

我看着膝盖笑了,再次抬起头时,乐呵呵地注视奶奶跟着她听不见的音乐打拍子,或者她找到了一种很巧妙的听音乐的方式……距离。控制音量。

我比以往任何时候都想给奶奶一个拥抱。

38

那年夏天我和爸爸住在一起,可能是在巴尔莫勒尔堡,也可能是克拉伦斯宫,他现在差不多总是住在那里。他是在甘甘死后不久搬来的,他住在哪儿,我就住在哪儿。

当我不在伊顿公学的庄园别墅住的时候。

我在伊顿公学只剩下最后一年,爸爸想和我聊聊离开伊顿公学后我打算怎么办。我的大多数朋友都要去上大学了。威利已经在圣安德鲁斯大学读书了,而且学得很好。亨纳斯刚刚在哈罗公学完成了大学入学甲级考试,打算去纽卡斯尔大学读书。

"你呢,亲爱的孩子?你对未来,有什么打算?"

打算,有呀!是的,有。几年来,我一直在认真考虑到莱西阿尔贝格[①]的滑雪场工作,妈妈以前常带我们去那里。多么美好的回忆。具体说,我想在镇中心的芝士火锅小屋工作,妈妈很喜欢那里。火锅可以改变你的生活。(我真的为之疯狂。)但现在我告诉爸爸,我已经放弃了去

---

① 莱西阿尔贝格(Lech am Arlberg),奥地利西部度假胜地,也是受欢迎的滑雪区。

火锅店工作的幻想了,他如释重负地叹了口气。

现在我想成为滑雪教练……

爸爸又紧张起来。"想都别想,不可以。"

"好吧。"

好长时间,我们俩都默然无语。

"当个狩猎导游……怎么样?"

"不可以,亲爱的孩子。"

这件事达成共识不容易。

一方面,我真的想做一些完全打破常规的事情,一些让家人、国人都出其不意、惊呼"什么——"的事情。我有点儿想退学,像妈妈那样消失。或者像别的王子那样。很久以前,在印度不是有这样一个王子吗?他走出宫殿,坐在一棵漂亮的菩提树下。我们在学校读过他的故事。或者,人们觉得我们就应该这样做。

但另一方面,我觉得自己雄心勃勃。人们认为"替补"不会或不应该有任何野心。人们认为王室成员通常没有职业欲望或焦虑。你是王室成员,一切都为你准备好了,何必担心?但事实上,我很担心如何走自己的路,如何在这个世界找到自己的目标。我不想成为家庭聚会时大家都避之唯恐不及的那种只会喝鸡尾酒、翻白眼儿的"树懒"。我们这个家族有很多这样的人,几百年前就有了。

事实上,爸爸就有可能成为这样一个人。他对我说过,人们总是向他建议,"继承人"不要"做得太多",不要太努力,以免比君主更耀眼。但他反抗了,听从了自己内心的声音,找到了他喜爱的工作。

他想让我也这么做。

这就是他没有强迫我上大学的原因。他知道我没有这个天赋。从本质上讲,我并不反对上大学。事实上,布里斯托尔大学看起来很有趣。我仔细研究过它的宣传材料,甚至考虑过读艺术史课(很多漂亮女孩都选了这个专业)。但我无法想象自己会花好几年时间埋头读一本书。伊顿公学的舍监也不同意。他直截了当地告诉我:"你不是上大学的料,哈里。"这一点爸爸也认同。他特别温和地说我成不了"学者",谁都心知肚明,这不是什么秘密。

他不是故意挖苦我。不过,我还是不由得打了个寒战。

他和我聊了又聊,我也思来想去,经过一个淘汰的过程,我们最终选择了军队。这个选择很有道理。这与我不想循规蹈矩,希望消失在大众视野的愿望一致。军队既可以让我远离公众和媒体的窥探,也符合我想有所作为的愿望。

这个选择也符合我的性格。我小时候最珍爱的玩具一直是微型士兵。我花了数千个小时在肯辛顿宫和罗斯玛丽·弗里设计的海格洛夫花园里,策划并发动了史诗般的战斗。我认真对待每一场彩弹游戏,好像英联邦的未来都取决于比赛结果。

爸爸笑了。"是的,亲爱的孩子。去当兵听起来很合适。"

"但首先……"他又补充了一些建议。

许多人都把在"间隔年"(gap year)做点儿什么看作理所当然的事情。爸爸则认为"间隔年"是一个人一生中最容易塑造自己的重要时期之一。

"看看这个世界,亲爱的孩子!冒点儿险,经历一些事情。"

于是,我和马可坐下来,研究去做什么样的冒险。我们首先选定了澳大利亚。花半年时间在农场工作。

太好了。

至于下半年,去非洲。我告诉马可我想加入抗击艾滋病的斗争。这将是对妈妈的致敬,是延续她未完成的工作,这一点不言自明。

马可走了,做了些调查研究,回来后对我说:"莱索托。"

我老老实实承认,从来没听说过这个地方。

他告诉我,那是一个内陆国家,可爱的国家,与南非接壤。那里急需帮助,有很多工作要做。

我欣喜若狂。终于有了一个计划。

不久之后,我去看望了亨纳斯。在爱丁堡度过了一个愉快的周末。时值 2002 年秋天。我们去了一家餐馆,我把我的计划向他和盘托出。

"干得好,哈兹!"

他也在东非度过了间隔年。我记得他说是在乌干达,在农村学校工作。不过此刻他正在拉德格罗夫做兼职,做一个助手(在拉德格罗夫预备学校,做"杂工"的工作)。他说,这是一份非常酷的工作。他和孩子们一起,要把运动场上所有围栏都修好。

我还逗他说:"所有的免费草莓和胡萝卜你都可以吃!"

但他对此很认真。

"我喜欢教书,哈兹。"

"哦。"

我们兴致勃勃地谈论非洲,计划在那里见面。在乌干达度过"间隔年",大学毕业后,亨纳斯也可能进入军队。他想成为一名"绿夹克"[①]队员。这并不算最后的决定。他的家族世世代代都是军人。我们约定在部队见面。我们说,也许有一天会并肩作战,奔赴战场,或者帮助世界另一边的人们。

未来。真不知道未来会是什么样子。我忧心忡忡,但亨纳斯淡然处之。他不把未来当回事,不把任何事当回事。"顺其自然吧,哈兹。"这就是亨纳斯,永远都是这个样子。我羡慕他的淡泊宁静。

不过现在,他要去爱丁堡的一家赌场,问我要不要一起去。"啊,不能。"我说。我不可能出现在赌场里。那会引起巨大的丑闻。

---

① 绿夹克(Green Jacket),英国特殊兵种,"绿夹克来复枪兵"的简称。

他说那太糟糕了。

我们一起干杯,约定很快见面再聊。

两个月后,一个周日的早晨——2002年圣诞节前夕。这个消息一定是从电话里传来的,因为我还模模糊糊记得手机里传来那句话时的情景。亨纳斯和另一个男孩在拉德格罗夫附近什么地方聚会后,开车撞到一棵树上。虽然电话的详细内容已经记不清了,但我清楚地记得我当时的反应,跟爸爸告诉我妈妈的事时一样。"所以……亨纳斯出了车祸,他在医院,是吧?他没事吧?"

不,他有事!

那个男孩,也就是司机,在医院,受了重伤。

威利和我去参加了葬礼。在离亨纳斯长大的地方不远的一个教区小教堂。记得成百上千的人挤在吱吱作响的木头长椅上。仪式结束后,我排队去拥抱亨纳斯的父母亚历克斯和克莱尔以及他的兄弟托马斯和查理。

排队等待的时候,我无意中听到人们小声议论那次车祸。

"有雾,你知道……"

"没走多远就出事了……"

"他们要去哪儿呢?"

"在晚上那么晚的时候?"

"他们参加聚会,音响坏了,就跑去拿另外一套。"

"不是!"

"他们去找朋友借CD播放机。因为没多远,你知道……所以懒得系安全带……"

就像妈妈一样。

但是,和妈妈不同的是,我没法把这件事想成是失踪。

就是死亡,毫无疑问。

而且,不像妈妈,亨纳斯的车开得没那么快。

因为他没有被人追赶。

大家都说当时时速不超过 20 英里。

然而汽车径直撞向一棵老树。

有人解释说，老树比小树坚硬得多。

39

参加演出之前，不能离开伊顿公学。他们是这样说的。我需要参加一场正式演出，然后学校才会给我"打卡"，把我放飞到野外。

听起来很荒谬，但在伊顿公学，戏剧是一门非常重要的功课。戏剧部每年上演几部作品，年终的演出总是最重要的。

2003 年春末演出的是莎士比亚的《无事生非》。

我饰演康拉德，一个小角色。也许是个借酒浇愁的人，也许是个酒鬼，这就给了新闻界一个巧妙的借口，管我也叫"酒鬼"。

"怎么会这样？有点儿模式化，是吧？"

他们尽可以凭想象编故事。

伊顿公学的戏剧老师让我饰演这个角色的时候，并没说过角色的类型。他只是告诉我演康拉德："尽情玩吧，哈里！"我没有质疑他的动机。即使认为他在开玩笑，也不会怀疑他们。我想从伊顿公学毕业，而要想从伊顿公学毕业，就必须参加演出。

除此之外，我在研究剧本的过程中发现，只是把注意力集中在康拉德饮酒上是错误的，是简化的。他真是个迷人的家伙。忠诚，但也有点儿邪恶。他总爱说三道四，但本质上是个追随者。最重要的是，他是个"跟屁虫"，小跟班。这个角色的主要功能，似乎就是让观众笑一两声。我发现我很容易进入角色。彩排中，我还发现自己颇有演戏的天赋，只是藏而不露罢了。事实证明，王室成员与舞台上的演员也差不多。表演就是表演，不管背景如何。

首演之夜，爸爸坐在拥挤的法瑞尔剧院①正中央，没有人比他更开心了。现在，他的梦想实现了，儿子在表演莎士比亚的作品，他的钱花得值。他大声叫好，鼓掌。可令人费解的是，叫好也罢，鼓掌也罢，都不在点儿上。别人都在哈哈大笑的时候，他绷着脸一言不发地坐着。别人默然无语时，他却笑得前仰后合。这样的表现自然分散了人们的注意力。观众认为爸爸是"托儿"，是表演的一部分。"那边那个人是谁，莫名其妙地傻笑？哦……是威尔士亲王吗？"

后来，爸爸到后台，对我赞不绝口："你太棒了，亲爱的孩子。"

但我还是忍不住生气了。

"怎么了，亲爱的孩子？"

"爸，你叫好都没踩对点儿！"

他困惑不解。我也困惑。他怎么就不明白我说什么呢？

后来，我搞明白了。有一次，他告诉我，他像我这么大的时候，在学校演莎士比亚的戏剧，爷爷突然出现，做了一模一样的事情——在所有错误的时间点哈哈大笑——出了把洋相。爸爸是在模仿自己的父亲吗？因为他不知道别的为人之父的方式吗？还是潜意识里，某种隐性基因在自我表达？难道每一代人都注定要在不知不觉中重复上一代人的错误吗？我想知道，本可以问的，但那不是你可以跟爸爸或爷爷探讨的事情。所以我把它抛到脑后，试着只往好的方面想。

爸爸亲临现场，我告诉自己，他很骄傲，这不是小事。此时此刻，我比很多孩子都幸福。

我感谢他的到来，在他的脸颊两边各亲了一下。

---

① 法瑞尔剧院（Farrer Theatre），伊顿公学最大的剧院，可容纳四百人，拥有完整的旋转式舞台和乐池。

就像康拉德的一句台词：你就不能利用这一腔怨气干点儿什么吗？[1]

40

2003年6月，我完成了伊顿公学的学业。这要归功于我临阵磨枪，刻苦学习了一阵子，也得益于爸爸安排的额外辅导。对于一个如此不喜欢学习、如此心猿意马的人来说，这是一项不小的成就。不过我并不为此自豪，准确地说，因为不知道如何自豪。但有一阵子，我显然不再总是自责。

然后我被指控作弊。

一位美术老师拿出了作弊的证据，事实证明完全是无稽之谈。根本没有什么作弊的证据。最后我被考试委员会通过了。但损害已经造成。这一指控成立。

我的心都碎了，想发表声明，召开新闻发布会，告诉全世界：我努力学习了！我没有作弊！

王宫不允许我去。在这件事上，就像在大多数事情上一样，王宫坚守着家族的座右铭：永不抱怨，永不解释。尤其要自证清白的是个十八岁的男孩。

我被迫坐在一旁，一言不发，而报纸每天都称我为骗子和笨蛋。（因为一场美术考试！我的意思是，你怎么能在美术考试时作弊呢？）我就此被扣上了"蠢蛋王子"这么一个让人望而生畏的绰号。就像在未经协商、未经我同意的情况下便选我演酒鬼康拉德一样，我现在被选为蠢蛋这个角色。不同的是，我们只演了三场《无事生非》，而蠢蛋这个角色看起来会持续一辈子。

---

[1] 引自莎士比亚《无事生非》（*Much Ado About Nothing*）第一幕第三场。

"哈里王子吗?哦,对,脑子不太好使的那个王子。"

"不作弊连简单的考试也通不过——我从报上读到的!"

我几乎绝望了。跟爸爸谈起这件事。

他还是老样子,总是说:"亲爱的孩子,别看那些玩意儿。"

他自己就不看。别的什么都读,从莎士比亚到关于气候变化的白皮书,但从来不看新闻(他确实看 BBC,但经常把遥控器扔向电视机)。问题是,别人都读过了。我家每个人都像爸爸一样,声称没有看过,但就在他们当着你的面这么说的时候,身穿制服的男仆在他们周围忙碌着,把一份份英国报纸都放在银盘子上,就像烤饼和果酱一样整整齐齐。

41

那个农场叫作图卢姆比拉。主人是希尔一家。

诺埃尔和安妮是妈妈的朋友。(妈妈刚开始和爸爸约会时安妮是她的室友。)马可帮我找到他们,说服他们让我那个夏天在农场做不赚钱的"学徒工"。

希尔夫妇有三个孩子:尼基、尤斯蒂和乔治。老大乔治和我年龄相仿,虽然看起来老得多,也许是年复一年在澳大利亚烈日下劳作的缘故。一到农场,我就明白乔治会成为我的导师、我的老板,在某种程度上是我的"校长"。虽然图卢姆比拉和伊顿完全不一样。

事实上,这里和我以前去过的地方真有天壤之别。

我来自一个满眼碧绿的地方,希尔家的农场则是一首棕色的颂歌。我来自一个一举一动都被监视、记录和评判的地方。希尔家的农场又大又偏僻,每天大部分时间除了乔治没人能看见我。当然还有奇怪的小袋鼠。

最重要的是,我来自一个气候温和、多雨、凉爽的地方,希尔家的农场则在烈日的炙烤之下。

我不知道能不能忍受这炎热。澳大利亚内陆的气候我无法理解,我的身体似乎也无法接受。和爸爸一样,只要一提到热,我就发蔫。那仿佛是活火山顶上一座核反应堆里鼓风炉上的烤箱。我置身其中如何受得了呢?

对我而言,这儿不是好地方,对几位保镖来说更糟。那几个可怜的小伙子,分配给他们的活儿都得干。此外,他们的住处非常简陋,在农场边上的一幢屋子里。我很少见到他们,常常想象他们在外面,穿着三角裤,坐在嗡嗡响的电风扇前,不耐烦地润色自己的简历。

希尔家的人让我和他们一起睡在主屋,那是一座漂亮的小木屋,有白色隔板,木制台阶通向宽阔的门廊。前门每次拉开就发出小猫叫般的吱吱声,每次关上就发出砰的一声巨响。那扇门里面还有一扇纱门,用来挡蚊子。蚊子大得像鸟。第一天晚上,我们坐在一起吃晚饭的时候,除了那些"吸血鬼"有节奏地撞击纱门网眼的声音,什么都听不见。

是的,寂然无声的荒原,没有别的什么可听。大家都有点儿尴尬,试图假装我是个"学徒工",而不是王子,试图假装我们没有想到妈妈。妈妈喜欢安妮,安妮也喜欢妈妈。安妮显然想谈谈妈妈,但和威利一样,我就是说不出口。于是我狼吞虎咽地吃了起来,称赞一番,又要了几份,在脑子里搜寻着能减轻痛苦的话题,但想不出来。高温已经损害了我的认知能力。

在澳大利亚内陆第一个晚上入睡时,我想起马可,心急火燎地问他:"伙计,来这个地方,我们真的想清楚了吗?"

42

一如既往,工作是解决问题的良方。辛苦,流汗,不停歇地劳动,这就是希尔家所能提供的。活儿很多，怎么也干不完。我越努力工作，就越不觉得热。吃完饭话也越多——或者干脆不说话。

但不仅仅是工作。做一个"学徒工"肯定需要耐力，但也需要一定的技巧。你要学会和动物呢喃细语。你必须读懂天空和大地。

你还必须有高超的骑术。我来到澳大利亚之前，以为自己对马很熟悉，但希尔一家是德国人，都是在马背上长大的。诺埃尔的父亲是一名职业马球运动员（曾经是爸爸的马球教练）。安妮摸摸马鼻子就能告诉你那畜生在想什么。乔治爬上马鞍比大多数人上床还容易。

一个典型的工作日从午夜开始。黎明前的几个小时，乔治和我会跌跌撞撞地走到外面，处理第一件家务，争取在太阳升起之前尽可能多干点活儿。天一亮，我们就备上马鞍，疾驰到希尔家 40 000 英亩（是巴尔莫勒尔的两倍大）大的牧场边缘，开始把牛群拢到一起。也就是说，把牛群从这个地方赶到另外一个地方。我们还会寻找夜间走失的奶牛，找到了就把它们赶回牛群中。或者把一些牛装到拖车上，送到另一个区域。我不知道为什么要把这些牛或那些牛送到这儿或者送到那儿，但我知道底线：奶牛需要自己的空间。我能感觉到。

每当乔治和我发现一群走失了的牲畜，一小群颇为叛逆的牛，就特别具有挑战性。把它们拢在一起很重要，但也没那么简单。如果牛走散了，我们就完蛋了。把它们拢起来要花好几个小时，然后这一天就毁了。比方说，如果有一头牛猛地冲进树丛，乔治或我就得全速追赶。这当中，你时不时会被一根低垂的树枝从马鞍上横扫下来，也许还会被树枝打晕。醒过来的时候，你会检查一下有没有骨折，有没有内出血，而马却闷闷不乐地站在你身边。

关键是不要让这样的追逐持续太久。长时间的追逐会耗尽牛的体力，减少它的脂肪，降低它的市场价值。脂肪就是钱。对澳大利亚牛来说，不能出一点儿差错。因为它们本来脂肪就少。澳大利亚牧场的水很少，草也很少，仅有的一点儿草也经常被袋鼠啃食，乔治和他的家人就像我们看待老鼠一样看待袋鼠，觉得它们那么讨厌、可恶。

看到乔治找到走丢了的牛之后骂骂咧咧的样子，我总是倒退两步，咯咯地笑个不停。他长篇大论，辱骂，诅咒，特别偏爱一个骂人的词，一个许多人一辈子都不用的词，乔治五分钟不用就难受。大多数人一听到这个词就会躲到桌子底下，但对乔治来说，那个词仿佛是一把瑞士军刀，有无穷无尽的用途。（他的澳洲口音也让那个词悦耳动听。）

那个词只是"乔治词典"中几十个单词中的一个。例如，"fat"是指即将被宰杀的肥牛。"steer"指应该被阉割但还没有阉的小公牛。"weaner"是指刚刚断奶的小牛犊。"smoko"是指抽烟的休息时间。"tucker"是食物。2003年年底的很多时候，我都高高坐在马鞍上，一边吸着烟一边看着一头weaner，想着下一顿tucker。

牧场上的生活有时艰难，有时乏味。把牛集中到一起可能出乎意料地让你情绪激动。小母牛容易对付，你让它们到哪儿，就规规矩矩到哪儿，但小公牛就不喜欢被呼来喝去，尤其不愿意和妈妈分开。它们哞哞哞地叫着，有时还向你冲过来。疯狂晃动的牛角可能会撞折你的胳膊、切断你的动脉。但我并不害怕。相反……我善于察言观色，小公牛似乎能感觉到我的温情和善意。

我唯一不愿意干的活儿，最怕做的苦差事，就是阉小公牛。每次乔治拿出那把亮光闪闪的刀，我都会举起手来。"不，伙计，这活儿我干不了。"

"随你的便。"

一天的工作结束后，我会洗个热水澡，吃一顿丰盛的晚餐，然后和乔治坐在门廊，一边卷烟，一边喝冰镇啤酒。有时我们会听他的小CD播放机，这让我想起爸爸的收音机。想起亨纳斯，"他和另一个男孩去借另一台CD播放机……"

我们常常只是静静地坐着凝视远方。这片土地是如此平坦，你可以提前几小时就看到暴风雨酝酿的情景。银蛇般的闪电在远处的土地上狂舞。闪电球越来越亮，越来越近，风穿过房屋，把窗帘吹皱。然后房间会在耀眼的白光中颤动。第一声炸雷震动家具。最后是滂沱大雨。乔治会舒一口气。他的父母会舒一口气。雨水是丰美的牧草，雨水是肥壮的牛羊。雨水就是滚滚而来的钱财。

如果干打雷不下雨，那也是一种福气。因为暴风雷电过后，晴朗的天空会缀满星星。我会向乔治指出博茨瓦纳人向我指出的星座。

"看到月亮旁边的那颗明亮的星星了吗？那是金星。那边是天蝎座，最好的观测地点是南半球。这是普勒阿得斯①。那是天狼星，天空中最亮的一颗星。还有猎户座：猎人。一切都归结于狩猎，不是吗？猎人，狩猎……"

"那有什么，哈里？"

"没什么，伙计。"

关于星星，我发现最让我着迷的是它们都离我那么远。你看到的星光诞生于几百个世纪前的远古。换句话说，你看一颗星星时，你是在看过去，在你认识或爱的人还没有出生之前，很久很久很久之前。

或死亡之前很久很久很久。

或失踪之前很久很久很久。

乔治和我通常 8 点 30 分睡觉。我们经常累得连衣服都懒得脱。我不再害怕黑暗，我渴望黑暗。我睡觉时像死了一样，醒来时像重生了一样。浑身上下有点儿痛，但我准备好了迎接更多的辛劳。

没有休息日。繁重的工作、无情的酷热、牛群间的奔波，都让我瘦了许多。每天早上称体重，都发现轻了一公斤。话也少了。甚至连英国

---

① 普勒阿得斯（Pleiades），希腊神话中昴星团七神女的统称。

口音都被改变了。六个星期后,我的口音一点儿也不像威利和爸爸。听起来更像乔治。

衣着打扮也有点儿像乔治。头戴一顶软塌塌的牛仔毡帽,手拿乔治的一根旧皮鞭。

为与这个新哈里相匹配,我取了一个新名字:斯派克(Spike)。

事情是这样的。自从伊顿公学的同学把我的头发剃掉之后,我的头发就再也没有长成原来的样子。有几撮像夏日的青草一样高高耸立,有几撮平躺着,像上了漆的干草。乔治经常指着我的头说:"你这头发看起来一团糟!"后来有一次去悉尼看橄榄球世界杯赛,旅途中,我在澳大利亚塔瑞噶野生动物园正式露了一面。他们要我与一种叫作针鼹的动物合影。针鼹是刺猬和食蚁动物的杂交品种,长着坚硬的、带尖刺的毛。动物园管理员就给它取名为斯派克。它就像乔治说的那样,看起来一团糟。更重要的是,它看起来像我。很像我。乔治偶然看到我和斯派克摆姿势合拍的照片时,叫了起来:"哈兹,那家伙长着你的头发!"

从那以后,他只叫我斯派克。然后我的保镖也开始跟着起哄。事实上,他们用对讲机联系时,把斯派克当作我的代号,有的人甚至把它印在T恤衫上,守护我的时候就穿在身上,胸前印着:Spike 2003。

很快,家里的伙伴们听说了这个新绰号,就传播开了。我变成了斯派克,不再是哈兹、巴兹、"学徒工王子"、哈罗德、"亲爱的男孩"或"瘦子"。那些是宫里的工作人员给我取的绰号。身份一直是个问题,有了六个正式名字和一打绰号,我仿佛走进一个挂满镜子的大厅。

大多数时候,我不在乎别人怎么叫我。大多数时候,我都在想,别管我是谁,只要是个"新人",不是哈里王子就行。但是当一个官方包裹从伦敦、从白金汉宫寄来时,过去的我、过去的生活、王室的生活,就会重现眼前。

包裹通常是按日常邮件送达的,有时候是一个新保镖亲自带过来的。

（每隔两周，警卫就会换岗，以保持他们良好的精神状态，同时让他们见见家人。）包裹里有爸爸寄来的信件、办公室文件，还有一些关于我参与的慈善机构的简报。上面盖着：威尔士亨利王子殿下。

有一天，包裹里装着一份来自王室公关团队的备忘录，内容涉及一些微妙的问题。妈妈以前的管家写了一份"告白书"，其实没有什么实质性的内容，仅仅是他对某些事情的自我辩护，以自我为中心的表述。母亲曾称这个管家为好朋友，非常信任他。我们也是。现在他却利用她的"失踪"来赚钱。这让我怒火中烧，热血沸腾。我想飞回家，跟他对质。我打电话给爸爸，说我要上飞机了。我敢肯定这是我在澳大利亚时与他唯一的一次通话。他劝我不要这么做。后来，威利也打来电话，让我打消这个念头。

他们都说，我们所能做的，只能是共同谴责这个家伙。

于是我们就这么做了。或者说他们做了。我跟起草文件一点儿关系都没有（如果我写，言辞会更加激烈）。他们十分克制地谴责了管家的背叛行为，并公开要求与他会面，质问他的动机，探讨他揭露的所谓内幕。

管家公开回答我们，说他欢迎这样的会面，但不是为了任何建设性的目的。他对一家报纸发誓："我很乐意向他们表达我的意见。"

他想跟我们表达他的意见吗？

我数着日子，焦急地等待会面。

当然没有发生。

我不知道为什么，我猜测是宫里撤销的。

我对自己说："真可惜。"

我把他当成那年夏天跑掉的那头迷途的阉过的公牛。

43

我不记得我是怎么知道有个人想溜进农场。也许是乔治告诉我的？我俩在外面往一起归拢牛群的时候？

记得是当地警察抓住那个闯入者，让他滚蛋的。

2003 年 12 月。

警察对自己的工作很满意。但我很郁闷。我知道那家伙是干什么来的。狗仔们像蚂蚁一样，从来就不止一个。

果然，就在第二天，又有两只爬到农场。

所以我该走了。

我欠希尔家太多了，不想用毁掉他们的生活作为回报，不想成为他们失去比水更宝贵的东西——隐私——的原因。感谢他们给了我生命中最美好的九周。我决定乘飞机回家，在圣诞节前抵达。

回家的第一个晚上，我直接去了一家俱乐部。第二天晚上也去了。第三天也没闲着。媒体以为我还在澳大利亚，他们对我的行踪还一无所知，这就给了我"自由行使权"。

一天晚上我遇到一个女孩，和她一起喝酒聊天。我不知道她是个"三版女郎"。（这是对鲁伯特·默多克旗下《太阳报》每天第三版刊登的年轻的半裸女性的蔑称。）如果我知道，也不在乎。她看起来聪明有趣。

我戴着棒球帽离开俱乐部。到处都是狗仔。"自由行使权"已经过期作废了。我想赶快融入人群，和保镖很随意地在路上走着。穿过圣詹姆斯广场之后，我们上了一辆没有标志的警车。就在保镖把车开走的时候，一辆车窗遮得严严实实的奔驰冲出人行道，朝我们的车驶来，差点儿撞上后座的车门。我们看到它迎面驶来，"奔驰"的司机只顾拍照，没有看到险情。如果出了车祸，第二天早上报纸的报道就会是"哈里王子差点儿被一个鲁莽的狗仔撞死"。因为我安然无恙，狗仔的报道就成了"哈里王子会见并据称亲吻了一个'三版女郎'的故事",以及许多关于"替补"和一个堕落的女人约会的令人发指、近乎疯狂的评论。

王位第三顺位继承人……和"她"约会？

这种势利眼和阶级优越论令人作呕，混乱的优先顺序令人困惑。

这一切又一次大大增加了我逃跑时的喜悦感和解脱感。

间隔年，第二个阶段。

几天后，我登上了飞往莱索托的飞机。

更妙的是，他们决定我可以带一个同伴。以前的计划是和亨纳斯一起去。现在只能邀请乔治一同前往。

44

莱索托很美，但也是世界上生存条件最严酷的地方之一。它是全球艾滋病流行的中心，2004年，政府刚刚宣布了发生在这里的医疗灾难。成千上万的人死于艾滋病，整个国家正在变成一座巨大的孤儿院。到处都能看到孩子们跑来跑去，一脸茫然。

"爸爸在哪儿？妈妈在哪儿？"

乔治和我签约去几个慈善机构和学校帮忙。我们都被遇到的那些可爱的人折服。面对如此深重的苦难，他们表现出的坚韧、优雅、勇气和乐观深深地感动了我和乔治。我们像在澳大利亚的农场一样卖力地干活，满心欢喜，充满期盼。我们建学校，修复学校，搅拌砂砾，浇铸水泥。需要干什么我们就干什么。

本着同样的服务精神，有一天我同意干一件在其他情况下打死也不会做的事情——接受采访。如果我真的想曝光这里的情况，别无选择，只能和该死的媒体合作。

但这不仅仅是合作。这将是我第一次单独面对记者。

一天清晨，我们在长满青草的山坡上见面。他首先问为什么选择这个地方，明明有那么多地方可以去。

我说莱索托的孩子们陷入困境，而我爱孩子，理解孩子，所以自然而然想要帮助他们。

他穷追不舍，问我为什么喜欢孩子？

我给出最好的答案：因为我难以置信的不成熟？

我听起来伶牙俐齿，甚至油嘴滑舌。记者笑了笑，接着问下一个问题。关于孩子的话题是这些人探究我童年的一扇门，也是通往他或任何人真正想问我的唯一话题的大门。

"这样的事情，会不会让你想到……她……许多过往？"

我往山下看了看，有点儿前言不搭后语："遗憾的是，现在已经很长时间了，嗯，不是对我，而是对大多数人来说，她去世已经很长时间了，但是报道出来的东西都很糟糕，所有报道出来的东西，所有那些磁带……"

我指的是母亲去世前录制的录音，那是一种类似忏悔的东西，已经泄露给媒体，与那个管家的回忆录同步面世。在被追踪躲藏了七年之后，母亲仍然在被追踪和诽谤，这毫无道理。1997年开始了一场全国性的大清算，那是英国人集体反省和反思的时期。大家都认为媒体是一群怪物，消费者也接受了指责。大多数人说，我们都需要做得更好。现在，许多年过去了，一切都被遗忘了。但历史每天都在重演，我告诉记者，这是"一种耻辱"。

这虽然算不上重大的宣言，却是威利和我第一次公开谈论妈妈。我很惊讶第一个出头的居然是我。在任何事情上，威利总是捷足先登。我不知道这件事对他、对整个世界有何影响，尤其对爸爸会有什么影响。（不太好，马可后来告诉我。爸爸坚决反对我谈论这个话题。他不希望他的两个儿子谈论妈妈，因为担心这会引起轰动，影响他的工作，也许还会给卡米拉带来不利的影响。）

最后，我故意虚张声势，耸耸肩，对记者说："坏消息才有销路。就这么简单。"

说到坏消息……记者现在提到了我最近的丑闻。

当然是指"三版女郎"。

他提到，有些人想知道我是否在戒毒所接受了教训。我真的"皈依"了吗？我不记得他是否用过"皈依"这个词，但至少有一份报纸用过。

哈里需要皈依吗？

哈里是异教徒？

我突然之间怒火中烧，"红雾"在眼前升起，几乎认不出那个记者。怎么会谈起这个话题？我脱口而出，对所谓"不正常的事情"大发议论。记者听了目瞪口呆。好了！这下子他的头条有了！他的新闻有了。他得意扬扬，眼珠子都快瞪出来了吧。

我应该是瘾君子吗？

我对我所说的"正常"解释了一番。我的生活并不正常，是因为我无法过正常的生活。"就连父亲都提醒我，很遗憾，威利和我不能过正常人的生活。"我告诉记者，除了威利，没有人知道生活在这个超现实的鱼缸里是什么感觉，正常的事情被视为不正常，不正常的事情却被例行公事般地正常化。

这就是我想说的，正要继续说下去，我又往山下看了一眼。贫穷、疾病、孤儿——死亡。面对这一切，任何别的东西都不值一提。在莱索托，无论你经历了怎样的艰难，和他们相比，都是幸福的。我突然感到无地自容，不知道这位记者是否有足够的理智和良知，也会感到羞愧。坐在这里，无视所有的凄惨，大谈"三版女郎"？哦，来吧！

采访结束后，我找到乔治，一起去喝啤酒。很多啤酒。好几加仑[①]的

[①] 加仑，容积单位，分英制加仑和美制加仑。1 英制加仑约等于 4.54 升。

啤酒。

记得也就是那天晚上,我吸了一整包大麻。

我可不推荐这样做。

不过话说回来,也可能是在另一个晚上吸的。当聊到满满一袋大麻的时候,谁还记得到底是哪一晚呢。

45

乔治和我从莱索托飞到开普敦,去见几个朋友,还有马可。

那是 2004 年 3 月。

我们住在总领事馆。一天晚上,我们商量请几个人来做客,吃晚饭。可是有一个小问题,我们在开普敦一个人都不认识。

但是,等等——这话也不完全正确。几年前我在伯克郡马球俱乐部认识了一个人,一个来自南非的女孩。

切尔西。

我记得她……

有点儿与众不同。

我翻了翻手机,找到她的号码。

"给她打个电话。"马可说。

"真能打吗?"

"为什么不能呢?"

我又惊又喜,这个号码竟然能打通。她接电话了。

我结结巴巴地自报家门,说我在现在在她们这座城市,不知道能不能请她过来见一面……

她听起来满腹狐疑,好像不相信真的是我。我连忙把电话递给马可。马可向她保证真的是我,而且是真诚的邀请,只是一起吃顿饭,很低调——没什么好担心的。轻松自在，但会很有趣。

她问能不能把她的闺密带来，还有她哥哥。

"当然可以！人越多越好。"

几个小时后，她就出现在门口。事实证明，我的记忆并没有说谎。她的确……与众不同。这是我第一次见到她时脑海里闪过的词，现在又立刻浮现在我脑海中，吃烧烤时一次又一次地想到这个词：与众不同。

与我认识的许多人不同，她似乎完全不关心外表，不关心礼节，不关心什么王室不王室。和我遇到的许多女孩不同，和我握手的那一刻，她看起来不适合戴王冠。她似乎对那种经常被人们称为"王权综合征"的"疾病"具有天生的免疫力。这类似于演员和音乐家对人们的影响，只不过演员和音乐家能影响别人的根本原因是天赋。我没有天赋——人们一遍又一遍地这样告诉我——因此如果我能对别人产生什么影响，那也与本人无关。大家都是看在我的家庭、我的头衔的分儿上，才表现出某种尊重。这让我常感到尴尬，因为我不是靠自己得到这一切的。我一直想知道，如果遇到一个女人，不是因为听到我的头衔睁大眼睛，而是因为我的思想、我的心灵两眼放光，会是什么样子。在切尔西那里，似乎有这种可能性。她不仅对我的头衔不感兴趣，而且似乎对它感到厌烦。"哦，你是王子？"然后打了个哈欠。

她对我的生平一无所知，对我的家庭似乎更是闻所未闻。奶奶，威利，爸爸——他们是谁？更妙的是，她一点儿好奇心也没有。她可能根本就不知道我母亲的事。也许她还太小，不记得1997年8月发生的悲惨事件。当然，我不能肯定这是真的，感谢切尔西的率真，我们从来没有谈论过这件事情。我们谈论的主要话题是都去过的非洲。切尔西在津巴布韦出生长大，现在住在开普敦，她全心全意地爱着非洲。她的父亲拥有一个大型狩猎场，那是她生活的支点。虽然她在英国斯托寄宿学校度过了愉快的时光，但总是迫不及待地回家度假。我告诉她，我理解她的心情。我告诉她，非洲的经历改变了我的人生。那是我第一次非洲之旅，对我的成长就产生了很大的影响。我告诉她豹子奇怪的造访。她点了点头，明白了其中的奥秘。"太棒了。只要你准备好了，只要你配得上。非洲确实有这样美好的时刻。"

那天晚上，我告诉她，我很快就要入伍了。我无法估计她会做出什么反应。也许她什么反应都没有。至少没有说三道四。

然后我告诉她，乔治、马可和我第二天都要去博茨瓦纳。我们要去见阿迪，还有其他一些人，一起沿河漂流。

"要跟我们一起去吗？"

她羞怯地笑了笑，想了一下，说她和她的闺密另有安排。

"哦，太糟糕了。"

"但可以取消原计划。"她说愿意和我们一起去。

46

我们花了三天时间散步，欢笑，喝酒，和动物们混在一起。不仅仅是野生动物。我们遇到一个养蛇人，向我们展示了他的眼镜蛇、响尾蛇，还让蛇在他的肩膀和手臂爬来爬去，给我们几个人好一阵表演。

那天晚上，切尔西和我在星空下初吻。

与此同时，乔治深深地爱上了切尔西的闺密。

到了切尔西和她闺密回家、乔治回澳大利亚、马可回伦敦的时候，我们几个人都依依惜别，悲伤难过。

突然，我发现自己站在丛林里，身边只有阿迪。

"现在该做什么？"

我们听说附近有个营地。有两位电影制作人正在拍摄一部关于野生动物的纪录片，邀请我们去他们的营地看看。

我们跳上一辆陆地巡洋舰，很快就发现自己置身于喧闹的丛林派对之中。男男女女喝酒跳舞，都戴着用硬纸板做的奇奇怪怪的动物面具。奥卡万戈狂欢节。

这场派对的组织者是一对三十多岁的夫妇——提吉和迈克。我猜他们就是那两位电影制作人。实际上，他们拥有一个完整的电影公司，再加上这个营地。自我介绍之后，我热情称赞他们举办这样一场真正的、史诗般的狂欢真不简单。他们笑着表示，可不是白干，得付出代价。

代价就是明天两人都得起早上班。

我问能不能一起去。我很想看看电影的制作过程。他俩看了看我，然后互相看了一眼。他们知道我是谁。在丛林里遇到我已经够让他们惊讶的了，雇我做帮手的想法更让他们觉得不可思议。

迈克说："你当然可以来。但你得工作。搬沉重的箱子，拖着摄像机到处走。"

我能从他们脸上的表情看出，他们以为事情到此为止，我不会去干活儿的。

我笑着说："听起来不错。"

他们非常惊讶。但很高兴。

双方都有种一见如故的感觉。

提吉和迈克是非洲人。她来自开普敦，他来自内罗毕。但提吉出生在意大利，在米兰度过了童年，对自己的米兰血统感到特别自豪。她说，这是她感情真挚、温柔善良的根源。这是你从提吉那里听到的最接近自夸的一句话。她很难过地说，自己从小就说意大利语，可现在已经忘记了。其实她没忘。每次进医院做手术，麻醉药过劲儿之后就能说一口流利的意大利语，所有人都感到震惊。

迈克在农场长大，学会走路后不久就学会了骑马。碰巧他的隔壁邻居是最早一批拍摄野生动物的电影人之一。迈克一有空就跑到隔壁和这个邻居坐在一起,问这问那。迈克找到了他真正热爱的职业,邻居也对他非常认可,培养了他。

提吉和迈克都很有天赋,才华横溢,完全献身于拍摄野生动物的事业。我想花尽可能多的时间和他们在一起,不仅仅是在这次旅行中,而且也在日常工作中。问题是,他们会让我去吗?

我经常看到提吉看我,端详着我,脸上挂着好奇的微笑,好像我是什么野生动物,意外闯进他们的营地。但她并没有像很多人那样赶走我,或者利用我,而是伸出手来……抚摸我。对野生动物几十年的观察,让她对"野性"有一种有别于他人的感觉,不但将其视为美德,甚至是一种基本权利。她和迈克是最早珍惜我内心"野性"的人。那是没有因为丧母的悲伤和狗仔的追踪而失去的东西。他们对那些试图扼杀我心灵深处最后一点儿"野性"的人感到愤怒,其他人则热衷于把我关进笼子里。

在那次旅行,或者下一次旅行中,我问提吉和迈克是怎么认识的。他们俩不好意思地笑了。

"共同的朋友介绍的。"迈克喃喃地说。

"相亲。"提吉小声说。

相亲地点是一家小餐馆。迈克走进来时,提吉已经背对门坐在桌边了。她看不见迈克,但能听到他的声音,还没转过身,就从声调、音色、氛围的变化中知道,她有"大麻烦"了。

晚餐时,他们相谈甚欢。第二天提吉去迈克那儿喝咖啡。她进来时差点儿晕过去。书柜的顶层放着一本书,是她的祖父罗伯特·阿德里写的。他是一位传奇的科学家、散文家和作家。(曾凭借电影剧本《沙漠龙虎会》获得奥斯卡剧本奖提名。)除了祖父的书,迈克还把她喜欢的其他书籍整整齐齐摆放在书架上,顺序居然和她自己书架上的一样。她惊讶得用手捂住嘴巴。这就是所谓"共时性"①。这是一个征兆。她回公寓收拾好东西,立刻搬到迈克家,再也没有回去过。从那以后,她就和迈克在一起了。

他们在篝火旁给我讲了这个故事。和马可以及那帮朋友在一起,篝火只是大家围拢的中心,但和提吉、迈克在一起,篝火是神圣不可侵犯的。同样的饮料,同样引人入胜的故事,但感觉更有仪式感。很少有别的什么地方能让我感觉更接近真实,更充满活力。

提吉看到了这一切。她能感觉到我和他们在一起有多自在。她说:"我认为你的身体出生在英国,但你的灵魂出生在非洲。"

这可能是我听到过的对我最高的赞美。

和他们一起散步,一起吃饭,迷上他们几天之后,我的内心深处感到一种从未有过的平静。

还有同样强烈的想见切尔西的愿望。

怎么办呢?我绞尽脑汁地想。如何才能达到目的呢?怎样才能进入开普敦而不被媒体看到,不被他们破坏呢?

阿迪提议我们开车去。

"开车?嗯。好。太棒了!"

毕竟只有两天。

我们跳进一辆汽车,不停地开着,喝着威士忌,大嚼巧克力补充能量。

终于,我赤脚站到切尔西家的前门,衣衫不整,头戴一顶脏兮兮的无檐便帽,脏兮兮的脸上挂着灿烂的笑。

---

① 共时性(Synchronicity),瑞士心理学家荣格 20 世纪 20 年代提出的理论,指"有意义的巧合",用于解释因果律无法解释的现象,如梦境成真,想到某人就碰到某人等现象。

她倒吸一口凉气……然后笑了。然后……她把门开大了一点儿。

47

切尔西和我上了重要的一课：非洲是非洲……英国始终是英国。

我们刚到希思罗机场就被盯上了。

对我来说一点儿也不好玩，但也不震惊。妈妈"失踪"后的几年里，我几乎没有被人拍过，但是现在经常被人偷拍。我建议切尔西把它当成一种慢性疾病来对待，控制就好。

但她不确定自己是否想要患上这种"慢性病"。

我告诉她，我理解。她这样想完全合理。但我的生活就是这样，如果她想分享我的生活，就得接受这些。

你会习惯的，我撒了个谎。

从那以后，我认为再见到切尔西的可能性只有百分之五十，也许百分之六十。很有可能，媒体会让我失去另一个我在乎的人。我试着安慰自己，没关系，我真的没有时间谈恋爱。

我有工作要做。

首先，我要参加英国皇家军官学院的入学考试。

考试花了四天，和伊顿公学的考试完全不一样。有笔试，但主要是测试心理韧性和领导能力。

结果是……我两方面都不错，顺利通过考试。

我很高兴。我无法集中注意力的毛病、母亲去世给我造成的心理创伤，都没有影响考试。在英国军队里，这两点都不会对我不利。恰恰相反，我发现，这些东西让我变得更符合要求。军队正在寻找像我这样的小伙子。

你说什么，年轻人？父母离异？妈妈死了？无法释怀的悲伤或者心理创伤？请到这边来！

和通过考试的消息一起，我还收到一个报到日期——几个月之后。这意味着我有时间整理思绪，处理一些零碎的事情。更好的是，有时间和切尔西在一起……如果她要我的话。

她要。她邀请我回开普敦，见她父母。

我去了，并且立刻就喜欢上了他们。他们让人无法不喜欢。他们喜欢讲有趣的故事，喝杜松子酒和奎宁水，吃美味的食物，还喜欢狩猎。她父亲虎背熊腰，非常可爱，但也是一个绝对的领袖。她母亲身材娇小，善于倾听，经常会热情地拥抱你。我不知道未来会怎样，不想本末倒置。但我心里明白，如果要结姻亲，你不可能找到比他们更好的人家。

48

冥冥之中一定有什么东西左右着人生。正当我开始新的恋情时，爸爸宣布他决定结婚了。他征求了奶奶的意见。她同意了。据报道，奶奶并不情愿。

尽管威利和我劝他不要这样做，爸爸还是一意孤行。我们只好握着他的手，祝他好运。并没有抵触情绪。我们意识到他终将和他爱的女人在一起。那是他一直爱着的女人，命运一开始就为他安排的女人。无论对妈妈的故事另一个环节的结局多么痛苦、悲伤，我们都明白这不是重点。

同时，我们也同情爸爸和卡米拉这对夫妻。他们把"时运不济"提升到新的高度。在多年的渴望受挫之后，他们现在离幸福只有几步之遥，可是新的障碍不断出现。首先是关于仪式性质的争议。朝臣们坚持认为婚礼必须是一场民间仪式，因为作为英国国教会未来的最高统治者，父亲不能在教堂里与一个离过婚的女人结婚。这引发了一场关于举行婚礼的地点的激烈辩论。如果婚礼要在这对新人的首选场地温莎城堡举行，那么温莎城堡必须首先获得举行"公证婚礼"的许可。倘若那样，每个英国人都有权利在那里举行"公证婚礼"。没人同意这个结果。

因此，婚礼决定在温莎市政厅举行。

但不巧教皇去世了。

我迷惑不解地问威利："教皇和爸爸有什么关系？"

事实证明，他们之间的关系很密切。爸爸和卡米拉不想在教皇下葬的同一天举行结婚典礼。这不吉利，而且媒体会少。更重要的是，奶奶想让爸爸代表她参加教皇的葬礼。

举行婚礼的计划又改变了。

一次又一次地拖延——如果你仔细听，就能听到绝望的尖叫和呻吟飘过王室的宫殿。分不清是谁的。是婚礼策划人，还是卡米拉（或爸爸）？

除了为他们感到遗憾之外，我不禁想到冥冥之中有某种神秘的力量在阻碍而不是祝福他们的结合。（是妈妈吗？）也许那力量会推迟它不赞成的事情？

婚礼终于举行。奶奶没来，她选择不参加。对每个人来说，尤其对我来说，这几乎是一种宣泄。站在圣坛附近，我大部分时间都低着头，眼睛看着地板，就像在妈妈的葬礼上一样，但我确实偷偷地看了新郎和新娘好几次，每次都在想：祝福你们。

毫无疑问，我知道这场婚姻会把爸爸从我们身边带走。不是真正意义上的"带走"，不是以任何故意或恶意的方式，但无论如何他会远离我们。他正在进入一个新的空间，一个封闭的空间，一个严格管理的小岛般的空间。估计从今往后，威利和我见到爸爸的时间会更少，这让我百感交集。我不愿意失去第二个亲人，我对这位继母的感觉也很复杂。我相信，最近她在她个人的公关祭坛上牺牲了我。但我看到了爸爸的笑容，这一点毋庸置疑，我也很难否定他微笑的原因：因为卡米拉。我想要的东西太多了，但在他们的婚礼上，我惊讶地发现，我最想要的东西之一，仍然是父亲的幸福。

说来可笑，我甚至希望卡米拉快乐。也许她开心就没那么危险了？

有报道说我和威利偷偷溜出教堂，在他们的车上挂了"新婚"的牌子。绝非如此。如果我真的挂过什么牌子，上面只能是写着"幸福"一词。因为如果我当时想到什么的话，也只能是这个词。

我确实记得看着他们的车离开，心想：他们很幸福。他们真的很开心。

哦，我希望我们都能开心。

49

大约这个时候，就在爸爸和卡米拉的婚礼前，也可能是婚礼后，我和威利一起去参加英国特种舟艇部队的训练。不是官方训练。就像我们说的，一群男孩和一堆玩具，大多数时候都是闹着玩的，虽然这项活动确实有着源远流长的庄严的传统。

我们家一直和英国军方保持着密切的联系。这种联系有时意味着一次正式的访问，有时只是随意的午餐。有时与从战场归来的男男女女私下聊天，但有时也意味着要参加严格的军事训练。没有什么比做或试图做我们所做的这些事情更能表达对军队的尊重了。

这样的训练总是对媒体保密。军方喜欢秘而不宣，上帝知道，王室也喜欢这样。

第一次军事演习是妈妈带我和威利参加的。在赫里福德郡的一个"杀人屋"。我们三个人被关在一个房间里，被告知不许动。然后房间暗了下来。一个小队的人马破门而入，扔闪光弹，把我们吓得魂飞魄散。

这就是他们的目的——教我们一旦遇到突发事件，生命处于危险之中，如何应对。

"一旦遇到？"我们笑了起来，"看到我们的铠甲了吗？"

但和威利在一起的这一天不一样。更多的肢体运动，更多的参与。没有太多的说教，而是激动人心的冒险。我们乘坐快艇飞驰过普尔港，"攻击"了一艘护卫舰，一边用装有彩弹的 9 毫米 mp5 射击，一边爬上绳梯。在一次演习中，我们急匆匆地走下一段金属楼梯，进入护卫舰的船舱。有人切断电灯线，我想是为了让演习更有趣。一片漆黑中，我在离井底只有四步远的地方摔倒，左膝着地，被地板上一个固定螺栓刺穿。

我疼得头晕目眩。

我努力站起来，继续前进，完成训练。演习结束时，我们从船上的直升机升降坪上跳进水里。这时我才发现膝盖不能动了，整条腿都不能动了。等我从水里出来，脱下衣服时，威利低头看了看，脸色变得苍白。

我的膝盖在流血。

医护人员几分钟内就赶到现场。

几周后，王宫宣布我参军的时间将被推迟。推迟到什么时候，尚不知晓。

记者们要求公布原因。

王室公关团队告诉他们："哈里王子在橄榄球比赛中膝盖受伤。"

我的腿吊得老高，正在做冷冻治疗。读着报纸上的报道，我仰面大笑。这一次，报纸在不知内情的情况下刊登了一则关于我的谎言，我情不自禁地沉浸在略施小技、战而胜之的喜悦中。

然而，他们很快就复仇了。他们开始编造一个故事，说我害怕参军，说我在逃避，用膝盖受伤的谎言拖延时间。

说我是个懦夫。

50

威利的一个朋友在开生日派对。在格洛斯特郡附近的乡村。不仅仅是生日派对，还是化装舞会，有着令人尴尬的主题：土著与殖民者。舞会要求客人穿契合主题的衣服。

2005年1月。

我不喜欢化装舞会，不能忍受舞会的主题。威利上个生日，或者上上个生日，办了一个化装舞会，主题是"走出非洲"。我觉得这令人恼火，令人费解。每次去非洲，我都穿短裤和体恤，也许还穿基科伊①。"这样行吗，威利？"

但这次更糟糕。我的衣柜里没有一件本土或殖民时期的服装。我跟爸爸和卡米拉住在一起，有时住在圣詹姆斯宫，有时住在海格洛夫庄园，大部分时间都是带着行李箱生活，所以根本不在乎穿什么衣服。大多数时候，我的衣服看起来就像是在一个非常黑暗和混乱的房间里穿的一样。因此，"有主题"的化装舞会于我而言简直是噩梦。

不去吧，很难。

威利坚持要我去。"我们给你找衣服穿，哈罗德。"

他的新女友答应帮忙。

我喜欢他的新女友。她无忧无虑，甜美善良，在佛罗伦萨度过了间隔年，擅长摄影和美术，还有服装设计。她喜欢衣服。

她叫凯特。我忘了她参加聚会时穿的是什么样的土著或殖民者的衣服，但在她的帮助下，威利为自己选择了扮成某种猫科动物。紧身连衣裤（我没记错吧？），有一条弹簧似的、晃来晃去的尾巴。他穿上给我

---

① 基科伊（Kikoi）是肯尼亚等东非国家流行甚广的一种传统布料，通常有着色彩明亮的条纹图案，布的边缘装饰着打结流苏。

们看了看,像是跳跳虎和巴瑞辛尼科夫①的混合体。凯特和我用手指指着他,笑得在地板上打滚,玩得很开心。这太可笑了,尤其是在一个三向镜中。但他俩都说,"可笑"是即将到来的派对的意义之所在。

我喜欢看凯特笑,更妙的是,喜欢逗她笑。我似乎长于此道。我明显的愚蠢与她精心伪装的愚蠢很合拍。每当我担心凯特会把威利从我身边夺走的时候,就安慰自己,倘若以后我和他们一起哈哈大笑,那该多么和谐。我还告诉自己,如果我正儿八经有个女朋友,她能和我们仨一起欢笑,那一切都将是多么美好。也许切尔西能做到这一点。

也许,我想,我可以用我的服装逗凯特笑。

穿什么服装呢?把哈罗德打扮成什么样子呢?这成了我们经常谈论的话题。

聚会那天,我决定去附近的内尔斯沃思镇。内尔斯沃思镇有一家著名的服装商店。在那儿肯定能找到什么东西。

记忆有点儿模糊,不过有些事情如在眼前。这家商店有一种令人难忘的气味。我记得它散发着一股霉味,一种令人畏缩的臭味。还有其他东西——一种说不清道不明的东西——宛如暗流涌动。一种在密闭的房间里滋生出来的东西在空气里传播。屋子里面挂着成百上千条裤子。几十年来,成千上万的人共用过这个空间。

我在一排排衣服间走来走去,在货架间筛选。可是没有一件是我喜欢的。随着时间的流逝,我把选择范围缩小到两件衣服。

英国飞行员制服。

还有一件沙色纳粹制服,带纳粹十字臂章。

还有一顶鸭舌帽。

---

① 巴瑞辛尼科夫,即米凯亚·巴瑞辛尼科夫(Mikhail Baryshnikov, 1948—),俄罗斯裔美国芭蕾舞天王。

我打电话给威利和凯特，问他们怎么想。

他们说要纳粹制服。

我把它租了下来，再加上一撮傻乎乎的胡子，就回了家。我穿在身上试了试。他们都叫了起来。比威利的紧身衣还糟糕！更可笑！可这正是关键之所在。

但胡子需要修剪，我把胡子两边剪短，修剪成希特勒式的小胡子，又穿了条工装裤。

我们去参加晚会，没有人多看我的服装。所有的"土著"和"殖民者"都喝得醉意朦胧，只顾互相摸摸索索，没有人注意到我。我心安理得，把这个效果当作一个小小的胜利。

然而，有人拍了照片。几天后，这个人看到一个赚钱的机会，或者说制造麻烦的机会，就去找记者。"年轻的王室成员最近参加派对的照片能卖多少钱？"照片中最劲爆的应该是穿着紧身连衣裤的威利。

可是记者发现了别的东西。喂，这是什么？是"替补"，化装成了纳粹？

据我所知，经过一番讨价还价，他们以五千英镑成交。几周后，这张照片出现在世界所有的报纸上，配上特大号新闻标题。

> Heil，"哈特勒"！[1]
> 继承人畸变"纳粹"！[2]
> 王室"heil"出大麻烦！[3]

---

[1] 原文是"Heil Harry"，化用纳粹德国士兵致敬希特勒的口号"Heil Hitler"，借以讽刺哈里穿纳粹军服。

[2] 原文是"Heir Aberrant"，讽刺哈里王子穿纳粹服。

[3] 原文是"Royal Heil to Pay"，利用了"heil to pay"和"hell to pay"的谐音，讽刺王室因哈里穿纳粹军服惹上大麻烦。

随之而来的是一场铺天盖地的风暴，有时觉得简直要把我吞没。我觉得活该被吞没。在接下来的几周甚至几个月里，我曾一度觉得自己可能会羞愧而死。

人们对这些照片的典型反应是：他是怎么想的？最简单的回答是：我真的什么都没想。看到这些照片，我立刻意识到大脑已经停止运行了。也许它已经停止一段时间了。我想走遍英国，挨家挨户地敲门，向人们解释："我只是没有过脑子啊。我没有恶意。"但怎么解释也没用。公众对我的裁决迅速而严厉。这个王子要么是个秘密纳粹，要么就是个脑子进水的"智障"。

我向威利寻求帮助。他表示同情，但也无计可施。然后我打电话给爸爸。令我惊讶的是，他很平静。起初我很怀疑，心想，也许他又把我面临的危机看作提升他公众形象的另一个机会。但他对我说话时态度那么温和，非常真诚地表示同情，我的心一下子软了下来，对父亲非常感激。

对这场危机他并没有视而不见。"亲爱的孩子，你怎么这么傻？"我满脸通红："我知道，我知道。"他很快接着告诉我，年轻时都会办傻事，他记得自己年轻时因为鲁莽而被公开诋毁。这是不公平的，因为从定义上讲，青春是一个人尚未成熟的时期，你还在成长，还在变化，还在学习。爸爸没有具体说他年轻时的耻辱，但我知道。他最私密的谈话被泄露，他最欠考虑的言论被大肆宣扬。他过去的女友们都被盘问过，她们对他性生活的评价在小报上广为流传，甚至被印在书里。他知道屈辱的滋味。

他保证这股风会过去，耻辱会消失。我爱他，因为他这样费尽心机给我安慰，尽管——也许因为——我知道只是安慰而已。这种耻辱永远不会消失。也不应该消失。

攻击一天比一天严重。报纸、广播、电视都严厉地批评了我。国会议员们甚至要求把我的脑袋挂在钉子上。有人说我应该被禁止进入桑赫斯特皇家军事学院。

按照爸爸办公室工作人员的说法，要想度过这场危机，需要有人帮助。我需要在公众面前赎罪。

我说，没问题。越快越好。所以爸爸把我送到一个圣人面前。

51

他蓄着胡子，戴着眼镜，深深的皱纹镌刻在脸上，一双明亮的黑眼睛充满智慧。听说他是英联邦的首席拉比。但我立刻看出不止如此。他是一位杰出的学者，一位宗教哲学家，一位出版了二十多本书的多产作家，他花了很多时间凝视窗外，思考悲伤、邪恶和仇恨的根源。

他给我倒了一杯茶，然后单刀直入，没有拐弯抹角。他谴责了我的行为。他不是不厚道，而是必须这么做，没有别的办法。他还把我的愚蠢放在历史背景下分析。他谈到了六百万被残杀的人。犹太人、波兰人、异己分子、知识分子、同性恋者。甚至儿童、婴儿、老人都化为灰烬和烟雾。

短短几十年前。

我带着羞耻感来到他家。被他一番批评，我心里生出另一种感觉，一种无底的自我厌恶。

但这并不是拉比的目的。他当然不希望我这样离开他。他告诫我不要因为自己的错误而崩溃，而是要将挫折化为前进的动力。他对我说话时表现出的宽容，我们在真正的智者身上经常能看到。他向我保证，人们或许会做蠢事，说蠢话，但这并不一定是他们内在的本性。他说，我是在寻求赎罪的过程中，显示出自己的本性。寻求宽恕。

他在他的能力、资格范围内,宽恕了我。他赐福于我,告诉我要抬起头,勇往直前,用这些经验让世界变得更美好。从这件事情中吸取教训,以之为师。我想到了亨纳斯,我觉得他会喜欢听这样的话。他热爱教学。

无论我如何努力,禁止我参军的呼声越来越高。然而,高层官员坚持自己的意见。他们说,如果哈里王子是在军队里把自己打扮成那个独裁者,他就会受到纪律处分。

他们又补充说,但他还没有参军,所以他完全可以做他的傻瓜。

52

他将成为我们新的私人秘书。杰米·劳瑟-平克顿是他的名字。但我不记得威利和我除了叫他JLP之外还叫过他别的什么。

我们应该叫他"马可二世"。或者马可2.0。他是马可的替代者,但也是我们亲爱的朋友更正式、更翔实、更永久的"版本"。

我们被告知,马可一直非正式地做着所有事情,包括对我们的关心、指导和建议,现在都要由JLP正式去做了。事实上,是马可发现了JLP,并把他推荐给爸爸,然后培训他。所以我们从一开始就信任他。他带着最重要的认可来到我们面前——马可说他是个好人。

极度冷静,略显拘谨,JLP戴着亮闪闪的图章金戒指,衬衫袖口上的金链扣扣得整整齐齐,象征着他的清正廉洁、始终如一和对某种坚定风格的忠诚。你总给人一种感觉,即使在世界末日大决战的早晨,JLP在走出家门之前也会把这些"护身符"戴好,扣好。

然而,尽管他伶牙俐齿,外表光鲜,内心深处却有一股力量,那是英国最好的军事训练的产物。这意味着,在诸多优点中,他不说废话。他不会传播什么,也不会听信什么,即使远远近近人们都知道的流言蜚语，他也置若罔闻。当英国官员决定对哥伦比亚的一个贩毒集团发动大规模进攻时，他们选择了JLP来领导。当演员伊万·麦格雷戈决定骑摩托车穿越蒙古国、西伯利亚和乌克兰进行为期三个月的旅行时，他求助于JLP，因为他需要接受生存训练。

对我来说，JLP最大的特点是他对真理的敬畏，他的真知灼见。他与许多在政府和王室工作的人截然相反。所以，在他开始为我和威利工作后不久，我就希望他能帮我弄清事情真相——看看秘密警察关于妈妈车祸的档案。

他低下头，又看向别处。是的，他为我和威利工作，但他关心我们，也尊重传统，尊重行政管理系统。我的要求似乎涉及了这三者的利益。他面露难色，皱了皱眉头，因为头上没有多少头发，这使得他额头的界限不太分明。最后，他往脑后拢了拢两边鬓角稀疏的头发，告诉我，如果看了他弄到的那些文件，我会很难过的。"真的让人难过，哈里。"

"是的。我知道。这是无法回避的。"

他点了点头："啊。嗯。我明白了。"

几天后，他把我带进圣詹姆斯宫后面楼梯上的一间小办公室，递给我一个棕色信封，上面印着"请勿折叠"几个字。他说他决定不给我看警方的全部档案。他已经看了一遍，拿掉一些更具……冲击性的文件。

"这是为你好。"

我很沮丧，但没有争辩。如果JLP认为我应付不了，那我可能真的应付不了。

我感谢他保护我。

他说不打扰我了，然后就走了。

我吸了几口气，打开档案。

事故现场外围照片。发生事故的隧道外面。隧道入口。

事故现场照片。在隧道里几英尺处。

事故现场照片。隧道里。从隧道往前看，从另一端往外看。

最后……被撞碎的奔驰车的特写，据说它是午夜左右进入隧道的，却再也没有完好地出来。

似乎都是警方拍摄的照片。但后来我意识到，即使不是大部分，也有很多是现场的记者和其他摄影师拍摄的。巴黎警方没收了他们的相机。有些照片是在撞车后不久拍摄的，有些是在很久之后拍摄的。一些照片显示警察到处走动，另一些照片显示旁观者随意转悠。一切都给人一种混乱不堪的感觉，一种可耻的狂欢的气氛。

现在看到一些更清晰、更多细节、距离更近的照片。奔驰车内部。妈妈朋友的尸体。我现在知道他是妈妈的男朋友。还有她的保镖，他在事故中幸免于难，尽管受了非常重的伤。司机也在车里，瘫倒在方向盘上。许多人指责他造成这场车祸，因为据说他的血液中含有酒精，但他已经死了，死无对证。

最后我看到了妈妈的照片。她被亮光笼罩，光环，可以说是光环。多么奇怪。那光的颜色和她头发的颜色一样——金色。我不知道那光到底是什么，无法想象，尽管想出了各种超自然的解释。

当我意识到那光的真正来源时，肠胃一阵痉挛。

闪光灯。那是闪光灯的光。在一些闪光中出现了幽灵般的面孔，或者半张面孔。狗仔！在所有光滑的金属表面和玻璃挡风玻璃上反射和折射出的狗仔。那些追她的人……她躺在座位之间，失去知觉或半昏迷的时候，他们从来没有停止过拍摄她。疯狂拍摄的时候，他们有时会不小心拍到对方。他们中没有一个人来查看一下她的伤情，提供帮助，甚至没有人安慰她。只是不停地拍摄，拍摄，拍摄。

我没想到，做梦都没想过会发生这样的事情。有人告诉过我，狗仔们追妈妈，像一群野狗一样追踪她。但我从来不敢想象，他们也像野狗一样，在她已经毫无防备能力的身体旁尽情狂欢。在这一刻之前，我并不知道妈妈在这个世界上看到的最后一样东西是闪光灯。

除非……现在我仔细看了看妈妈：没有明显的伤口。弯着身子坐在那里，没有意识。但总的来说……还好。比想象得还好。黑色外套，光彩照人的头发，光彩照人的皮肤。她被送到医院后，医生们不停地称赞她是多么美丽。我盯着她，想让自己哭出来，但我做不到，因为她是那么可爱，栩栩如生。

也许 JLP 没让我看的那些照片更有说服力。也许它们用更直白的方式表达了死亡。但我没有仔细考虑这种可能性。我啪的一声合上文件夹，说："她藏起来了。"

我要这份档案是因为想找到证据，但这份档案什么也证明不了，只能证明妈妈遭遇了一场车祸。撞车之后，她看起来基本没有受伤，而那些追赶她的人继续骚扰她。仅此而已。我发现了更多让我愤怒的理由，而不是证据。在那间小办公室里，我坐在那个该死的"请勿折叠"的信封前，"红雾"飘了下来，不是雾，而是洪流。

53

我带着一个小旅行袋，里面装着一些个人用品，还有一块标准尺寸的熨衣板，像冲浪板一样，高高兴兴地夹在腋下。军队命令我把它带来。从现在开始，我的衬衫和裤子不能有折痕。

我使用熨衣板的熟练度和开坦克差不多——实际上，可能还没开坦克熟练。但现在这是军队的问题。我成了军队的麻烦。

祝他们好运。

也祝爸爸好运。是他把我送到萨里郡坎伯利的桑赫斯特皇家军事学院的。

2005 年 5 月。

爸爸站在一边，看着我戴上标有"威尔士"的红色名牌，然后签到。他告诉记者他是多么的骄傲。

然后他伸出手："走吧，亲爱的孩子。"

拍照片。咔嗒！

我被分配到一个由二十九名青年男女组成的排。第二天一早，我们穿上崭新的军装，鱼贯进入一间有几百年历史的古老房间。你可以闻到历史的味道——像蒸汽一样从镶木板的墙上飘出来。我们向女王宣誓。"我宣誓效忠女王和国家……"我旁边的小伙子用胳膊肘碰了碰我的肋骨："我打赌你说的是奶奶而不是女王！"

这是我们最后一次开玩笑。随后的五个星期里，他或任何人都不敢开玩笑。再说新兵训练营没有什么好玩儿好笑的事情。

新兵训练营——对于这里发生的事情来说，这是一个不无温情的名字。我们被逼到了极限，身体上，心理上，精神上。我们被带到——或者说是被拖到——一个超出极限的地方，然后又被一群号称"护卫营旗士官"的冷漠虐待狂拖得更远。他们一个个人高马大，说话粗喉大嗓，极具男子气概，但都养着小狗。我从未听过或读过对这种怪现象的解释，也不敢打听。我只想说，看到这些雄性激素分泌旺盛、大多秃顶的"食人魔"玩贵宾犬、西施犬和哈巴狗觉得不可思议。

我想说，他们对待我们像对待狗一样，只不过远不如对自己的狗好。对我们，这些士官从来没有夸奖过。早晨刚刮完胡子，他们就站在我们面前，大喊大叫，而且从来没有放松过。他们贬低我们，骚扰我们，大喊大叫，毫不掩饰他们的意图——想击垮我们。

如果他们无法打垮我们，那太好了。欢迎加入军队！如果能够打垮，那就更好了。最好现在就知道你是不是当兵的料。被他们打垮总比被敌人打垮好。

他们使用了好多方法。身体上的胁迫，心理上的恐吓，也许还有幽默?记得一个黑人中士把我拉到一边。"威尔士先生,有一天我戴着熊皮帽①在温莎城堡站岗,一个男孩走了过来,把砾石踢到我的靴子上!还有就是……那个男孩……是——你!"

他在开玩笑,但我不确定自己是否该笑,也不确定这是不是真的。我不认识他,当然也不记得曾经把石子踢到哪个卫兵靴子上。如果确有其事,我肯定也道歉了,希望我们能把它抛在脑后。

不到两个星期,就有几个学员精疲力竭了。早晨醒来发现他们的床铺收拾得整整齐齐,个人物品不见了。没有人瞧不起他们。不是所有人都适合当兵。和我一起参加训练的学员晚上熄灯前坦言,担心自己成为"下一个"。

然而我从来没有那种想法。大部分情况下,我还好。新兵训练营并不轻松,但我从未动摇过自己的信念,我坚信这里正是我应该在的地方。我想他们打不垮我。是不是因为我已经经历了太多的磨难?

而且,不管他们对我们做了什么,都远离媒体。对我来说,每天都像度假一样轻松。训练中心就像 H 俱乐部一样,不管士官们如何发号施令,不管我们经受多么严酷的训练,最后都会有所补偿。这个补偿就是没有狗仔伸长脖子寻找。在一个媒体找不到我的地方没有什么能伤害到我。

然而,他们还是找上门来。《太阳报》的一名记者带着一枚假炸弹,偷偷溜进训练场地,摇摇晃晃地走来走去,试图证明什么?没有人知道。《太阳报》后来称,他们的记者,那个假冒的"闲逛者",试图揭露训练营松懈的管理和安全措施,以证明哈里王子处于危险之中。

真正可怕的是,一些读者真的相信了他们制造的谣言。

---

① 熊皮帽,英国皇家卫队的帽子,用黑熊皮制作,2011 年后改用人造皮草代替。

54

每天早上 5 点一醒来,我们就被迫喝下一大瓶水。瓶子是部队发的,黑色塑料瓶,布尔战争遗留下来的。不管装上什么都散发着第一代塑料的味道。还有尿味。温度也是尿的温度。所以,狂饮滥喝之后,开始晨跑之前,有的人就会倒在地上,把水全都吐出来。

不管怎么样,第二天,你不得不再次从同一个水瓶里狂饮带塑料味儿的"尿水",然后再去进行另一次呕吐后的跑步。

哦,跑步。我们不停地跑。绕着跑道跑。沿着公路跑。穿过茂密的树林,跑过草地。有时背 40 公斤的重物,有时扛一根大木头。跑啊,跑啊,跑啊,直到累得昏过去——有时候就昏倒在路上。躺在那里,半昏迷半清醒,腿还在抽动,就像睡着的狗追松鼠。

跑步的间隙,我们把身体拴在绳子上,翻墙越脊,或者互相冲撞。晚上,比疼痛更折磨人的痛苦会钻进骨头。那是一种深沉而颤抖着的悸动。除了与它分离,告诉大脑你和它无关,没有办法从那悸动中幸存下来。把自己从自己身上剥离出来。士官们说这是他们宏伟计划的一部分。消灭自我。

只有消灭自我,达成共识,才能真正成为一个整体。

他们说,随着自我逐渐消失,服务的理念将取而代之。

你们所在的排,你们的国家,你们的脑子里只留下这些概念。学员们,那就足够了。

我不知道其他学员对此有何感想,但我全盘接受,深信不疑。"自我"?甩掉那个累赘,我求之不得。"身份"?让它见鬼去吧。

对于那些执着于"自我"和"身份"的人来说,这种经历可能很残酷。这一点我完全理解。但我不觉得残酷,我很高兴。因为我渐渐感觉到,自己正在经历一个"取其精华,去其糟粕"的过程,只剩下最重要的东西。

有点儿像在澳大利亚图卢姆比拉当牧场学徒时那样。只会更甚。

我觉得这一切宛如来自士官、来自联邦的一份大礼。

我爱他们。晚上,熄灯之前,我感恩。

55

新兵训练营最初五周结束后,士官们放松了管理,虽然只放松那么一点点。他们不再对我们大喊大叫,开始像对待士兵一样对待我们。

现在是学习战争的时候了。如何发动战争,如何赢得战争。包括十分枯燥的课堂教学。比较有意思的部分,是根据具体情况,模拟被杀死或者如何不被杀死的不同方式。

那些训练被称为化生放核(CBRN),即化学(chemical)、生物(biological)、放射(radiological)与核(nuclear)。我们练习如何穿防护服,如何把它脱下来,清洗或擦拭可能扔到、落到、喷到我们身上的毒药和其他致命的物质。我们挖了无数的壕沟,戴上面具,蜷缩成胎儿的姿势,一遍又一遍地重温《启示录》。

有一天,士官把我们召集在一座红砖建筑外面。那幢房子已经变成催泪性毒气室。他们命令我们进去,启动了毒气。我们取下防毒面具,再戴上,再取下。如果动作不快,就会把毒气吸到肺子里。但你不可能总是那么快,这就是问题所在,所以最终每个人都吸了毒气。演习就是针对战争。对我而言,关乎死亡。军队训练的主题就是死亡。如何避免它,如何直面它。

因此，当士官让我们坐上公共汽车，去布鲁克伍德军人公墓①，站在坟墓前，听别人朗诵诗歌时，大家都觉得很自然，觉得死亡几乎是不可避免的。

这首诗是《致倒下的战士》②，写于20世纪最可怕的战争之前，所以它还有一丝纯真。

> They shall not grow old,
> As we that are left grow old…③

令人惊讶的是，我们早期的训练中有许多内容和诗歌交织在一起。死的荣耀，死的美丽，死的必要性。这些概念和避免死亡的技巧一起灌输到我们的脑海中。有时它是明确的，但有时就在我们面前。每当我们被带进小礼拜堂，抬起头就会看到一块巨石，上面写着：Dulce et decorum est pro patria mori。④

为国捐躯幸福而光荣。

这话是由一位古罗马流亡者写的，后来被一位为国牺牲的年轻英国士兵改写了。⑤具有讽刺意味的是它现在又被重新利用了，但没人告诉我们。它们当然不是讽刺地刻在石头上的。

---

① 布鲁克伍德军人公墓（Brookwood Military Cemetery），一处位于英国布鲁克伍德的军人公墓，那里埋葬着468名在第一次世界大战中阵亡的官兵。
② 《致倒下的战士》（*For the Fallen*），作者劳伦斯·比尼恩（Laurence Binyon, 1869—1943），英国诗人。
③ 中文大意是：他们不会变老，变老的是我们这些活着的人……
④ "Dulce et decorum est pro patria mori"，拉丁语，古罗马诗人贺拉斯的名句，表达了愿意为国捐躯的高尚情操。
⑤ "年轻士兵"指反战诗人威尔弗雷德·欧文（Wilfred Owen, 1893—1918）。

和历史以及心理学、军事战略学相比，我更喜欢诗歌。我一想起坐在法拉第大厅和丘吉尔大厅的硬木椅子上，度过的漫长的时光就头疼：读书，死记硬背历史事件的日期，分析著名战役，写论述军事战略最深奥的概念的文章。对我来说，这些都是桑赫斯特的终极考验。

如果可以选择，我宁愿再参加五周新兵训练营的训练。

我不止一次在丘吉尔大厅睡着了。

"好啊，威尔士先生！你在睡觉！"

有人建议，犯困的时候就起来跳一跳，让血液流动起来。

但这样做似乎是和教官对着干。你站起来就是告诉教官，他或她很烦人。这样一来，在批改你的下一篇论文时，他们会是什么心情呢？

几个星期过去了。这是第九周，还是第十周？我们学习拼刺刀。寒冷的早晨。威尔士卡斯尔马丁陆军训练区的一片田地。士官们放着令人头痛欲裂的朋克摇滚乐。他们把音量调到最大，唤醒我们的动物性。然后我们向沙袋假人冲去，高高地举起刺刀，一边砍一边喊："杀！杀！杀！"

哨声响起，演习结束，有些人似乎意犹未尽，还在不停地捅着假人。那一刹，我瞥见了人性黑暗的一面。然后我们都笑了，假装没有看到刚才看到的一切。

第十二周，或者第十三周？训练枪和手榴弹。我枪法不错。从十二岁起就开始用点 22 口径的手枪打兔子、鸽子和松鼠。

现在我好多了。

好很多。

56

夏末，我们被派往威尔士，参加了一场名为"长跋涉"的艰苦演习。

一场不停歇的行军,连续好几天,在贫瘠的乡村来回奔跑,背着沉重的装备,相当于一个青少年的重量。更糟糕的是,欧洲正被一场史无前例的热浪袭击,而我们出发的时候正是热浪的高峰,一年中最热的一天。

周五,士官告诉我们,演习将持续到周日晚上。

周六晚上,唯一一次"强制性休息"的时间,我们都躺在睡袋里,在土路上睡觉。两个小时后,雷声大作,大雨滂沱。我们从睡梦中惊醒。我们五人小组的士兵站起来,迎着风雨,喝着雨水,那感觉太爽了。不一会儿,我们就被淋得精湿,又到了行军的时候。

瓢泼大雨中的行军,变成一场酷刑。我们都像落汤鸡,嘟囔着,呻吟着,喘着粗气,一次次滑倒。渐渐地,我感到自己的意志开始动摇了。

在一个检查站短暂停留的时候,我觉得一双脚火烧火燎地疼。我坐在地上,脱下右脚的靴子和袜子,发现脚底脱了一层皮。

战壕脚[①]。

我身边的士兵摇了摇头。"糟糕!你不能再走下去了。"

我很伤心,但承认,也松了一口气。

那时,我们在一条乡间小路上,附近的田野里停着一辆救护车。我摇摇晃晃朝那辆车走去。走到车跟前时,医护人员把我抬到打开的后挡板上。他们检查了一下我的脚,说我不能再参加这次行军了。

我点点头,身子向前倾了倾。

小队正准备离开。"再见,小伙子们。营地见。"就在这时,一个士官——斯宾塞中士——走了过来。他有话要说。我跳下后挡板,一瘸一拐地和他一起走到附近的一棵树下。

他背对着树,用平和的语气跟我说话。这是几个月来他第一次没有

[①] 战壕脚(trench foot),又称堑壕足。长时间站立于潮湿寒冷的战壕内引起的一种足部损伤。

对我大喊大叫。

"威尔士先生，你还有最后一搏。还剩 6 到 8 英里，就这样。我知道，我知道，你的脚很疼，但我建议你不要放弃。我知道你能做到。你知道你能做到的。努力向前。如果不这样做，你永远都不会原谅自己。"

他走开了。

我一瘸一拐地走回到救护车跟前，要走他们所有的氧化锌胶带，把脚紧紧裹住，塞进靴子里。

上坡，下坡，前进，我继续向前，努力想些别的事情分散自己的注意力，从痛苦中解脱出来。我们走到一条小溪旁边。我想，冰冷的河水会让脚轻松一点儿。但是没有，只能感觉到河床上的石头把伤口硌得生疼。

最后的 4 英里，是我在这个星球上走过的最为艰难的路。冲过终点线时，我终于松了一口气。

一小时后，回到营地，大伙儿都换上运动鞋。随后几天，我们像老人一样在军营里走来走去。

但是，是骄傲的老人。

在某个时刻，我拖着脚走到斯宾塞面前，感谢他。

他微微一笑，走开了。

57

虽然疲惫，虽然有点儿孤独，但我觉得容光焕发，我正处于我生命的最好状态，比以往任何时候都想得更清楚，看得更清楚。这种感觉和修道院的人所描述的没有什么不同。一切都被点亮了。

和僧侣一样，每个学员都有自己的房间，必须时刻保持干净。小床必须整洁，黑靴子必须像未干的油漆一样锃亮，房门必须一直开着。虽然夜里可以关上，但士官可以——而且经常——随时进来。

一些学员愤愤不平。没有隐私！

我笑了。隐私？那是什么东西？

每天结束的时候，我会坐在小屋里，把靴子擦得锃亮，往上面吐点口水，揉搓一会儿，让它们变得像面镜子。从"镜子"里可以看到我被剪短的头发。似乎无论我进入哪个机构，首先要面对的都是剪一个糟糕的发型。之后我会给切尔西发短信。（出于安全考虑，他们允许我保留手机。）告诉她一切都好，告诉她我想她。然后我会把手机借给其他想给女朋友或男朋友发短信的学员。

然后就熄灯了。

没有问题。我一点儿也不害怕黑暗了。

58

我现在已经正式入伍了。不再是哈里王子，而是皇家蓝军骑兵团威尔士少尉。蓝军骑兵团是英国陆军历史第二悠久的军团，是皇家近卫骑兵团的一部分，是君主的保镖。

被称为"结业会操"的仪式在 2006 年 4 月 12 日举行。

在场的有爸爸、卡米拉、爷爷、提吉和马可。

当然，还有奶奶。

她已经几十年没参加过"结业会操"了，所以她能参加是我们极大的荣耀。我大步走过时，所有人都看到她脸上的微笑。

威利敬了个礼。他现在也在桑赫斯特，作为一名学员。（他是在我之后才来训练营的，因为他先上了大学。）我们同在一个单位的时候，他就不能像以往一样，假装不认识我，否则人家会认为他不服从纪律。

有那么一瞬间，"替补"的地位超过了"继承人"。

奶奶检阅部队。来到我面前时，她说："哦……你好。"

我笑了笑，满脸通红。

"结业会操"仪式在《友谊地久天长》的演奏中结束，然后学院副官骑着他的白马登上了老学院①的台阶。

最后，在老学院举行午宴。奶奶发表了精彩的演讲。随着时间的流逝，大人们离开，真正的聚会开始了。一晚上的豪饮，刺耳的笑声。我请来了切尔西。可以说是第二次"结业会操"了。第二天早上醒来，我咧嘴一笑，头有点儿痛。

该前往下一站了。我对着剃须镜说："伊拉克。"

具体说是伊拉克南部。我所在的部队将接替另一支部队，他们已经花了几个月的时间在那里做先遣勘察。那是一项很危险的工作，必须不断躲避路边的爆炸装置和狙击手的袭击。就在同一个月，有十名英国士兵阵亡。在过去的六个月里，共有四十个。

我扪心自问。我并不害怕。我忠于自己的使命。我很渴望。战争，死亡，无论什么，都比留在英国好，因为留在英国本身就是一场战斗。就在最近，报纸报道说威利冒充切尔西给我留了一条语音信息。他们还报道了我在桑赫斯特的一个研究项目上向 JLP 寻求帮助的事。这一次，两件事都是真的。问题是，这些报纸怎么可能知道如此隐秘的事情呢？

这让我变得多疑。威利也是。我们开始重新考虑妈妈所谓的偏执，从一个非常不同的角度来看待曾经发生在她身上的事情。

我们开始审视自己的核心圈子，质疑我们最信任的朋友，以及他们的朋友。他们和谁说过话呢？向谁吐露过秘密呢？没有人不被怀疑，因为没有人可以不被怀疑。我们甚至怀疑保镖，我们一直崇拜的保镖。（见

---

① 老学院（Old College），是爱丁堡大学一个 18 世纪末到 19 世纪初的建筑。目前是爱丁堡大学行政部门、爱丁堡大学法学院和塔尔伯特·莱斯画廊（Talbot Rice Gallery）的所在地。

鬼,我现在也是正式的保镖——女王的保镖。)他们一直都像大哥一样保护我们。但现在也成了嫌疑人。

有那么一瞬间,我们甚至怀疑过马可。这就是怀疑的危害性。没有人凌驾于它之上。我和威利身边的某个人,或几个人,偷偷把消息透露给报纸,所以每个人都在怀疑之列。

我想,在一个真正的战区,这些事情都不在我的考虑之列,那将是一种多么轻松的感觉啊。

请让我去一个有明确交战规则的战场。那里会有某种荣誉感。

第二部

浴血，但我不屈服

1

2007年2月，英国国防部向全世界宣布，我将被派往伊拉克临近巴士拉[1]的边境地区执行任务，负责指挥轻型坦克参战。这是官方消息，我要上战场啦。

公众的反应让人费解。一半的英国人对此感到愤怒，认为让女王最小的孙子去冒生命危险是件可怕的事。即便是"替补"，派遣王室成员进入战区无论如何都不是明智之举。（这是二十五年来首次将王室成员派往战区。）

而另一半英国人对此叫好。凭什么让哈里享受特殊待遇？把他训练成士兵，又不让上战场，这不是浪费纳税人的钱吗？

如果战死，也算是为国捐躯了。

敌人当然也认为我会挂掉。叛乱分子试图在伊拉克各地挑起内战，声称无论如何都要设法让英军把"这个家伙"派到他们那里。

一个叛乱分子头目发出了一个仿若高级茶会的邀请。

"我们屏息静待这位年轻英俊的被宠坏的王子到来……"

该头目还说，他们已经制定好对付我的计划。先绑架，然后再决定如何处置：严刑拷打，索取赎金，或直接处死。

最后，他又信誓旦旦地说英俊的王子将会被"割掉双耳"，然后送到他祖母身边。这个结局似乎与他们的最初计划明显不符。

记得刚听到这话时，我感到自己的两个耳朵尖儿有点儿发烫。这让我想起自己的童年。那时有位朋友建议我通过手术把双耳往后固定一些，

---

[1] 巴士拉（Basra），伊拉克的第二大城市。

以破解那个家族诅咒①,我断然说"不"。

几天后,又有一名叛乱头目搬出我的母亲,说我应该以她为榜样,远离王室。"和帝国主义抗争吧,哈里。"

否则,他警告说,一位王子的"鲜血将会染红我们的沙漠"。

原本担心切尔西会听到这些,但自从我俩开始约会以来,她不堪媒体骚扰,与之彻底隔绝了。对她而言,报纸就像不存在一样,而互联网也完全退出了她的生活。

但英国军方却时刻关注着事件的动态。派我上战场的消息宣布两个月后,英军总参谋长丹纳特将军突然叫停了该项部署。除了叛乱头目的公开威胁外,英国情报部门还获悉,我的照片在一群伊拉克狙击手中广为流传,他们得到指令,我是"众矢之的"。这些狙击手个个都是高手,最近,就有六名英国士兵倒在他们的枪下。因此,这项计划实在是太危险了,不仅对我,而且对任何走霉运站在我身旁的士兵来说都是危险的。在将军及其他军方人士的评估中,我变成了一块"吸引子弹的磁铁"。丹纳特认为罪魁祸首就是那些媒体。在终止该项部署的公开声明中,将军对记者们的过度报道和胡乱猜测进行了抨击,认为是他们让计划的危险程度"加剧了"。

父亲的工作人员也发表了一份公开声明,称我听到消息后"非常失望"。而事实是我彻底崩溃了。刚听到消息时,我正在温莎城堡的军营里和伙伴们待在一起。我花了很长时间才冷静下来,然后把这个不幸的消息告诉了伙伴们。虽然我们在一起行军训练的时间只有几个月,但这期间我们成了亲密的战友。而如今,上战场的,只有他们了。

我感到难过,不仅为自己,更因为担心我的伙伴们。某位战友将不

---

① 这里的家族诅咒,指许多英国王室成员的耳朵都比较大而突出,最典型的就是现任国王查尔斯三世,他的耳朵很大,小时候尤其明显。

得不代替我执行任务,而我将永远生活在困惑和内疚的阴影里。万一他们遭遇不测呢?

接下来的一周里,几家报纸接连报道,说我深陷抑郁之中。然而,有一两家报纸声称,计划突然改变与我本人有关。又是一个关于懦夫的故事。他们说我暗箱操作,向上级施压,要求他们不要派我上战场。

2

我开始考虑退伍。如果不能成为一名真正的战士,留下来又有什么意义呢?

我就此事同切尔西进行了沟通,她有些犹豫。一方面,她无法掩饰内心的喜悦;另一方面,她又深知我多么想为自己的军队效力。她知道,长期以来我一直受媒体纠缠,而部队是我找到的唯一明智的出路。

她还知道,执行任务是我的使命。

我同哥哥威利也探讨过此事。他的感受也很复杂。作为一名军人,他同情我的遭遇。但作为手足、作为兄弟呢?一个争强好胜的哥哥,又会怎样选择?对于这件事的转折,他做不到与我共情。

大多数时候,我和威利都不会在意我们这种"继承人"与"替补"的关系,但时不时会有那么短暂的一小会儿,我会意识到这种关系从某种意义上讲,对他来说真的很重要。无论从职业角度,还是个人角度,他对我身在何方、所做何事都还是在意的。

没有从切尔西和威利那里得到安慰,我开始借助伏特加、红牛还有杜松子酒和奎宁水纾解心中的郁闷。这段时间,我多次被拍到凌晨时分出入不同酒吧、夜总会和私人会所。

我不喜欢一觉醒来,发现自己的照片出现在某个小报的头版。让我无法忍受的是拍摄照片时的咔嗒声。那令人悚然的咔嗒声,时不时地从我的肩头、背后或眼前响起，一下子会让我心跳加速。自从进入桑赫斯特皇家军事学院后，这咔嗒声听起来就像鸣枪或者刀刃被砍出豁口的声音。而更糟糕且更易造成创伤的，是那刺眼的闪光灯。

军营真是太棒啦，我想。它让我更有能力识别和感受威胁，并在威胁面前变得异常兴奋。而现在，我正在被军营抛弃。

我当时的处境极其糟糕。

不知怎的，狗仔们似乎对我的状态了如指掌。那段时间，他们想方设法激怒我，采用撞肩、拍打、推搡甚至攻击等方式，希望我能发飙，对其实施报复。如此，他们就能拍出"更好的"照片，从而有更多钱装进腰包。2007年，我的一张照片给狗仔带来了约三万英镑的收入，足够一套公寓房的首付款了。如果是一张充满攻击性的照片，那会是什么价呢？或许够一套乡间别墅的首付款了吧。

我曾卷入一场冲突，后来演变成了大新闻。①那天，我最终带着红肿的鼻子离开，保镖也铁青着脸。"你让那些狗仔们发了大财，哈里！你高兴了吗？"

高兴？怎么会高兴呢？我说我一点儿也高兴不起来！

我孩提时代，觉得狗仔们只是做派怪诞罢了。但我成年后，觉得他们变得更糟了。这一点，你从他们的眼神和肢体语言中便可看出。他们更加大胆，更加激进。他们的主子便是媒体的编辑。母亲戴安娜出事之后，编辑们也曾立誓改进做派，公开承诺不再安排摄影记者追逐拍照。但十年过去了，他们又回到了老路上。唯一不同的，是他们不再直接安排自己的记者摄影，而是与狗仔公司签订合同，由后者代劳。本质上没有任何区别。编辑们仍在鼓动并重奖那些暴徒和人生失败者，让他们跟

---

① 2004年冬天的一个凌晨，哈里王子在伦敦西区一家夜总会前与一名摄影记者发生了冲突，该记者的嘴唇被弄破，而哈里的鼻子也被相机擦伤。

踪拍摄王室成员，以及那些不幸被视为名人或有新闻价值的人。

  人们似乎并不在乎这些。记得有一次，我在离开伦敦的一家夜总会时，被二十多个狗仔挡住了去路，他们先是把我团团围住，然后又围住我坐的警车。他们上蹿下跳，甚至越过警车的引擎盖。他们头戴兜帽，面遮围巾，个个都是恐怖分子的装束。那是我经历过的最可怕的时刻之一。我知道，没有人在乎这些。人们会说，这是你应该付出的代价。可我到现在都不明白，他们说的到底是什么意思。

  应该付出代价？什么代价？

  我和一位保镖关系较好。他名叫比利，但我总称其为"岩石比利"，因为他身体结实，为人可靠。一次，有人从人群中向我投掷手雷，他一个箭步就朝那东西扑了过去。幸好手雷是假的，只是虚惊一场。我答应比利，不会再去推搡那些狗仔，但也不能再中他们的埋伏。一次离开夜总会时，我告诉他："比利，你得把我塞进后备厢。"

  他瞪大眼睛看着我："你确定吗？"

  "这是我不想和他们发生冲突的唯一办法，而且他们也不会从我身上赚到一分钱。"

  双赢的局面。

  我并没有告诉比利，爬进后备厢曾经是我母亲常做的事。

  于是，我们开始将这一怪异之举变成日常。2007年，每当离开酒吧或夜总会时，我都会让司机将车开进后巷或地下停车场，随后爬进后备厢，让比利关上后盖。接着，他和另外一名保镖把我送回家。我躺在后备厢里，双手放在胸前，四周漆黑一片，感觉像是在一口棺材里。但我并不在乎。

3

母亲去世十周年,我和哥哥威利以她的名义举办了一场音乐会。收益除了捐给她最钟爱的几家慈善机构外,还捐给一家我刚刚成立的慈善机构——森特贝尔(Sentebale),它的使命是在莱索托王国开展防治艾滋病的活动,尤其针对该国的儿童。("森特贝尔"是塞索托语[1]中一种名为"勿忘我"的植物,那是母亲最喜欢的花。)

在策划音乐会的过程中,我和威利都很平静,一如往常。纪念母亲去世十周年,我们需要举办这么一场音乐会。有无数个细节需要处理,这自不必说。场地要足够宽大(温布利体育场),门票要价格合理(四十五英镑),艺人要一线明星(艾尔顿·约翰、杜兰杜兰乐队和吹牛老爹等)。活动当晚,站在后台,望着台下无数面孔,感受着扑面而来的热情——那是一直被压抑着的对母亲的爱与思念,我们百感交集。

随后,艾尔顿走上舞台,在一架巨大的钢琴前落座,整个体育场开始为之疯狂。我本想请他唱《风中之烛》,但他拒绝了,他不想表现得病态,他选择了《你的歌》(*Your Song*)。

> I hope you don't mind
> That I put down in words
> How wonderful life is while you're in the world[2]

他面带微笑,神情愉悦,歌声洋溢着美好的回忆。我和威利似乎也

---

[1] 塞索托语(Sesotho),一译塞托语,莱索托王国的官方语言之一。
[2] 歌词大意是:希望你不要介意,我用文字把它记下,当你还生活在这个世界上时,那时的生活多美好啊。

融入这样的氛围中了。随后，我们看到母亲的照片开始在屏幕上划过，一张比一张光艳，低落的情绪渐渐纾解。

歌曲结束，艾尔顿起身向观众介绍我们。"王子殿下——威廉王子和哈里王子。"掌声四起，我似乎从未听到过如此震耳欲聋的掌声。在街头，在马球比赛现场，在游行的队伍中，在欣赏歌剧表演中，我们得到过无数次鼓掌礼遇，但从未在如此空旷的场地和如此紧张的氛围中，接受过如此雷鸣般的掌声。威利率先上台，我紧随其后。我们俩都穿着西装外套和敞开领口的衬衣，就像参加一场学校舞会。我们俩都很紧张。我俩都不习惯在公开场合演讲，尤其是关于母亲戴安娜的话题。（事实上，我们私下里很少谈论她。）面对现场的六万五千名观众，还有另外一百四十个国家观看直播的五亿多名观众，我们不知所措。

也许这就是我们实际上没有……没有说什么的原因吧。如今回看视频，竟发现这次演讲机会非同寻常。那是一个——也许是唯一一个——能够让我们对她尽情赞美的机会：深入挖掘并用文字来告诉世界她的优秀品质，她的千古魅力……她的香消玉殒。然而，我们并没有做到。并不是说要来一场大规模的全民性的致敬，但或许可以来一个小规模的私人性的颂扬？

但我们并没有做到这一点。

尽管对她的怀念之情无比强烈，难以自已。

我唯一能够表达的，而且是发自内心表达的，就是对战友们的隔空问候。

"借此机会，我想向正在伊拉克服役的皇家禁卫骑兵中队的所有伙伴们问好！多么希望能和你们并肩战斗！但非常抱歉，我目前无法做到。此刻，我想对你们及所有正在执行任务的军人们说：一定要保证安全！"

4

几天后,我来到博茨瓦纳,同切尔西一起。我们一起去看望提吉和迈克,碰巧阿迪也在。我生命中四个特别的人第一次聚齐了。住在提吉那里,像回到自己家一样,有点儿像把切尔西带回家见父母和哥哥。大家都知道,带她见我家人是多么重要的一步。

幸好,提吉、迈克和阿迪都很喜欢切尔西。她自己能感受到,这三个人对她来说也很特别。

一天下午,我们准备出去散步,提吉不停地叮嘱我。

"把帽子拿上!"

"好的,好的。"

"还有防晒霜!要多涂抹一些,斯派克!不然你那白嫩的皮肤会被烤焦的!"

"好吧,好吧。"

"斯派克……"

"好——的——妈咪。"

"妈咪"两个字毫无准备地从我嘴里飞出。我自己听到后,愣了一下。提吉听到后,也愣了一下。但我没有纠正。提吉有些震惊,同时也很感动。我也有些动情。打那以后,我就一直这样称呼她。这感觉棒极了。我俩都感觉很好,尽管我一直刻意地叫她"妈咪",而不是"妈妈"。

因为我只有一个妈妈。

总的来说,这是一次愉快的外出。然而,一种无形的压力始终伴我左右。这从我喝酒的样子便可看出。

一次,我和切尔西乘船沿河游览,但关于那天的记忆,只剩下金馥力娇酒和森布卡茴香酒了(白天喝金森布卡,晚上喝黑森布卡)。记得第二天早上醒来,脸贴着枕头,感觉头与脖子分了家似的。当然,玩得还算开心。我以自己的方式压抑着莫名的怒火,掩饰着没能亲自带领伙伴们参加战斗的内疚感。切尔西、阿迪、提吉和迈克都什么也没说,或许他们根本就没有看出这些,或许是我掩饰得比较高明。从表面上看,我饮酒只是为了尽情享受,我也是这样安慰自己的。但在内心深处,在某种程度上,我知道是怎么回事。

必须有所改变。我知道,不能再这样下去了。

于是,一回到英国,我便要求与指挥官埃德·史麦斯-奥斯本上校见面。

我十分钦佩埃德上校,甚至对他有些着迷。他非常独特,同我见过的所有人都不一样。他骨如铸铁,发如钢丝,身体里流淌着狮子的血液;面如马脸,很长,但并不光滑;浓密的鬓发一直延伸到双颊,看上去很是显眼。他双目如炬,眼神平静,既充满智慧,又不乏坚忍。相比之下,奥卡万戈三角洲的放纵生活让我的眼睛布满血丝,说话时也不老实,不停地左顾右盼。

"上校,能否想办法再次派我执行任务,否则我只能退伍了。"

我不敢确定是否真把埃德上校唬住了,也不确定自己是否真的是在威胁他。不管怎样,无论出于政治、外交,还是战略层面上的考虑,他都不能轻视我的话。一位在军中服役的王子是一个巨大的公关砝码,关乎许多人的职位和前途。他很清楚,如果我主动退伍,不但他会被上司怪罪,而且他的上司也可能会受到牵连。

此外,我从他身上看到更多的是真正的人性。作为军人,他能够体会我的苦楚。一想到我将颓废不堪,他就不寒而栗。上校真的很想帮忙。

"哈里,也许还有办法……"

他说去伊拉克是不可能了。"绝无可能。"但他补充说或许可以考虑一下阿富汗。

我眯起眼睛:"阿富汗?"

他嘀咕着说这是"更稳妥的选择"。

"是……的,更稳妥一些……"

他到底是怎么想的?阿富汗比伊拉克危险得多。当时,英国在阿富汗有七千名士兵,他们每天面对的都是二战以来最为激烈的战斗。

但我没有必要争辩。只要埃德上校认为阿富汗更安全,只要他愿意送我去那里,那就得了。

"上校,我在阿富汗具体做什么?"

"FAC,空军前进引导员。"

我迷惑地眨了眨眼睛。

上校解释说,空军前进引导员是非常抢手的工作,主要职责是协调所有空中力量,掩护地面部队,组织突袭行动,执行救援和医疗等多种任务。虽然不是什么新岗位,但在新的战争环境下,它的重要性再次凸显。

"这是为什么,上校?"

"因为凶残的塔利班无处不在,又难觅踪迹!"

你根本找不到他们,埃德解释道。他们隐匿在偏远地带,那里地形复杂,山地和沙漠中到处都是隧道和洞穴,搜捕起来如同捕猎山羊——甚至是魔鬼——一样困难。只有从空中搜寻才有效果。

由于塔利班没有空军,甚至连一架飞机都没有,这让我们更容易展开空中打击。英美两军都有空中火力,空军前进引导员能够让我们的空中优势更好地发挥出来。比如,一个巡逻中队想了解附近是否有威胁,空军前进引导员可通过无人机、战斗机、直升机以及高科技电脑等辅助手段,绘制一张三百六十度战地全景图,供其参考。

假如该中队突然遭到炮火袭击,空军前进引导员会查看所有战机——阿帕奇、狂风、幻影、F-15、F-16、A-10——的部署情况,选择最适合或最佳机队,将其引导到敌军的位置。借助各种尖端设备,空军前进引导员不仅可以让炮火雨点般飞向敌人,还能将火力像王冠一样部署在敌方上空待命。

随后,他告诉我,所有空军前进引导员都有机会驾驶霍克战斗机升空,体验空中战斗的感觉。

不等埃德上校讲完,我就迫不及待了。"那就空军前进引导员吧,上校。什么时候可以出发?"

"没那么快。"

空军前进引导员可是个美差,每个人都想做,我们得想办法争取。此外,这个岗位工作内容复杂,相关技术和职责要经过大量培训才能掌握。

他告诉我,当务之急,是拿到相关认证,这个过程极具挑战性。

"在哪儿可以认证,上校?"

"在利明皇家空军基地。"

"是……位于约克郡山谷的那个基地吗?"

5

初秋时节。到处都是干石围墙和错落有致的田野。羊群在斜坡上悠闲地吃草,还有那引人注目的石灰岩悬崖峭壁和碎石。无论向哪个方向远眺,都能看到一片美丽的紫色原野。尽管这里的风景并没有它西面的湖区[①]出名,但依然让人惊叹,仍然激发了英国历史上一些伟大的艺术家的灵感,比如华兹华斯[②]。学生时代,我总是想法逃避这位老先生的诗句。

[①] 湖区(Lake District),位于英国英格兰与苏格兰交界的地带,是世界有名的度假胜地。
[②] 华兹华斯,即威廉·华兹华斯(William Wordsworth, 1770—1850),英国浪漫主义诗人。

此刻我却在想，既然他花时间在这个地方待过，他的作品一定非常棒。

站在高高的悬崖之上，设想如何炸毁下面的谷地，感觉是在亵渎神明。

当然，这只是假想。虽然我并没有真的炸毁任何一个山谷，但在结束每一天的训练任务后，都会觉得自己毁掉了那些山谷。当时，我正在苦学《毁灭的艺术》，我学到的第一件事就是毁灭在某种程度上是创造性的。它始于想象：要摧毁一个目标，你必须预想它被摧毁的样子。而把一个个山谷想象成冒着浓烟的地狱，我已经得心应手了。

每天的训练内容都是相同的。黎明时分起床，一杯橙汁，一碗粥，一份全英式早餐，然后便一头扎进山里。当第一缕阳光从地平线洒向大地时，我已经开始引导战机——通常是霍克战斗机——执行任务了。战机先是飞到 5 到 8 海里外的初始点，然后我会给出目标，对其发出作战信号。随后，战机开始掉头，向目标逼近。引导战机在高空或田间飞行过程中，我会使用不同的地标：L 形林地、T 形堤坝、银色谷仓。选择地标时，教官教我先报大型的，再选中等的，然后是较小的。教官告诉我，把世界想象成是由不同等级的地标组成的复合体。

"您是说不同等级的地标？我觉得自己可以做到。"

我每次喊出地标，飞行员都会回应："确认。"或者回应："已看到。"我喜欢这样的回应。

这样富有想象力的沟通充满韵律和诗意，我陶醉其中。在训练中我还悟出了更深的含义。我常想：这一切不就是一场游戏吗？让别人看到你所看到的世界，再把这个世界说给你听？

通常，飞行员会飞得很低，离甲板只有 500 英尺，看起来与刚升起的太阳持平。有时，我会让他把高度降下来，然后突然加速。当他以音速向我冲来时，再让他掉头，并向斜上方 45 度方向开火。然后，我再开始一系列新的动作，新的细节。当战机爬升到最大高度且卷起双翼，保持水平飞行并开始感受到负重力时,他会看到我描述的景物。然后,俯冲下来。

突然,他大喊道:"目标锁定!"随后又喊道,"准备投弹!"

然后我说:"投弹区域无阻碍。"

这意味着,他的炸弹只差像幽魂一样进入空中了。

然后,我就竖起耳朵静待虚拟的爆炸声。

这样,几个星期一晃就过去了。

6

一旦成为一名训练有素的空军前进引导员,就必须要做好战斗准备。这意味着要掌握二十八种不同的战斗模式控制程序。

每种控制程序都是与战机的一次互动。每个程序都是一个作战场景,一个小型作战游戏。比如,两架战机进入你所在的空域。"早上好,我们是酷哥 01 和酷哥 02,两架 F-15 战机,共搭载两套 PGM[①] 和一套 JDAM[②],我们有九十分钟的飞行时间,目前在你所在位置以东 2 海里,飞行高度层[③]150,等待与你通话……"

我需要准确知道对方在说什么,并且清楚如何用对方的术语准确引导他们。

遗憾的是,无法在普通的训练基地完成这些训练。像索尔兹伯里平原这样的区域地形平坦,很容易暴露。一旦有人看到我并透露给媒体,我的身份就会暴露。那样的话,就前功尽弃了。于是,我和埃德上校决

---

① 精密制导武器。
② 联合制导攻击武器。
③ 飞行高度层,飞行术语,英文是 flight level,指以标准气压平面为基准,按一定高度差规定的垂直分层。

定,我在某个偏僻的地方学习这些控制程式。

某个地方,比如桑德林汉姆。

想到这里,我们先是微微一笑,接着便大笑起来。

谁也不会想到,哈里王子会在这个地方为参战进行准备性训练。奶奶的乡村庄园。

我在桑德林汉姆附近一家名为骑士山的酒店订了一个房间。那家酒店,我一辈子都不会忘记,曾无数次开车经过。每次在圣诞节拜访奶奶时,我们的保镖都会住在那里。标间的价格是一百英镑。

夏天的骑士山酒店非常热闹,住满了研究野生鸟类和举办婚宴的客人。但现在是秋天,几乎没什么人。

这次"隐居"让人兴奋激动。如果没在酒店旁边的那个酒吧里碰到那个老太太,就"完美无缺"了。每次从她身边走过,她都睁大眼睛看着我。

此时的我没有人陪伴,"几乎完全"隐姓埋名。我缩小了生活圈,专注于一项自己感兴趣的事业,为它痴狂。每次和切尔西晚上通话,我尽量不告诉她这些,但还是难掩这般生活给我带来的幸福之感。

记得有过一次不愉快的通话。我俩到底怎么啦?会有结果吗?

她明知道我很在乎她,但依然觉得自己被忽略了。

"我被视而不见。"她说。

她明知道我渴望上战场,为什么就不能原谅我对她些许的冷落呢?我有些震惊。

我向她解释,我想要上战场,这是我穷尽一生都想做的事。为此,我必须投入全部精力。如果这意味着没有更多精力关照任何人或任何事,那……十分抱歉。

7

父亲知道我住在骑士山酒店，也知道我在干什么。他在桑德林汉姆庄园待了较长一段时间，但从未来过酒店。我想或许是为了让我有个人空间吧。

此外，他还算是处于新婚阶段吧，尽管两年多前就已举办了婚礼。

一天，父亲抬头仰望天空，看到一架台风战斗机沿着海堤低空掠过，心想肯定是我的杰作，于是坐上奥迪车，匆忙赶了过来。

他在一片沼泽地找到了我。我正坐在一辆四轮摩托车上与数英里外的台风战机沟通。等待战机出现在头顶上方蓝天的过程中，我们匆匆忙忙聊了几句。他告诉我，看得出我把这个新角色演绎得很出色。最重要的是，看到我很努力，他非常高兴。

父亲一直都在努力工作。工作是他的信仰。他常说，每个人都要有自己的事业。而父亲的事业同时也是他的信仰——不遗余力地想拯救地球。数十年来，他一直在努力提醒人们关注气候变化，即使被媒体残酷地嘲笑为母鸡潘妮①，也从未退缩过。我和威利无数次在深夜发现他坐在书桌前，旁边鼓鼓囊囊的蓝色邮袋堆成小山，那是他收到的信件。我俩也不止一次地看到他脸贴在书桌上熟睡的样子。我们轻轻摇晃他的肩膀，他猛然抬起头，额头上还粘着一页稿纸。

除了工作的重要性，父亲也着迷于飞行的魔力。他是一名直升机驾驶员，所以特别喜欢看到我引导这些战机以令人难以置信的速度飞越沼泽地的情景。我告诉他，沃尔弗顿的善良公民对于飞机可不像他那么热情。一架重达10 000公斤的喷气式战机呼啸着掠过他们的屋顶，并不会

---

① 母鸡潘妮是英国家喻户晓的经典故事《母鸡潘妮》（Henny Penny）中的角色，她在院子里的时候，一枚果子掉下来砸到了她，让她误以为天要塌了。

引起人们的欢呼。英国皇家空军马汉姆基地就曾收到数十起投诉，更别说桑德林汉姆地区本来是禁飞区。

所有投诉都会得到同样的回应：这就是战争。

我喜欢见到父亲，喜欢他为我骄傲的感觉。他的赞扬让我振奋，但现在不得不马上进入工作状态。我当时是中控，总不能告诉台风战机"请稍等片刻"吧。

"好吧，好吧，亲爱的儿子，去工作吧。"

父亲的车离开了。当他走远时，我告诉台风战机："新目标！灰色奥迪车，刚从我的位置向东南方向离开，正朝着一个东西向的银色谷仓行进。"

"台风"追踪到了父亲，低空掠过他的车顶，差点儿把奥迪车窗玻璃震碎。

但最终还是放过了他。在我的指令下。

接着，我指挥"台风"战机虚拟炸碎了一个银色谷仓。

8

2007年，英格兰队进入橄榄球世界杯半决赛。这出乎人们的预料，因为没有人相信英格兰队这一轮的表现会如此出色。而现在，他们正处在全胜的边缘。一场席卷全英的橄榄球热让数以百万计的英国民众成为这项运动的狂热粉丝。我也不例外。

所以，当我被邀请观看10月份的半决赛时，没有丝毫的犹豫，立刻就答应了。

半决赛在法国巴黎举办。我还从未去过巴黎，也算是一次意外福利吧。

橄榄球世界杯主办方为我安排了一名司机。来到巴黎这个光明之城的第一个晚上，我便问司机是否知道我母亲出事的隧道……

从后视镜里，我看到司机的眼睛睁得大大的。

司机是爱尔兰人，长着一张和蔼但不善掩饰的脸。我一下子就捕捉到了他的想法："什么鬼？我签的服务里可没这项。"

我告诉他，是阿尔玛桥隧道。

是的，太好啦。他知道那条隧道。

"我想走一下那条隧道。"

"你是想让我开车穿过那条隧道？"

"准确地说，是以每小时 65 英里的速度。"

"65 英里？"

"没错儿。"

按照警方的说法，时速 65 英里是事故发生时母亲车子行驶的准确速度，并不是媒体最初报道的时速 120 英里。

司机看了看副驾驶座位，"岩石比利"严肃地点点头："去那个隧道。"随后，比利又告诉司机，如果向任何人透露隧道的事，我们会找到他，并让他付出代价。

司机郑重地点了一下头。

我们开始出发，穿梭在车流中。经过丽兹酒店时，车子放慢了速度。那年 8 月，那个晚上，妈妈和男友就是在这家酒店享用了生命中的最后一餐。随后，我们来到隧道外面。车子猛然加速，越过隧道入口处的减速带。减速带所在位置正是母亲乘坐的奔驰车偏离车道、随后发生碰撞的地方。

但入口边缘处没有异常，几乎没有任何感觉就过去了。

车子进入隧道后，我欠起身，发现车灯光线变成了水橙色，一根根水泥柱飞快闪过。我数着自己的心跳，以便估算水泥柱的数量。没用几秒钟，我们就从隧道的另一端出来了。

我向后一靠，平静地说："这就完啦？这……也没什么呀。就是一条笔直的隧道。"

我一直以为隧道本身有问题，应该暗藏着危险，但它只是一条较短且普通的隧道。

"根本没有在里面发生车祸死亡的理由。"

司机和"岩石比利"默不作声。

我看着窗外："再来一次。"

司机从后视镜里盯着我："还要来？"

"对，麻烦你。"

于是我们又重走了一次。

"可以了，非常感谢。"

这个主意糟糕极了。二十三年来，我干过很多考虑不周的事，但这次尤其糟糕。我本想以此解开多年来的心结，但根本做不到。当年JLP把警方的报告交到我手里时，我就有过质疑。在我的内心深处，一直希望能在隧道里验证一下当年的想法。那天晚上，多年来的怀疑画上了句号。

她走了，我想。"天啊，她真的永远离开了。"

我虽然得到了自己似乎一直在寻找的答案，但再也无法摆脱它的阴影。

原以为，重走这条隧道会终结我持续了十年的痛苦。然而没想到，这是让我体验另一种痛的开始。

将近凌晨1点时，司机把我和比利放在一家酒吧。在那里，我不停地喝酒。不仅同酒吧里的其他顾客一起喝，还想要和其中几个打架，最后被酒吧赶了出来。"岩石比利"护送我回酒店时，我又想和比利打架。我朝他怒吼，挥舞拳头，还用巴掌拍他的头。

他没怎么回应，只是皱了皱眉头，像一个极具耐心的家长。

我又打了他一巴掌。我很喜欢他，但当时是铁了心要伤害他。

这个样子的我，他以前也见过一次，也许两次。我听他对另一个保镖说："这家伙今晚真难缠。"

嘿，你想见识什么是难缠吗？来呀，我让你见识见识。

最终，比利和另一个保镖把我弄回房间，让我躺在床上。二人离开后，我猛地从床上爬了起来。

我环顾了一下房间，发现太阳刚刚升起，于是走出房间，来到过道。门口椅子上坐着一个保镖，但睡得正香。我踮起脚尖从他身边走过，随后进入电梯，离开酒店。

我的生活中有很多规矩，最不能打破的就是独自离开。千万不要离开保镖。不管在哪里，千万不要独自在外闲逛，尤其是国外的城市。

我沿着塞纳河往前走，眯起眼看远处的香榭丽舍大街，在一个巨大的摩天轮旁驻足观望。我还经过好几个小书摊，遇到很多喝咖啡、吃羊角面包的人。我一边吸烟，一边四处张望，依稀记得有几个人认出了我，盯着我看。幸好当时还不是智能手机时代，挡住我拍照的事情并没有发生。

后来，我回酒店睡了一大觉。我给哥哥威利打电话，把昨晚的事告诉了他。

对他来说，这并不是什么新情况。事实上，他也曾开车驶过那条隧道。

他要来巴黎，也是参加橄榄球决赛。于是我们俩决定一起处理这件事。

之后，我俩就那场撞车事故进行了交流，这是这么多年来第一次。我们谈到最近的官方调查，一致认为调查结果荒唐可笑。最后的书面报告简直是对母亲的侮辱，内容凭空捏造，到处都是事实错误和逻辑漏洞。报告本身存在的问题比它回答的问题还要多。

调查了这么多年，花了那么多钱，最终却是这样一个结论。到底是怎么调查的？

报告的主要结论是，母亲的司机系醉酒驾驶，这是导致车祸的唯一原因。这一结论编造得既轻松又荒谬。即使那家伙喝了酒，即使他喝多了，通过那么一条短短的隧道也不会有任何问题。

除非是狗仔们肆意追逐，挡住了他的视线。

那些狗仔们为什么没有受到更严厉的指责？

为什么他们没有进监狱？

是谁指使狗仔们这样做的？为什么不把指使的人送进监狱？

除非存在腐败和有意掩盖，否则无法回答这些问题。

在所有这些问题上，我和威利的想法是一致的。我们决定采取进一步措施。我们打算发表一份公开声明，一起呼吁重新调查。也许会举行一次新闻发布会。

然而，我们被当权者劝退了。

9

一个月后，我来到布莱兹诺顿皇家空军基地，登上了一架C-17军用运输机。

机上还有其他几十名士兵，但我是唯一的"偷渡者"。在埃德上校和JLP的帮助下，我秘密登机并潜入驾驶舱后面的一个小隔间里。

隔间设有供机组人员夜飞时休息用的床铺。巨大的引擎开始启动，飞机呼啸着沿跑道冲了出去。我占用了一张下铺，把小背包当作枕头。下面的货舱里，还有一个卑尔根背包，里面整齐地装着三条迷彩裤、三件干净的T恤衫、一副护目镜、一张气垫床、一个小笔记本和一瓶防晒霜。对我来说，这些东西足够了。坦白地说，除了妈妈的几件首饰、她的一绺存放在蓝色小盒子里的头发以及那张曾放在我伊顿公学课桌上镶着银框的她的照片,我再没有留下任何自己需要或想要的东西。这些物品被我藏在一个安全的地方。当然,还有我的武器:一支9毫米口径手枪和一把SA80A突击步枪。我已经将它们交给一个表情严肃的机组人员,他把它们锁进一个铁盒,放进了货舱。没有保镖的陪伴,我明显感觉到很不习惯。除了那次在巴黎的晨中漫步外,这是我生平第一次在没有武装保镖的保护下冒险踏入广阔的世界。

旅途极其漫长。七小时?还是九小时?我不太清楚。给人的感觉像一个星期。我想睡觉,但脑袋涨得厉害,大部分时间,不是盯着上铺看,就是盯着双脚看;不是听着引擎的轰鸣声,就是听着机上其他士兵的说话声。我回想过往的生活,想着父亲和威利,想着切尔西。

一些报纸上说,我和切尔西已经分手了。(其中一个标题为《哇哦,哈里被甩啦》。)按照媒体的说法,遥远的距离和不同的人生目标让我们的相处困难重重。即便在同一个国家,维持一段恋情也是件不容易的事,更何况我还要去打仗,所以我俩注定没戏了。当然,这些都不是事实。我们根本没有分手。出发前,切尔西还温情脉脉地为我送行,并答应等我回来,令我感动。

对于报纸上关于我分手后的状态的所有报道,她都一概不予理睬。报道称,我去了一家酒吧,喝了几十杯伏特加,然后摇摇晃晃地上了一辆在外等候的汽车。一家报纸甚至还采访了一位刚阵亡不久的士兵的母亲,问她对我在公开场合酗酒有何感想。

(她表达了反对。)

我想,如果我在阿富汗牺牲了,至少再也不会看到那些关于自己的虚假报道和无耻谎言了。

在飞机上,我想了很多关于死亡的事。死亡意味着什么?我怕死吗?我试图想象自己葬礼的情景。会举行国葬吗?还是私人葬礼?我还给葬礼想了一个主题:永别了,哈里。

我将如何被历史铭记?头条新闻?或者对我身世的详细解读?

威利会跟在我的棺椁后面吗?爷爷和爸爸会也会跟吗?

出发前,JLP让我坐下来。他告诉我,我需要更新遗嘱。

"更新遗嘱?有必要吗?"

他说,万一遭遇不测,王宫需要知道我对自己为数不多的财产如何处置,还有我希望自己……安葬在哪里。问题直白,语气平静,就像人们问午饭想在哪里吃一样。他天生就是这块料。客观事实就是要用客观的方式处理,真相就是真相,不需要任何理由夹杂主观情感。

我把目光移向别处。我实在想不出一个我以后想待的地方。除了奥尔索普庄园,我想不出还有什么神圣的地方,但那里是不可能的。我说:"弗罗格莫尔花园?"

那里非常漂亮,而且远离世间繁华,还算安静吧。

JLP点了点头,表示他会安排的。

长时间胡思乱想和对往事的回忆过后,我睡了一小会儿。睁开眼睛时,发现飞机正在向坎大哈机场俯冲而下。

是时候穿凯夫拉防弹衣了。

等其他人全部下机后,几名特种兵出现在隔间里。他们把武器还给我,又递了一瓶吗啡,让我随身携带。我们现在所处的地方,疼痛、受伤和创伤司空见惯。他们带我快速下了飞机,又上了一辆四轮驱动汽车。汽车的玻璃被装饰成黑色,座位上积满了灰尘。我们开车来到基地的另一个地方,然后快速进入一个活动板房。

里面空无一人。

人们都去哪儿了?糟糕,难道在我飞往这里的途中已经宣布和平了?

没有,是整个基地都执行任务去了。

我环顾四周。很明显,他们是在吃饭的时候突然离开的,因为桌子上摆满了比萨盒子。我想了想,自己在飞机上吃了什么?应该什么都没吃，于是我把冷比萨塞进嘴里。

我需要参加一次战区内测试，这是成为空军前进引导员之前最后一道关口，也是证明我已经掌握相关工作内容的最后一项考核。不久，我便搭乘支奴干运输机来到大约 50 英里外的一个规模很小的前哨，名为德怀尔前线作战基地。名字很长，也很拗口。其实，它只是一个用沙袋堆砌的沙堡。

一个浑身都是沙子的士兵上前问候我，说奉命带我四处看看。

"欢迎来到德怀尔基地。"

"谢谢！"

我问他这个地方的名字是怎么来的。

"来自一名阵亡的士兵，他开车压上了地雷。"

整个基地很快就转完了。德怀尔基地的条件看起来比支奴干运输机还艰苦。没有取暖设备，照明设施很少，生活用水短缺。虽然有所谓的供水管道，但通常不是堵塞了，就是冻住了。还有一个建筑，号称"淋浴房"，但士兵建议我"谨慎使用"。

他告诉我，一般来说，不要追求干净，主要把保暖做好。

"这里很冷吗？"

他哈哈大笑起来。

德怀尔基地大约有五十名士兵，大部分都是炮兵和皇家近卫骑兵，三三两两地，我遇见过好几拨。他们的头发沾满沙子，就连面部、脖子和睫毛也都结了一层沙土，看上去就像裹了一层面包屑待炸的鱼片。

不到一小时，我也跟他们一样了。

德怀尔基地的所有士兵和所有物体，不是被沙子覆盖，就是被沙子点缀，要么就是被涂成了沙子的颜色。沙色帐篷、沙袋和沙墙之外，是一片无边无际的沙海……细腻的沙子，如滑石粉一般。小伙子们一天的大部分时间都在凝视那些沙子。参观完基地，领到行军床和食物后，我也开始凝望沙海。

我们提醒自己,那是在搜寻敌人。确实这样,我想。但你盯着那么多沙子时,无法不思考永恒。你会觉得,那些打着旋儿快速移动的沙子,在提示你,你在宇宙中的渺小和微不足道。始于尘埃,归于尘埃。即便是躺在钢架行军床上迷迷糊糊入睡时,脑海里依然是无尽的沙子。我听到外面的沙子在窃窃私语。我感到舌头上有一粒沙子,眼睛里也有一粒。就连做梦,也离不开沙子。

醒来后,发现嘴里的沙子有一小勺之多。

10

德怀尔基地的中央耸立着一根尖顶柱子,像一根临时建造的纳尔逊纪念柱[①]。柱子上面固定着几十块带箭头的木板,分别指向不同的方向。每块木板上都写着德怀尔基地某个士兵家乡的名字。

  澳大利亚悉尼,7223 英里

  格拉斯哥,3654 英里

  萨默塞特郡布里奇沃特,3610 英里

第二天早上,经过这根柱子时,我有了一个想法:或许我应该把自己家的名字也写上去。

  克拉伦斯宫,3456 英里

[①] 纳尔逊纪念柱(Nelson's Column),位于伦敦市中心的特拉法尔加广场,高 51.59 米,为纪念死于 1805 年特拉法尔加海战的海军上将霍雷肖·纳尔逊而建。

那会让人开怀大笑。

但我不能。正如大家都不想引起塔利班的注意一样，我也不想引起队友们的关注。我的主要目的是融入他们当中。

其中一个箭头指向"火炮"，那是两门105毫米口径的巨型火炮，就安置在那个几近废弃的淋浴房后面。德怀尔基地几乎每天都会分若干次向塔利班阵地开炮，大量炮弹带着浓烟以抛物线方式飞向目标。那震耳欲聋的炮声会让你的血液停止流动，让你的脑袋昏昏沉沉。（有一天至少发射了一百多次。）我知道，在我的余生里，大炮的余音一定会时不时在耳朵里响起。它将在我身心的某个部分永远回响。当然，炮声终于停止时那无边的死一般的寂静，我也永远不会忘记。

11

德怀尔基地的作战指挥室是一间沙漠迷彩板房，地板由黑色厚塑料片拼接而成，走在上面，发出嘎吱嘎吱的响声。作战室的核心部分——也是整个基地的核心部分——就是那道主墙。墙上挂着一幅巨型赫尔曼德省地图，上面布满了代表不同战斗小组的彩色图钉（黄色、橙色、绿色、蓝色）。

在作战室迎接我的是一位名叫霍尔瑟·巴克斯特的下士。他的年龄比我大，但有着与我相同的发色和肤色。我们互相调侃了几句，对我俩"红发绅士联盟"和"光头兄弟会"的非自愿成员身份报以无奈的微笑。[①] 跟我一样，巴克斯特头顶的"覆盖率"正在快速降低。

---

① 哈里王子的发色偏红，小时候尤其明显。这并不是英国王室的传统发色，而更像是其母亲戴安娜王妃家族的红发色。据说哈里王子脱发严重，曾被医生警告，如果不加治疗，四十多岁时就会谢顶。

我问他来自哪里。

"安特里姆郡。"

"哦，爱尔兰人？"

"是的。"

我想，他那轻快而夸张的爱尔兰口音肯定会招来不少调侃。针对他的爱尔兰口音，我跟他开了一通玩笑。他大笑着回击我，但那双蓝色眼睛里透露出些许不确定的神情："天哪，我居然在和一个王子开玩笑。"

接着，我们开始工作。他先向我展示了摆放在地图墙下面那张长条桌子上的几台无线电设备，然后又展示了"漫游者"视频监控终端——一台两侧印着罗盘方位的矮胖的小型便携式电脑。"这几台无线电设备是你的耳朵，这部视频监控器是你的眼睛。"通过它们，我就能将整个战场的照片拍下来，然后设法对战场内外发生的情况做出反应。从某种意义上说，我和伦敦希思罗机场的空中交通管制员没有什么区别，整天都在引导飞机往返。通常，这个岗位并没有看上去的那么光鲜，我就像一名安保人员，在昏暗的环境中监测着数十台摄像机传回的信息。这些摄像头被安装在各种作战设备上，从侦察机到无人机，无所不包。而我唯一要对抗的就是睡觉的冲动。

"你来试试，威尔士中尉。这是你的席位。"

我清了清嗓子，坐了下来。眼睛一直盯着"漫游者"。

好几分钟一下子就过去了。我时不时地调节着那些无线电设备的音量，一会儿调大，一会儿调小。

巴克斯特轻声笑着："对，就是这样。欢迎来到战场。"

12

部队里所有装备都要有别名，"漫游者"也不例外。

它被戏称为"夺命TV"(Kill TV)。

比如：

"你在干啥"？

"在观看'夺命TV'呢。"

我觉得，起这样一个别名是为了达到某种讽刺效果吧。否则，就是赤裸裸的虚假广告。因为唯一可被杀死的，只有时间。

本来你监测到一个废弃的大院，以为塔利班驻扎在那里。

里面却什么都没有。

你又监测到一组地下隧道，疑似有塔利班分子。

但还是什么都没有。

你刚搜索完一个沙丘，又有一个沙丘在等着你。

如果有什么比看着油漆慢慢变干更无聊，那一定是监视沙漠……

沙漠。我很想知道，为什么巴克斯特没有疯掉。

于是我问了他。

他告诉我，当你连续几个小时没有发现一点儿情况的时候，往往是最容易发生情况的时候。诀窍就是要一直保持警觉。

如果说"夺命TV"让人枯燥乏味，那"夺命电台"(Kill Radio)就让人发癫发狂了。长条桌上所有的听筒持续不断地发出嘈杂的声音，光口音就有十几种——英国、美国、荷兰、法国，更不用说飞行员的个人腔调了。

我试着把这些口音与他们的呼号匹配起来。美国飞行员的呼号是"酷哥"(Dude)，荷兰飞行员的呼号是"敲击锤"(Rammit)，法国飞行员的呼号是"幻影"(Mirage)或"狂怒"(Rage)，英国飞行员的呼号是"蒸汽"(Vapor)。

阿帕奇直升机被称为"阿丑"(Ugly)。

我个人的呼号是"寡妇六七"(Widow Six Seven)。

巴克斯特让我拿起听筒打个招呼。"做下自我介绍。"

我照做后，所有听筒都开始活跃起来，都把注意力转移到我身上。

——"你是谁？"

——"下面什么情况？"

——"我现在飞哪里？"

一个个像极了要求喂食的小鸟，而投喂他们的"食物"就是各种情报。

除了情报之外，他们最想要的就是获准进入或离开我的空域。飞行员只有在确保飞机安全、战斗正在进行或德怀尔基地没有发射重炮的情况下才被允许从基地上空飞过。换句话说，这是一个热限制作战区？还是一个冷限制作战区？关于战争的一切都紧紧围绕这个二元问题展开。是否展开军事行动、天气是否影响任务执行、是否可以补充水和食物——都关乎"热"和"冷"的问题。

我喜欢"限制作战区"守护者这个角色。我喜欢与虎胆英雄们密切合作的感觉，作为这些身怀绝技的男女飞行员们的眼睛和耳朵、他们与陆地的最后联系、他们的阿尔法和欧米茄①。我是……大地。

他们需要我，依赖我。建立联系的一刹那，我们就捆绑在了一起。异样的情愫在涌动，我们之间形成了不同寻常的亲密关系。

"嘿，寡妇六七。"

"嘿，酷哥。"

"今天怎么样？"

"到目前为止一直很安静，酷哥。"

我们立刻便成为伙伴。是患难伙伴，你能感觉得到。

---

① 阿尔法（Alpha）和欧米茄（Omega），希腊字母的第一个和最后一个，在基督教中，阿尔法和欧米茄代表神的创造和毁灭，也代表神的全能和永恒。

向我报到之后，我再把他们移交给加姆塞尔的空军前进引导员。加姆塞尔是附近一个沿河小镇。

"谢谢，寡妇六七。晚安。"

"收到，酷哥。注意安全！"

13

在获准飞越我所负责的空域后，飞行员一般不会匀速巡航，往往会快速通过。他们有时需要紧急了解地面情况，所以每一秒都很重要。我的一举一动关乎生死。我看似平静地坐在桌旁，手里悠闲地拿着一杯汽水和一支圆珠笔（没错儿，是圆珠笔），但我其实也是军事行动的参与者。这是一件令人兴奋的事！我接受训练的目的就在于此。但这个工作有时也很让人担惊受怕。在来德怀尔基地前不久，一名空军前进引导员在引导一架美国 F-15 战机时，不慎将地理坐标信息报错一个数字，结果一枚炸弹错误地落在英军阵地——而不是敌方阵地。三人死亡，两人严重受伤。因此，我说的每一个单词和数字都非常重要。我们在为作战人员"提供支持"，这是经常听到的一个词，但我觉得这种表达太委婉了。有时，我们带来的是死亡。在这一点上，一点儿也不亚于飞行员。当涉及死亡时，你必须准确。

我承认，自己对这个角色很满意。这是一份非常重要的工作，一份爱国的工作。我的作战技能源于在约克郡山谷和桑德林汉姆的刻苦训练，源于童年时期的经历，源于在巴尔莫勒尔庄园的历练。我跟桑迪在那个庄园追踪马鹿的经历和我现在来到战场之间显然是有联系的。我是一名英国士兵，终于上了战场。我一生都在为这个角色做着准备。

寡妇六七是我的一个绰号。我一生中有很多绰号，唯独这个让我感觉更像一个化名。它真的可以把我隐藏得很好。我只是一个名字，一个随机单词加一个随机数字。这是我生命中的第一次。没有王室身份,没有保镖。"这就是平常人每天的感觉吗?"我品味着这种平常人的生活,沉浸其中。我走了那么远的路才最终找到这样的生活。阿富汗中部,严冬,午夜,战争,还要和头顶 15 000 英尺高空的飞行员沟通——你的生活有多不正常,才让你第一次感受到正常的生活?

每次行动之后会有一段暂时的平静。这样的平静让人很难忍受,甚至会造成心理创伤。无聊是我们的敌人。为了打败无聊,我们想出很多办法。慢跑,或者打橄榄球。一大卷被粘连成球状的卫生纸就是我们的球。我们做上千次的俯卧撑,把木箱绑在金属杆上制成原始杠铃,用衣服和背包制作拳击袋。我们看书,组织马拉松式的象棋比赛,或者睡得像死猪一样——我看到过这些成年人在床上连续睡十二个小时。

每天除了吃饭就是吃饭。德怀尔基地的厨房配套还算齐全,可提供意大利面、炸薯条、焗豆等。每周有三十分钟打卫星电话的时间,需要输入电话卡背面的密码才能拨打。拨通后首先传来的是甜美的女声,告诉你通话时间还剩多少分钟。接下来的步骤你就清楚啦……

"斯派克,是你吗?"

"是我,切尔西。"

过往的生活,就在电话那头。熟悉的声音总会让你感到一阵阵窒息。由于诸多复杂原因,想家都是一件不太容易的事情。而听到家的声音,就像一把钢刀插在胸口,令人心痛。

如果不给切尔西打电话,我就会给爸爸打。

"你好吗,亲爱的儿子?"

"还不错。您知道的。"

但爸爸让我最好还是写信。他喜欢看我写的信。

比起电话,他更喜欢书信。

14

有时,我担心自己是不是错过了真正的战争。也许我只是一直待在战争的休息室?我担心真正的战争就在山谷里。我能看到滚滚浓烟和爆炸产生的烟云。这些烟雾大多时候就在加姆塞尔镇及周边地区出现。作为河港,加姆塞尔镇是至关重要的门户,战略意义重大。正是通过这个港口,各种物资——尤其是枪炮——流入到塔利班手中。此外,这里还是新来的士兵进入德怀尔基地的起始点。他们带着配发的 AK-47 和一把子弹,穿过迷宫般的战壕向我们的方向前进。这是他们正式步入战场的"启动仪式",塔利班称之为"涂血礼"。①

"桑迪和蒂吉是在为塔利班做事吗?"

"涂血礼"仪式经常发生。时不时会冒出一名塔利班新兵,突然向我们开火。我们则会以二十倍的火力还击。只要他能幸存下来,就会得到重用,被派往格雷什克或拉什卡尔加等更大的城市接受战斗和阵亡。然而,大多数塔利班新兵的"涂血礼"都让他们丢掉了性命。塔利班不会给他们收尸,任凭尸体腐烂。我亲看到狼一样大小的野狗在战场上啃咬过很多塔利班新兵的尸体。

我恳请指挥官把我调离这个基地。其他几个士兵也提出了同样的请求,理由当然各不相同。我情愿到离前线更近的地方。"让我去加姆塞尔吧。"

2007 年圣诞节前夕,我的申请最终得到批准。我将替换德里前线作战基地一名即将离任的空军前进引导员。该基地位于加姆塞尔镇一所废弃的学校内。

---

① 指新兵首次上战场,如果身上沾上了鲜血,表明打伤或杀死过敌人,也就完成了他的"涂血礼"。

铁皮瓦楞屋顶，碎石铺路的校园。有人说这里曾是一所农业大学，有人说是一所宗教学校。然而，目前，它是英联邦的一部分，是我的新家。

当然，它也是廓尔喀雇佣兵[①]连队的驻扎地。

廓尔喀雇佣兵来自尼泊尔喜马拉雅山麓最偏远的村庄。在过去两个世纪里，他们几乎参与了所有英国参与的战争，每一次都表现突出。他们凶猛如虎，永不放弃，在英国军队中占有特殊地位——在我心中亦然。我从小就听说过他们。我最早穿过的几套军装中，有一套就是廓尔喀雇佣军军装。我在桑赫斯特皇家军事学院受训期间，在军事演练中扮演敌人的总是廓尔喀雇佣军。因为他们深受爱戴，扮演敌人总觉得有点儿荒唐。

每次演练结束，总有廓尔喀士兵走过来给我递上一杯热巧克力。他们对王室有着崇高的敬意。在他们眼里，国王是神圣的。（他们自己的国王被认为是印度教主神毗湿奴转世。）因此，王子的光环从未远离过我。这种感觉一直伴我长大，现在又以这样的方式让我感觉到它的存在。每次在德里基地穿行，廓尔喀人都会向我鞠躬。他们称呼我"萨博"[②]。"是的，萨博。""不，萨博。"

我恳请道："千万别这样称呼。我只是威尔士中尉，只是寡妇六七。"

他们哈哈大笑："想都别想，萨博。"

他们从不让我单独去任何地方。王室成员必须要有皇家规格的保护。每次在去食堂或厕所的途中，总会突然感到右边有个身影；一转头，左

[①] 廓尔喀雇佣兵，世界闻名的外籍雇佣兵团之一，以纪律严明和英勇善战闻名于世，而且对雇主非常忠诚。

[②] 这些廓尔喀士兵使用"萨博"（saab）一词来表示对英国王室的尊重，相当于"主人"的意思。如果不这样称呼，他们会觉得非常不尊重对方。这是他们传统文化的一部分。

边也有一个。"您好，萨博。"既让人感动，又令人尴尬。我崇拜廓尔喀人。当地的阿富汗人也很崇拜。他们多次向廓尔喀雇佣军出售鸡和山羊，甚至还和他们开玩笑讨论烹饪方法。部队里总是说要赢得阿富汗"民心"，这意味着要帮助当地人实现民主和自由，但似乎只有廓尔喀雇佣军真正做到了这一点。

不需要保护我时，廓尔喀人就一门心思把我喂胖。美食是他们爱的语言。虽然他们个个都认为自己是五星级厨师，但所有人的拿手好菜只有一种：羊肉咖喱。

记得有一天直升机旋翼的声音从空中传来。我抬起头。所有人都抬起头。一架直升机正在缓缓降落。起落滑橇上挂着一只装在网袋里的山羊——给廓尔喀士兵的圣诞礼物。

伴随着一阵壮观的尘土，直升机平稳落地。一个有点儿谢顶的金发男子从机上跳了下来，是个英国军官。

看着有点儿眼熟。

"这家伙我认识。"我大声说。

我捻着手指，"你是当年的贝文！"

他曾在爸爸身边工作。一年冬天，他还陪我们去克洛斯特斯滑雪。（我记得他滑雪时穿着一件巴伯尔①风衣，典型的贵族派头。）现在，他是旅里的二号人物，代表旅长将山羊送给这些可爱的廓尔喀雇佣兵。

能在这里碰见他，我很惊讶，有些不知所措。但他的反应却比较温和，不是很吃惊，或者说，不是太在意。他的注意力都在那两只山羊上了。在飞行过程中，除了用网袋装的那只，他还用双膝夹了一只。此刻，他正领着那只羊向一名廓尔喀士兵走去。小家伙看上去像极了一只可

---

① 巴伯尔（Barbour），英国奢侈品牌，得到皇家御用状的风衣品牌，以结实耐久的品质为傲，被称作是欧洲上流社会的入场券之一。

卡犬。

我能看出，他对那只小山羊已经有了感情，但对即将发生的事情却毫无准备。可怜的贝文！

只见那名廓尔喀士兵抽出军刀，一刀砍掉了山羊的头。

我看到一张棕褐色、长胡须的脸应声掉在地上，就像一颗我们用卫生纸自制的橄榄球一样。

接着，廓尔喀士兵干净利落地把羊血收集在杯子里。没有一点儿浪费。

第二只山羊。廓尔喀士兵把军刀递给我，问我是否愿意接受这一殊荣。

我家里就有几把廓尔喀军刀，是廓尔喀士兵送给我的礼物。我知道如何使用这种军刀，但我谢绝了。在这儿不行，现在不行。

我不明白为什么要拒绝。也许是因为我周围已经有太多杀戮。我告诉乔治，我真的不想把任何球状物体割下来。但关于球状物体界限的划分，我的标准是什么呢？

痛苦。对，我以是否给对方带来痛苦为标准。我不愿用亨利八世的手法来对付那只山羊。①主要是因为我并不擅长这一技能，如果我计算错误或下手不准，那只可怜的山羊就要受罪啦。

廓尔喀士兵点点头："听您的，萨博。"

他举起军刀砍了下去。

我清楚地记得，虽然山羊头已经落地，但它那双黄色的眼睛依然眨个不停。

---

① 亨利八世性情残暴。他共有六位妻子，但大部分命运悲惨，在他的命令下，两位被流放，两位被砍头。他还下令将许多朝臣和对手的头颅砍掉。

15

我在德里基地的工作与在德怀尔基地的差不多，只是工作时间不同。在德里，有白班和夜班之分。作战指挥室是一间曾经的教室。和阿富汗的其他建筑物一样，德里基地所在的这个学校也遭过炮击——摇摇欲坠的房梁、被掀翻的桌子、散落在地板上的纸张和书籍。但作战指挥室看起来更像是炸弹的落点，一片灾难景象。此外，夜班值守期间，透过四周墙壁上数量可观的弹洞，可以看到繁星闪烁的夜空。

记得有一次夜班，大约凌晨 1 点。我向头顶一位飞行员索要呼号，以便将其输入"漫游者"，查看他传回的视频。

飞行员冷漠地回答，说我搞错了。

"哪里错了？"

"不是'漫游者'，而是'长角牛'（longhorn）。"

"长……什么？"

"你是新来的吧？"

他向我描述了"长角牛"的模样。从来没有人向我提起过这么一台机器。我环顾四周，发现了它。一个大黑箱，上面沾满灰尘。我把尘土清理干净，打开开关。在飞行员的指导下，机器开始工作。我弄不明白为什么他要我使用"长角牛"，而不是"漫游者"，但我不想多问，以免刺激他。

这次接触让我们之间建立了友好关系。从此，我俩成为伙伴。

他的呼号是"魔法"（Magic）。

我经常整晚和"魔法"聊天。他和他的队友们喜欢说话、大笑，吃东西。（我依稀记得，有天晚上他们吃的竟然是新鲜螃蟹。）最重要的是，他们喜欢恶作剧。一次出击任务结束后，"魔法"将相机的焦距缩小让我看。我靠近屏幕，在 20 000 英尺的高空，看到的地球弧度令人惊叹。

接着，镜头慢慢移动。一对丰满的乳房出现在屏幕上。是本色情杂志。

"啊！你让我为难了，'魔法'。"

有些飞行员是女性，同她们交流则是另外一种情形。一天晚上，发现和我交谈的是一位英国女飞行员。她说月球实在是太美了。

"圆圆的。"她说，"你应该能看到，寡妇六七。"

"我看到了，透过墙上的一个洞。太美了！"

无线电设备里突然传出刺耳的尖叫声。德怀尔基地的几个家伙还让我们去"找个房间"。我一下子脸红了。我希望那位飞行员当时并不认为我是在调情，也希望她现在也不这样想。[1]最重要的，我希望她，还有所有其他飞行员，都永远不知道我是谁。这样他们就不会告诉英国媒体，我在战争期间还试图结识女性。我希望，媒体不会像对待其他与我有任何关系的女孩一样对待她。

换班前，我和飞行员早已将那短暂的尴尬抛到脑后，一起做了些切实的工作。她帮我探测到一个塔利班的掩体，就在无人区的中心地带，离德里基地的围墙并不远。掩体周围有热成像……是人的形态。我觉得应该有十几个。也许是十五个。

"塔利班，肯定没错。"我们说。除了塔利班，还有谁会在战壕里走动？

对照检查表，我开始逐项排查，以便最终确认。检查表是用来排查"生命形态"的，部队里是这么叫的。你能看到女性吗？你能看到儿童吗？你能看到狗吗？猫呢？有没有迹象表明这个目标可能紧邻医院？学校？

---

[1] 英语里，"moon"最常指"月亮""月球"。还有很多含义，俚语有"裸露的臀部"之意。故有上文哈里怕被误会为"调情"之说。

有平民吗？

没有，都没有。

那肯定是塔利班。确定无疑。

我计划在第二天展开袭击行动。两名美国飞行员和我共同执行此次任务，他们分别是"酷哥01"和"酷哥02"。在简要介绍了袭击目标后，我告诉他们需要一枚2000磅的联合制导攻击武器[①]。我不知道为什么起了这么一个笨拙的名字，为什么不直接叫炸弹？也许因为它不是普通的炸弹吧，它有雷达制导系统。联合制导攻击武器很重，大概相当于一头黑犀牛的重量。

一般情况下，如果塔利班士兵人数不多，500磅是标准用量。但我认为这个量不足以穿透屏幕中出现的那个加固的掩体。

当然，空军前进引导员一般不会选择500磅，都会要求使用2000磅的联合制导攻击武器。我们有句口头禅：要么用大的，要么就回家。但就此次行动而言，我强烈认为，只有威力大的才管用，任何低于2000磅的炸弹都不足以摧毁那个掩体。我不但要求在掩体上方来一枚2000磅的联合制导攻击武器，而且还要求第二架飞机再跟进一轮20毫米机关炮。

"用不着。"酷哥01说。

两名美国飞行员一致认为不需要2000磅的炸弹。

"我们宁愿用两枚500磅的，寡妇六七。"

这也太不美式了。

我强烈认为自己是对的，我想争辩，但由于自己是新来的，还是有点儿不自信。况且这是我第一次参与空袭任务。于是我只能说："收到。"

---

① 联合制导攻击武器（JDAM）是为适应美国空军和海军发展要求而研制的，是一种用美军现存的普通常规炸弹升级发展而来，利用卫星定位系统引导的全天候、自动寻找目标的常规炸弹。

新年前夜。我让两架 F-15 战机在距离目标约 8 公里处待命。这样，发动机的噪音就不会惊扰到目标。当时机恰好、一切平静的时候，我呼唤了他们。

"寡妇六七，我们准备就绪。"

"酷哥 01，酷哥 02，可以开火。"

"可以开火。"

他们一起向目标冲去。

在屏幕上，我看着飞行员将准星对准了掩体。

一秒。

两秒。

先是一道刺眼的白光，接着砰的一声巨响。作战指挥室的墙壁剧烈地摇晃起来。灰尘和碎石块从天花板倾泻而下。

我听到酷哥 01 汇报："命中目标。"准备目标毁伤效果评估。

一缕缕烟雾从沙漠中升起。

片刻之后……正如我所担心的，几名塔利班士兵从战壕里跑了出来。我对着"漫游者"抱怨起来，然后在外面气得直跺脚。

气温很低，天空湛蓝，能听到酷哥 01 和酷哥 02 渐渐远去的声音，也能听到炸弹的回声。过了一会儿，一切都沉默了。

并不是所有塔利班士兵都逃出来了，我安慰自己。至少有十个没能从战壕里爬出来。

不过，一枚更大的炸弹真的能够达到预期效果。

下次，我告诉自己。下次，我要相信自己的直觉。

16

部队对我的岗位做了调整，让我值守位于战场上方高地的一个规模不大的瞭望台。从某种角度看，这也算是升职了。在相当长的一段时间里，这个瞭望台让塔利班一度为之疯狂。虽然瞭望台在我们手里，但他们一直想得到它。实在得不到，就一定要摧毁它。在我来到瞭望台之前的几个月里，他们已经袭击了这里不下几十次。就在我驻守瞭望台的几个小时后，塔利班又来了。

AK-47咔咔作响，子弹呼啸而过。就像有人从我们的窗户扔进好几个蜂窝一样。同我在一起的还有四名廓尔喀士兵，他们向炮火方向发射了一枚标枪导弹。

然后，他们让我坐在50口径重机枪后面。"快跳上去，萨博！"

我爬上机枪舱，握住手柄，插上耳塞，透过窗户上破败的纱网瞄准敌人，扣动扳机。那种感觉就像一列火车穿过胸膛，就连声音也特别像。哒哒哒……机枪吐出的子弹穿过沙漠，弹壳像爆米花一样在瞭望台周围乱飞。这是我第一次操作50口径机枪，火力竟如此凶猛，简直不敢想象。

子弹带出的火焰照亮了前方遗弃的农田、沟渠和林地。有座古老建筑，上面的两个圆顶看上去像青蛙的两只眼睛。我对着圆顶一通射击。

与此同时，德怀尔基地的大炮也开始发威。

眼前一片混乱。

关于那天的战斗经过，我过后就记不太清了。当然也不需要记——可以看视频。媒体记者当时就在我身边拍摄呢。我很讨厌他们跟着我，但接到命令，外出时要带着他们。作为交换条件，对于收集的关于我的任何照片或信息，他们都不能公开发布，直至我离开阿富汗。

一共击毙多少人？媒体很想知道。

但无法确定。

我们回答说不确定。

本以为我会在这个瞭望台待很长一段时间。但那天后不久，我就被调往北部的爱丁堡前线作战基地①。我登上一架装满邮件的支奴干运输机,躺在邮袋中间躲藏起来。四十分钟后,我从飞机上跳下来,踏入及膝深的泥水里。"这该死的雨!什么时候下的?"我被带到栖身之处——摆放在一间由沙袋垒砌的小屋里的一张小床。

还有一个室友,爱沙尼亚籍信号官。

我俩很投缘。他从自己的几枚徽章里选了一个送给我,作为欢迎礼物。

5英里之外就是塔利班曾经的要塞穆萨卡拉。2006年,英军在经历了半个世纪以来最为激烈的战斗之后,最终占领了该镇。一千多名塔利班士兵被制服。然而,在付出如此高昂的代价后不久,小镇不小心又被夺了回去。现在,它再次回到我方手中,我们的任务就是要守住它。

这是一份棘手的工作。我们刚有一名士兵被自制炸弹炸飞。此外,小镇及周边地区的人们都很仇视我们。那些与我们合作的当地人往往会受到凶残的报复,很多人的头颅被钉在城墙上。无论从人心向背还是从思想意识上看,我们都没有赢得胜利。

17

一天,我外出参加巡逻任务。我跟随一支弯刀式坦克车队从爱丁堡前线作战基地出发,穿过穆萨卡拉,向更远的地方前进。车队沿着一条路来到一个干涸的河床。刚进河床不久,就遇到了一个简易爆炸装置。

这是我平生第一次遭遇炸弹危险。

我负责呼叫拆弹专家支援。一小时后,一架支奴干运输机出现在上空。我找到一个安全的着陆点,扔了一枚烟幕弹,提示最佳着陆地点及

---

① 爱丁堡前线作战基地位于阿富汗赫尔曼德省。

风向。

一小队人员迅速跳下飞机，向简易爆炸装置接近。拆弹工作缓慢地进行着，那可是个细心活儿，不能有一丝马虎。此时，我们所有人都暴露在光天化日之下，而塔利班随时都可能出现，甚至可以听到摩托车的马达声。毫无疑问，是塔利班侦察兵正在确定我们的位置。摩托车越来越近，我们发射了信号枪，警告他们离开。

远处是罂粟田。我扭头看着那片田野，想到了那首著名的诗。"在佛兰德斯战场，罂粟花迎风盛开……"①在英国，罂粟象征着怀念之情。但在这里，它们只是塔利班政权的硬币。所有这些罂粟很快就会被加工成海洛因，然后再变成塔利班射向我们的子弹以及在公路和沼泽地给我们准备的简易爆炸装置。

就像眼前这枚。

拆弹专家终于炸毁了简易爆炸装置。一团蘑菇云直冲云霄，灰尘布满天空，看不到任何其他东西。

随后，拆弹小组收拾装备离开了。我们继续向北，朝着沙漠深处前进。

18

我们将车辆排列成方阵，称之为"避险港湾"。第二天，第三天，以

---

① 该诗句出自《在佛兰德斯战场》（*In Flanders Fields*），是第一次世界大战期间最重要的诗作之一，由加拿大军医约翰·麦克雷中校（John McCrae，1872—1918）所作。他目睹战友牺牲后，于1915年5月3日创作了这首诗。因为这首诗，佛兰德斯红罂粟（Flanders Field Poppy）成为缅怀之花，英联邦国家用它纪念阵亡战士。诗中提及的佛兰德斯红罂粟，实际上是与罂粟同属的虞美人花，并非鸦片罂粟。但哈里王子在阿富汗战场看到的罂粟是鸦片罂粟。

及接下来的每一天,都以这样的队形在小镇周边巡逻。

上面告诉我们,要展示自己的存在。

上面告诉我们,继续前进。

上面还告诉我们,要迷惑塔利班,让其摸不着头脑。

然而,基地的主要任务是配合美军的进攻。头顶时常传来美军喷气式飞机的轰鸣声,附近村庄的爆炸声不绝于耳。我们与美军密切配合,同塔利班频频交火。

在形成"避险港湾"队形的一两天后,我们坐在一处高地上,看着远处的牧羊人。方圆几英里内,只能看到这几个牧羊人和他们的羊群。他们看起来并没有恶意,但由于离美军太近了,让美军神情紧张。美军开了几枪,以示警告。但不偏不倚,正好击中一个牧羊人——骑摩托车的那个。从我们的位置看过去,无法判断是纯属意外还是故意为之。羊群一下子散开了,几名美军士兵猛扑过去,抓住了受伤的牧羊人。

他们离开后,我和几名斐济籍士兵走过去,扶起摩托车。我把它擦干净,放在一边,帮着照看。美军询问完牧羊人,帮他包扎好伤口,释放了他。然后他来到我们身边。

我们帮他找回摩托车,他很惊讶。

更让他惊讶的是,还把摩托车清理得干干净净。

我们把它还给他时,他有些手足无措了。

19

第二天或者第三天,三名记者上了我们的车。我奉命带他们去战场参观。我清楚地知道,新闻禁令依然有效。

我和记者们坐在车队前面一辆"斯巴达人"装甲人员运输车里。他们一个劲儿地跟我念叨,想出去录像、拍照。但这样做很不安全,因为美军仍在清理这个战场。

我正站在炮塔里,一名记者拍了拍我的腿,再次请求让他们出去。

我叹了口气:"好吧,但要当心地雷。注意保持距离。"

三人从装甲车里挤出来,开始安装相机。

片刻后,前面的部队遭到袭击。子弹呼啸着从头顶飞过。

记者们都愣住了,傻傻地看着我,不知所措。

"别傻站着!快回来!"

一开始,我并不希望他们随访,尤其不希望他们在我的眼皮下发生任何不测。我可不想让人们把记者的生命安全记在我的账上。那对我是极大的讽刺,我肯定受不了。

几小时后,或者是几天后,我们得知,美军向最近一个村庄发射了一枚地狱火导弹,导致多人受伤。有人用独轮车推着一个男孩从村子里出来,沿着山脊往上走。男孩的双腿耷拉在独轮车的一侧。那双腿已经被撕成碎片。

推车的是两个男人。他们径直向我们走来。我不知道他俩是男孩的什么人,家人?还是朋友?来到我们身边后,他们也解释不清楚,都不会说英语。但很明显,男孩的状况非常糟糕。我们的随队医生马上为其治疗。

一名翻译试着安抚男孩,并试图从两名男子那里了解情况。

"这是怎么回事?"

"美军干的。"

我想靠得更近一些,但被一名服役到第六年的中士拦住了。"别看啦,长官。千万不要看。如果看了的话,你永远都无法摆脱那血腥的画面。"

我往后退了几步。

几分钟后,先传来一声哨音,紧接着是短而尖的嘶嘶声。随后,巨大的爆炸声从身后袭来。

我感到脑袋都要炸裂了。

环顾四周，发现所有人都趴下了，除了我和另外两个人。

"炸弹是从哪里发射的？"

几名士兵指向远处。他们急切地征求我的许可，想立刻还击。

还击。

但那几名开火的塔利班已经不见踪影。我们错失了机会。

我们待在原地，等待肾上腺素慢慢降下来，等待警笛声渐渐停下来。漫长的等待。记得有个士兵一遍又一遍地嘟囔："太他妈危险了，就差那么一丁点儿。"

我们花了好长时间试图把发生的一切拼凑起来。到底怎么回事，众说纷纭。有的人认为那男孩是美军炸伤的，有的人则认为男孩是塔利班袭击我们的一枚棋子。独轮车是他们的设下的圈套，目的是让我们在山上原地不动，并分散我们的注意力。这样塔利班就可以锁定我们的位置。敌人毁了那个男孩的双腿，用他当诱饵。

"为什么男孩和那两个男人会同意呢？"

"因为如果不这样做，就会被杀。"

"而且一起被杀的，还有每一个他们所爱的人。"

20

从基地可以看到远处穆萨卡拉的灯光。2008年2月的一天，我们的坦克车队呈"避险港湾"队形停靠下来，大家一边享用袋装晚餐，一边轻声交谈。

饭后，大约午夜12点，我开始继续监听无线电设备。我上了一辆"斯巴达人"装甲车，坐在后座。装甲车的门敞开着。我把桌面拉下来，开始记录无线电设备里传来的信息。唯一的光源是头顶套在铁丝笼里昏暗的灯泡。沙漠上空的星星也比那个灯泡亮，而且看上去更近一些。

无线电设备用"斯巴达人"装甲车的电池供电。每隔一段时间，就得启动引擎给电池充电。我本不想弄出这些噪音，担心会引起塔利班的注意，但别无选择。

过了一会儿，我把装甲车里里外外收拾了一下，从保温瓶里倒了一杯热巧克力。但它并没有给我带来多少温暖。在沙漠里，什么东西也阻挡不住那刺骨的寒冷。我穿的是一套沙漠作战服、一双沙漠靴、一件羽绒夹克，头上还戴了一顶羊毛保暖帽，但依然瑟瑟发抖。

我调了调无线电设备的音量，试图从那吱吱嘎嘎的噪音中更清楚地捕捉到说话的声音。无线电里传来各种各样的信息，有汇报任务完成情况的，有关于邮件传送情况的。所有信息只能通过部队统一的网络来传输，那一刻听到的消息与我们中队都没有关系。

大概凌晨 1 点，我听到电波里有几个人在谈论红狐。

代号为 0A 的指挥官正在跟某位军官说红狐的情况，红狐长，红狐短……我草草地做了一些笔记。但当听到他们提到……C 中队时，我停下笔，抬头仰望星空。

他们说，红狐现在肯定有麻烦了，确凿无疑。

我这时才搞清楚，红狐指的是一个人。是他自己做错什么了吗？

不是。

是别人打算要收拾他吗？

是的。

从语调来看，我断定有人要谋杀红狐。我吞了一口热巧克力，对着无线电设备眨了眨眼。完全肯定，我就是红狐。

此刻，无线电传来的信息更明确了，红狐的身份已经暴露给敌人了，需要立即将其撤离。

"见鬼！见鬼！真他妈见鬼！"我大吼道。

我的思绪回到了伊顿公学。想起了神志恍惚中，我从厕所窗户瞥见的那只狐狸。原来，它真的是未来的使者。"总有一天你会独自一人，在漆黑的深夜，像我一样被追捕……看你到底有多喜欢这样的生活。"

第二天我们继续巡逻。我精神紧张，疑神疑鬼，总担心会被人认出。我脸上裹着一条"沙漠头巾"，鼻梁上架着黑色滑雪护目镜，头放在机枪托架上，食指紧挨着扳机。

黄昏过后，特种部队的人来接我。他们派了一架支奴干运输机，并由两架阿帕奇直升机护航。我之前经常通过无线电波与这两架阿帕奇沟通。我们越过山谷，回到爱丁堡前线作战基地。飞机降落时四周一片漆黑，什么也看不见。我跑进基地，来到一个绿色帆布帐篷里，那里更是漆黑一片。

咯吱一声。

柔和的灯光亮了起来。

一个人出现在我面前。他刚把一个小灯泡拧进一个悬挂在屋顶的灯座上。

埃德上校。

脸似乎比我记忆中的还要长。他穿着一件军绿色长大衣，有种直接来自第一次世界大战的感觉。他将事情的经过一五一十地告诉了我。一家澳大利亚杂志暴露了我，告诉全世界找我在阿富汗。这本杂志没什么知名度，所以一开始并没引起关注。但后来美国的一个龟孙子发现了这个故事，便将其发布在了他那一文不值的网站上，结果被网络爬虫抓取到了。现在传得到处都是，银河系中最公开的秘密就是赫尔曼德省有位哈里王子。

"所以……你出局了。"

埃德上校表达了歉意。他知道我并不想在这个时候以这种方式结束自己在阿富汗的使命。此外，他想告诉我，他的上级几周前就开始催促把我送回去。我应该为没有更早结束这一使命而感到幸运。他还说，在一段较长的服役期内，我既没有被炮火伤着，也没有被塔利班分子抓住，以优异的战绩出色地完成了任务。太棒了！

我几乎要乞求他让我留下来，但看得出，一点儿机会都没有。我的暴露会让周围所有人都处于极度危险之中，包括埃德上校。现在，塔利班已经知道我就在这个国家，也知道大概的方位，他们会倾其所有想方设法干掉我。部队不会让我牺牲，也不会让其他人因为我而牺牲。这与一年前的情况完全一样。

我能理解。

我同埃德上校握了握手，走出了帐篷。收拾好为数不多的几件物品，同战友们匆匆道别，然后登上了那架并未熄火的支奴干运输机。

不到一小时，我就回到了坎大哈。

洗完澡，刮了胡子，准备搭乘一架飞往英国的大型军机。机场上，还有其他一些士兵在飞机附近转悠，等待登机。他们的心情与我截然不同，个个兴高采烈——终于要回家了。

而我则一直盯着地面，心情沉重。

最后，我们都开始意识到，等待登机的时间有点儿长。

怎么这么长时间？大伙儿有些不耐烦地问。

一名机组人员说，飞机在等最后一名乘客。

谁？

一名躺在棺材里的丹麦士兵，正被运往货舱。

所有人都沉默了。

当我们最终登上飞机并起飞后，机舱前部的窗帘有那么一小会儿是开着的。透过窗帘，三名躺在医用病床上的士兵出现在视线中。我解开安全带，通过走廊，来到机舱前面，看到三名伤势严重的英国士兵。记得其中一名士兵被简易爆炸装置炸成重伤；另一名从头到脚都被塑料模具固定，尽管处于昏迷状态，但仍紧握着一个试管，里面装着从他的脖子和头部取出的碎弹片。

我和照看他们的医生谈了几句，打听三名士兵能否活下来。他说不知道，不过即使能够存活，等待他们的也是一条极其艰难的路。

我对自己之前的自私和固执感到懊恼。在接下来的飞行中，我想到那些以类似方式回家的、数量可观的年轻的男女军人，还有那些永远也回不了家的士兵。

想到国内那些不想了解这场战争的人。虽然很多人反对战争，但很少有人知道战争到底是怎么回事。我不知道为什么会这样。真实的战争应该由谁来告诉民众？

哦，对了，我想。应该由媒体。

21

我于2008年3月1日落地回国。还没来得及吃一顿正餐，就得出席一个必须参加的新闻发布会。我屏住呼吸，走到那位已经提前选定的记者面前，回答了他的问题。他用了"英雄"这个词，但我认为自己不配。"飞机上的那些士兵才是英雄，更不用说那些仍然坚守在德里、德怀尔和爱丁堡等基地的兄弟姐妹们了。"

我离开发布会现场，径直走进威利和爸爸所在的房间。我记得，威利应该是给了我一个拥抱，而我也应该在爸爸的两侧脸颊上各吻了一下。爸爸可能也……拍了拍我的肩膀？在旁人看来，这些动作不过是家庭成员之间正常的问候与互动，但对我们而言，这是一次奢华的、前所未有的身体情感的表露。

然后他们注视着我。我略显疲惫，心神不宁。

"你看起来老了一些。"父亲说。

"是有点儿。"

我们上了爸爸的奥迪车,向海格洛夫庄园驶去。路上,我们说话的声音很低,仿佛在图书馆一样。车里非常安静。

"你好吗,哈罗德?"

"哦,我也不知道。你呢?"

"还可以。"

"凯特挺好吧?"

"挺好的。"

"我有没有错过什么重要的事?"

"没有,还是老样子。"

我摇下车窗,看着飞驰而过的田野,眼睛还不太适应满眼的绿色。我呼吸着新鲜的空气,无法分辨自己的梦想到底是什么。是阿富汗的烽火岁月?还是轿车里的舒适旅途?德怀尔基地的大炮,被斩首的山羊,独轮车上的男孩——到底这些更真实,还是眼前舒适的真皮座椅和爸爸的古龙香水更真实?

22

我有一个月假期。头几天是同几位伙伴度过的。他们听说我回来了,特意打电话约我出去喝一杯。

"好的,但只能出去一次。"

在一个名叫"猫和蛋奶锅"的酒吧。我坐在昏暗的角落,品味着杜松子酒和奎宁水。他们几个笑着聊天,规划着旅行、项目和假期。

似乎每个人都在大声说话。他们平时也是那么大声吗?

他们都说我看起来有点儿寡言少语。"是的,"我说,"我猜也是这样。"

"为什么会变成这样？"

"没有原因。"

我只是想安静一下。

我感觉自己同他们格格不入，有点儿疏远。我有时感到有些恐慌，有时感到愤愤不平。"你们知道此时此刻世界的另一个角落正在发生什么吗？"

一两天后，我给切尔西打电话，想见她。她那时在开普敦。

她邀请我过去。

太好啦，我想。这也正是我现在想要的。我在开普敦同切尔西以及她的家人待了一两天。

随后，我和她跑到博茨瓦纳，去见那里的亲朋好友。先去提吉和迈克家。在门口，大家又是热烈地拥抱，又是行亲吻礼；夫妇俩一直很担心我。然后，我们开始享受美味佳肴，迈克不停地给我递饮料。这是我最热爱的地方，在我最喜爱的天空之下。我非常开心，差点儿流下幸福的眼泪。

一两天后，我和切尔西乘坐租来的一艘名为"库布女王"的游艇漂游在奥卡万戈河上游。我们在船上做简单的饭菜，在顶层甲板睡觉，头顶是满天繁星。凝望着猎户腰带，还有小北斗星，我一度想到退役，但很难抉择。听到我们沿河漂游的消息，狗仔们立即出动。每次游艇靠近岸边，总会有人不停地拍照。

大约一周后，我们回到马翁，与提吉和迈克共进告别晚餐。那天晚上，大家很早就到了。我和提吉坐在一起，告诉她一些关于战争的事情，但只说了一点儿。这是我从阿富汗回来后第一次说起战场上的事。虽然威利和爸爸也曾问过我，但他们问的方式和提吉截然不同。

切尔西也没有像提吉那样问过我。她主动回避这个话题，或许是因为对我上战场这件事依然耿耿于怀？还是因为她深知这件事对我来说很难启齿？

我想不明白，我觉得她也想不明白。我们俩对发生的一切都没想明白。

提吉也跟我谈到这一点。

我说："她是喜欢我的，我想也是爱我的。但她不喜欢王室压在我身上的那个沉重的包袱，不喜欢与王室相关的一切，更不喜欢媒体的纠缠。而这一切却无法在我们的生活中消失。那么，我们的希望在哪里呢？"

提吉直截了当地问我是否能看到迎娶切尔西的可能性。

我试图解释。我十分珍视切尔西无忧无虑和率真坦荡的性情。她从不在意别人对自己的看法。她用高筒靴搭配超短裙，在舞池中忘情地跳舞，喝和我一样多的龙舌兰酒。我珍视她身上的一切……但我不得不想，祖母或者英国民众会怎么看她。我最不想做的事，就是让切尔西为了迎合他们而改变自己。

我多么想成为一名丈夫，一名父亲……但我真的没有把握。"提吉，这样的考验不是一般人能承受得了的。我不知道切尔西是否能够应对这些，也不知道自己是否舍得让她来应对这些。"

23

媒体兴奋地报道了我们回到英国的消息，说我们如何急切地奔向切尔西就读的利兹大学的校外公寓，并且我和切尔西两位室友取得了相互信任。说我用连帽衫和棒球帽做掩护溜进公寓，惹得她的室友发笑，以及我如何热衷假扮大学生，出去吃比萨，在酒吧消磨时光。还说我开始怀疑自己放弃上大学是否正确。——所有这些，没有一个字是真的。

我是去过切尔西就读的利兹大学的公寓，去过两次。

但我基本不认识她的室友。

我从来没有后悔过自己做出不上大学的决定。

但媒体依然纠缠不休,越来越过分。它们现在不仅开始兜售幻想,而且还跟踪和骚扰我以及我核心圈里的每个人。切尔西告诉我,上下课的路上总有狗仔们跟踪她——让我想想办法解决。

我告诉她我会尽力解决,还告诉她非常抱歉。

她回到开普敦后,又给我打电话,说不管去哪儿,总是有人跟踪她,她几乎要发疯了。她弄不明白为什么他们总能知道你去过哪里,要到哪里。她简直要崩溃了。我和马可商量,他建议我让切尔西的哥哥检查一下汽车的底部。

果然不出所料:跟踪装置。

我和马可之所以能告诉她哥哥应该检查什么以及在哪里检查,是因为我周围的很多人都遇到过相同的情况。

切尔西再次表示,她不确定自己是否已经准备好面对一辈子都被跟踪的现实。

我不知道该说什么。

我会想念她,非常想念!但我完全能够理解她对自由的渴望。如果能够选择,我也不想要这样的生活。

24

弗拉克,他们这样称呼她。

她有趣,甜美,迷人。在我和切尔西分开几个月后,我和几个朋友在一家餐厅用餐时,遇见了她。

"斯派克,这是弗拉克。"

"你好,弗拉克。你是做什么的?"

她解释说,她在电视台工作,是一名主持人。

"不好意思,我不怎么看电视。"我说。

她没有因为我没认出她而感到惊讶,这点我很喜欢。她不是那种自以为是的人。

即便告诉我她是谁,做什么工作,我还是没有印象。"你的全名是?"

"卡罗琳·弗拉克。"

几天后,我们几个一起吃饭,玩游戏。晚上在马可位于布拉姆默姆花园的公寓里玩扑克。在那里玩了大约一个小时后,我在马可那顶牛仔帽的掩护下,走出公寓去找"岩石比利"。出了大楼后,我点了一支烟,然后朝右边看了一眼。在一辆停着的汽车后面……看到两只脚。

还有两颗晃动的脑袋。

不知道那两个家伙是谁,反正没有认出戴着马可的帽子的我。所以,我大摇大摆地朝比利走去,上了他的警车,然后小声说:"狗仔,在 3 点钟方向①"。

"什么?不会吧!"

"比利,他们怎么知道的?"

"追踪到的。"

"没人知道我在这里。他们在跟踪我吗?他们在我手机里装了跟踪器了吗?或者是在弗拉克的手机里装的?"

比利跳下车,跑到拐角,把两个狗仔吓了一跳。他朝着那两个家伙怒吼,那两个家伙也朝着比利咆哮,完全一副有恃无恐的样子。

---

① "点钟方向"是一种在军事、航空、航海等领域以及日常场景(户外探险、团队运动等)中广泛使用的方向指示方法。以观测者自身为圆心,将其周围的空间按照钟表表判断刻度划分为 12 个方向,观测者正前方为 12 点钟方向,正后方为 6 点钟方向,正左方为 9 点钟方向,正右方为 3 点钟方向。

那天晚上，他们没有拍到一张照片。这是一场小小的胜利。但不久后他们便拍到了我和弗拉克。那些照片立刻掀起一阵波浪。几个小时内，一群人便在弗拉克的父母、所有朋友以及祖母的家外面扎营。有一篇报道说她"配不上我"，因为她曾在一家工厂或类似的地方工作过。

天哪！我们真的是这样一个充斥着势利小人的国家吗？

我继续同弗拉克见面，但没有了之前的自由自在。我想，我们之所以继续约会，不仅因为我们真心喜欢彼此的陪伴，而且因为我们不愿意败在这帮混蛋手中。但这段关系还是被搅和了，而且无法挽回。最终，我俩都认为，我们不值得为此再承受痛苦和折磨了。

尤其是为了她的家人。

再见，我们互相道别。再见，祝你好运。

25

我和JLP一起去肯辛顿宫参加丹纳特将军的酒会。

敲将军的房门时，我感到比上战场时还紧张。

将军和他的妻子皮帕热情地欢迎我们，对我在服役期间的表现表示祝贺。

我先是笑了笑，然后皱了皱眉。他们说，我在阿富汗的服役被打断了，对此很抱歉。

"媒体——是它们毁了一切，是吗？"

"是的，确实是它们干的。"

将军给我倒了一杯杜松子酒。我们在休息区的椅子上落座。我呷了一大口杜松子酒。趁着酒顺食道往下滑的劲儿，突然说道，我要重回阿富汗。我需要一段正常且完整的服役期。

将军凝视着我。"哦，我明白了。如果是这样的话……"

他开始自言自语,在不同的选项之间权衡,分析着与每一个选项相关的所有政治因素及后果。

"那么……当直升机飞行员怎么样?"

哦!我的身体往后靠了靠。我从未想过要当飞行员,或许是因为威利和父亲——还有爷爷和安德鲁叔叔——都是飞行员的缘故吧。我一直倾向于按照自己的方式做自己喜欢的事情,但丹纳特将军说这是最好的方式,唯一的办法。可以说,在战场上空,云层之中,我会更加安全。其他同我一起服役的飞行员也会安全。即使媒体发现我已经回到阿富汗,即使他们再次做出一些愚蠢的事——即使他们真的又在做蠢事,那又怎样呢?

塔利班可能会知道我在哪里,让他们在空中追踪我好了。

"需要多久才能获得飞行员资格,将军?"

"大约两年。"

我摇了摇头。"时间太长了,长官。"

他耸了耸肩。"需要多长时间就得多长时间。这是有道理的。"

他解释说是因为要涉及大量的课程学习。

该死。每到关键时刻,生活都注定要把我拖回到教室。

我向将军表示感谢,并告诉他我会考虑的。

26

2008年整个夏天,我都没考虑这件事。

除了回国飞机上那三名受伤的士兵,我几乎没有考虑过任何其他事情。我希望其他人也能考虑一下他们的状况,说说他们的处境。对于那些从战场归来的英国士兵,关心和谈论他们的人真的太少了。

只要有时间,哪怕是一分钟,我都在努力想办法改变这一点。

与此同时，王宫也给我安排了任务。我被派往美国，这是我第一次以工作名义对美国进行正式访问。（我之前曾去过一次科罗拉多大峡谷，体验了那里的白浪漂流，还和妈妈戴安娜一起游览过迪士尼世界。）JLP参与了行程的拟定，他对我想要做的事情非常清楚。我想看望受伤的士兵，想在世贸中心遗址敬献花圈，还想与2001年9月11日遇难者的家属见面。在他的努力下，这几个愿望都实现了。

除了这几个让人难忘的时刻，我对那次出访几乎没有什么印象。现在，我回忆访问过的每个地方，读过很多关于此次访问的故事，读到很多关于母亲的令人眼花缭乱的评论，很大程度上是由于她对美国的热爱和对美国的历史性访问，但让我印象最深的依然是与受伤士兵坐在一起、参观军人墓地以及与沉浸在悲痛中的家庭交谈的情景。

我握着他们的手，不停地点头，并告诉他们："我能理解。"我觉得这样的交流让我们彼此都感觉好受一些。人们最需要分担的就是悲伤。

回到英国后，我更加坚信，我们需要为所有受到反恐战争影响的人做更多的事情。我拼命工作，强迫自己多做一些。我已精疲力竭，却不自知。好几次早晨醒来，感觉浑身虚弱乏力。但我无法让自己慢下来，因为寻求帮助的人实在太多。很多人正在承受巨大的痛苦。

大约在这个时候，我了解到一家成立不久的英国慈善组织："帮助英雄"（Help for Heroes）。我赞赏他们所做的一切，感谢他们带来了人们对士兵困境的关注。威利和我向他们伸出援手。"我们能做些什么？"

创始人是一名英国士兵的父母。"你们愿意戴我们的手环吗？"

当然愿意！于是，在同凯特一起看一场足球比赛时，我和威利每人戴了一个这样的手环。效果令人振奋，人们对这款手环的需求激增，捐款也蜂拥而至。这件事不仅开启了我们与该慈善组织长久且有意义的关系，更重要的是，它让我们深刻认识到王室成员这一平台的力量。

不过，我做的大部分事情都是幕后工作。我把大量时间花在塞利奥克医院和位于赫德利考特的医疗康复中心。和士兵们聊天，倾听他们的故事，努力给他们带去内心的平静或者欢声笑语。我自己从未惊动过媒体，但似乎让王宫提醒过一次。与士兵们见面时，我不想在方圆 1 英里范围内有记者采访。这样一来，表面上看很随意，但实际上却拉近了与士兵们的距离。

"你去的也是赫尔曼德省？"

"是的。"

"是不是也有战友牺牲了？"

"是的。"

"有我能帮上的忙吗？"

"你现在正在帮忙啊，兄弟。"

我又去看望那些病情严重的男女士兵，他们往往需要家人的照顾。我站在病床边同他们交流。有个年轻小伙从头到脚裹着绷带，处于诱导性昏迷状态，他的父母在病房陪着。夫妻俩告诉我，他们一直在用日记记录儿子的康复过程，并邀请我读了几页。在他们的允许下，我也在里面写了几句话，让他醒来时读。之后，我们相互拥抱。说再见的时候，感觉就像一家人。

最后，我去一家身体康复中心参加一个正式见面会，并与一名和我搭乘同一架军机回来的士兵见面。那个士兵名字叫本。他向我讲述了简易爆炸装置如何夺走了他的左臂和右腿。他说那天天气热得要命，他正跑着，突然一声爆炸，接着感觉自己飞到了 20 英尺高的空中。

他还清清楚楚记得眼睁睁看着自己的腿离开身体的瞬间。

讲述这些的时候，他带一丝勇敢的微笑。

就在我拜访他的前一天，他收到了新的义肢。我看了一眼，"很不错，兄弟。看着很结实！"他说一会儿就能验证了。那天的康复计划有一项是爬上一堵攀岩墙，然后再爬下来。

我一直在附近看着他。

他把吊带套在身上，抓着一根绳子，晃晃悠悠地爬了上去，在顶端发出了振奋人心的欢呼声，然后挥了挥手，又爬了下来。

我惊呆了。作为英国人，作为一名士兵，作为他的战友，我从未如此自豪。我把这些告诉了他，并对他说为了庆祝他能爬到那堵墙的顶端，我想请他喝杯啤酒。不，不是一杯，是一箱啤酒。

他大笑起来："我不会拒绝的，兄弟！"

他还说他想去跑马拉松。

我告诉他，如果真的能实现，在他完成马拉松赛程时，会发现我在终点等着他。

27

那年夏末，我去了博茨瓦纳，见到提吉和迈克。他们最近完成了大卫·艾登堡执导的杰作——系列纪录片《地球脉动》（*Planet Earth*）的拍摄，还参与了英国广播公司其他几部纪录片的摄制，现在正在拍摄一部关于大象的重要纪录片。因为栖息地受到侵蚀以及干旱带来的生存压力，几群大象纷纷进入纳米比亚寻找食物，不料径直投入数百名手持AK-47步枪的偷猎者的怀抱。提吉和迈克希望人们能够通过他们拍摄的影片了解这场连绵不断的大屠杀。

我问自己能否帮上忙，他们没有丝毫犹豫。"当然帮得上，斯派克。"事实上，他们想让我做一名没有报酬的摄影师。从开始拍摄第一天起，他们就说我看上去变化很大。并不是说我以前工作不努力，但很明显，我在部队学会了如何执行命令，任何事情他们都不需要跟我说两遍。

拍摄过程中，有很多次我们开着平板卡车绕灌木丛行驶，我盯着周围的景物一边看一边想：这太奇怪了。我对摄影师一直不屑一顾，因为他们专门偷窃你的自由,而现在我却成了一名职业摄影师,为保护这些伟岸动物的自由而战斗。而在这个过程中,我有一种更加自由的感觉。

更具讽刺意味的是,我正在拍摄的是兽医在大象身上安装跟踪设备的过程。(这些设备将帮助研究人员更好地了解象群的迁移方式。)直到现在,我对跟踪设备也没有什么好印象。

一天,我们拍摄一名兽医向一头公象射麻醉枪,然后在它的脖子上系一个追踪项圈的过程。但麻醉枪只是擦伤了大象坚硬的皮肤,大象并未晕倒,而是挣扎起来,逃跑了。

迈克大声叫喊:"斯派克,拿好相机!快追!"

大象在茂密的灌木丛中奔跑,大多时候是沿着一条沙路前进,尽管有时根本没有路。我和兽医尽量踩着它的脚印追。我简直不敢相信大象会跑得那么快。它一口气跑了 8 公里才慢慢降下速度,最后终于停了下来。我待在一边,与大象保持一定距离。兽医赶来后,又朝大象射出了麻醉枪,这个庞然大物才倒在地上。

过了一会儿,迈克开着卡车呼啸而来。"干得好,斯派克!"

我双手放在膝盖上,喘着粗气,浑身是汗。

迈克低头看了一眼我的脚,吃惊地问道:"斯派克,你的鞋子哪儿去啦?"

"哦,对啦。落在卡车上了。我没来得及拿。"

"你跑了 8 公里……穿过灌木丛……一直没穿鞋?"

我大笑着回答:"是你让我快追的。你说的,部队教会了我如何执行命令。"

28

2009 年新年伊始,一段视频在网上疯传。

那是三年前的事。我当时还是军校学员,和其他几名学员围坐在一起。

我们在机场。可能是在塞浦路斯?或者在等飞往塞浦路斯的航班?那段视频是我拍的。等待登机时,我们在机场四处闲逛,打发时间。我把镜头对着学员们挨个扫了一遍,对每一个小伙子都进行了现场评论。当来到我的同学兼好友艾哈迈德·拉扎·卡恩(巴基斯坦人)面前时,我说:"哈,我的巴基佬(Paki)小朋友……"

我当时并不知道"Paki"是个贬义词。从小到大,我听过很多人使用这个词,从未见过任何人为此难堪,也从未怀疑过那些使用这个词的人是种族主义者。我也不知道什么是无意识偏见。我当时二十一岁,一直被隔绝在王室特权的光环里,如果我对这个词有任何理解,那就是我认为它和"Aussie"一样,没有任何恶意。①

我曾把这段视频发给过一名学员同学,他当时正在制作年终总结视频。从那以后,这段视频就开始在电脑间转来转去,最终落到某个人手里,将其卖给《世界新闻报》。于是,激烈的谴责纷至沓来。

他们谴责我不学无术。

他们谴责我经历纳粹军服事件后,没有成熟一点点。

他们说,哈里王子比傻瓜还糟糕,比欢场男孩还差劲——他是个种族主义者。

保守党领袖谴责我。一位内阁部长在电视上痛斥我。艾哈迈德的叔叔在接受英国广播公司的采访时指责我使用这个词。

我当时在海格洛夫庄园,眼睁睁看着各种愤怒和谴责雨点般砸来,却几乎毫无应对办法。

---

① "Paki"被认为是印度人或巴基斯坦人的蔑称,带有种族歧视色彩。但"Aussie"指澳大利亚人,没有任何贬义,与种族歧视无关。

爸爸的办公室代表我发表了一份正式道歉。我也想以自己的名义发表一份，但朝臣们都表示反对。

"这不是最好的策略，殿下。"

"去他的策略！"我不在乎什么策略。我在乎的是人们不该认为我是个种族主义者，我在乎的是我真的不是种族主义者。

更重要的是，我在乎艾哈迈德。我直接联系他，向他道歉。他说知道我不是种族主义者。小事一桩。

这真的不是小事。他的宽宏大量让我更加愧疚。

29

就在这场风波继续发酵时，我被派往巴克斯顿希斯皇家空军基地接受飞行训练。刚开始进行飞行及其他科目的训练时，我对这样的生活感到很陌生。我天生注意力不集中。但也许，我心里想，这也是最美好的时光。我想躲避人类，逃离这个星球。既然没有火箭，或许飞机也可以。

然而，在登上任何一架飞机之前，军方需要确认我的身体条件是否合格。一连几个星期，他们反复检测我的身体，测试我的智力。

最终结论：没有吸食毒品。他们似乎有点儿惊讶。

另外，与视频风波中人们的评论截然相反的是，我不是什么傻瓜。

因此……可以进行下一步训练了。

他们说，我驾驶的第一架战机将会是"萤火虫"式战斗机。亮黄色，固定翼，单螺旋桨。

按照我的第一位飞行教练布利军士长的说法，这种机型简单易学。

上了飞机后，我想：真的简单吗？在我看来一点儿都不容易。

我转身看着布利，仔细端详着他，他也不简单。布利身材矮小、结实强壮，曾在伊拉克和巴尔干半岛打过仗。考虑到那些经历，他本应是个比较强硬的人。但事实上,战斗生涯似乎并没有给他带来任何不良影响。相反,他态度温和。

我倒是希望他强硬一些。由于脑子里装了很多事情,我在飞行训练时总是分神,而且特别明显。我一直以为布利会失去耐心,然后对我大喊大叫,但这种情况从未发生。事实上,一次训练结束后,他邀请我骑摩托车去乡下兜风。"我们去清醒一下吧,威尔士中尉。"

出去兜风就像一道符咒,真起作用了。那辆炫酷的凯旋675摩托车及时提醒了我在飞行课上所追求的东西:速度和力量。

还有自由。

但随后我发现,我们没有自由:媒体一直在跟踪我们,并围在布利家门外一个劲儿地对着我们拍照。

过了一段时间,在我适应了"萤火虫"式战机的驾驶舱并熟悉了它的控制面板后,我们终于驾机飞上蓝天。在最初几次飞行训练中的某一次,布利毫无征兆地直接让飞机进入失速状态。我感觉到左翼在下沉,随之而来的颠簸让人的肠胃翻江倒海。几秒钟后,他把双翼拉平,飞机恢复了常态。虽然只是短短的几秒钟,但感觉就像几十年。

我盯着他:"到底发生了什么?"

"这算自杀未遂吗?"

"不算。"布利温和地说。这是他负责训练的下个阶段的科目。他解释说,在空中会遇到各种各样的问题,他需要教会我如何应对——做什么,怎么做。

请保持冷静。

在接下来的一次飞行中,他又进行了同样的表演。但他这次并没有急着让飞机恢复常态。当我们旋转着冲向大地时,他才说:"是时候了。"

"是时候干什么?"

"该你……操作了。"

他向操作杆瞥了一眼，我赶紧抓住，采取断然措施，关键时刻控制住了飞机。

我看着布利，等待他的祝贺。

然而什么也没有发生。他对我的期待几乎没做任何反应。

在接下来的训练中，布利一次次地重复这个动作：关掉电源，让飞机自由下落。随着嘎吱嘎吱的金属碰撞声和引擎熄火后轰鸣的白噪声①变得震耳欲聋时，他才平静地向左边转过身子："是时候了。"

"是时候了？"

"你来控制。"

"我来控制。"

在我重新接通电源、安全返回基地后，没有任何表扬，甚至没有喋喋不休的评论。布利的驾驶舱里没有什么褒奖，你只是做了应该做的工作。

一个晴朗的早晨，我们在机场上空按惯例绕了几圈，平稳落地后，布利一下子跳下飞机，就像"萤火虫"着火了似的。

"出什么事了？"

"是时候了，威尔士中尉。"

"是时候了？"

"该你单独飞行了。"

"哦。好的。"

我上了飞机。（首先要确定降落伞已经绑好。）在机场转了一两圈后，我开始自言自语："全速前进。保持轮子在白线上。拉升……慢点儿！压下机头。千万别失速！爬升转弯。平飞。好，正在顺风飞行。用无线电

---

① 白噪声（white noise），指在较宽的频率范围内，各等带宽的频带所含的噪声功率谱密度相等的噪声。

通知塔台。检查地面标记。"

"着陆前检查。"

"收油门!"

"转弯处开始下降。"

"好了,稳住。"

"就在这儿降落,呈直线,呈直线。"

"三度下滑角,机头对准跑道起点。"

"请求降落。"

"将飞机驶向降落地……"

我做了一个平稳的单弹跳着陆,滑出了跑道。对于普通人来说,这可能是他飞行生涯中最普通的一次飞行。但就我而言,这是我一生中最美妙的时刻之一。

我现在算个飞行员吗?好像还不算。但已经在路上了。

我跳下飞机,朝布利走去。太棒了!我想和他击掌,带他出去喝一杯,但这都是不可能的。

同布利告别是我绝对不想做的事情,但这是接下来必然发生的事情。既然已经可以独自飞行,我必须开始下一阶段的训练。

就像布利喜欢的那句口头禅:是时候了。

30

来到肖伯里皇家空军基地,我发现直升机远比"萤火虫"式战斗机复杂得多。

甚至连飞行前检查的项目也更多。

我盯着那一大堆电路和开关,心想:怎么能记住这些呢?

可是不知道为什么,我竟然做到了。慢慢地,在两位新教官拉泽尔军士长和米切尔军士长的监视下,我竟然都学会了。

我们很快就升空了,旋翼拍打着泡泡般的云层。对任何人而言,这都是最伟大的身体感受之一。从很多方面来说,这都是最纯粹的飞行方式。我们第一次垂直上升时我就想:我是为飞行而生的。

但据我了解,驾驶直升机飞行并不是最难的部分。悬停才是最难的。光这一项至少得花六节大课才能掌握。一开始听起来很容易,但很快就发现这几乎是不可能完成的。事实上,练习悬停的次数越多,越觉得不可能。

主要原因是一种叫作"盘旋猴子"的现象。距离地面较近时,直升机会受到各种因素的影响:空气流向、下沉气流、重力等。先是小幅晃动,然后是猛烈摇晃,接着就会发生颠簸、倾斜和偏航的情况,好像有很多看不见的猴子挂在两边的滑橇上使劲拉动。为了让直升机降落,必须摆脱那些"盘旋猴子",而唯一的方法是……忽视它们。

说起来容易。我一次又一次地练习,"盘旋猴子"一次又一次地占据上风。不过让我略感安慰的是,和我一起训练的飞行员也遇到同样的情况。我们私下谈论这些小混蛋,诅咒这些看不见的小妖怪,越来越痛恨它们,害怕再次体验那种被"猴子"打败的耻辱和愤怒。没有一个人能找到让飞机恢复平衡并在不损坏机身的情况下将其停在甲板上的办法。要么损坏了起落滑橇,要么在身后的停机坪上留下一条长长的弯曲的印记——这是最大的耻辱。

在我们第一次独自操作的那天,大家都崩溃了。"盘旋猴子!""盘旋猴子!"这是候飞大厅里飘荡在水壶和咖啡壶周围所有的声音。终于轮到我了。我爬上直升机,做了祈祷,请求塔台批准。"允许起飞。"我启动引擎,将直升机飞起来,绕了几圈。除了强风之外,一切正常。

关键时刻到了。

停机坪上共有八个圆圈。我必须降落在其中一个圆圈里。停机坪左边是一座装有巨大玻璃窗的橘黄色砖混建筑,其他飞行员和学员都在那里排队等候。我知道他们都站在窗户边看着我。感觉到"盘旋猴子"使劲儿拉动时,飞机开始不停地摇晃。"滚开,别来烦我!"我喊道。

我摆弄着操纵杆,设法将直升机停在其中一个圆圈内。

走进橘黄色建筑,我挺起胸膛,自豪地站到窗前,看其他学员操作。虽然满头大汗,但面带微笑。

那天,有几名学员被迫放弃着陆。有一名学员不得不停在附近的草地上。还有一名落地时动作过大,机身剧烈摇晃,以至于几辆消防车和一辆救护车飞速赶到现场。

当这名学员走进橘黄色建筑时,我能从他的眼神里看出,他的感受同我处在他的立场上的感受是一样的。内心深处,他真的希望自己能摔个粉碎。

31

这段时间,我和也在接受飞行员培训的威利同住在什罗普郡。他在离基地十分钟路程的地方找到一个乡间小别墅。小别墅坐落在另外一个人的庄园里。他邀请我同住。或者是我自己要去的。

小别墅很舒适,紧挨一条狭窄的乡间小路,屋前有几棵茂密的大树,树冠高大。屋内冰箱里塞满了爸爸的厨师送来的真空包装饭菜:奶油鸡饭、咖喱牛肉等。别墅后院有漂亮的马厩,怪不得每个房间里都能闻到一股马尿味。

我俩都喜欢这样的安排,这是我们自伊顿公学毕业后第一次住在一起。太棒啦!不过更棒的是,我们俩一起见证了一个决定性时刻:默多克传媒帝国的瓦解。经过几个月的调查,默多克旗下一份最为垃圾的报纸的一群记者和编辑们终于被指证,被戴上手铐,锒铛入狱。对他们的指控包括骚扰政客、名人和王室，与之相关的腐败问题也随之暴露出来。对他们的惩罚即将来临。

在那些即将被曝光的恶人中，有一个报道过我拇指受伤的家伙。早年，我在伊顿公学时，他曾发表过一篇荒谬且毫无意义的关于我拇指受伤的报道。如今，我的拇指早已完美痊愈，但这位"拇指先生"却从未改过自新。相反，环境让他变得更坏。这家伙在报界获得晋升，有一整个"拇指团队"听命于他，其中许多人毫无顾忌地窃听他人的电话。如此公然的犯罪行为，"拇指先生"竟然声称一无所知。真是可笑至极！

倒下的还有谁？"戒毒怪人"——那个为诋毁我，一手炮制戒毒骗局的可恶编辑。尽管她已"辞职"，但两天后警察还是逮捕了她。

听到这个消息，我俩松了一口气，为我们，也为我们的国家。

类似的命运很快也会降临到其他人身上，所有那些阴谋者、跟踪者和撒谎者。很快，他们都将失去工作，失去不义之财。这些财富是他们通过犯罪积累起来的，而这是英国历史上最为疯狂的犯罪狂潮之一。

正义来了。

我欣喜若狂，威利也一样。更重要的是，我们的怀疑终于得到证实，我们核心圈里最亲密的朋友也获得了清白，知道我们并没有变得冷漠、偏执，这真是太棒了。但事情确实有些不对劲。正如我们一直所怀疑的那样，有人出卖了我们。但出卖者并不是我们的保镖或最好的朋友，而是舰队街[①]那些"黄鼠狼"。还有伦敦警察厅，他们没有尽职尽责，而是一次次地拒绝调查和逮捕那些明显的违法者。令人费解。

为什么会这样呢？贿赂？勾结？恐惧？

[①] 舰队街（Fleet Street），英国伦敦市内一条著名的街道，因邻近的舰队河得名。20世纪90年代以前，舰队街一直是英国传统媒体的总部，因此被称为是英国报纸的老家。虽然最后一家英国主要媒体路透社的办公室也在2005年搬离舰队街，但是舰队街依旧是英国媒体的代名词。

很快就会找到答案。

公众被吓坏了。如果记者们可以利用赋予他们的强大权力去作恶,那么民主就令人担忧了。此外,如果允许记者探查和破坏为保证知名人士和政府官员安全而采取的措施,那他们最终也会向恐怖分子展示如何做到这一点。然后局面会一团混乱,没有人是安全的。

几十年来,数代英国人总是苦笑着说,嗯,是的,我们的报纸当然是狗屎,但你又能把它们怎样呢?现在人们终于不用苦笑了,而是一致认为,我们需要做点什么。

人们甚至传出默多克旗下最受欢迎的周日报纸《世界新闻报》可能会倒闭的消息。作为窃听丑闻的罪魁祸首,它的生存受到了人们的质疑。广告商声称要撤离,读者纷纷抵制。它还能存活吗?默多克的宝贝——那个怪诞的双头马戏团小丑——可能真的要寿终正寝了吗?

一个新时代即将到来?

奇怪的是,虽然这一切都让我和威利心情愉悦,但我们并没有就此事谈论太多。我们在那个小别墅里有说有笑,谈论各种各样的事情,度过了许多快乐时光,但很少谈及这一话题。我想,或许是因为它让我们承受了太多的痛苦,或许是因为事情还没有最终解决。也许我们不想让事情搞砸,不敢开香槟庆祝,直到亲眼看到"戒毒怪人"和"拇指先生"共享一间牢房的照片的那一刻。

或许在我们和谐相处的表面之下,暗藏着紧张的氛围。这是我完全无法理解的。同住乡间小别墅期间,我们同意在肖伯里基地的一个机库里举行一次罕见的联合采访活动。采访期间,威利没完没了地抱怨我的"坏习惯"。他说,哈里是个邋遢鬼,哈里睡觉打鼾。

我转身看了他一眼。他在开玩笑吗?

我把自己的房间打扫得干干净净,我也没有打过呼噜。而且,我俩的房间中间隔着一堵厚厚的墙壁,即使我打呼噜,他也不可能听到。记者们对此发出一阵咯咯的笑声。我赶忙插嘴说:"谎言!谎言!"

这只会让他们笑得更起劲。威利也跟着笑起来。

我也笑了,因为我们经常这样开玩笑。但现在回想起来,我不禁要问,或许还有别的原因在作怪。我接受训练是为了上前线,威利受训也是为了上前线,但王宫更改了他的受训计划。我,一个"替补",可以像只没头的苍蝇在战场上乱跑。

但"继承人"可不行。

因此,威利现在正在进行搜救飞行员的训练。或许他对此并不满意,但他这样想是不对的。我倒觉得他做的是件了不起且至关重要的事——每周都在拯救生命。我为他感到骄傲,对他全身心投入相关的准备工作的态度充满敬意。

不过,我还是能理解他当时的感受。为了上前线,他准备了若干年,结果却被叫停。我非常清楚那种绝望的感觉。

32

我在肖伯里基地完成培训任务后又来到中沃洛普基地继续受训。军方坦言,我现在虽然知道如何驾驶直升机,但还需要掌握如何在战术上驾驶直升机。当然,还有很多其他内容需要学,比如看地图、锁定目标、发射导弹、无线通话以及用尿袋接尿等。并不是每个人都适合在空中以140节[1]的速度飞行,并完成多任务处理。为了练就"绝地控心术"[2],首先要重新塑造大脑,然后再重新连接突触。在这场宏大的神经系统再造

---

[1] 节(knot)是一个专用于航海的速率单位,后延伸至航空方面,用来表示船只或飞机每小时所航行的海里数,1 节=1 海里/小时。

[2] 绝地控心术(Jedi mind trick),《星球大战》(Star Wars)系列影视作品里技能招式,运用原力在目标的思维里制造幻觉,迷惑并误导对方。

过程中，我的尤达大师①就是奈杰尔，也称奈吉。

他是我的第四个飞行教练，可以说是我最重要的飞行教练。

我们进行训练的直升机名为"松鼠"，这是我们对它的口头称呼，是法国制造的一种小型单引擎直升机，大多数英国学员都用这个机型进行训练。奈吉并没有把注意力放在我们驾驶的那只"松鼠"身上，而是放在了我头脑中的那些"松鼠"们身上。"头脑松鼠"是人类注意力的宿敌，奈吉信誓旦旦地说。在我尚未意识到的情况下，它们就能占据我的意识。他说，它们比"旋转猴子"更狡猾，更危险。

奈吉始终认为，摆脱"头脑松鼠"的唯一办法就是铁的纪律。驾驶直升机很容易，但操控头脑中的直升机就需要更多的时间和耐心。

时间和耐心，我不耐烦地想。这两样我都不富有，奈吉，要不我们开始吧……

奈吉说，还要有一种自爱精神，它表现为自信。"要有信心，威尔士中尉。相信自己——这就可以了。"

从他的话语中，我悟出了真理，但无法想象如何将真理付诸实践。事实是，我并不相信自己，也不知道该相信什么，最重要的是，我并不自信。每当我犯了错误——我经常犯错——我就对自己很严厉。感觉大脑如过热的发动机一样停止了运转，红雾会出现，整个人会停止思考，停止工作。

"别这样。"每当发生这种情况，奈吉都会轻声说，"别让一个错误毁了一次飞行，威尔士中尉。"

但我却让一个错误毁了很多次飞行。

有时我对自己不满的情绪也会外溢到奈吉身上。对自己发完牢骚后，

---

① 尤达大师（Master Yoda），《星球大战》系列作品中的重要人物，绝地委员会大师，曾担任过绝地武士团最高大师。

还要把奈吉也捎上。"去你的,你来开这该死的玩意儿吧!"

他摇摇头。"威尔士中尉,我不会碰那些操纵杆。还是你来操作,让我们先落地,然后再讨论一下具体情况。"

他的意志坚如磐石。这一点你从他的外表绝对猜不出。平均身高,平均体型,铁灰色的头发整齐地倒向一边。他穿着一尘不染的绿色制服,戴着擦得十分干净的眼镜。他是一名海军士兵,一个酷爱航行的慈祥老人,一位顶尖高手。但内心深处,有一颗忍者之心。

而那时候我需要一个这样的忍者。

33

在几个月的时间里,"忍者奈吉"成功地向我展示了如何在驾驶直升机的同时做其他事情——很多各种各样的事情,而且,更重要的是,用一种自信的方式来做这些事情。虽然奈吉给我上的是飞行训练课,但我把它们当作人生指导课。渐渐地,上课的效果越来越好。

不管效果好坏,每次在"忍者奈吉"的"松鼠道场"训练九十分钟下来,都会感到精疲力竭。飞机一落地,我只想先打个盹儿。

但先要听奈吉点评。

这是"忍者奈吉"真正历练我的地方,因为他点评时从不粉饰,从不美化。他直言不讳,毫不客气。有些事情我必须得听着,而且他告诉我时也并不在意自己的语气。

我想辩解。

他说个不停。

我满怀敌意地盯着他。

他说个不停。

我说:"是的,是的,我明白了。"

他说个不停。

我不再听了。

可怜的奈吉还是说个不停。

我现在意识到,他是我所认识的最诚实的人之一。他知道许多人不愿接受的一个关于真相的秘密:真相往往是令人痛苦的。他希望我要有自信,但这种自信绝不能建立在虚假的承诺或虚假的赞美之上。通往成功的坦途是由事实铺就的。

但这并不意味着他坚决反对赞美。有一天,他随意说了一句,意思是我似乎不会……恐惧。"威尔士中尉,恕我直言,对于死亡,你并不十分担心。"

"确实如此。"

我解释说,我从十二岁起就不害怕死亡了。

他点了点头,明白了。我们的训练继续进行。

34

奈吉终于让我解放了,让我像受伤痊愈的小鸟一样重获自由。有了他的证书,部队宣布我可以驾驶阿帕奇直升机了。

但事实并非如此——可以说完全是个骗局。部队不是让我开阿帕奇直升机,而是让我坐在一间没有窗户的教室里,读关于阿帕奇直升机的书。

我暗自想,还有比这更残酷的吗?答应我的明明是一架直升机,给我的却是一堆作业?

课程持续了三个月,其间我几乎要崩溃了。每天晚上,我垂头丧气回到军官生活区我那个牢房似的房间里,通过电话向某个朋友或者保镖诉苦。我考虑过完全放弃这门课程。我任性地告诉他们,我甚至从未想过驾驶阿帕奇直升机。我想飞山猫直升机。那样不但学起来更简单，还能更早回到战场。但我的指挥官大卫·迈耶上校否决了这个想法。"不可能，哈里。"

"为什么，上校？"

因为你有地面侦察实战经验，你是一名优秀的空军前进引导员，还是一名出色的飞行员。你要驾驶的是阿帕奇直升机。而所有这些——我能从你飞行和观察地面的方式看出，驾驶阿帕奇是你注定要做的事。

注定要做？但这门课程真的太折磨人啦！

不过我还是每天准时出现在课堂上。我带着三环活页夹，里面全是阿帕奇发动机的信息。我认真听课，拼命跟上进度，努力把从飞行教官们——从布利一直到奈吉——那里学到的一切都利用起来，把教室当作一架正在坠落的飞机。我的任务是重新控制它。

一天……这门课终于结束了。他们说我终于可以把自己绑在一架真正的阿帕奇直升机的驾驶座上了。

学习……地面滑行。

"你在开玩笑吗？"

"四节课。"他们说。

四节课……仅仅学滑行？

事实证明，四节课不足以吸收关于让这只大鸟在地面上滑行的所有知识和技能。每次滑行，我都感觉飞机好像在果冻地毯上踩高跷。有几次我真的在想，自己是否能通过这一关，整个飞行之旅是否会在这里画上句号。尚未开始，就已结束？

我把这个困难部分地归咎于座位设计问题。在"萤火虫"式战斗机和"松鼠"直升机上，教练总是在我身边，他可以随时伸出手纠正我的错误，或者示范正确操作的方法。布利会示范如何操作操纵杆，奈吉会示范如何踩脚蹬，我就会跟着照做。我意识到，自己在生活中学到的很多东西都是通过这种示范模式实现的。我比大多数人更需要一个向导，一个导师，一个伙伴。

但在阿帕奇直升机上，教练要么在最前面，要么在最后面，根本看不见他们。

一切都要靠自己。

35

最终，所谓座位设计的问题不再是问题。随着时间的推移，我觉得阿帕奇不再那么陌生了，有时甚至感觉还不错。

我在阿帕奇直升机里学会了独处，独立思考，独自行动。我学会了同这个巨大、快速、凶猛、优雅的野兽进行交流，说它的语言，听它的倾诉。我学会了在用手表演一套技能的同时，还能用脚表演另一套。我开始欣赏这台机器的非凡之处：它的重量难以想象，却有着芭蕾舞般的柔韧性。它是世界上技术最复杂但也最灵活的直升机。我明白了为什么地球上只有少数人能够驾驶阿帕奇，也明白了为什么不惜花费几百万美元也要训练一名阿帕奇飞行员。

然后……到了训练夜间飞行的时候。

我们从一个叫作"口袋"的训练开始。顾名思义，就是把阿帕奇直升机的所有窗户都遮挡住，让你觉得自己好像处在一个棕色口袋里。你必须通过仪器和仪表来获取飞机外部环境的所有数据。虽然令人惴惴不安，但效果很好。你被迫开发出第二视觉潜能。

完成"口袋"训练后，我们开始驾驶阿帕奇直升机进入真实的夜空。先是绕基地飞行，然后逐渐向外扩展。在头几次飞行训练中，当我们第一次飞越索尔兹伯里平原，越过那些荒无人烟的山谷和树林时，我全身颤抖，欠起身子，完成了飞行。接着，开始飞越人口较多的地区，然后是伦敦。泰晤士河在黑暗中闪闪发光,千禧之轮朝星星眨着眼睛。国会大厦,大本钟,王室宫殿。我想知道奶奶在哪个宫殿,是否还没休息。当我在柯基犬毛茸茸的头顶优雅地旋转时,它们是否很安静?

国旗在高高飘扬吗?

黑暗中,我能熟练使用那只单片眼镜。这是阿帕奇武装直升机所有技术中最令人惊叹和最具标志性的部分。位于机头上的传感器通过一根电缆将图像传输到驾驶舱,然后再将图像输入到夹在我头盔上右眼前方的单片眼镜上。通过这个眼镜,我对外面的世界了如指掌。我所有的感观都通过这个小小的门户获得。刚戴上的时候,感觉像是用脚趾写字或用耳朵呼吸一样别扭,但它慢慢地就变成了我的第二天性,然后就变得神秘起来。

一天晚上,我在伦敦上空盘旋,突然什么也看不到了,眼前只有刺眼的翠绿色光束。有一刻我以为自己可能要掉进泰晤士河里了,但几秒钟后我意识到,地面上有人用激光笔照射了我们,让我迷失了方向。虽然有些恼怒,但还是告诫自己要感谢这次经历。我还要执拗地感谢它勾起了我零星的记忆。穆罕默德·阿尔·法耶德曾经从他的哈罗德百货公司拿了激光笔送给我和威利。作为妈妈男朋友的父亲,他也许是想把我俩争取过来。如果是这样,他做到了。我们都认为激光笔是一项天才的发明。

我们到处挥舞着它,就像在挥舞一把光剑。

36

阿帕奇武装直升机训练接近尾声时,我在萨福克郡的瓦蒂沙姆机场又多了一位教练。

整个训练最后一步是由他指导完成的。

见面后，他握着我的手，会心地微笑着。

我笑容满面地回敬他。

他依然面带微笑地看着我。

我再次微笑，心里开始嘀咕：什么情况？

我以为他是要恭维我，或者请我帮忙。

都不是。事实上，他问我是否能听出他的声音。

"听不出来。"

他说，他是营救我的那个小组的一名成员。

"哦，是2008年吧？"

"是的。"

我突然想起，那天晚上我们通过无线电进行过简短的沟通。

"我记得你当时很难过。"

"是的。"

"从你的声音里我能听出来。"

"是的，我当时简直要崩溃了。"

他笑得更灿烂了。"看看你现在多棒。"

37

再过几天就是我二十五岁的生日。这是一个不同寻常的生日。朋友们告诉我，二十五岁是人生的分水岭，许多年轻人在这个时候走在了人生的岔路口。你要在二十五岁向前迈出实实在在的一步……否则就会倒退。我已经准备好向前走了。不管怎么说，在很多方面，我觉得自己已经飞行了很多年。

我提醒自己，这是家族的传统。对于我们家族许多人来说，二十五岁都是重要的一年。比如，奶奶在二十五岁时成为英国历史上第六十一位君主。

所以我决定用旅行来纪念这个具有里程碑意义的生日。

我去了博茨瓦纳。

一大帮人为我庆祝生日,大家在享用蛋糕和鸡尾酒的同时,纷纷表示我看起来又变化了不少。他们说,在阿富汗第一次服役回来后,我显得更加成熟,更加坚强;但现在,我似乎更加……务实了。

太不可思议了。通过训练空中飞行……我变得更务实了?没有人能像提吉和迈克那样给我如此多的赞美和关爱。一天深夜,迈克让我坐下来,跟我进行了一次发自内心的谈话。在厨房的餐桌旁,他详细地谈到了我与非洲的关系。他说,是时候改变这种关系了。在那之前,这种关系一直是索取,索取,再索取——这是英国人在非洲极具代表性的做法。但现在我需要回报非洲。多年来,我经常听他、提吉以及其他人对非洲所面临的危机深表担忧。气候变化、偷猎、干旱、火灾,危机重重。而我是他们认识的唯一一个有影响力的人,唯一一个有全球影响力的人,唯一一个可能真的能做点什么的人。

"我能做些什么,迈克?"

"点亮一盏灯。"

38

我们一群人挤在两条平底船上,向奥卡万戈河的上游前进。

一连几天我们都在探索那些偏远的小岛,在小岛上露营。小岛人迹罕至,方圆几英里没有人烟。

一天下午,一行人停靠在翠鸟岛上。我们享受着调好的美酒,欣赏着落日美景。丝丝细雨被余晖染成了粉红色。在音乐的声浪中,一切都那么柔美香醇,充满梦幻色彩。我们陶醉其中,流连忘返。当我们终于回到小船准备离开时，突然发现了两个大麻烦。

一个是黑暗。另一个是暴风雨。

每个问题都是你在奥卡万戈河上绝不愿意遇到的。但两者同时发生？我们真的遇到麻烦了。

开始起风了。

黑暗笼罩，旋涡四伏，这样的奥卡万戈河是无法通行的。水浪翻滚，再加上开船的人多喝了几杯，小船不停地冲进岸边沙洲。

我想，今晚或许就交待在这条河里了。

我大声叫喊，告诉他们我要去开船。

我至今记得耀眼的闪电和震耳欲聋的雷声。我们十二个人分乘两条小船，没有一个人说话。即使最有经验的非洲老手此刻也紧绷着脸，尽管我们继续播放着音乐，假装一切都在掌控之中。

河道突然变窄，然后猛地转弯。尽管归心似箭，但要保持耐心，只能顺从河流，让它带着你走。

就在这时，一道巨大的闪电划过夜空，周围的一切就像白昼一样明亮。虽然只有短短两秒钟，但足以让我们看清前面有一群大象。它们站在那里，就在河中央。

就在闪电亮起的一刹那，我的目光集中在其中一只身上。我看到它向上翘起的雪白的长牙，湿漉黝黑的皮肤上的每一条皱纹，以及超过它肩膀的水位线。还看到它那对硕大无朋的耳朵，就像一对天使的翅膀。

有人低声嘟囔着："天哪。"

有人关掉了音乐。

开船的两个人关掉了引擎。

四周一片寂静，我们漂浮在暴涨的河面上，静静等待着。闪电再次亮起，大象再次出现在眼前，庄重而威严。这一次，我注视着离我最近的那头大象，凝视着它的眼睛，它也凝视着我。这时，我想到了阿帕奇直升机那只无所不见的"眼睛",想到了那颗光明之山钻石,想到相机的镜头。它们都是凸出的玻璃体状,如同大象的眼睛。只不过相机的镜头总是让我感到紧张,而这头大象的目光给我的是一种安全的感觉。那目光不是在审视,不是在索取,而是纯真的目光。如果说有点儿异样的话,那就是有一丝……哀伤?会是哀伤吗?

众所周知,大象也是会哭泣的。它们会为挚爱的同类举行葬礼,遇到躺在丛林里的大象尸体会停下来表达敬意。是不是我们的小船打扰了它们某种类似的仪式?某种聚会?也许我们打断了它们正在进行的某种排练。从古代流传着这样的故事,有人看到一头大象私下里在练习复杂的舞步,以便在即将到来的游行中表演。

暴风雨愈演愈烈,我们不得不继续赶路,重新开动船只,缓缓离开。"再见。"我们低声对大象说。船儿慢慢开到激流中央,我点燃一支烟,心中暗想,一定要记住这次美丽的邂逅,记住这个让自己和外部世界之间的界限变得模糊或完全消失的虚幻时刻。

在那半秒钟的时间里,一切都合而为一,一切都合理了。我暗自想,一定要记住这种离真理如此之近的感觉。真理就是:生活不全是美好的,但也不全是糟糕的。

最后,一定要记住迈克常说的那句话真正的含义:点亮一盏灯。

39

我终于获得了飞行员证章。父亲作为英国陆军航空团荣誉上校,亲自将它戴在我的胸前。

2010年5月。

那是令人愉快的一天。父亲戴着蓝色贝雷帽,将一顶同样的帽子正式授予我。我戴上它,与父亲互相敬礼。这种感觉比拥抱还要甜蜜。

卡米拉在场,妈妈的姐妹们也在场。

切尔西也来了,我们又复合了。不过,后来很快就又分手了。

我们依然别无选择。我俩面临的还是老问题,依然没有得到解决。此外,切尔西想去旅行,想过快乐的生活,想做年轻的自己,而我将再次踏上战争的征程。我很快就要出发了。如果继续在一起,在接下来的两年里我们能见几次面就算是幸运的了,而这种状态根本算不上恋爱。发现我们俩陷入同样的情感的死胡同时,谁都没有感到意外。

"再见,切尔西。"

"再见,哈里。"

我想,在我获得那枚造型如同一对翅膀的飞行员证章的那天,切尔西也得到了一双自由飞行的翅膀。

我们打算最后一次一起去博茨瓦纳。我们达成一致,最后一次一起逆流而上,最后一次一起拜访提吉和迈克。

由于玩得很开心,分手的决心又动摇起来。我时不时尝试和谈论各种维持我俩关系的可能性,切尔西也很配合。很明显,我们是有意心存妄想。提吉觉得有必要介入。

"结束了,孩子们。你们只是让无法挽回的事情延迟发生,并且在这个过程中让自己疯狂而已。"

我们暂住在提吉家花园里的一个帐篷。她和我们一起坐在那里,抓住我俩的手,讲述着令人痛苦的事实。她看着我俩的眼睛,劝我们以这次分手做个了结。

"不要浪费最宝贵的东西。那就是时间。"

我知道提吉是对的。正如布利军士长所说:是时候了。

所以我强迫自己把这段恋情抛到脑后——事实上,是把所有的恋情都抛到脑后。忙碌起来吧。离开博茨瓦纳的时候,我告诉自己,在去阿富汗之前的短暂日子里,请保持忙碌状态。

为此,我和威利去了莱索托王国。我们参观了森特贝尔慈善机构建造的几所学校。塞伊索王子陪着我们。早在 2006 年他母亲去世后不久,他就和我共同创立了这个慈善机构。(他的母亲也是抗击艾滋病的斗士。)他带我们去见了几十个孩子,每个孩子都有一个痛苦的故事。当时莱索托国民的平均预期寿命是四十多岁,而英国的平均预期寿命是男性七十九岁,女性八十二岁。所以,莱索托的儿童就像曼彻斯特的中年人。虽然造成该国国民预期寿命较短的原因复杂多样,但最主要的原因是艾滋病毒。

莱索托王国四分之一的成年人都是艾滋病患者。

两三天之后,我们和塞伊索王子一起出发,前往电网没有覆盖的更偏远的学校。出发时,塞伊索王子送给我们几匹野马和几块部落的毛毯作为礼物。野马可以在路上骑一段儿,毛毯是路上用来御寒的。我们把毛毯当斗篷披在身上。

第一站是被冰封在云端的一个村庄:赛蒙空[①]。它位于海拔 7000 英尺的雪山之间。我们不停地赶着野马往上走,马的鼻孔里喷出阵阵白雾。山路太陡时,我们换成了卡车。

一进村庄,我们径直来到学校。牧羊的男孩每周来这里两次,每次来吃顿热饭,上一节课。我们坐在昏暗的教室里,在旁边一盏石蜡灯的陪伴下,观摩了一节课。之后,我们同十几个男孩一起坐在地上——有几个只有八岁,听他们讲述日常往返学校的艰难旅程。这简直颠覆了人们的认知:在花十二个小时放牧牛羊之后,他们需要走两个小时的山路才能来到这里,学习数学、阅读和写作。他们对知识如此渴望。一路上,忍受着双脚的疼痛、刺骨的严寒,甚至更为糟糕的情况。一路上,他们

---

① 赛蒙空(Semonkong),莱索托王国马塞卢区的一个社区。

如此脆弱，危机四伏。有几个男孩遭遇雷击而死，很多都有被流浪狗袭击的经历。他们低声告诉我们，许多孩子还遭到流浪汉、小偷、牧民和其他男孩的性虐待。

此时，我想到自己曾经对学校的种种抱怨，羞愧难当。

尽管遭受了种种苦难，但他们毕竟都是孩子，对于喜悦是无法掩饰的。看到我们带来的礼物——保暖外套和羊毛便帽，孩子们兴奋不已。他们穿上新衣服，快乐地又跳又唱。我们也情不自禁地加入了他们的行列。

但有个男孩一直站在一边。从那张天真无邪的圆脸上，我看出他心事重重。担心直接问他会造成伤害，我便把包里剩下的礼物——一个手电筒——送给了他。

我说希望手电筒能照亮他每天上学的路。

他笑了。

我还想告诉他，他的微笑也会照亮我的路。我试着说了。

唉，我的塞索托语实在是太差啦。

40

回到英国后不久，即 2010 年 11 月，王宫宣布威利要结婚了。

这对我来说是个新闻。我们在莱索托王国的那段时间，他从没跟我提过。报纸上刊登了一些花哨的故事。比如我意识到威利和凯特是天生的一对儿，我体会到了他们的爱之深切，便决定把我从妈妈那里继承来的那枚神奇的蓝宝石戒指送给威利。比如我们兄弟之间的温馨时刻以及我们三个人亲密无间的时光。如此种种。但这些全都是胡说，连一件也没有发生过。我从未给过威利那枚戒指，因为它不属于我。威利早就得到它了。妈妈去世后，他想要那枚戒指，我高兴地让给了他。

现在，威利把全部心思都放在准备婚礼上，我真心祝他一切顺利。与此同时，我的内心也被深深触动了，面对自己的单身状态，我苦思良久。我一直以为我会先结婚，因为我太想结婚了。我一直以为我会成为一个年轻的丈夫，一个年轻的父亲，因为我曾经下决心不能像爸爸一样。他当父亲时年龄已经不小啦。我始终认为这一点给我们带来很多问题，成为我们之间的障碍。人到中年的他更愿意久坐，更遵从习惯，更因循守旧。他不是那种能够同你没完没了地玩捉人游戏的父亲，也不是那种跟你扔球能扔到很晚的父亲。他只同我们这样玩儿过一次。在桑德林汉姆庄园，他追着我们到处跑，还编了很多好玩的游戏。比如，他把我们裹在毯子里，像热狗一样，直到我们无助地大笑起来，他才猛地扯掉毯子，把我们从另一头抛出去。在我的记忆里，威利和我再没有比那次笑得更开心的经历。早在我们稚气未脱之前，他就没有再同我们玩过那些互动游戏了。他已经没有热情了——精力不够了。

但我会的，我总是暗自保证。我会有热情的。

但现在我想知道：我还会有热情吗？

我无法辨别哪个是真实的我。是那个发誓要成为年轻父亲的我？还是那个在努力寻找合适伴侣，同时也在努力弄清楚自己是谁的我？

为什么自己非常想得到的东西从未出现？

如果它永远都不会出现呢？那我的人生将意味着什么？我的最终目标又是什么？

我认为是参战。当所有一切如往常一样都不能实现时，我依然还有从军报国这条路可以走。（如果确定要派我出征的话。）

我想，战争结束后，总会有慈善工作可以做。莱索托之行后，我比以往任何时候都更想继续妈妈的事业。同时，我也决定从事迈克在厨房餐桌上交给我的事业。有这几件事，人生就足够充实了，我告诉自己。

当我听到一队退伍伤残士兵计划徒步横穿北极时，感觉他们与我的想法不谋而合。这些退伍兵希望能为"与伤兵同行"活动筹集数百万英镑,并成为全球第一批"自助"徒步横越北极的截肢者。他们诚邀我加入。

我很想答应,但有个问题不得不考虑。这次徒步活动是在 4 月初举行,同威利的大婚日期很近。我必须确保整个过程不出现任何问题,否则就有可能错过威利的结婚庆典。

但北极并不是一个你可以保证能够随便进出而不发生问题的地方。那是一个充满无数挑战的地方,随时都会发生不测,多与天气因素有关。所以,一想到这种情况我就紧张,而王宫就更加紧张了。

我向 JLP 征求意见。

他笑着说:"这是千载难逢的机会。"

"是的,确实是。"

"你得去。"

但他说我首先得去另外一个地方。

五年前,在我穿纳粹制服事件发生后,他和我谈论过要组织一次柏林之旅。如今,他重拾这个话题。

2010 年 12 月,柏林之旅成行了。那天,寒风刺骨。我用指尖触摸着这座城市一些墙体上遗留的弹孔,那是希特勒疯狂发誓要战斗到最后一人留下的"伤疤",如今依然历历在目。我站在柏林墙的旧址,这里也曾是党卫军的刑讯室。我发誓,我听到了凄冷的风中回荡着的惨叫声。我见到一名曾经被关在奥斯威辛集中营的妇女。她向我描述了被监禁的生活,描述了她看到的、听到的恐怖景象。她的故事令人心痛,我很难继续听下去。那些故事虽然很重要,但我不适合在这里重述。

我很早就意识到,穿纳粹制服事件是各种因素的结果,包括思想缺失和性格缺陷。还有一个原因是教育的失败,既有学校教育方面的,也有自我教育方面的。我对纳粹了解得很不够,自学得很少,也没有向老师、家人和幸存者们多多了解真相。

我决心要改变这种状况。

唯有改变，否则无法成为我想成为的人。

41

2011年3月末，飞机降落在斯瓦尔巴群岛①上。

走下飞机，我在原地慢慢地转了一圈，把周围的风景看了个遍。白色，白色，还是白色。目之所及，全都是象牙般的雪白。白色的峰峦，白色的雪堆，白色的山丘。在这满眼的白色中，镶嵌着为数不多的几条狭窄的白色道路。当地两千多居民中，大多数人都拥有一辆雪地车，而不是普通的小汽车。这里的风景富有极简之美，让人心旷神怡。我想：或许我会搬到这里来。

也许这就是我此行的目的。

后来我发现，当地有条法律禁止任何人不带枪离开小镇，因为远处的山上经常有饥肠辘辘的北极熊出没。我想：也许不能搬到这里。

我们开着雪地车来到朗伊尔城。它是地球最北端的小镇，距离这个星球的顶点只有800英里。我在那里见到四位徒步旅行的伙伴。分别是：盖伊·迪斯尼上尉，骑兵，被火箭弹击中失去了右腿下半部分；马丁·休伊特上尉，伞兵，中弹后一只手臂瘫痪；列兵雅科·范·加斯，伞兵，被火箭弹击中失去了大部分左腿和一半左臂（他给自己残存的手臂尖起了一个俏皮的绰号——尼莫②，这个绰号总是让我们捧腹大笑）；还有史蒂

---

① 斯瓦尔巴群岛（Svalbard Archipelago），意为"寒冷海岸"，是北冰洋上的极地自然群岛，属于挪威的特罗姆瑟地区。
② 尼莫（Nemo）是美国2003年动画电影《海底总动员》系列中的角色。

夫·杨中士，威尔士人，背部被简易爆炸装置炸伤，医生说他再也无法走路，但现在他要拖着200磅重的雪橇徒步前往北极。

多么励志的故事啊！我告诉他们，能加入这个队伍，成为其中一员，我深感荣幸，即使气温零下30℃也没关系。事实上，由于天气突变，我们不得不推迟出发的时间。

唉，威利的婚礼。我双手捂着脸想。

我们一边等待天气好转，一边训练。训练之余，会到当地酒吧吃比萨和薯条。我们进行了一些适应性练习，以应对恶劣的低温。穿上橙色保暖防水服跳进北冰洋时，我却惊讶地发现，待在水里远比待在寒冷的空气中暖和得多。

最重要的是，几天的相处让我们彼此增进了了解，建立了感情。

天气终于好转，我们一行人跳上一架安东诺夫飞机，来到一个临时冰雪营地，然后又换乘直升机，飞到距离北极不到200英里的地方。大约凌晨1点落地，但天色明亮，犹如沙漠里的正午。那里没有黑暗，黑暗已经被驱离。我们向直升机挥手告别，然后便开始了艰难的旅途。

北极环境专家曾提醒队员们尽量避免出汗，因为在寒冷的北极，身体排出的任何水分都会立即结冰，导致各种生理问题。但我错过了专家们的培训课程，也没有人告诉我这一点。所以拖着沉重的雪橇完成第一天的雪地跋涉之后，我已经汗流浃背。衣服果然很快就结了冰。更令人恐怖的是，我发现手指和耳朵有些不对劲儿。

是冻伤。

我并未抱怨。怎么能在大伙儿面前抱怨呢？再说也没有抱怨可言。虽然感觉不太舒服，但能和这样的英雄们在一起，能参与这样一项有意义的活动，能亲眼看见这样一个人迹罕至的地方，我感激还来不及呢。事实上，第四天离队时，我极不情愿。还没有到达极点呢。

唉，我别无选择。如果不马上返回，就会错过哥哥的婚礼。

我登上一架直升机,准备飞往巴尼奥营地,我的飞机将从那里起飞。

直升机飞行员迟迟不起飞。他坚持要我在走之前去北极看看。"你不能大老远跑来,连一眼也没看到它就走。"他说。于是他带我飞到北极,我们跳下飞机,进入一片白茫茫的世界。我们用 GPS 定位系统精准地找到了北极点。

站在地球的顶点。

一个人。

手持英国国旗。

再次回到直升机上,我们径直飞回巴尼奥营地。然而,天有不测风云,一场强大的风暴席卷了整个北极地区,所有航班,包括我自己的在内,全都取消。随后,一场更加猛烈的飓风袭击了营地,飞机跑道断裂。

跑道急需修理。

在等待跑道修复期间,我与那些工程师和维修人员一起打发时间,喝伏特加,先在临时桑拿房里做蒸汽浴,然后再跳进冰冷的大海。很多次,我仰起头喝上一口美味的伏特加,然后告诫自己不要让跑道、婚礼或其他任何事情给自己增添压力。

风暴终于停了。跑道重新修好,或者换了位置,我记不清了。飞机轰鸣着冲向冰面,然后把我带上蓝天。我向窗外挥挥手。再见了,我的兄弟们。

42

婚礼前夕,我和威利在克拉伦斯宫与爸爸共进晚餐。在场的还有詹姆斯和托马斯,他俩是威利的伴郎。

公众此前被告知我将是伴郎,但这纯属谎言。这是王宫的无奈之选,因为英国公众希望我能当伴郎。事实上,威利并不想让我以伴郎的身份致辞。他觉得让我拿着麦克风脱稿致辞是危险的，我可能会说出一些非常不合时宜的话。

他是对的。

此外，这个谎言也为詹姆斯和托马斯这两个无辜的平民打了掩护。如果宣布真正的伴郎是他们俩，疯狂的媒体会对他们穷追不舍，甚至会侵犯和调查他们的信息，从而毁了他们的家庭生活。可想而知，面对这样的攻击，这两个腼腆斯文的小伙子是绝对应付不了的。

威利向我解释这一切时，我并未感到意外。我能理解他。我们甚至拿这件事开玩笑，猜测如果我致辞的话可能会说哪些出格的话。婚礼前的晚宴是愉快的，尽管威利明显有些做新郎的紧张感。托马斯和詹姆斯让他喝下两杯朗姆酒和可乐后，他的情绪似乎安定了许多。其间，我讲了一些北极探险的故事给大家助兴。爸爸很感兴趣，对我耳朵和脸颊冻伤表示同情。我极力克制，没有把下体的隐秘之地也冻伤了的事告诉他——从北极回来后，我惊恐地发现我的"小弟弟"也冻伤了。尽管耳朵和脸颊已经痊愈，但它却迟迟不见好，而且越来越让人头疼。

我不知道为什么不愿意同父亲或在场的其他绅士谈论这个问题。事实上，有关我的"小弟弟"的话题早有公开报道，并引起公众的好奇。杂志和报纸（甚至包括《纽约时报》）上有无数关于我和威利没有接受割礼的故事，声称妈妈不允许对我们做这些。没错儿，如果你没割过包皮，阴茎冻伤的概率要大得多。但所有那些报道都不是真的，因为我很小的时候包皮就被切掉了。

晚宴结束后，我们来到电视房看新闻。记者正在采访那些在克拉伦斯宫外面露营并希望能在婚礼当天抢占前排位置的人们。我们来到窗前向外张望，发现从白金汉宫到特拉法加广场的林荫道上挤满了成千上万民众，他们或在帐篷里，或在睡袋里，或喝酒唱歌，或起灶做饭；游荡者、吟唱者、庆祝者，好一番热闹景象。好像第二天上午结婚的是他们自己。

在朗姆酒的作用下,威利突然大喊:"我们应该去看看他们!"

他给保安队发短信表达了自己的想法。

保安团队回复:"强烈建议不要出去。"

"必须出去。"他反驳道,"出去是对的。我想出去,我要看看他们!"

他让我也一起去,带着恳求的语气。

从威利的眼睛里,我看到了朗姆酒的威力。他需要一个人来当陪衬。

对我来说,这样的角色再熟悉不过了。没问题。

我们走出宫殿,来到人群外围,同他们握手。民众纷纷向威利表达祝福,表达对他和凯特的爱。看到我俩,他们眼含热泪,面带微笑,流露着喜爱和同情,与我们在1997年8月的那一天看到的一模一样。我忍不住摇了摇头。这是威利大喜之日的前夜,是他一生中最快乐的日子之一,但依然无法回避那个"最糟糕的日子"带给我们的阴影。我和威利的"最糟糕的日子"。

我时不时看看威利。他的脸颊红扑扑的,好像得了冻疮的那个人是他似的。他有些微醺,也许这就是我们告别人群早早回去休息的原因。

此外,我俩都有些身心俱疲,需要休息。

然而,第二天早上我去接威利时,惊讶地发现他看上去一夜没合眼,面容憔悴,双眼通红。

"你还好吗?"

"很好,很好。"

但一点儿也不好。

他穿的是鲜红的爱尔兰卫队制服,而不是近卫骑兵长礼服。我不知道这是不是问题所在。他本想穿近卫骑兵礼服,但征求奶奶意见时被否决了。她规定,"继承人"结婚时必须穿最重要的礼服。对于在自己的婚礼上穿什么制服，威利并没有发言权，他的自主权被剥夺了，他有些沮丧。这是他曾多次跟我谈到的感受。

我告诉威利，他戴上军帽帅极了。在他这顶爱尔兰卫队军帽上，有一个装饰着爱尔兰竖琴和皇家王冠的徽章，上面还印有爱尔兰卫队的拉丁文团训："Quis Separabit"。（谁能拆散我们。）

这似乎没有给我留下多少印象。

我穿的是一身皇家蓝色骑兵团制服，既不得体，也不舒服，但这是王室礼仪的要求，别无选择。我之前从未穿过这样的制服，也不希望近期再穿它。这套制服的垫肩和袖口宽得吓人。我能想象到人们看到我这副打扮，一定会说："这个白痴是谁？"我觉得自己就像个低俗版的拼命郎约翰尼[①]。

我俩上了一辆玫红色宾利。等待司机启动时，谁都没说话。

车子开动后，我终于打破沉默："你身上有股味道。"

是昨晚朗姆酒的余味。

我开玩笑地打开一扇车窗，然后捏着鼻子，递给他一些薄荷糖。

他的嘴角微微向上翘起。

两分钟后，宾利轿车停了下来。"挺近的。"我说。

我向车窗外望去，威斯敏斯特教堂。

像往常一样，我的胃一阵痉挛。我想，在曾经举办母亲葬礼的场所举办自己的结婚仪式，应该也是前所未有的吧。

我瞥了威利一眼。不知他是否也这么想。

我们肩并肩朝教堂走去。我再次打量着威利的制服和军帽。"谁能拆散我们？"我俩已经成年，而且都已参军，但走路的样子与当年跟在妈

[①] 拼命郎约翰尼是1997年美国出品的卡通片《拼命郎约翰尼》（*Johnny Bravo*）中的人物。

妈棺椁后面的样子一模一样,步态迟疑,充满孩子气。"为什么大人要这样对我们?"于是我们大步走进教堂,沿着过道,来到祭坛旁的"地下室"。这个教堂的一切都充斥着亡灵的气息。

不仅仅是因为我想起了母亲的葬礼,在我们的脚下及身后安葬着三千多位亡者。他们或被埋在教堂的长椅下,或被嵌在四周的墙壁里。他们是英雄、诗人、科学家、圣人,都是英联邦的精英。艾萨克·牛顿、查尔斯·狄更斯、乔叟,还有十三位国王和十八位王后,都长眠在那里。

想到妈妈身处死亡之地,我还是感到很难过。她曾与特拉沃尔塔[①]共舞,曾和艾尔顿争吵,曾让里根总统夫妇赞叹。在那个"遥远的世界"里,她真的能与牛顿和乔叟等人的灵魂在一起吗?

思绪在妈妈、死亡和冻伤的私处之间游荡,我担心自己会变得像新郎一样焦虑,于是我开始摆动双臂踱步。教堂里的人低声细语,在我们到达前两小时他们就已入座了。"你知道他们很多人也需要小便。"我对威利开玩笑,试图打破紧张的气氛。

他没有搭理我,而是挺直身子,也开始踱起步来。

我再次开起了玩笑。"结婚戒指!哦,糟啦——它在哪儿?我把那古怪的东西放哪了?"

随后我把戒指拿出来:"哦,在这儿!"

他笑了笑,继续踱步。

即使我想弄丢那枚戒指,它也不会丢。在我的束腰外衣里专门缝了一个特殊口袋。这是我的想法,可见我是多么认真地对待这庄严的责任和荣誉的。

此刻,我把戒指从袋子里取出来,戒指在灯光下熠熠生辉。它取自将近一个世纪前赠予王室的一大块威尔士黄金,是用从上面削下来的一

[①] 约翰·特拉沃尔塔(John Travolta, 1954—),美国著名演员、制片人。

细条黄金制成的。听说祖母以及玛格丽特公主的结婚戒指也都来自这块黄金，但现在已经所剩无几了。等我结婚的时候——如果我真能结婚的话——恐怕连一个戒指的黄金都剩不下了。

我不记得自己是如何走出地下室来到祭坛前的，对那天诵读圣经的情景也没有印象，就连把戒指递给威利的细节也记不清了。关于婚礼的正式仪式我的脑海几乎一片空白。只记得凯特走过红毯进入教堂的样子，美极了。还记得威利陪着凯特顺着红毯走出教堂，坐上马车前往白金汉宫，开启新生活，誓言永远相亲相爱的样子。记得我当时心里想到的两个字：再见。

我很喜欢这位嫂子，觉得她更像个姐姐，那个我从未拥有却一直想要的姐姐。她跟威利很般配，会永远陪伴在他身边，我很高兴。他俩能够明显地让彼此感到快乐，我也很快乐。然而，内心深处，我不由得感到这个可怕的教堂再一次见证了又一个告别——又一次分离。我那天早上陪伴着走进教堂的那个哥哥已经永远离我而去了。他再也不是那个威利了。谁能否认呢？我们再也不会披着斗篷一起骑马穿过莱索托的乡村，再也不会共住一套散发着马尿味的乡间小别墅。"谁能拆散我们？"

人生！它能。

爸爸结婚时，我也有同样的感受。我的预感后来不也成真了吗？他同卡米拉一起生活后，我能见到他的次数越来越少。婚礼当然是件令人开心的事，但它何曾不是一场黯然的葬礼呢？因为人们在教堂宣誓之后，往往就在你的世界里消失了。

我突然意识到，人在一生中扮演着不同等级的角色。我们起初是一个角色，一段时间后就会成为另一个角色，然后又变成其他角色，如此下去，直到死亡。每一个新角色都独踞我的宝座，却让我们渐渐远离了那个最初的自我——儿童。或许那才是我们的本真。是的，我们长大，逐渐成熟，奋斗在通往智慧的大道上，这些都是正常合理的。但随着每一次身份的转换,那份童年的纯真被一次次稀释殆尽,一如那块被削切的威尔士黄金。

至少,我在那天是这么想的。哥哥威利的角色已经转变。从那以后,他先是丈夫,接着是父亲,然后是祖父……他会扮演一个又一个新角色,但没有哪个是我的威利。他会成为剑桥公爵,这是奶奶为他选定的头衔。对他来说,这是好事,天大的好事。但对我而言,却是一种损失。

我想,这种感受有点儿像第一次爬进阿帕奇直升机时的样子。习惯了有人陪伴和示范的日子,现在却惊恐地发现要独自一人面对未来。

此外,我还成了个"太监"。

上天在夺走我哥哥的同时,又要夺走我的"小弟弟"。这到底是为什么?

几个小时后,婚礼招待会上,我简单地说了几句。不是讲话,只是用两分钟时间引出两位伴郎。威利多次告诉我,我要充当类似"compère"[①]的角色。

"compère"是什么意思,我还得查一下。

媒体大量报道了我为此次讲话所做准备的细节:我打电话给切尔西,让她给我的"台词"把把关。当她劝我不要提"凯特的超级大长腿"时,我很恼火,但最终还是屈服了。所有这些报道都是胡说八道!我从来没有给切尔西打电话说过我的"台词"。我俩当时已经不怎么联系了,这也是为什么威利在邀请她参加婚礼前先征求我的意见的原因。他不想让我们俩任何一个人感到不自在。

事实上,我只跟我的助理 JLP 练习过"台词",而且大部分都是即兴发挥。内容包括我们童年时期的几件趣事,其中一件是关于威利打水球的囧事,然后是读一些从公众来信中挑选出来的搞笑片段。一位热情

---

① Compère,法语,意思是串通合谋者,也指魔术师的助手。

洋溢的美国人写信说，为了能给新任剑桥公爵夫人送件特别的礼物，他想到了王室传统的御用皮毛——白鼬皮。他解释说，自己本来打算捕捉一千只白鼬，用它们的皮毛为公爵夫人做一件早已设计好的衣服（天啊，是帐篷吗？），但运气不佳，只勉强捕捉到……两只。

我打趣说，今年白鼬的日子可不好过。

不过，我补充说，就像所有美国佬一样，这个美国佬即兴发挥，充分利用手头的材料，东拼西凑，做成了这件礼物。现在，它就在我这只高高举起的手里。

台下的人们都倒吸一口凉气。

是一条丁字裤。

几根丝线系着的一个柔软的、毛茸茸的 V 型貂皮袋子，比装在我外衣暗兜里那个戒指袋还小。

片刻寂静过后，人群中爆发出澎湃而热情的笑声。

笑声渐渐平息后，我以一种严肃的口吻结束讲话。"要是妈妈也在这里该多好啊！她会深爱凯特。能够亲眼见证你俩的这份真爱，她会非常开心。"

说这些话的时候，我没有抬头。我不想同爸爸或卡米拉——尤其是威利——的眼神接触。自从参加妈妈的葬礼后，我再没哭过，现在也不想打破这个纪录。

我也不想看到任何人的脸，除了妈妈。我的脑海里清晰地浮现出她在威利的大喜日子里喜气洋洋的情景，以及她被那个白鼬故事逗得开怀大笑的样子。

43

到达世界之巅后，四位伤残士兵打开一瓶香槟，为女王干杯。他们满怀热情给我打来电话,让我分享这份欢乐。

他们到达了北极,不但创造了一项世界纪录,而且为伤残老兵募集了一大笔数量可观的现金。真是了不起的壮举!我向他们表示祝贺,表达对他们的思念之情,表示自己多么希望也能在现场。

这是个善意的谎言。当时,我冻伤的"小弟弟"正处在极度敏感和边缘创伤期,最不想去的就是那个"冰冻斯坦"①。

我一直在尝试一些偏方,包括一位女性朋友推荐的偏方。她建议我试一下伊丽莎白雅顿润唇膏。

"我妈妈用它涂嘴唇,你却建议涂抹下体,不合适吧?"

"肯定管用,哈里。相信我。"

我找到一支伊丽莎白雅顿润唇膏。打开的一瞬间,那股熟悉的香气让我回到童年,似乎妈妈就在房间里。

我取出一点儿涂抹在……那里。

当时的感觉即使用"怪异"二字也无法表达。

我必须尽快看医生。但不能让王宫给我安排,如果某个朝臣听到风声,把这事儿泄露给媒体,我的"小弟弟"下一秒就会出现在各大报纸的头版。可自己又不能随便给医生打电话。平时都不能这样做,更何况是现在这种情况。我总不能说:"你好,我是哈里王子。听着,我的下体有点儿不舒服,不知道能否去您那里看一下……"

我只好十分谨慎地让一个朋友帮忙找一位皮肤科医生……专门给名人看病的。这个任务比较艰巨。

那位朋友回来后,说他父亲就认识一位这方面的医生。拿到名字和地址,我和保镖上了一辆车,直奔哈利街。很多医生都住在那条街上。我们在一栋不起眼的楼房旁边停下,一名保镖带我从后门溜进诊室。医

---

① 冰冻斯坦(Frostnipistan),这是作者自己造的一个词,表示寒冷的地方。

生正在一张大木桌后面忙着做记录，应该是上一位患者的病历。他头也没抬，直接对我说："好，好，请进。"

我走进诊室，一直看着他做记录，等了很长时间，心想，前面那个可怜的家伙肯定问题不少。

医生还是没有抬头，让我先去帘子后面脱掉衣服等着，他马上就来。

我来到帘子后面，脱掉衣服，爬上检查台等着。五分钟过去了。

最后，帘子拉开，医生终于出现。

他看着我，眨了眨眼睛说："哦，我明白了，是你要看医生。"

"是的。我以为有人提前通知过你，但看情况应该没有。"

"哦，对，你来了。对……了，就是你。嗯，你的问题是什么来着？"

我把被伊丽莎白雅顿润唇膏"软化"了的阴茎给他看。

他没看出任何问题。

这个病是无形的，表面上看不出问题，我解释说。不知是什么原因，它冻伤后的症状表现为极度的——敏感……

怎么发生的？他想知道。

北极。我告诉他，我去了北极，但现在我的"南极"出了问题。

他脸上的表情好像在说："奇怪，好奇怪。"

我向他描述了连锁性功能障碍。"干什么都不方便，医生。无论是坐着，还是走路。"我补充说，性生活也成问题。更糟糕的是，我的阴茎总像是正在进行性行为，或者随时准备进行。我告诉医生，我有点失去理智了。我犯了一个错误，用谷歌搜索这个病时，读到了关于的阴茎"部分切除"的恐怖故事。这是用谷歌了解病情时你绝对不想看到的一个短语。

医生向我保证，我不太可能需要这样的手术。

"真的不需要吗？"

医生说，他会尽量排除各种可能性。于是我做了全面检查，这次的检查极具"侵入性"。可以这么说，凡是该做的都做了。

最后，他得出结论：最有可能的治疗方法就是时间。

"你是说，时间？"

他说："时间会治愈一切。"

真的吗，医生？我可没有这样的经历。

44

在威利的婚礼上见到切尔西，我心里很不是滋味。我对她的感情依然未减，一直压抑着，从未怀疑过。看着那些满脸饥渴的绅士对她穷追不舍，缠着要跟她跳舞，一种异样的感觉在我心头涌动。

那天晚上，我被嫉妒彻底打败。虽然把心之所想向切尔西和盘托出，但并没有觉得好受，甚至有点儿可悲。

我需要向前看，结识新人。正如医生预言的那样，时间会治好我的病。但什么时候才能对我施展它的魔力呢？

朋友们试图帮我张罗此事。介绍，见面，约会……一连几次都没成功。2011年夏天，他们又提到一个女孩的名字时，我并没有太在意。他们告诉我，女孩聪明、漂亮、脱俗，正好刚恢复单身。人家不会单身太久的，斯派克！

"她是自由之身。你也是，伙计。"

"我是吗？"

"你们很般配！肯定合得来。"

我翻了个白眼。这样的预测何曾变为现实？

然而，奇迹真的发生了。我俩确实很合得来。坐在酒吧里，有说有笑，好像那些同我们一起来的朋友、饮料、酒吧招待，甚至四周的墙壁，都不存在似的。后来，我建议大家一起回克拉伦斯宫喝杯晚安酒。

我们围坐在一起愉快地聊天，听音乐。多么快乐活泼的一群人！聚会结束，所有人都离开后，我送弗洛伦斯回家。是的，她叫弗洛伦斯，但大家都叫她弗利。

她住在诺丁山一条安静的街道上。当我们把车停在她的公寓门前时，她请我上楼喝杯茶。我答应了。

我让保镖开车一直绕着那个街区兜圈子，转了不下几百圈。

记不清是那天晚上还是另外一个晚上，弗利向我讲述了她的曾祖父的事。也许不是她跟我说的，而是一位朋友后来告诉我的。不管是谁说的，她的这位曾祖父指挥一个轻骑兵冲锋队在克里米亚向俄罗斯帝国一个炮兵连发起一场注定失败的冲锋。不知是由于他的无能，还是因为他的疯狂，一百多名士兵就那样丢了性命。[①] 这是英军历史上可耻的一页，与罗克渡口之战截然相反。现在，我却在向这位先祖学习，牛气冲天地向着目标全速前进。在她家里喝第一杯伯爵茶时，我就迫不及待地问自己：她会是我的真命天女吗？

此时，我和她的远祖非常相似。

也变得那么疯狂。看得出，她对我的想法心知肚明，把我脸上的表情解读得一清二楚。我希望这个想法也能让她着迷。

她显然也迷恋于我。接下来的几个星期里，日子过得宛如田园牧歌。我们经常见面，充满欢笑，重要的是没有人发现。

但我高兴得太早了。

媒体很快就发现我们，"田园牧歌"就此结束。

[①] 这里指的是"轻骑兵的冲锋"。1854年10月25日克里米亚战争巴拉克拉瓦战役中，由卡迪根勋爵率领的仅装配刀马的英国轻骑兵旅奉命冲入装备精良的俄军炮兵阵地，死伤惨烈。这次战斗，由于对命令的理解和传递失误，致使轻骑兵旅被送入绝境。

弗利泪眼婆娑地给我打电话。她公寓外面有八个狗仔。他们已经追了她半个伦敦。

她刚看到一家报纸把她描述为"内衣模特",证据是很多年前的一张照片!她说,自己一生就被这样一张照片定性,简直太简单化,太侮辱人格了。

"是的。"我平静地说,"我知道那是一种怎样的感觉。"

狗仔们不停地深挖素材,他们已经盯上了弗利的家人,给她认识的所有人挨个打电话。他们把对付卡罗琳·弗拉克的办法全部用在了弗利身上,同时仍没放过卡罗琳。

弗利不停地说:"我受不了了。"

她说一天二十四小时都有人盯着她,感觉自己像个罪犯一样。我能听到电话那边传来的警笛声。

她伤心极了,不停地哭泣。惹得我也想哭,但我不能哭。

她最后说道:"我不能再这样了,哈里。"

电话这头,我开着免提,站在克拉伦斯宫二楼一个房间的窗户边,周围都是漂亮的家具。非常可爱的一个房间,头顶的吊灯精美绝伦,脚下的地毯堪称艺术精品。我把脸贴在冰凉光滑的窗户玻璃上,请她见我最后一次,至少当面谈一谈这件事。

此时,准备换岗的卫兵们正列队经过克拉伦斯宫。

"还是算了吧。"她很坚定地回答。

几周后,我接到一个朋友的电话,就是他安排我们在酒吧约会的。

"你听说了吗?弗利和她的前男友复合了!"

"是吗?"

"我想,这大概是命中注定吧。"

"是吧。"

这位朋友告诉我,听说弗利的母亲非要让她结束这段恋情。她警告弗利,媒体会毁了她的生活。"他们会一直把你追到地狱门口。"她母亲说。

"没错儿。"我告诉那位朋友,"妈妈们最清醒。"

45

我睡不着觉。

没有原因,就是睡不着,一整夜一整夜地失眠。极度失望,非常沮丧,我踱着方步,思考人生。要是有台电视机也好。

但我现在待在一个军事基地,住在一个牢房般的房间里。

每天早晨,在零睡眠的情况下,我还要设法驾驶阿帕奇直升机。

这样下去,后果严重。

我尝试过草药疗法,有点儿作用,能让我睡上一两个小时。但大多时候,早上起来感觉大脑一片空白。

几天后,部队通知我出发,参加一系列机动部署和作战演习。

这正合我意,我想这或许能让我振作起来。

或许这是最后一根稻草。

我先是被派到美国西南部,在一个名叫希拉本德(Gila Bend)的荒凉之地训练了一个星期左右。据说那里的自然环境与阿富汗相似。此时,我对阿帕奇武装直升机的操控更加自如,发射导弹也更加精准,在尘土漫天的恶劣天气里也能自由飞行。我炸毁了很多仙人掌,但觉得一点儿也不好玩。

随后,我又来到位于在英格兰康沃尔郡①的博德明沼泽地。那里荒无人烟,一片萧瑟。

---

① 康沃尔郡(Cornwall),英国英格兰西南端的一个郡。

时值 2012 年 1 月，正是当地最冷时节。

从烈日炎炎的美国西南部一下子转战到寒风刺骨的英格兰西南部，还没来得及适应，便迎来一场猛烈的冬季风暴。

我和另外二十名士兵驻扎在一个营地。开始几天，我们都在努力适应新的环境。我们早上 5 点起床，一通晨跑外加一阵呕吐后，血液循环加快，身体开始暖和起来。我们被塞进教室，学习研究"坏人"设计的绑架的最新方法。接下来的几天里，当我们设法在寒冷的沼泽地长途跋涉时，这些方法将被用来对付我们。这次演习名叫"逃逸与逃避"，是机组人员和飞行员上战场前最后几个训练科目之一。

卡车将我们带到一个偏僻的地方，在那里我们上了野外训练课程，学了一些野外生存技巧。我们抓了一只鸡，宰杀拔毛后便吃了起来。随后下起雨，大伙儿都淋得精湿，疲惫不堪，教官却兴致正浓。

他们把我和另外两名士兵装入一辆卡车上，带到一个更加偏远的地方。

"下车。"

我们眯着眼睛打量周围的地形，然后抬头望了望天空。"真的吗？就在这里？"

雨越下越大，天越来越冷。教官朝我们喊话，让我们想象直升机刚刚迫降在敌后，而我们唯一的生存希望就是从沼泽地的一头步行走到另一头，距离有 10 英里。我们被赋予了一种宏大叙事：我们是一支基督教军队，正在与同情穆斯林的民兵作战。

任务是：避开敌人，逃离这片险恶之地。

出发。

卡车呼啸而去。

我们几个人环顾四周，面面相觑。冷雨从天而降，寒风凛冽，情况糟糕至极。

我们带了一张地图，一个指南针。每人还有一个防水帆布袋，和身体一样长，用来睡觉。不允许带任何吃的东西。

"哪个方向？"

"这边吗？"

"是的。"

博德明沼泽地满目荒凉，据说无人居住，但远处的农舍还是时不时出现在我们的视线里。窗户亮着灯光，砖砌的烟囱，炊烟袅袅。我们多么渴望能去敲开一户人家的房门。以前还算不错，人们会帮助演习的士兵。但现在情况不一样了，当地人被军队多次责备，他们知道不能给那些带着露营袋的陌生人开门。

两名队友中有一个是我的朋友菲尔。我虽然很喜欢菲尔，但此刻我对另一个队友产生了"无限的爱"，因为他告诉我们，他夏天曾来过这个地区，知道我们所处的位置。更重要的是，他知道怎么带我们出去。

他在前面带路，我们像孩子一样跟着他，在黑暗中摸索了一夜。

黎明时分，我们发现一片冷杉树林。此时的气温接近冰点，雨也下得更大了。我们大声说，别再单独使用睡袋了，我们蜷缩在一起。实际上是抱在一起。每个人都想挤到中间，那里更暖和些。因为我认识菲尔，所以觉得抱着他不会太尴尬，但实际上并不是那么回事。当然，抱另一个时也同样尴尬不已。"对不起，是你的手吗？"经过几个小时迷迷糊糊的似睡非睡之后，我们分开身子，又开始长时间的跋涉。

这次演习必须经过几个检查站，每一站都要求完成一项任务。我们三个人设法抵达了每个检查站，完成了规定的各项任务，来到最后一个站点。这个站点相当于一个安全屋。在那里，我们被告知演习正式结束。

那是午夜时分，四周一片漆黑。指挥官突然现身，然后宣布："干得漂亮，伙计们！你们做到了。"

我差点儿晕倒在地上。

他们让我们三个人上了卡车，说要送我们回基地。就在这时，一群身穿迷彩夹克、头戴黑色巴拉克拉法帽①的男子突然出现。此时此刻，我首先想到的是蒙巴顿勋爵被爱尔兰共和军袭击的情景。②我也不知道为什么会这样想，因为情形完全不同，或许是我 DNA 里残留的对恐怖主义的记忆在作怪吧。

枪声四起，爆炸声不绝于耳。有人冲进卡车，大声叫喊，让我们低头看地面，然后用涂成黑色的滑雪镜遮住我们的眼睛，用带子绑住我们的双手，把我们拖走了。

我们被推进一个听起来像地下掩体的地方。墙壁湿漉漉的，能听到回音。我们被从一个房间带到另一个房间。头上的袋子被扯下，又被重新套回去。在一些房间里，我们被视如贵宾；在另一些房间里，我们被虐如粪土。我们的情绪也像过山车一样。前一分钟会有人给我们一杯水，下一分钟就会让我们跪下，并把手举过头顶。一折磨就是三十分钟，甚至一个小时，让我们从一种受力姿势换成另一种受力姿势。

我们已经七十二个小时没有真正睡过觉了。

按照《日内瓦公约》的规定，他们对我们做的很多事情都是非法的。而这正是他们的目的。

我被蒙上眼睛转移到另一个房间。我能感觉到那个房间里不止我一个人。好像有菲尔，但又觉得可能是另外一个人。或许是其他小组的一个小伙子，但我不敢多问。

现在我们能听到建筑物里传来微弱的说话声，声音来自上面或下面的某个地方；然后又听到像流水一样的奇怪声音。

---

① 巴拉克拉法帽（balaclava），一种几乎完全围住头和脖子的羊毛兜帽，仅露出双眼，有的也露出鼻子，用于御寒，也用于掩盖脸部，隐藏身份。
② 1979 年 8 月 27 日，蒙巴顿勋爵在去爱尔兰度假的时候，北爱尔兰共和军在其乘坐的游艇上安装炸弹并遥控引爆，蒙巴顿被袭身亡。

他们试图迷惑我们，让我们摸不着头脑。

冷得可怕，从未这么冷过，比北极难受多了。伴随寒冷的，是麻木和困倦。这时，门突然打开，虏获我们的那几个家伙冲了进来，我赶紧站好。他们取下我们的眼罩。我猜对了，菲尔就在房间里，还有我们小组的另一名队员。那几个家伙命令我们脱光衣服，对我们的身体以及疲软的阴茎指指点点，不停地谈论着尺寸太小的话题。我想告诉他们：你们根本不知道这个"附件"出了什么状况。

面对他们的审问，我们什么也没有交代。

他们把我们单独关押起来，继续拷问。

有两个家伙走进关我的房间，大声呵斥，让我跪下。

两人悻悻离开。

这时，一阵"无调性音乐"突然响起。那声音如同一个充满怒气的两岁小孩拉锯似的拉一把小提琴。

"什么声音？"

一个声音答道："安静！"

我开始相信那音乐声不是录音，应该是有一个真实的孩子，也许也是被关押的囚犯。那孩子为什么要拉小提琴？还有，他们对那孩子做了什么？

那几个家伙带着菲尔又回来了。他们浏览并研究了菲尔的社会关系，社交群体，开始谈论他的家庭和女朋友。菲尔终于感到害怕。他们知道的信息多得令人吃惊。作为完全的陌生人，他们怎么会知道那么多呢？

我笑了："欢迎加入派对，伙计。"

我并没把这事太当回事。听到这话后，一个头戴黑色巴拉克拉法帽的家伙抓着我，把我推到墙角，用前臂抵住我的脖子，从牙缝里往出挤单词。接着又把我的肩膀按在水泥地上。后来又命令我站在离墙 3 英尺的地方，双臂举过头顶，十个指尖顶在墙上。

强迫体位。

两分钟……

十分钟……

双肩开始抽搐。

无法呼吸。

此时,进来一位女士,脸上罩着一条阿拉伯头巾,不停地说着什么。我听不懂,也跟不上她的速度。

直到听到"妈妈"两个字时,我才意识到她在说我的母亲。

"你妈妈去世时已经怀孕了,对吧?应该是你的弟弟或妹妹吧。不过……是个穆斯林婴胎!"

我挣扎着扭过头,一时不知说什么好,只是用犀利的目光盯着她。"你这么做是为了我好,还是为了你自己好?这是演习的内容?还是你仅仅为了得到廉价的刺激感?"

女士怒气冲冲地走开了。一个绑匪朝我脸上吐了一口唾沫。

枪声响起。

还有一架直升机的声音。

接着,我们被拖进另一个房间,有人喊道:"好啦,到此为止。演习结束!"

总结报告期间,一位教官就那个女士说我母亲坏话潦潦草草地表示了歉意。

"想用你发现敌人已经掌握了某些情况而深感震惊的事情刺激你,可是很难。"

我没有回答。

"我们觉得你需要接受考验。"

我没有回答。

"但这是不是有点儿太过分了?"

"这是公平的。"

后来我才知道,参加演习的两名士兵也疯了。

46

从博德明沼泽地训练回来后尚未完全恢复,就收到祖母让我出访加勒比海诸国的消息。这次为期两周的出访活动是为了纪念女王登基六十周年而举行的,是我第一次代表女王进行的正式王室访问。

突然从部队抽调我出访,而且是在即将出征阿富汗的节骨眼儿上,让人感觉很奇怪。

但后来我意识到,其实也不足为怪。

毕竟,她是我的最高指挥官。

2012 年 3 月。我们的飞机降落在伯利兹①。从机场去参加加勒比之行第一场活动的路上,我看到路两边挤满了人,他们挥舞着标语和旗帜,热烈欢迎我们。在该国的第一站以及接下来的几站,我都用当地自制的美酒代表祖母和东道主们干杯,还尽情地跳起了具有当地风情的踢踏舞。

我还第一次品尝了牛蹄汤,竟然比自制美酒更能刺激味蕾。

在参观某个地方时,我用克里奥尔语对人群说:"来吧,让我们尽情欢乐吧。"于是,人们彻底疯狂了。

大家欢呼雀跃,有的人喊我的名字,但更多的人喊我母亲的名字。在另一个地方,一位女士一边拥抱我,一边哭着说:"这就是戴安娜的孩子!"然后就晕倒了。

---

① 伯利兹(Belize),中美洲唯一以英语为官方语言的国家,国名来自伯利兹河和最大的城市伯利兹市。

在伯利兹，我还参观了一座消失的城市——苏南图尼奇①。导游告诉我，几个世纪以前，它曾是玛雅人的一座繁华都市。我爬上埃尔卡斯蒂略金字塔，塔身上雕刻着复杂的象形文字、浮雕和人脸。据说塔顶是伯利兹全国的最高点，站在那里，放眼望去，景色宜人。但我还是忍不住低头看了看脚下，那里有无数玛雅王室成员的遗骨，堪称玛雅人的威斯敏斯特教堂。

在巴哈马，我见到了当地的部长、音乐家、记者、运动员和牧师等人士。我参加了教堂礼拜、街头庆典、国宴，喝了很多敬酒。在我们乘坐一艘快艇前往哈勃岛的途中，快艇抛锚并开始下沉。千钧一发之际，记者乘坐的船及时赶来搭救我们。我本想说"谢谢，不用"，但没有说，因为不上他们的船，就只能自己游过去。

在岛上，我见到了父亲的教女英迪娅·希克斯②，她是妈妈婚礼的伴娘之一。她带我沿哈勃岛的海滩散步。这里的沙滩是亮粉色的。粉色沙滩③？我一时有点儿恍惚，当然不是那种让人不舒服的神情恍惚。她给我解释粉色沙滩形成的原因，虽然是一个很科学的解释，但我没听明白。

有一次，我参观一个体育场，里面挤满了孩子。他们非常贫困，每天都面临基本生活的挑战，但他们却用热烈的欢呼和爽朗的笑声欢迎我。我们一起做游戏，一起跳舞，一起打拳击。本来我就很喜欢小孩，觉得这群孩子尤其可爱，因为我刚刚成为马可的儿子贾斯珀的教父。这是一份厚重的荣誉，是我人生成长中的一个重要标志。我是这样想的，希望

---

① 苏南图尼奇（Xunantunich），玛雅文明的重要遗址之一，位于伯利兹市以西。"苏南图尼奇"来源于玛雅语言，意思是"石头女人"。埃尔卡斯蒂略金字塔是其主要建筑之一。

② 英迪娅·希克斯（India Hicks, 1967— ），出生在英国伦敦，集演员、模特、作家于一身的名媛。

③ 粉色沙滩（Pink sand），位于巴哈马群岛上哈勃岛，是全球唯一的粉色海滩。

如此。

体育场的活动快结束时,孩子们围在我周围,送给我一份礼物:一顶硕大的银制王冠和一件漂亮的红色斗篷。

一个孩子说:"献给女王陛下。"

"我会转交给她的。"

走出体育场的路上,我拥抱了很多孩子。前往下一站的飞机上,我颇为自豪地戴上那顶王冠。看着头上那个足有复活节篮子那么大的王冠,随从们都歇斯底里地大笑起来。

"看起来像个十足的白痴,先生。"

"也许吧。但下一站我要戴上它。"

"啊,先生。千万别,求你了!"

到现在我也没搞清楚他们是怎么说服我的。

在牙买加,我同该国总理建立了友好关系,与尤塞恩·博尔特①进行了短跑比赛,(我赢了,当然是作弊赢的。)在鲍勃·马利②《唯一的爱》(*One Love*)的旋律中,我和一位女士翩翩起舞。

Let's get together to fight this holy Armagiddyon (One Love)③

每到一站,我都会种一棵或几棵树。这是英国王室的传统,不过我又加了个花样。通常情况下,当你到达植树地点时,树已经种在地里,你只需象征性地往树坑里撒一点儿土就可以了。但我坚持走一个完整的种树流程,把树苗放在坑里,用泥土填埋好树根,然后再给它浇上水。

---

① 尤塞恩·博尔特(Usain Bolt, 1986—),牙买加男子田径运动员,奥运冠军。
② 鲍勃·马利(Bob Marley, 1945—1981),牙买加创作歌手,雷鬼音乐的鼻祖。
③ 中文大意是:我们一起投入这场神圣的大决战吧(唯一的爱)。

人们对我这种有违礼仪的行为似乎有些震惊,觉得这样做有些激进。

我告诉他们:"我只是想让树苗成活。"

47

回国后,我得到很多好评。朝臣们说,我代表王室出色地完成了任务。我向祖母请安,向她汇报了出访的情况。

"不错!做得好。"她说。

我觉得应该庆祝一下,应该好好犒劳一下自己。重要的是,出征在即,如果现在不庆祝,以后就没有机会了。

那个春天,我经常出入派对、俱乐部、酒吧。但无论去哪儿,总能看到两个狗仔的身影。那是两个看起来可怜巴巴、令人讨厌到极点的家伙——"阿呆"和"阿瓜"。我尽量不搭理他们。

成年后的大部分时间里,总会遇到狗仔在公共场所外"恭候"我的情况。有时一大帮,有时一小撮。那些面孔总是变来变去,很难分辨,也往往看不清楚。但现在却不同,因为不管走到哪儿,你看到的总是这两张脸,而且每次都能看得清清楚楚。每当有一大群狗仔出现,他俩肯定在正中间;没有别的狗仔时,他们依然在那里等着。

他们不只出现在公共场所,即使我走一条小街,哪怕几秒钟之前我才决定走这条小街,他们依然会从电话亭里或停着的汽车下面蹿出来。即使我确信自己的行踪绝对保密,从一个朋友的公寓里出来时,还是能在大楼外面看到他俩——就在马路正中间。

他们不仅无处不在,而且冷酷无情,与其他狗仔相比,攻击性更强。他们会随意挡住我的去路,会一直尾随我来到警车旁,还会阻拦我上车,我上车后又在街上追着跑。

他们到底是谁?是怎么做到这一点的?我并不相信他们有所谓的第

六感或超能力。相反，看他们呆头呆脑的样子，恐怕连完整的额叶皮层都不具备。那他们到底有什么秘密武器呢？有隐形追踪器？警方内部有线人？

他们也跟踪威利。那年，我俩经常谈论这两个家伙，谈论他们令人不安的外表，他们不择手段的做法，以及他们的冷酷和愚蠢。但我们谈论最多的是他们的无所不在。

"他们是怎么知道的？他们怎么总能知道？"

威利不明白，但他决心要弄个一清二楚。

"岩石比利"也下决心要弄个水落石出。他多次走到"阿呆"和"阿瓜"面前，质问他们，狠狠盯着他们的眼睛，设法了解到一点儿信息。据他说，那个长得面团似的、留着黑色短发、脸上带着让人后背发凉的狞笑的家伙年龄稍大，是"阿呆"。另一个从来不笑也很少说话的家伙是"阿瓜"，这小子好像是个新手，大多数时候只是直盯盯地看着你。

但他们到底要什么花招？比利还是没弄明白。

到处跟踪我，折磨我，利用我发财，但对他们来说，这些远远不够。他们还喜欢揭我的伤疤，让我难堪。他们会一边跟着我跑，一边嘲笑我，一边按下相机快门，十秒钟内就能拍出两百多张照片。大多数狗仔想要的是一个回应，至多是一场争斗，但"阿呆"和"阿瓜"要的似乎是一场生死决战。被挑逗得昏了头时，我也幻想过揍他们几拳。但紧接着就会深呼吸，然后提醒自己：不能这样做，因为这正是他们想要的。如果我真的出手了，他们就可以起诉我，然后这一对儿"呆瓜"就名扬四海了。

最后，我断定那就是他们的花招。这两个无名鼠辈觉得出名一定是件了不起的事，于是试图通过攻击和破坏某个名人的生活让自己出名。

我一直都想不明白，他们为什么那么想出名呢？是因为名誉能带来终极自由？真是个笑话。或许有些名誉确实会带来一些自由，但王室的名誉只是一个华丽的牢笼而已。

但"阿呆"和"阿瓜"不可能认识到这一点。他们好像尚处"孩提时代",无法理解这些微妙的差别。在其简化了的宇宙观中,他们认为,身为王室成员,你就得为生活在城堡里付出代价。

有时我想,怎样才能同他们心平气和地进行一次谈话,向其解释住在城堡里的不是我,而是我的祖母。事实上,"阿呆"和"阿瓜"的生活方式比我奢侈得多。我之所以知道这些,是因为比利深入调查了他们的经济状况。他俩每人都拥有多处别墅和数辆豪车,都是用偷拍我及其他王室成员所得购买的。此外,就像他们的赞助商一样,这两个家伙也拥有多个境内银行账户。而给他们提供资金支持的赞助商就是那些媒体大亨们,主要有默多克,还有第四代罗瑟米尔子爵乔纳森·哈姆斯沃思[1]——这名字听起来像狄更斯笔下的人物一样古老得让人难以置信。

大约那个时候,我开始觉得默多克的内心是邪恶的。不,应该是我开始认识到他的本质是邪恶的。这是我的切身感受。一旦你在一座繁华都市的街道上被某人的亲信追踪,你就完全不用怀疑他在这个社会道德共同体中所扮演的角色了。从小到大,我听过无数关于王室不当行为与几个世纪以来近亲繁育之间的关系的调侃,但直到这时我才意识到,与媒体的煤气灯效应[2]相比,"基因多样性缺乏"根本不算什么。因此,与自己的表亲或堂亲结婚远不如成为默多克公司追求利润的牺牲品危险。

当然,我不关心默多克极端右翼的政治立场,鄙视其每天都在实施

---

[1] 乔纳森·哈姆斯沃思(Jonathan Harmsworth,1967—),英国贵族,第四代罗瑟米尔子爵,每日邮报集团的董事长及控股股东,是其曾祖父哈罗德·西德尼·哈姆斯沃思(第一代罗瑟米尔子爵)创立的报纸和媒体帝国的继承人。

[2] 煤气灯效应(gaslighting)又称煤气灯探戈、煤气灯操纵。它描述的是一种心理操控手段,受害者深受施害者操控,逐渐丧失自尊,以至于怀疑自己的记忆、感知或理智。

的对真理的狂妄践踏和对事实大肆亵渎的恶劣行径。事实上，在人类三十万年的历史进程中，我想不出还有哪个人对我们的集体现实感造成过更严重的破坏。但 2012 年真正让我感到恶心和害怕的是默多克不断扩大的奴才圈子。他们大多年轻莽撞，经历过失意人生，对生活充满绝望。为了博得主人卑鄙的狞笑，不择手段，任何事情都愿意做。

而这个奴才圈子中……就有那两个恶魔——"阿呆"和"阿瓜"。

我与这两个家伙之间发生过无数次噩梦般的冲突。有一次印象比较深刻。那是在一位朋友婚礼的现场，一个带树篱的花园。我和几位客人聊天，小鸟在枝头鸣啭，微风吹过，树叶沙沙作响。舒缓悦耳的声音中，我突然听到了微弱的……咔嗒声。

我转过身，发现树篱丛中有一只眼睛，还有一个玻璃镜头。

接着看到一张胖乎乎的脸。

然后就是狰狞的笑容。

无疑是那个"阿呆"。

48

"阿呆"和"阿瓜"带给我唯一的好处就是让我做好了随时出征的准备。他们赐予我令人窒息的愤怒，这正是发起战斗的最好前兆。他们也促使我产生了尽快离开英国的想法，无论哪里，只要不在英国就行。"我那该死的命令怎么还没到来？"

"请给我下达命令吧。"

然后，当然，就像经常发生的那样——

音乐节上，堂妹拍了拍我的肩膀说："哈里，这是我的朋友克瑞西达。"

"哦，嗯……你好。"

周围的环境不太好，人很多，毫无隐私可言。再说，心碎的我尚未从失落中完全走出来。然而风景优美，音乐动听，天气宜人。

爱的火花悄然绽放。

那天过后不久，我俩就开始约饭。她跟我分享了她的生活和家庭，还告诉我她的梦想是当一名演员。她轻声细语，略带羞涩，我无论如何都不会认为她适合演戏。我把自己的想法告诉了她，但她坦陈，演戏给了她自由，让她充满活力。看她说话的样子，仿佛在空中自由飞翔似的。

几周后，一次约会结束时，我送她回家。我们的汽车刚下了国王路，来到一幢大别墅前面，眼前的街道干净整洁。

"你住在这里？这是你家的房子？"

"不是。"

她解释说她要在姨妈家住几天。

我陪她上了台阶。她并没有请我进去坐坐，不过我没指望——也不打算——让她这么做。好事多磨，慢慢来吧。我凑过去想给她一个吻，不料却"脱靶"了。我可以用地狱火导弹从 3 英里外轻松地干掉一棵仙人掌，却找不到她的嘴唇。她转过身时，我又试了一次，这次勉强蹭了一下。我真是太笨了。

第二天上午，我给堂妹打电话，无精打采地告诉她：约会还算顺利，但"虎头蛇尾"。堂妹并未表示异议，她已经跟克瑞西达谈过这件事了。她叹了口气："大笨蛋。"

但好事紧接着就来了，勇敢的克瑞西达要再试一次。

几天后，我们再次见面，共进晚餐。

没想到的是，她的室友正在和我多年的朋友查理约会。查理也是我已故朋友亨纳斯的哥哥。

我开玩笑说："显然，我们的相识是命中注定的，我们四个人一定会很开心。"

但我不完全是开玩笑。

我们又吻了一次。这次效果不错。

我还是有救的。

接下来,她和室友约了我和查理。我们把酒言欢,笑声不断。就这样,还没来得及搞清楚怎么回事,我俩就在一起了。

然而,遗憾的是,我只有在周末才能见到克瑞西达。我正在为出征做最后的准备,比以前忙很多。我已经接到正式命令,出发日期也已确定,没有几天了。这是我人生中第二次因上战场向一位年轻女士道别,而这次,我刚认识她不久。

"我会等你的,"克瑞西达说,"但不会永远等下去。"她很快做了补充,"谁知道会发生什么,哈里。"

"是的。谁能知道呢?"

"我告诉自己——也告诉他人——就当我们不在一起了。这样会轻松一些。"

"是的。我觉得会轻松一些。"

"当你回来的时候……"

"当",她用了"当"这个词,而不是"如果"。

我心生感激。

因为有些人用了"如果"二字。

49

几位朋友来找我,说起我们的计划。

"计划?"

"你还记得吗,斯派克?我们之前说过的。"

"哦,对。好像说过。"

几个月前我们讨论过这个计划，但我现在有点儿犹豫，不知道该不该去。

"你就要上战场了，生死难料。"他们试图说服我。

"是的。"

"你一定要好好活着。从现在开始，抓住每一天。"

"抓住每一天？"

"享受当下。"

"嗯……什么？"

"就是要及时行乐。要抓住每一天。"

"哦，这两个是一回事。然后呢？"

"拉斯维加斯，斯派克！还记得吗？我们计划去那儿的。"

"对，是计划过。但……会不会有风险？"

"抓住——"

"每一天。明白了"。

不久前发生的一件事情让我觉得他们的话有几分道理，享受每一天不只是一句口号。就在那年春天，我在巴西组织了一场马球比赛，为森特贝尔慈善机构筹集善款。比赛中，一名队员从马背上重重地摔了下来。小时候，我曾看到爸爸也这样摔了下来。他跟马一起摔倒，猛烈的撞击让他失去意识，喉咙里发出鼾声。记得当时我非常困惑：爸爸怎么会打鼾呢？随后有人大喊："他的舌头卡在喉咙上了！"一个反应敏捷的队员从马背上一跃而下，救了爸爸的命。回想起那一刻，我下意识地做了同样的事：跳下马，跑到那位队员跟前，摆正了他的舌头。

他咳嗽了几声，又开始呼吸了。

我清楚地记得，那天下午晚些时候，他给森特贝尔开了一张宝贵的、金额可观的支票。而同样宝贵的，是我从中悟出的道理：享受每一天。

因此，我告诉朋友们："好吧，拉斯维加斯。出发。"

一年前，在希拉本德结束训练后，我就曾和这几位朋友租哈雷摩托车从凤凰城一路骑到拉斯维加斯。那次游玩基本没有被媒体发现。这一次，我和克瑞西达度过一个愉快周末并与她告别后，再次来到内华达州。

我们不但去了同一家酒店，还住在同一间套房里。

套房分上下两层，由宽敞的白色大理石楼梯相连。那楼梯让人感觉仿佛"猫王"埃尔维斯和影星韦恩·牛顿正挽着胳膊下楼一样。当然，你也可以不走楼梯，因为套房内有电梯。此外，还有一张台球桌。

套房最吸引人的地方当属客厅，六扇巨大的窗户正对着长街，窗前摆放着一套低矮的 L 型沙发。坐在上面，你可以凝视下面的长街，眺望远处的山峦，或观看巨型壁挂式等离子电视播放的节目。如此豪华的套房，在我这个曾出入过多座桂殿兰宫的王室成员的眼里，也是首屈一指的富丽堂皇。

记不清是第一个还是第二个晚上，有人点了一些吃的，还点了鸡尾酒，我喝得有点儿迷糊。我们围坐在一起，高谈阔论，叙旧聊天。谈论上次拉斯维加斯之旅后各自的变化。

"那么，威尔士中尉，你期待重返战场吗？"

"期待，非常期待。"

所有人都有些吃惊。

晚餐我们去了一家牛排馆，美美地吃了一顿。点了西冷牛排，三种不同的意大利面，以及上等红酒。之后，一行人去了赌场，玩 21 点和轮盘。我输了一些钱，有点儿累了，便找了个借口，回到套房。

是的，我就是这样一个人。心里这样想着，我叹了口气，早早钻进被窝，还不忘告诉大家回来时声音小一点儿。

第二天早餐，我们要了血腥玛丽鸡尾酒。随后，大家来到游泳池。正值拉斯维加斯游泳池派对季，规模盛大。为了活跃气氛，我们买了五十个沙滩球分发给周围的人们。

我们几个呆头呆脑，渴望爱情的滋润。

准确地讲，应该是我的朋友们渴望爱情的滋润。我可没想过交新朋友，我已经有女朋友了，而且打算一直交往下去。在游泳池里，我多次给克瑞西达发短信，以便让她安心。

但大家不停地给我递酒杯，太阳落山时，我已经有点儿飘飘然了，脑子里出现了……一个想法。

我想用一件特别的事情来纪念这次出游，一件能够给我自由的感觉、让我享受生活的事情。

比如……文身？

不错！就来个文身吧！

也许可以文在肩膀上？

不行，太显眼了。

背部靠下的位置？

也不行，有点儿太……低俗的感觉。

也许脚上不错？

对，就文在脚上。有只脚某个地方的皮肤曾经剥落过，正好文在那里，看上去像层层叠叠的皮肤！

那么文什么图案呢？

我绞尽脑汁，想来想去。对我来说，什么比较重要？什么图案比较神圣呢？

当然是……博茨瓦纳。

我看到那边有家文身店。希望他们有一本不错的地图册，里面有一张清晰的博茨瓦纳地图。

我去找"岩石比利"，告诉他我想去的地方。

他笑道："不能去。"

朋友们也附和道："绝对不能去。"

事实上，他们决心要暴力阻止我。他们表示会一直监视我，绝对不会让我去文身，更不会让我在脚上文一幅博茨瓦纳地图。他们发誓要不惜一切代价设法按住我，甚至打晕我。

"文身是去不掉的，斯派克！一旦文上，就会伴你终生！"

他们的劝阻和威胁是那天晚上我最后的清晰记忆之一。

我屈服了，第二天再说吧。

文身店没有去成，大家来到一家俱乐部。我蜷缩在一张真皮长椅的角落里，看着三五成群的年轻女子过来跟朋友们搭讪。我和其中一两个聊了几句，鼓励她们把注意力集中到我的朋友们身上。更多时候，我盯着没人的地方，为被迫放弃的文身梦想感到惋惜。

凌晨2点左右，大家回到套房继续热闹。朋友们还邀请了四五位酒店女工和两个在21点赌桌上认识的女孩。有人建议打台球，听起来不错。于是我摆好球，开始和几位保镖打八球制台球。

然后，发现那两个玩21点的女孩一直在我旁边，看上去鬼鬼祟祟的。她俩问能不能也加入，我不想失礼，就答应了。大家轮着玩，但没有一个打得好的。

我建议来点儿赌注，问大家玩脱衣台球怎么样。

建议引来一阵热情的欢呼声。

十分钟后，我成了那个输得最惨的人，只剩内衣了。接着，连内衣也没保住。我觉得这不是什么大不了的事，至少当时是这么认为的。第二天，我来到酒店外面，头顶是沙漠地带那种刺眼的阳光。转过身，发现一个朋友正盯着手机看什么东西，嘴巴张得大大的。他告诉我："斯派克，有个玩21点的女孩偷拍了几张照片……然后把照片卖了。"

"斯派克……现在到处都是你的照片。"

准确地说，到处都是我的臀部照。我的裸照在全世界疯传……成为媒体赚钱的工具。

"岩石比利"也拿着手机确认，嘴里不停地说："这可怎么办，哈里？"

他很清楚，这件事对我很不利；同时也很明白，对他本人和其他保镖来说，这也不是什么好事，因为他们很可能会因此丢掉工作。

我开始责备自己：怎么能让这种事发生了呢？自己怎么那么笨？我为什么要相信别人？我以为陌生人是善意的，以为那两个狡猾的女孩有"最起码的"底线。现在，我将永远为此付出代价。与那些永远不会消失的照片相比，文在脚面上的博茨瓦纳地图不过是一小滴墨汁而已。

罪恶感和羞耻感让我无法平静，难以呼吸。与此同时，国内的各家报纸已经开始活剥我的皮了。"哈里回归本色。""蠢蛋王子再次让人大跌眼镜。"

我想象着克瑞西达读到这些报道时的情景，想象着部队上级可能的反应。

谁会是最先抛弃我的那个？

等待结果期间，我逃回了苏格兰，在巴尔莫勒尔堡见到了我的家人。正值 8 月，大家都在那里。在这个无比压抑的噩梦中，唯一让我感到安慰的就是巴尔莫勒尔堡。我对它的感情是复杂的，再过几天就是的妈妈的忌日。

回来后不久，我便去附近的柏克馆① 拜见父亲。令人惊讶和欣慰的是，他不但态度和蔼，而且很同情我，让我一时摸不着头脑。他说自己也有过类似遭遇，只不过他的裸照从未上过头版。但事实并非如此，大概在我八岁的时候，有家德国报纸就刊登过父亲的裸照，那是他在法国度假时被别人用长焦镜头拍摄的。

---

① 柏克馆（Birkhall），巴尔莫勒尔庄园的建筑之一，始建于 1715 年，曾是查尔斯的乡间别墅。

但我们各自都把对方那些照片抛诸脑后了。

当然，他肯定也曾无数次有过那种被赤裸裸地暴露在世人面前的感觉，这是我们共同的感受。我和父亲在窗户边坐了很久，一边看着红松鼠在草坪上嬉戏，一边谈论我们这种不同寻常的境遇。

及时享受生活吧，松鼠们。

50

同父亲一样，部队领导的反应也让人费解，他们并不在乎我在酒店房间里干了什么。他们说，我在部队的一切都没有变化。谢天谢地，一切正常。

世界各地的战友们也为我挺身而出。为了声援哈里王子，他们不分男女，纷纷拍起了裸照或近似裸照，只用头盔、武器或贝雷帽遮住私处。

在听了我细致而又窘迫的解释后，克瑞西达也没有责怪我。她认为我不是一个放荡的人，只是有点儿笨。

我为让她难堪向她道歉。

最重要的是，我的保镖们没有一个被解雇，甚至连纪律处分也没有收到，主要是因为我隐瞒了他们当时和我在一起的事实。

但英国各家报纸即便知道我就要上战场了，还是不停地发泄着"怨气"，好像我犯了杀头之罪似的。

不过，这正是离开的好时机。

2012年9月，终于出发了。同样是长时间的飞行，但这次不用隐瞒身份，也不用躲在隐蔽的小隔间里，一直待在那张秘密的双层床上。可以和其他士兵坐在一起，感受着成为团队一员的荣光。

然而，飞机在巴斯营地（Camp Bastion）降落后，我开始意识到自己和这些小伙子们不大一样。他们有些人看上去特别紧张，比起飞机上的样子，衣领似乎更紧了，喉结也更大了。记得我也曾有过那种状态，但这次对我来说，就像回家一样。四年多了，我终于克服重重困难，以上尉的身份回来了。（我第一次赴阿富汗回来后晋升了军衔。）

同上次执行任务相比，这次的食宿条件实在太好了，简直是拉斯维加斯式的待遇。人们都说飞行员在这里受到了王室般的礼遇。是的，他们都不约而同地使用了"王室"这个词。房间干净整洁，床榻柔软舒服，而且都是标准的房间，不是借助沟壕或帐篷搭建的，每个房间甚至还配备了空调。

接下来的一周里，我们一边倒时差，一边熟悉营地的环境。营地里的官兵都十分友好，很乐意告诉我们各种注意事项。

"威尔士上尉，公厕在这里！"

"威尔士上尉，这里是供应热比萨的地方。"

这种有点儿像野外旅游的日子一直持续到我二十八岁生日前夕。当时，我正坐在房间里整理零碎物品，警笛突然响起。我打开门，向外张望，只见过道两边的门都已打开，同时冒出来许多脑袋。

此刻，我的两个保镖都跑了过来。（与上次不同，这次有保镖跟随，主要因为能为他俩提供合适住处，而且他们能够融入这个驻扎着数千名官兵的军营。）其中一个说："我们遭到了袭击！"

听得见远处飞机库附近的爆炸声。我刚要朝阿帕奇直升机跑去，就被两个保镖拦住了。

"太危险了。"

这时，外面有人喊："做好准备！做好准备！"

大家都穿上防弹衣，站在门口等待接下来的指令。我一边仔细检查防弹背心和头盔，一边听一名保镖喋喋不休："我就知道会发生袭击事件，我知道的。我告诉周围每个人，但他们都不听我的，还让我闭嘴。我一次次地告诉他们，哈里会受伤的！但他们让我滚开。现在应验了。"

他是苏格兰人,说话时喉音很重,富有磁性,听起来很像肖恩·康纳利[1]。然而,此刻的他听起来就像肖恩·康纳利得了恐慌症似的。我打断了他关于自己是个不受赏识的卡珊德拉[2]的长篇大论,让他闭嘴。

我察觉到自己的反击能力严重不足。我只有一支 9 毫米口径手枪,那把 SA80 突击步枪被锁了起来。虽然有两个保镖,但我需要的是阿帕奇武装直升机,那是唯一让我觉得安全且有用的武器,我要驾驶着它向攻击我们的人猛烈开火,不管他们是谁。

爆炸声越来越密,越来越大。窗户忽明忽暗,看得到远处燃烧的火焰。突然听到美国眼镜蛇直升机从头顶飞过,整栋大楼都在震动。紧接着,眼镜蛇开火了,阿帕奇也开火了,震耳欲聋的声音响彻整个房间。大家都非常惊恐,肾上腺素激增。我们这些阿帕奇飞行员又激动又焦躁,恨不得马上能钻进驾驶舱。

有人跟我说,巴斯营地差不多有雷丁[3]那么大,我们怎么能在没有地图的情况下,在猛烈的炮火中找到直升机呢?

就在那时,我们听到了解除警报的声音。

警笛声停了,直升机旋翼的声音也渐渐远去了。

巴斯营地又安全了。

后来获悉,这次遇袭代价惨重:两名美国士兵死亡,十七名英美士兵受伤。

接下来的一两天,我们把遇袭的原委渐渐拼凑起来:塔利班武装分

---

① 肖恩·康纳利(Sean Connery,1930—2020),英国著名演员。
② 卡珊德拉(Cassandra),又译卡桑德拉,为希腊神话中特洛伊的公主。她是一位不被信任的女先知,因神蛇以舌为她洗耳或阿波罗的赐予而有预言能力,又因抗拒阿波罗,预言不被人相信。
③ 雷丁(Reading),英国英格兰南部城市,伯克郡首府,位于肯尼特河与泰晤士河交汇处。

子搞到美军制服，在栅栏上切开一个洞，溜进了军营。

"他们在栅栏上切开一个洞？"

"是的。"

"为什么？"

简而言之，就是因为我。

据塔利班称，他们在寻找哈里王子。

他们发表了一份声明，宣称他们的目标是哈里王子，袭击的日期也是精心选择的。

他们声称，袭击时间故意安排在我的生日那天。

我不知道自己是否相信了塔利班的话。

但我知道自己肯定不愿相信。

但有一点毋庸置疑，通过英国媒体长达一周的不间断报道，塔利班已经弄清楚了我所在的基地，并了解了我此次在阿富汗服役的一些细节。

51

这次遇袭后，营地里流传着让我撤离战场的声音。这是我第二次面对这样的窘境。

一想起这件事，我就惴惴不安，难以思考。

为了不去想它，我将全部精力放在工作上，彻底融入工作的节奏中。

日程安排得非常严格：每周两天计划性行动，三天高度战备状态。所谓高度战备，就是一直待在帐篷里，随时待命。

用于随时待命的帐篷无论外观还是感觉都与大学生宿舍差不多。室友互动，枯燥无聊，杂乱不堪。几张破旧的皮面沙发随意摆放，墙壁上挂着一面巨型英国国旗，到处都是各种零食。为了打发时间，大家玩FIFA足球游戏、喝大杯咖啡、翻阅在军营里很受欢迎的男性时尚杂志

《Loaded》。然而，一旦警报响起，这种学生时代的感觉——连同生命中其他时期的感觉——猛然间就会离我万里之遥。

有个小伙子说我们是光荣的消防员。他说得没错，作为战斗机飞行员，我们从未睡过一个好觉，也从来没有彻底放松过，总是准备着随时出发。我们可以啜饮香茶，可以享受冰激凌的美味，可以为一个女孩放声大哭，也可以津津有味地讲绿茵场上的故事，但大家的所有感官总是步调一致，每块肌肉总是绷得很紧，随时迎接警报的到来。

其实，我们帐篷里的警报器就是一部普通的红色电话，只有一个底座和听筒，无法拨号。电话警报声是经典的英式铃音。嘟嘟……这声音似曾相识，我开始想不起来，后来终于意识到，它和祖母那部电话的铃音一模一样。那部电话摆放在桑德林汉姆庄园巨大的客厅里那张大桌子上。打桥牌的时候，她常在客厅接电话。

帐篷里始终有两组机组人员随时待命，每组各两名，分别是飞行员和机炮手。我是机炮手，和我搭档的飞行员名叫戴夫，又高又瘦，有着马拉松运动员的身材——事实上他的确是名马拉松运动员。他留着黑色短发，肤色是沙漠般的古铜色。

但更引人注目的是他深不可测的幽默感。每天我都会不止一次地问自己："戴夫是认真的吗？他是在挖苦我吗？"我总是分辨不清。我以为相处一段时间就能了解这家伙了，但从未做到。

那部红色电话的铃声一旦响起，我们其中三人就会立刻放下一切，冲向阿帕奇直升机，第四个人则接起电话，厘清指令中的行动细节。是医疗后送任务？还是支援地面部队的任务？如果是后者，还需要搞清楚地面部队的距离和我们赶到的最快时间。

一进入阿帕奇，我们就立刻打开空调，系上安全带，穿上防弹衣。我会打开四台无线电设备中的一台，了解关于任务执行的更多细节，然后将GPS坐标输入机载计算机系统。第一次驾驶阿帕奇时，完成所有飞行前检查需要一个小时，甚至更多，但在巴斯营地待了几周后，我和戴夫把时间缩短到八分钟，但仍然感觉像过了很长时间。

我们的直升机总是很重，往往满载燃料和导弹，还有足以把一座混凝土公寓楼变成瑞士奶酪的 30 毫米机炮的弹药。能够明显感觉到，这些装备把直升机压得死死的，将其牢牢绑在地球上。我第一次执行的是医疗后送任务，切身体会到任务的紧迫性与地球引力之间的对比。我讨厌那种感觉。

记得飞机紧贴巴斯营地外围的沙袋墙飞行时，我没有丝毫畏惧。根本就来不及考虑那堵墙，我们有紧急任务，要去拯救生命。然而，没过几秒钟，驾驶舱的警示灯便开始闪烁：ENG CHIPS。

这个代码的意思是：立即返回营地。

该死！我们不是要去塔利班的地盘开展行动吗？我想到在博德明沼泽地演习的情景。

接着，我想……或许我们可以忽略那个警示信号？

不行，戴夫一边说，一边开始向巴斯营地的方向飞行。

他在阿富汗已经服役三次，飞行经验很丰富，对警示灯的情况了如指掌。有些不停闪烁的警示信号是可以忽略的，只要拔掉保险插头它就不再闪了。但这个警示信号和那些不一样。

一种被欺骗的感觉涌上心头。我想继续前进！想去救援！哪怕冒着坠机、被俘虏或者任何什么风险都要去执行任务。正如弗利的曾祖父或者诗人丁尼生说的那样，我们可"无法弄清原委"[①]。我们的目标就是要冲出一道缺口。

[①] 英国著名诗人阿尔弗雷德·丁尼生（Alfredlord Tennyson，1809—1892）曾就"轻骑兵的冲锋"（参见 244 页脚注）写了一首同名诗《轻骑兵的冲锋》（*The Charge of the Light Brigade*），以纪念英国骑兵在克里米亚战争巴拉克拉瓦战役中体现出的英雄气概，其中两句为"他们可无法弄清原委，只管奉命去牺牲"。

52

我一直没能见识过阿帕奇的最快速度。

我们通常会以 70 节的正常速度在目标区域上空巡航。也常有需要尽快赶到目标区域的情况,那样就会加大马力,将速度提至 145 节。由于刚离开地面的缘故,感觉这个速度就像比平时快了三倍。我想,能体验到这种原始的力量,并让其为我所用,这是多么的荣幸啊。

超低空飞行是标准的操作规程,这样在你向塔利班逼近时就很难被发现。然而,这种飞行方式却让当地儿童向飞机扔石头变得更加容易。他们总是这么做。除了使用萨姆导弹外,让孩子们扔石头是塔利班唯一的防空能力了。

问题的关键不在于如何躲避塔利班,而在于如何找到他们。我在阿富汗第一次服役后的四年里,塔利班的逃跑本领提高了不少。人类的适应能力本来就很强,在战争中更是如此。由于已经能够算出从第一次接触我方地面部队到我方机动部队出现在地平线的确切时间,他们会掐算好时间,尽可能多地射击,然后逃跑。

此外,他们也更擅于躲藏了,可以毫不费力地溜进村庄,融入平民之中,或者消失在那些错综复杂的隧道之中。那不是简单的逃跑,远比逃跑更分散,更隐秘。

我们不会轻易放弃搜寻,会来回绕圈,仔细搜索,有时会持续两个小时。(阿帕奇直升机飞两小时后燃料就耗尽了。)有时,两小时过去了,但还是不愿放弃,就会补充燃料继续搜寻。有一天竟然加了三次油,在空中一共待了八个小时。最终返回基地时,发现了一个糟糕的情况:我的尿袋全部用完了。

53

我是中队里第一个愤怒地扣动扳机的人。

那一夜的情景至今历历在目。我们在帐篷里值守,红色电话突然响起,大家立刻冲向停机坪。我和戴夫迅速完成飞行前检查后,我又开始收集与任务相关的细节:离军营最近的一个控制点遭到轻武器袭击,我们需要尽快赶到那里,找到敌人火力的具体位置。直升机起飞,越过营地围墙,垂直爬升到1500英尺的高度。片刻之后,我便将夜视镜对准了目标区域。"在那里!"

8公里之外,共有八个有点儿模糊的热成像点,正从火力接触点那边撤离。

戴夫说:"肯定是他们!"

"是的,这里没有友军巡逻!尤其是这个时候。"

"咱们再确认一下,确保围墙外没有我方巡逻士兵。"

我联系了联合终端攻击控制员,确认没有巡逻士兵。

飞到八个热成像点上空后,发现他们迅速变换队形,分成两组,每组四人,等距离间隔,然后沿着一条小道慢慢前进。那是我军的巡逻方式,他们是在模仿我们吗?

他们现在已经骑上轻便摩托车开始离开了,有的跑得快,有的跑得慢。我告诉控制中心,能看到所有八个目标,请求开火。接下来是等待许可。除非是出于自卫或面临迫在眉睫的危险,否则开火前必须得到许可。

我的座位下方有一门30毫米加农机关炮,机翼上有两枚50公斤可安装不同弹头的"地狱火"制导导弹,其中一枚适合消灭高价值目标。此外,还有几枚非制导空对地火箭弹,具体到我们的阿帕奇直升机,配备的则是飞镖弹。发射飞镖弹时,直升机需要向下倾斜到一个精确角度。

只有这样，它才能够像飞镖一样射出去。事实上，飞镖弹是一种由 80 支 5 英寸的钨合金飞镖组成的致命炸弹。上次服役，在加姆塞尔镇驻守时就曾听说，我军用飞镖弹直接攻击塔利班分子后，不得不在树上寻找他们的身体残片。

我和戴夫已经做好了发射飞镖弹的准备，但尚未得到许可。

我们左等右等，眼睁睁看着塔利班分子向不同方向飞驰而去。

我对戴夫说："如果放走这些人，后来却发现他们中有人伤害或杀死了我们的人……"

我们一直跟着其中两辆摩托车，他们正在强风中沿着一条道路逃窜。

两辆摩托车分开了。

我们选了其中一辆，继续跟踪。

控制中心终于回复了。

"你们跟踪的那些人……目前什么情况？"

我摇了摇头，心想："因为你回复太慢，大部分都逃走了。"

我说："他们都已分散开，只剩下一辆摩托车了。"

"允许开火。"

戴夫建议用"地狱火"导弹，但我对它还是有些紧张，便改用 30 毫米加农机关炮。

这是个错误的做法。炮弹飞向那辆摩托车，一个人应声倒下，估计已经死了，另一个人跳下车，跑进一栋楼房。

我们绕圈搜寻，又叫来地面部队。

"你是对的，应该用'地狱火'的。"我告诉戴夫。

"别在意，这是你第一次开火。"他说。

回到军营很久之后，我对自己进行了一次心理扫描。我以前打过仗，也消灭过敌人，但这次是与敌人最直接的接触。我对以前的行动没有如此真切的感受，而这次是眼睛紧盯着目标，手指按住扳机，开炮。

我问自己有何感受。

我有心理创伤吗？

没有。

难过了吗？

没有。

惊讶了吗？

没有。我已为此准备多年，训练的目的就在于此，这只是我的本职工作。

我问自己是否冷酷无情？或许是麻木不仁？又问自己，我的无动于衷是否与我长期以来在死亡问题上存在的矛盾心理有关？

我觉得不是。

这只是简单的数学问题。这些恶人作恶多端，不仅针对我们军人，而且针对全世界人民。如果说我在战场上除掉的这名塔利班分子还没杀过英国士兵，那么倘若他还能活下去的话，他很快就会做到。所以，干掉他就意味着拯救英国士兵的生命，拯救英国家庭。干掉他就意味着少一些躺在病床上、裹得像木乃伊一样被送回家的年轻男女。正如四年前我在飞机上看到的那些身负重伤的小伙子们，还有我在塞利奥克医院和其他医院探望的男女军人，以及同我一起徒步到北极的伤残勇士。

因此，我那天的主要结论，或者说唯一的结论，就是希望当初控制中心能更早回复，更快允许开火，那样我们就能将另外七个一网打尽。

然而，似乎并非如此简单。很久以后，和一个朋友谈起这件事情时，他问道："是不是看到他们是骑摩托车的你才这么认为？有没有这方面的因素？因为那是全世界狗仔们选择的交通工具。"老实说，在追踪塔利班摩托车队时，我能说自己从未想起过那群把一辆奔驰轿车逼进巴黎一条隧道的摩托车吗？

或者，我能说自己丝毫没有想到过那些追踪过我无数次的摩托车队吗?

我无法回答。

54

我方的一架无人机正在监视塔利班训练战士的场景。

尽管人们普遍认为塔利班比较落后,但实际上他们的装备还算不错,虽然无法跟我们相比,但只要使用得当,还是很有效。他们经常在沙漠里指导、训练士兵们尽快掌握新式武器。教官们会展示最新装备及使用方法。此次无人机捕捉到的似乎就是这样一次射击训练。

红色电话响起,咖啡杯和游戏机手柄应声落地。我们奔向阿帕奇,然后以25英尺的高度,向北快速飞行。

夜幕降临。空军前进引导员命令我们暂不接近目标,在距离目标大约8公里处待命。

暮色渐浓。我们几乎看不见目标区域,只能看到有些阴影在移动。

几辆摩托车斜靠在墙上。

引导员告诉我们等等。

我们绕了一圈又一圈。

继续等待。

屏息静气。

指令终于来了:射击课程结束了,赶快行动。快!快!快!

属于"高价值目标"的那位教官正骑着一辆摩托车离开,后面坐着一个学员。我们呼啸着冲向他俩。仪表显示该摩托车正以40公里的时速前进,其中一人扛着一挺枪管依然滚烫的PKM通用机枪。我将拇指放在光标位置,盯着屏幕,等待着。"在那里!"我先发射了指向激光,紧接着又发射了导弹。

用来发射的拇指操纵杆与刚才玩的电子游戏的拇指操纵杆非常相似。

导弹正好击中摩托车的车轮辐条。这是教科书式的射击，正是培训时要求瞄准的地方。如果太高，导弹会从对方头顶掠过；如果太低，除了尘土和沙子什么也打不中。

Delta Hotel[①]，直接命中。

我又跟进了一轮 30 毫米机关炮。

摩托车所在的地方变成了一团升腾的烟雾，同时有火焰冒出。干得好，戴夫称赞道。

我们飞回营地，回看视频。

完美的击杀。

我又玩了一会儿电子游戏，然后早早睡了。

55

一般来说，用"地狱火"导弹进行空对地射击很难确保精准度。阿帕奇直升机飞行速度极快，很难稳定瞄准。反正对有些人来说不是件容易的事情。然而，我练就了精准技能，就像在酒吧里投掷飞镖一样。

目标的移动速度也很快。我曾经攻击过的最快的一辆摩托车时速约为 50 公里。驾驶摩托车的是一名塔利班指挥官，成天纠集塔利班人员向我方开火。追击过程中，他弓着腰将身体重心放在车把上，时不时回头看，还故意在村庄之间快速穿行，利用平民作掩护。在他眼里，老人和孩子不过是用来保命的道具。

我们的机会窗口就是他在村庄之间行驶的那一分钟。

---

① "Delta"和"Hotel"是无线电代码，分别代表字母"D"和"H"，而"DH"为英文"direct hit"的首字母缩写，意为直接攻击。

我记得戴夫大声喊道:"你还有 200 米的机会。"也就是说,再有 200 米的距离,这个塔利班指挥官就会躲在另一个孩子后面。

戴夫又喊道:"左边有树,右边有墙。"

"明白。"

戴夫把直升机开到 5 点钟位置,高度下降到 600 英尺。"现在……"

我发射了"地狱火"导弹,直接命中摩托车,使之飞上一个茅草树屋的屋顶。戴夫带着我们飞过树林,透过缕缕浓烟,看到一个火球和那辆摩托车,但没有发现尸体。

我准备继续用 30 毫米机炮扫射相关区域,但看不到任何可以扫射的目标。

我们在上空绕了好几圈,我开始有点儿紧张了。"他难道逃跑了吗,伙计?"

"在那里!"

摩托车右侧 50 英尺处,一具尸体躺在地上。

确定已击毙。

然后,我们飞走了。

56

有个荒凉的地方,我们已经去过三次。那是一排居高临下的掩体,俯瞰着一条繁忙的公路。我们得到情报,塔利班武装分子经常在那里集结。他们一般乘坐三辆老旧汽车,携带火箭弹和机枪,占据有利地形,伺机袭击沿路驶来的英美军车。

空军前进引导员曾目睹他们炸毁过不下一个车队。

一队途经这里的英美士兵少则五六个,多则三十个。塔利班对此一清二楚。

我们一连三次飞到那里执行任务，一连三次未被允许开火，始终弄不清到底是什么原因。

这一次，我们坚信情况定会有所不同。

接到警报后，我们火速赶到那里，发现一辆卡车正沿公路驶来，而塔利班武装人员也已瞄准了它。眼看悲剧就要发生，我们必须做点什么，否则卡车就完了。

立即请求开火。

未被准许。

我们不放弃，继续申请："呼叫地面控制中心，请允许向敌方目标开火！"

"继续待命……"

隆……一道强光，紧接着路边一声巨响。

我们提高嗓门，再次请求开火。

"保持待命状态……等待地面指挥官许可。"

我们怒吼着冲了过去，看见卡车已经变成碎片，武装分子则纷纷跳上汽车或摩托，四散而去。我们紧跟其中两辆摩托，要求立即开火。而此刻，要求开火的性质已经变了，不是阻止敌人的行动，而是惩罚刚刚在眼皮底下发生的暴行。

这种许可的代码为 429Alpha。

"以 429Alpha 名义开火可以吗？"

"继续待命……"

我们一边跟踪那两辆在村庄间穿行的摩托车，一边抱怨战争官僚体制的弊端。明明训练我们去做的事情，上级又不愿意让我们做。也许，与任何一场战争中的士兵一样，我们只是一味地想要战斗，无法理解更深层次的问题，既无地缘政治概念，又缺乏大局意识。无论是在公开场合还是在私下里，指挥官们都曾表达过他们的担忧：每消灭一个塔利班分子，就会有三个人成为塔利班成员。因此，指挥官们会格外谨慎。有时，我觉得他们是对的：我们在制造更多的塔利班分子。但是，我们也总不能眼睁睁看着无辜的士兵被杀害吧？肯定有更好的办法来阻止他们。

五分钟……十分钟……二十分钟……

最终，我们并未得到许可。

57

每次执行击杀任务都会全程录像。

阿帕奇直升机机首下方的摄像机将一切都记录下来。所以，每次执行任务归来，大家都会仔细检查视频。

返回巴斯营地，我们会走进放映室，通过一台机器，将录像呈现在一台壁挂等离子电视上。中队长把脸几乎贴到屏幕上，一边仔细查看整个过程，一边皱着眉头喃喃自语。这个家伙！他的目的不单单是为了寻找失误，更渴望抓到我们的错误。

我们经常背后诅咒他，差点儿就当面跟他叫板了。"听着，你到底站在哪一边？"

但这正是他想要的。他试图激怒我们，让我们说出那些难以启齿的话。

为什么？

是嫉妒，我们一致认为。

从未亲临战场，从未扣动过扳机，这让他内心非常痛苦。

因为从未攻击过敌人，所以就把我们作为攻击目标。尽管尽了最大努力，但他从未发现我们有任何操作异常的情况。在我参与的六次击杀任务中，在一个想要把我们钉死在十字架上的家伙眼里，竟然找不到一次差错。我个人也认为，自己的表现无懈可击。

中队长之所以持这种态度，是因为他内心有一种真实且合理的恐惧。这样的恐惧我们大家都有。阿富汗战争是错误的，它造成了巨大的伤害，让成千上万无辜者丧生或致残。这是一直困扰我们的问题。从踏上阿富汗土地的那天起，我就设定目标，在睡觉前永远不要怀疑自己所做事情的正确性，永远相信自己是对的。我在向塔利班开火，击杀的只有塔利班分子，附近没有平民。我想完好无损地回到英国，更重要的是，我想问心无愧地回家。这意味着我要时刻明白自己在做什么，为什么要这么做。

大多数士兵都无法准确说出到底有多少人倒在了他们的枪口之下。由于战场情况复杂，大量无差别射击是常事。然而，有了阿帕奇直升机和笔记本电脑，在两次阿富汗战场服役中，我所做的一切不但都被清晰记录下来，而且还加上了时间水印。所以，我总能准确知道自己在每一次任务中消灭了多少敌人。我觉得自己不应该回避这个话题，这一点非常重要。我在部队里学到很多东西，而责任感是学到的最重要内容之一。

确切地说，我的数字是25。这个数字既没有使我感到欣慰，也没有让我觉得羞耻。当然，我并不希望自己的军旅生涯和这样一个数字联系到一起，我更希望生活在一个没有塔利班、没有战争的世界里。然而，即便我有时会这么想，有些现实也是无法改变的。

在硝烟弥漫的激烈战斗中，我并未将那二十五个人当人类对待。如果把他们当人看待，你就不会消灭他们；如果把他们当人看待，你就不会真正去伤害他们。事实上，他们是从棋盘上移走的棋子，是在其杀害好人之前被及时清除的坏蛋。在训练中，我们一直被教导要"他者化"敌人，这样的训练确实见到了实效。有时，我也会意识到这种做法在一定程度上是有问题的，但更多地认为这是一位军人不可避免的事情。

这是无法改变的现实。

这并不是说我是个冷血机器。我永远无法忘记，在伊顿公学那个蓝色房门的电视室里看到双子塔被大火融化,人们从高高的楼顶或窗户跳下的情景;我也永远无法忘记,在纽约遇到的罹难者的父母、爱人和孩子,他们紧紧抱着被活活压死、烧死或失踪的亲人的照片。9·11事件充满邪恶,不容忘记,所有那些对此负责的人,包括他们的同情者、支持者及其盟友和继任者,不但是我们的敌人,而且也是人类的敌人。与他们作战,意味着为人类历史上最令人发指的罪行之一的受害者们报仇,并防止类似事件再次发生。

然而,2012年圣诞节前后,我的阿富汗服役期即将接近尾声时,我对这场战争产生了一些困惑和不安。这并非出于道德原因,因为对自己的使命坚信不疑,唯一让我耿耿于怀的是那些未能完成的任务。比如,那天晚上我们得到命令去援助一支被塔利班武装分子围困的廓尔喀雇佣军小队,但到达现场时,由于直升机通讯出了故障,我们根本无法提供火力支援。我听着无线电波里廓尔喀兄弟们的呼救声,脑海里浮现出一个个自己认识和喜爱的廓尔喀士兵的模样,但却无法伸出援手。时至今日,这件事依然困扰着我。

整理好行囊,不得不说再见时,我坦然面对内心。我有很多遗憾。这种遗憾是每一个有良知的人都该有的。为我未能帮助那些英美士兵而深感遗憾。

为我未能完成任务而深感遗憾。

最让我抱憾的是,我必须离开了。

58

我的卑尔根背包里塞满了满是灰尘的衣服,还有两件纪念品:一条在当地集市上购买的地毯和一枚阿帕奇武装直升机30毫米机关炮的弹壳。

2013 年第一周。

和战友们一起登机之前,我走进一个帐篷,坐在唯一的一把空椅子上。

离开阿富汗前的例行采访。

一名被安排好的记者问我在阿富汗做了哪些工作。

我把自己的具体任务告诉了他。

他问我是否向敌人开过火。

"什么?开过。"

他的头往后一仰,一副惊讶的样子。

他以为我们在这里干什么呢?是在售卖杂志吗?

接着,他又问我有没有杀过人。

"有过……"

他再次一脸惊讶。

我试图解释:"这是战争,伙计,你懂吗?"

采访内容很快传遍了整个新闻界。我告诉记者,在我眼里,英国媒体都是垃圾,尤其是关于我哥哥和嫂子的报道。他们刚刚宣布嫂子怀孕,就被蜂拥而至的媒体包围了。

"应该让他们安静地生孩子。"我说。

我承认,父亲曾恳请我远离媒体,别看报纸。我承认,我每次看报时都会有种内疚之感,觉得变成了媒体的同谋。"每个人都应为自己买报纸而感到羞愧。但愿没人会相信里面的鬼话。"

然而,人们显然相信了,确实相信了。这就是问题所在。英国人不但文化程度在世界上首屈一指,他们的轻信程度也是无人可比。即便不相信报道中的全部内容,也总会保持一丝好奇之心。"哼,有烟之处必有火……"即使谬论被推翻,即使谎言被毫无疑问地揭穿,你依然无法彻底消除人们对它的疑虑。

尤其这个谎言是关于负面信息的，情况会更加糟糕。在人类所有的偏见中，"负面偏见"最难消除。它会深植在人们的脑海里。重视负面，优先考虑负面——我们的祖先就是这样生存下来的。我想说的是，那些该死的报纸正是利用了这一点。

但这位记者仍不满足，他不想继续讨论这个话题——其实根本算不上讨论，他迫不及待地想将话题转移到拉斯维加斯。

又想说下流的哈里，是吗？哈里棒极了！

就要和阿富汗说再见了，我心里百感交集。但我迫不及待地要和这位记者说再见。

我和中队其他成员首先飞往塞浦路斯，在那里进行适应性调整，部队称之为"减压"。上次阿富汗服役结束，我并未体验这种减压过程，所以很开心，虽然比不上两位保镖那么兴奋。"终于，大家可以来杯冰镇啤酒了！"

每人两罐，不多不少。我不爱喝啤酒，就把自己的两罐递给了身边一名看起来比我更需要啤酒的士兵。他开心极了，那表情就像从我这里得到一块劳力士手表似的。

随后，有人带我们去看喜剧表演。看演出几乎是强制性的，不许缺席。不管是谁安排的，其意图是好的：在经历了地狱般的战场生活之后，大家的心态多少有些变化。公正地说，有些人看到搞笑的地方确实发出了笑声，但大多数人都没有笑。我们每个人的内心都在挣扎，却并不自知。我们的记忆需要时间来冲淡，精神创伤需要慢慢治愈，心理问题需要详细梳理。（有人告诉我们，如果需要，可以找神父谈心，但我记得没有人找过他。）我们就那样坐在喜剧表演现场，就像坐在高度战备的帐篷里，处于休眠状态，随时待命出击。

我对喜剧演员们深表同情。对他们来说，这场演出实在太难了。

离开塞浦路斯之前有人告诉我，报纸上到处都是关于我的报道。

哦，是吗？

关于那次采访的报道。

糟了。我把这事忘了。

显然，我承认在战争中消灭过敌人，引起了不小的骚动。

对我的批判纷至沓来，因为我是……一个刽子手？

而且还很轻率。

我在采访中曾顺便说过，操控阿帕奇直升机开火让人联想到玩电子游戏。于是便有了这样的新闻标题：《哈里将杀人比作玩电子游戏！》。

我扔下报纸。神父在哪里？我要找他谈谈！

59

我给克瑞西达发短信，告诉她我回来了。

她回信说终于松了一口气。我也松了一口气。

我并不确定我们的关系会怎么发展。

我想去见她，但尚未盘算好。我们之间不像第一次交流那么轻松自在，有些疏远，有点儿僵化。

"你听起来变化很大，哈里。"

"是吗？我没觉得有什么不同。"

我不想让她觉得我有变化。

一周后，几个朋友在亚瑟家里举行晚宴，主题是"欢迎回家，斯派克！"。克瑞西达和我堂妹尤金妮亚一起来的。我拥抱了她俩，她俩一脸惊讶。

两人说我看起来像完全变了一个人。

更加壮实？更加成熟？块头更大？

对，对。但除了这些，还有一些她俩无法形容的变化。

不管那是什么，在克瑞西达看来，都是令人害怕或不悦的东西。

因此，我们一致同意，此次见面不是重聚。肯定不能算重聚，你不可能同一个不认识的人重聚。如果想继续见面——我当然想——就得重新认识。

"你好，我是克瑞西达。"

"你好，我是哈里。很高兴见到你。"

60

每天起床，去基地工作，做例行的事情，感觉没有一点儿意思。实在是浪费时间。

我觉得无聊透顶，无聊到想放声大哭。

更重要的是，这么多年来我第一次没有了目标。我需要有个目标。

接下来该怎么办？我每天晚上都在问自己。

我请求上级把我再送回去。

"回哪里？"

"回战场。"

"哦，"他们说，"哈哈……不可能。"

2013年3月，有消息说王宫要再派我代表王室出访。这是加勒比之旅后的第一次，目的地是美国。

一方面，单调的生活得以打破，我很开心；另一方面，又要回到"案发现场"，我很犹豫，想起每天都会有穷追不舍的关于拉斯维加斯的问题，我就头疼。

不会的，绝对不会的，朝臣们向我保证。在时间和战争面前，拉斯维加斯事件已黯然失色。这完全是一次亲善之旅，目的是促进英美伤兵康复。"没有人会提到拉斯维加斯，先生。"镜头切换到2013年5月，我和新泽西州州长克里斯·克里斯蒂一起视察飓风桑迪造成的破坏情况。他送给我一件蓝色羊毛上衣,新闻说州长是"为了让我穿上衣服"。事实上,克里斯蒂也是这么说的。此外,当一名记者问克里斯蒂对我在拉斯维加斯荒唐之事有何看法时,他信誓旦旦地说,如果我整天和他在一起,"没有人会被脱光衣服的"。这句话引起了哄堂大笑,因为克里斯蒂是出了名的健壮大汉。

在去新泽西之前,我访问了华盛顿特区,会见了奥巴马总统和第一夫人米歇尔·奥巴马。我参观了阿灵顿国家公墓,向无名战士墓敬献了花圈。之前我曾敬献过不下几十个花圈,但仪式同美国的都不一样。在这里,你不用亲手将花圈放在墓碑前,而是由一个戴着白手套的士兵代劳,你只需将手直接放在花圈上轻拍一下就行。这最后一步是与另一个士兵一起完成的。就在手放在花圈上的那一刻,我身子有点儿颤抖,脑海里满是和我一起服过役的男女士兵。我感慨万千,想到了死亡、伤害、悲伤,从赫尔曼德省到飓风桑迪,再到阿尔玛桥隧道。我不知道其他人是如何继续他们的生活的,但我生活在怀疑、困惑和一种无可名状的心态之中。

那无可名状的东西是什么呢?我想不明白。

是悲伤吗?

麻木?

我无法描述。找不到一个合适的词来形容它,我有点儿眩晕。

我到底怎么了?

整个美国之行如同旋风般短暂,仅仅持续了五天。其间,我访问了一些地方,见到很多人,经历了若干非凡时刻。但在回国的飞机上,只有一件事让我念念不忘。

中途在科罗拉多停留期间,我出席了"勇士运动会"(Warrior Games),相当于伤残军人自己的奥林匹克运动会。参加比赛的男女伤残军人多达二百人，每位运动员都极大地鼓舞了我。

我仔细观察他们，看他们尽情享受生活的样子，还有拼尽全力参与比赛的状态。我问他们……是如何做到的？

他们回答说体育运动是治愈战争创伤最直接的途径。

大多数参与者都是天生的运动员。他们告诉我，尽管已经伤残，但这些比赛给了他们一个难得的机会，让他们重新发现和展示自己的运动天赋。结果，他们的伤痛——包括精神上和身体上的——全都消失了，哪怕只是一瞬间，或者只是一天。这就足够了，绰绰有余了。一旦你的伤痛消失，不管时间长短，控制你的就不再是伤痛，而是你自己。

是的。我想我明白了。

因此，在返回英国的航班上，我一直回想着这些比赛，我们是否也可以在英国做类似的事情呢？办一个英国版的"勇士运动会"，可参与的士兵人数会更多，人们对运动会的关注度会更高，给参与者带来的好处也会更多。我在一张纸上草草记下自己的一些想法。等飞机着陆时，基本构想已经形成。

在刚刚举办过伦敦奥运会的奥林匹克公园，为世界各地伤残士兵举办一场属于他们自己的残奥会！

争取获得王宫的全力支持和配合。也许会吧？

这是个不小的挑战。不过，我觉得自己已经积累了一些政治资本，尽管发生过拉斯维加斯不雅事件，尽管不止一篇新闻报道把我描述为某种战犯，尽管曾经有过一段桀骜不驯的历史，但英国人似乎对我这个"替补"普遍有着积极的看法。而我本人也感觉到自己开始变得逐渐稳重和成熟起来。此外，尽管战争不受欢迎，但绝大多数英国人对军队总体上持积极态度，对于帮助士兵及其家人的活动，他们肯定会大力支持的。

首先是说服皇家基金会董事会，他们负责监督我、威利及凯特各自的慈善项目。这是我们自己的基金会，我告诉自己：肯定没问题。

而且，天时也在我这边。时值2013年初夏，威利和凯特的宝宝再有几周就出生了，他俩需要休息一段时间。因此，皇家基金会暂时没有什么项目要资助，账户里存着大约七百万英镑的资金。如果这个国际性的"勇士运动会"在基金会的支持下能够成功举办，将会极大提高基金会的影响力，从而激励更多捐助者，到时基金会的账户资金就会增加若干倍。等到威利和凯特回来专职处理基金会事务时，就会有更多的事情可以做了。所以，在提出这件事的前几天，我对自己很有信心。

然而，当那一天真正到来时，我却忐忑不安。但我真的非常渴望促成这件事。说实话，这不仅是为了那些伤残士兵及其家人，也是为了我自己。尽管突如其来的紧张情绪并未让我发挥出最好状态，但我还是把情况说清楚了，并且得到了董事会的同意。

我非常开心，马上联系威利，本以为他也会很开心。

但他对此非常生气，认为我应该先跟他商量一下。

我说，我觉得已经有人这么做了，所以……

他抱怨说我会用光皇家基金会的所有资金。

这太荒谬了！我瞠目结舌。我被告知只需要五十万英镑就能启动比赛，它只是基金会全部资金很小一部分。此外，这笔拨款来自"奋进基金"，它是我专门为退伍军人康复而创建的，是我专门为退伍军人康复而创建的基金会的一个分支机构。至于剩下的资金，我们将向捐助者和赞助商募集。

这到底是什么情况？我有点儿想不明白。

然后意识到：天哪，兄弟之间的竞争。

我用一只手遮住双眼。难道我们还没有从"继承人"和"替补"的较量中走出来吗？这种幼稚的你争我夺的游戏是不是该结束了？

但即使如此，即使威利仍然争强好胜，非要把兄弟情谊变成两个人之间的奥林匹克竞赛，难道他还没有拥有不可超越的领先优势吗？他已结婚，马上就要当父亲了，而我依然过着独自一人在家吃外卖的生活。

那是爸爸的家！是的，我还住在爸爸的家里！该结束了，伙计。你赢了。

61

举办一场国际性的"勇士运动会"是一项极具挑战且无比高尚的任务。我本来对它寄予厚望，希望能够产生奇迹，将我战后无聊的生活推向新的阶段。但事与愿违。随着日子一天天过去，我感到自己越来越懒散，越来越迷茫，越来越绝望。

到 2013 年夏末，我整个人精神状态很差。要么无精打采，昏昏欲睡；要么心神不宁，惶恐不安。

我那时的主要工作就是面对公众发表演讲和谈话，接受采访，但我发现自己现在连做这些事情都有些力不从心了。我总是在开始公开演讲或正式露面的几个小时前就开始不停出汗，上台后也往往没有思路，充满恐慌，总是幻想着尽快逃离这个受罪之地。

一次又一次，我都忍住了想要逃离的冲动。我能够想象得到，总会有一天我控制不住，真的从舞台上跑下去或从采访间里冲出去。而且，这一天似乎很快就要到来，我已经嗅到了那些令人震惊的头条新闻的味道，这进一步加剧了我的焦虑。

这种恐慌往往从早上的第一件事情——穿西装——就开始了。说来也怪，西装竟然成为触发我焦虑的元凶。把衬衫扣子一个个扣上时，我感觉血压在飙升；打领带时，我感觉喉咙在紧缩。当我穿上上装、系上鞋带时，汗水已开始从脸颊和后背往下流了。

我生来怕热，这一点跟父亲很像。我俩经常拿这件事开玩笑，调侃我们来错了星球，我们是有着鲜红血液的雪人。比如，那间位于桑德林汉姆宫的餐厅便是我们父子版的但丁的"地狱"。桑德林汉姆宫大部分房间还很凉快，但餐厅却像亚热带一样热。一起用餐时，每次等奶奶扭过头干别的事情时，我俩就会有一个迅速冲到窗户前，打开一条小缝。"哇，好凉爽。"但柯基犬却总是背叛我们。一接触凉爽的空气，它们就会打喷嚏。这时，奶奶就会问："有风吗？"一个侍从就会迅速关上窗户。（由于窗户老旧，关窗时不可避免地会发出一声巨响，那声音总让人觉得像监狱的门被砰的一声关上似的。）而现在，不管每次公开露面的场合如何，我都会有种置身于桑德林汉姆宫餐厅的感觉。每次演讲过程中，我都会感到异常燥热，觉得下面的听众肯定在关注和热议这件事。在一次酒会上，我急切地寻找其他同我一样怕热的人，以确保我不是个例。结果让我很失望。

就像往常发生的那样，我的恐惧开始蔓延。没过多久，就从正式的公众场合扩大到所有的公共场所和所有的人群，只要周围有人，我就会生出恐惧之感。

我最害怕的还是相机。当然了，我向来讨厌这个东西，现在更是到了无法忍受的地步。快门的一次咔嗒声往往会让我一整天昏昏沉沉。

我别无选择，开始窝在家里。日复一日，夜复一夜，吃外卖，看电视。《24小时》①和《老友记》②我都看过。2013年，我似乎把《老友记》的每一集都看了。

我觉得自己就是现实版的钱德勒。

现实中的朋友们不经意间会谈论我，说我仿佛变了个人，一天到晚

---

① 《24小时》（*24 Hours*），美国福克斯电影公司制作推出的一部动作枪战类惊悚系列片。
② 《老友记》（*Friends*），又译为《六人行》，是美国全国广播公司（NBC）出品的系列情景喜剧。

像得了流感似的，完全不是我自己。有时，我也想，或许我已经不是以前的我。也许这就是问题所在：我已经发生改变了。一个陌生的、胆怯的我正在诞生。我可能不得不以这样的面貌度过余生。

也许我本来就是这个样子，只是现在变得更为明显而已？我的内心像水一样，最终找到了自己的水位。

我想通过谷歌寻找答案，把症状输入到各种医学网站的搜索框内，试图进行自我诊断，从而为这种病症找到一个对应的名称……然而，答案其实就在眼皮底下。我遇到过那么多退役士兵，见过很多遭受创伤后应激障碍之苦的青年男女。他们曾向我诉苦，对他们来说，迈出家门是件十分困难的事，只要同他人在一起就感觉浑身不自在，进入公共场所会让他们痛苦难耐，尤其是比较吵闹的地方。他们说，就连出门购物也要算好时间，赶在商店或超市关门前几分钟到达，以避开人群和吵闹。虽然我对他们深表同情，却从未把自己和他们联系起来，从未想过自己也患有创伤后应激障碍！尽管我一直在与伤残士兵打交道，一直在为他们的利益奔波，一直在努力筹办一个能够让他们受到关注的运动会，但我始终没有意识到自己也是一名"伤兵"。

而且，我的战争并不是从阿富汗才开始。

从 1997 年 8 月开始，我便深陷"战争"的泥潭。

62

一天晚上，我给朋友托马斯打电话。他也是我非常要好的朋友亨纳斯的哥哥。他机智诙谐，话语间总是带着极富感染力的笑声。

他让我想起了过去的美好时光。

当时我正在克拉伦斯宫，坐在电视室的地板上，应该是在看《老友记》。

"嘿，布斯，在忙什么呢？"

他大笑起来。除了我，没人叫他布斯。

"你好！哈里斯！"

我笑了笑。除了他，没人叫我哈里斯。

他说刚参加完商务晚宴，很乐意在回家的路上顺便跟我聊天。

和他弟弟一样，他的声音顿时让人感到安慰。通话中，托马斯让我开心了很多，但他的心情却不怎么好。他经历了离婚和诸多坎坷，一直在苦苦挣扎。

我们不可避免地谈到了托马斯的第一道坎儿——亨纳斯，那是他所有坎坷的源头。托马斯非常想念他的弟弟。我告诉他我也是。我说，伙计，我也很想念他。

他感谢我在亨纳斯的慈善机构筹款的活动上发言。

"这样的活动我怎么能错过，这是朋友该做的。"

我想起了那次筹款活动，想起了活动前自己的焦虑症。

我们断断续续地回忆着往事。那时，每到周六上午，托马斯和亨纳斯兄弟俩，还有我和威利兄弟俩，就会聚在一起，不是同妈妈一起闲逛，就是看电视，要么就是比赛打嗝。

"她就像一个十多岁的少年！"

"是的，伙计。"

我们想起了同妈妈一起去拜见音乐剧作曲家安德鲁·劳埃德·韦伯的情景。

还有我和亨纳斯盯着拉德格罗夫学校的监控录像的情景。

说着说着，我们哈哈大笑起来。

托马斯让我想起，我和亨纳斯特别要好，人们总把我俩叫作杰克和罗素，或许是因为我和威利养了杰克罗素犬的缘故吧？亨纳斯此刻会在哪里？是和妈妈在一起吗？是和阿富汗战场的那些死者在一起吗？甘甘也在那里吗？就在此时，我被托马斯的尖叫打断了思绪。

"布斯，你没事吧？"电话那头传来了怒吼和谩骂声，然后是扭打、挣扎的声音。我打开免提，冲出房间，沿着走廊，跑上楼梯，冲进警务室，大声说："我的朋友有麻烦了。"再俯身听电话时，已经断线了。

显然，托马斯遭遇了抢劫。幸运的是，聊天时他碰巧提到过参加晚宴的那家餐厅的名字，就在巴特西地区。此外，我知道他的住处。通过查看地图，我们发现从餐厅到他家只有一条合理路线。我和几名保镖火速赶了过去，在阿尔伯特桥附近的马路边发现了鼻青脸肿、浑身颤抖的托马斯。我们带他到来到最近的警局，做了笔录，然后开车送他回家。

一路上，他不停地感谢我前来救他。

我紧紧抱着他。"朋友不就是相互帮忙的嘛。"

63

瓦蒂沙姆机场给我安排了一张办公桌，可我并不喜欢。我从未想要一张办公桌，我无法忍受办公桌的拘束。虽然父亲痴迷于桌前办公，往往像被钉在那里一样，周围堆满了书籍和邮件，但那不是我。

我还得到一项新任务：进一步完善自己阿帕奇直升机的知识。这也许会让我成为一名教官，指导其他学员操纵直升机。我觉得"或许算是"一份有意思的工作。

但事实并非如此，我感觉这不是我的使命。

我再次提出重返战场，再次被坚定否决。即使部队倾向于派我去，阿富汗的战事也在渐渐平息。

不过，利比亚局势正在升温。"去那里怎么样？"

不行。他们用各种正式或非正式的方式拒绝了我的请求。

关于哈里上战场的事，大家都受够了。

在瓦蒂沙姆机场结束一天的工作之后，我开车回到肯辛顿宫。我不再同爸爸和卡米拉住在一起，而是被安排到新的公寓，一套位于肯辛顿宫"底层"的公寓，也就是半地下公寓。

虽然公寓有三个高大的窗户，但几乎透不进光来，所以黎明、黄昏和正午之间的差别微乎其微。况且，住在楼上的 R 先生总会把他那辆巨型灰色路虎轿车停在窗户前，完全遮挡了光线。有时说起光线问题，他认为根本就不算问题。

我给他写了张便条，很有礼貌地问他是否可以把车往前挪一点儿。他回复让我见鬼去吧。然后，他跟奶奶说了这事，让她把同样的话告诉我。

虽然奶奶从未跟我说过此事，但有她撑腰，R 先生有恃无恐。他不过是奶奶的一个侍从而已，竟然因为这么一件小事向君主告发我。我的真实地位由此可见一斑。

我该据理力争，当时也是这样想的。我该和那个家伙进行正面抗争，但合计了一下，还是算了。这套公寓正好适合我当时的心境，幽暗的正午，正合我意。

此外，这是我第一次独居，不用再跟父亲他们住在一起。所以，总的来说，我真的不想抱怨什么。

一天，我邀请一位朋友过来小坐。朋友说这套公寓让他想起了獾的洞穴，但也可能是我对他说的。不管是谁说的，事实的确如此，但我真的并不介意。

我和朋友一边聊天，一边品尝美酒。突然一大块布单出现在窗前，然后开始抖动起来。朋友站起来，走到窗前："斯派克……那是什么鬼？"只见一大堆细碎的东西瀑布般落下。褐色纸屑？

应该不是。

闪光小饰品？

也不是。

朋友又说:"斯派克,是头发吗?"

是的。R夫人正在给儿子剪发,用一块平时用来收集剪报的布单收集头发。问题的关键是,当时我的三扇窗户都开着,而且碰巧那天微风习习,于是缕缕细发随风飘进公寓。我俩一边咳嗽,一边无奈地大笑,顺便将舌头上的毛发扯掉。

那些没有飘进公寓的毛发则像下雨一样落在了公共花园里。花园里的薄荷花和迷迭香开得正盛。

一连几天,我都在脑海中构思一封措辞严厉的警告R夫人的信,但最终并未落到笔下。我遭遇了不公平待遇,她的做法已经让我愤愤不平。这一点她或许并不知道,但她肯定不知道我讨厌她的真正原因。那就是这位R夫人每天都会把车停在妈妈曾经停车的地方。在我看来,与其丈夫相比,她显然更加难以饶恕。

我能看到她每天都将车停在那里,就是母亲的绿色宝马车曾经停放的地方。尽管我知道自己这样想是不对的,但在某种程度上,我还是要谴责这位R夫人。

64

我当叔叔了。威利和凯特迎来了他们的第一个孩子乔治,小家伙很漂亮。我真盼望他赶快长大。我也许会教他玩橄榄球,给他讲罗克渡口之战,讲玩飞盘和在走廊里打板球的故事,也许还会教给他如何在毫无隐私的状态下生存的技巧。

然而记者们却把这个欢乐的时刻,当作向我提问的机会。他们问我……是不是觉得很痛苦。

什么?

这个孩子把我的王位继承权从第三顺位挤到了第四顺位。于是记者们说:"运气不好,是吧?"

"你说这话一定是在开玩笑吧。"

"你肯定不高兴。"

"我再高兴不过了!"

真假参半。

我发自内心为威利和凯特高兴,对所谓继承顺位并不关心。

我确实一点儿也不快乐,只不过和这两件事毫无关系。

65

安哥拉。我去了那个饱受战争蹂躏的国家,这是一次正式访问。我还专门去了几个日常生活被地雷破坏的地方,包括一个据信是全非洲被地雷破坏最严重的城镇。

2013 年 8 月。

我穿着母亲在那次具有历史意义的安哥拉之行时穿的防护服,和邀请她的慈善机构哈洛信托①一起工作。从慈善机构的高管和实地考察工作人员那里得知,母亲关注的这个项目,实际上是她帮助发起的一场全球运动,可是现在已经停滞不前。原因是缺乏资金,缺乏决心。我听了十分沮丧。

这是妈妈去世前最满怀激情去做的事业。(1997 年 8 月,去巴黎前三周,她去了波斯尼亚。)许多人仍然记得她独自一人走进未曾清理过的雷区,通过遥控引爆了一枚地雷,勇敢地宣布:"搞定一枚,还有

---

① 哈洛信托(Halo Trust),英国非营利性慈善机构的项目。1997 年,戴安娜王妃曾表示对该组织的支持,此后哈里王子子承母志,资助过该组织。

一千七百万枚。"那时候,母亲想要建设一个没有地雷的世界的愿景似乎触手可及。

继承妈妈的事业,亲自引爆地雷,让我觉得离她更近,给了我力量和希望。虽然只是一小会儿,但总的来说,我觉得每天都在一个心理和情感的雷区行走,不知道下一次恐慌症会在什么时候爆发。

回到英国之后,我又一次深入研究,不顾一切地寻找病因和治疗方法,甚至跟爸爸推心置腹地谈了病情。"爸,我正在和恐慌症和焦虑症作斗争。"他一片好心,送我去看医生。但医生是个全科医生,没什么知识,也没什么新想法,只是建议我吃药。

可我不想吃药。

我用尽了其他疗法,包括顺势疗法[①]。研究过程中,很多人向我推荐镁,据说它有镇静作用。没错儿,确实如此。但大量服用也有令人不快的副作用——会使肠道松弛。这是我在一个朋友的婚礼上经历的惨痛教训。

一天晚上,在海格洛夫吃饭时,爸爸和我详细讨论了我所遭受的痛苦。我给他讲了许多细节,讲了一个又一个故事。快吃完时,他低头看了看自己的盘子,轻声说:"我想这是我的错。我几年前就该帮你了。"

我向他保证,根本就不是他的错。但我很感激他能表示歉意。

秋天临近,我的焦虑症加剧了。我想,或许是因为我很快就要过生日了。那是我二十九岁的生日。我想,这是我青春的尾巴。我被传统的怀疑和恐惧所困扰,人们年纪大了之后都会问的那些问题浮现在脑海之

---

① 顺势疗法(homeopathic),又称同类疗法,由德国医生塞缪尔·哈内曼(Samuel Huhnemann, 1755—1843)在 18 世纪创立。其理论基础是,为了治疗某种疾病,需使用一种能让健康人产生同样症状的药剂。

中：我是谁？要到哪里去？这很正常，我告诉自己，可是媒体却不正常地重复着我的自我质疑。

"哈里王子……他为什么不结婚？"

他们把我曾经有过的每一段感情，曾经和我在一起的每一个女孩，都搅在一起，雇了"专家"，也就是江湖骗子，研究其中的奥秘。有关我的书，深挖了我的爱情生活，聚焦我每一次恋爱失败和差点儿成功的经验。记得似乎有一本书详细描述了我与卡梅隆·迪亚兹[①]逢场作戏的故事。"哈里无法想象自己和她在一起会是什么样子。"作者写道。我确实无法想象，因为我们从未见过面。我从来没有在 50 米以内见过迪亚兹女士。如果你喜欢阅读纯粹胡说八道的垃圾，那么那些人写的王室传记是你的首选。

在所有这些对我的造谣中伤背后，其实有比"八卦"更具实质性的东西。这涉及君主制的整个社会基础，即建立在婚姻基础上的君主制。几个世纪以来，关于国王和王后的巨大争议，通常集中在他们和谁结婚，不和谁结婚，以及这种联姻生下的孩子。结婚之前，你还算不上真正的王室成员，只是一个普普通通的人。作为十六个国家的元首，奶奶每次演讲的开头都是："我丈夫和我……"威利和凯特结婚后，成了剑桥公爵和公爵夫人，但更重要的是，他们成了一个家庭，因此有权拥有更多的员工、更多的汽车、更大的房子、更大的办公室、额外的资源和印着王室浮雕图案的信纸。我不在乎这些津贴，但在乎被尊重。作为一个确定的单身汉，我是局外人，在自己的家族里是"外人"。如果想改变这一切，就得结婚，就那么简单。

所有这些都让我的二十九岁生日成了一座内涵复杂的里程碑，使我时而头痛不已。

[①] 卡梅隆·迪亚兹（Cameron Diaz, 1972— ），美国女演员、模特。

一想到下一个生日——三十岁——会是什么感觉，我就不寒而栗。真正翻过了一座大山。继承遗产的事将被提上日程。到了三十岁，我就会收到妈妈留给我的一大笔钱。我责备自己对这件事过于悲观。大多数人为了继承遗产会不惜一切代价。然而，对我而言，这只是又一次提醒，告诉我，妈妈已经离开这个世界。这是她留下的一片空虚的另一个标志。这种空虚英镑和欧元永远无法填补。

我觉得，最好的事情就是远离"生日"，远离一切。我决定去地球的尽头旅行，以纪念我来到地球的周年纪念日。我已经去过北极了。现在要到南极去。

又一次与伤员同行。

人们警告我，南极比北极还要冷。我笑了。怎么可能呢？我的阴茎都在北极冻坏了，伙计——还有比这最糟的情况吗？

而且，这次我知道如何采取适当的预防措施——紧身内衣，更多的衬垫，等等。更棒的是，一个非常亲密的朋友请一位女裁缝用最柔软的羊毛片为我定制了一个保护阴茎的垫子⋯⋯

说得够多了。

66

在准备进军南极的间隙，我和新来的私人秘书埃德·莱恩·福克斯坐了下来，我们都叫他 Elf。

2013 年 11 月。

Elf 曾是皇家骑兵团的上尉，他身材修长、聪明、圆滑，经常让人想起威利。这主要是因为他的发际线，而不是性格。与其说他让我想起哥哥，不如说他让我想起赛狗。他就像一条灰狗，永远不会停下来。他会追着一只兔子到地老天荒。换句话说，无论什么时候，什么情况，他都完全献身于自己的事业。

然而,他最大的天赋是洞察事物本质的能力以及判断和解决问题的能力。这使他成为帮助我实现国际性的"勇士运动会"这一雄心勃勃的想法的完美人选。

Elf 建议说,既然已经有了一部分资金,接下来的任务就是找一个具有非凡组织能力、广泛社会关系并且在政界人脉众多的人来承担这样一项规模浩大的工作。他正好认识这样一个人。

基思·米尔斯爵士[①]。

我表示赞同。基思爵士曾组织过 2012 年伦敦奥运会,那次奥运会非常成功。

说真的,还有谁比他更合适呢?

"让我们邀请基思爵士去肯辛顿宫喝杯茶吧。"

67

那个客厅一直清清楚楚地印在我的脑海里。两扇大窗户,红色小沙发,吊灯把柔和的光洒在一幅骏马飞奔的油画上。我以前不止一次在那里会见过客人。但那天走进来的时候,我觉得这将是我一生中最重要的一次会面的场所。屋子里的每一个细节都给我留下深刻的印象。

我尽量保持冷静,请基思爵士在椅子上坐下,问他喝什么茶。

闲聊了几分钟后,我讲了自己的想法。

基思爵士毕恭毕敬地听着,目光犀利。我说完后,他哼哼哈哈,半响才开口说话。

他说,听起来很美妙,但他目前处于半退休状态,以后想少干点儿

---

① 基思·米尔斯爵士(Sir Keith Mills, 1950—),英格兰足球超级联赛监事会成员。

活儿，让生活过得简单一些，做自己喜欢做的事情，主要是航海、美洲杯等。

而且，事实上他已经安排好，第二天就要度假去了。

怎么才能和一个再过几个小时就要开始度假的人撸起袖子干一个如此大的项目呢？

我想，这是不可能的。

但是这次运动会的全部意义就是永不放弃。

所以我继续去找他，一次又一次地找他，告诉他我遇到的士兵们的故事，还有我自己的一些故事。这是我第一次，也是最完整的一次，向别人讲述我在战争中的经历。

慢慢地，我发现我的真诚、我的热情，正在打破基思爵士的防线。

他皱着眉头说："嗯……到目前为止，为了搞这个项目你还找过哪些人？"

我看看Elf。Elf看看我。

"我们的真诚由此可见一斑，基思爵士。你看……你是第一个。"

他呵呵地笑了："聪明。"

"不，不，真的。如果你愿意，可以重新组织工作班子。雇用任何你需要的人。"

尽管我这样说有点儿"推销"的味道，但也是真实情况。我们还没能说服别人加入我们的团队，所以他有全权委托，可以按照自己的意愿组织工作人员，把曾经帮助他成功举办奥运会的每一个人都请来。

他点了点头："你打算什么时候举行？"

"9月。"

"什么时候？"

"9月。"

"你是说十个月后？"

"是的。"

"这不可能。"

"必须能。"

我希望这次运动会和第一次世界大战一百周年纪念活动同时举行。我觉得这种联系至关重要。

他叹了口气,答应考虑一下。我知道这意味着什么。

68

几周后,我飞往南极,降落在一个名为新拉扎列夫斯卡亚①的科考站,这是一个由小屋和活动房屋组成的小小的"村庄"。住在那里的几个勇敢的人是极其好客的主人。他们为我提供食宿,他们做的汤太棒了,我怎么也喝不够。

也许因为当时是零下35℃?

"再来点儿滚烫的鸡丝面,哈里?"

"好呀。"

我和我的团队花了一两个星期的时间来补充碳水化合物,做各种准备。当然,少不了喝伏特加。终于,在一个朦朦胧胧的早晨……我们出发了。大家爬上一架飞机,飞到冰架,停下来加油。飞机降落在一片洁白坚实的冰雪之上,宛如走进梦境。放眼望去,除了几个巨大的燃料桶,什么也看不见。飞机滑行到燃料桶跟前,飞行员加油的时候,我从飞机上走了下来。连寂静也是圣洁的,没有一只鸟,没有一辆车,没有一棵树,只是硕大无朋、包罗万象的虚无的一部分。没有气味,没有风,没有什么棱棱角角或者兀然耸立的东西破坏无边无际、令人心醉神迷的美

---

① 新拉扎列夫斯卡亚(Novolazarevskaya),俄罗斯运营的南极科考站,简称Novo。

丽风景。我信步走着,想一个人待一会儿。我从没到过这么安静的地方。我欣喜若狂,来了个头手倒立,月复一月的焦虑,几分钟之内便化为乌有。

我们回到飞机上,飞向长途跋涉的起点。下了飞机,开始走路的时候,我突然想起,哦,天哪,我的脚趾骨折了。

事情发生在最近,在诺福克欢度"男孩周末"的时候。我们喝酒、抽烟、聚会到天亮。然后,重新归置被我们弄乱了的房间时,一把带铜轮的沉重椅子砸在我的脚上。

这伤受得实在愚蠢,但也把我搞得疲惫不堪,几乎不能走路。不过没关系,我下定决心不让队友们失望。

不管多么艰难,我跟同伴们一样,每天拉着一辆重约200磅的雪橇走九个小时。无论是谁,在雪地上拉雪橇都很困难。对我来说,特别的挑战是被风刮出来的光滑的、高低不平的波状雪脊。"sastrugi",这是挪威语对这种波状雪脊的称呼,意思是"雪面波纹"[①]。脚趾断了还要在雪面波纹之上跋涉?我想,也许这可以成为国际性的"勇士运动会"的一个项目。但每当我想抱怨的时候——抱怨我的脚趾,抱怨我的疲劳,抱怨任何事情——只要瞟一眼同行的人,怨气便烟消云散:我正跟在一个名叫邓肯的苏格兰士兵后面,他没有腿。我身后,是一个叫伊万的美国士兵,他双目失明。我发誓,我再也不会怨天尤人!

此外,离开英国之前,一位经验丰富的极地导游曾建议我利用这次旅行来"清理硬盘"。这是他的原话。他说,"利用"重复的动作,"利用"刺骨的寒冷,"利用"虚无,"利用"那种风景独特的空白,让你注意的焦点变得越来越小,直到思想进入恍惚状态。那将是一场冥想。

[①] 当风连续从一个方向吹来时,在风吹过的极地平原上形成特有的一系列长而时常陡峭的波状大雪脊,科考队员称之为雪面波纹。

我严格遵照他的建议，告诉自己要活在当下。只想雪，想寒冷，想脚下的每一步。这招奏效了。我陷入一种舒适的恍惚，即使脑海里一片黑暗，也能直盯盯地看着它们飘然而去。有时候，我仿佛看到自己那一刻的想法和其他想法联系起来，突然之间，整个想法犹如一根完整的链条，都有了意义。例如，我回想起生命中所有具有挑战性的旅程——北极、军队演习、跟在妈妈的棺材后面走到坟墓——虽然这些记忆是痛苦的，但也提供了连续性，创造了一种构架，一条我从未怀疑过的叙事链。人生就是漫长的行走。这很有道理。太棒了。一切都相互依存、相互联系……

然后是头晕。

与我们的直觉相反，南极高于海平面大约3000米，所以高原反应是真正的危险。我们这支徒步旅行的队伍中已经有一位队友被迫离队。现在我明白为什么会这样了。那种感觉是慢慢产生的，起初我并不在意。可是突然之间，它会把你打翻在地，头晕目眩，接着是剧烈的偏头痛，大脑两叶都承受着巨大的压力。我不想停下脚步，但已经由不得我。身体说："谢谢，就在这'下车'吧。"我膝盖一弯，上半身也随之倒下。

我像一堆石头跌落在雪地上。

医护人员搭了个帐篷，让我平躺着，给我注射了某种抗偏头痛的药物。我想是在屁股上。听见他们说，注射的是类固醇。醒来时，我觉得自己好像处于半睡半醒的状态。我追上那群人，努力让自己重新进入恍惚状态。

只想寒冷，想雪……

接近南极点时，我们都兴高采烈，保持步调一致，透过结了冰的睫毛，看到它在那儿，就在那儿！我们欢呼着向它跑去。

"停下！"

导游告诉我们该安营扎寨了。

"什么？安营扎寨？可终点就在那儿了。"

"我们不能在南极点扎营！所以今天晚上都得住在这里，明天早上出发去南极点。"

在南极的阴影下露营，谁也睡不着，大伙儿太兴奋了，在那冰封雪冻之地开了个派对。有人喝酒，有人打闹。世界的底端回荡着我们的笑声。

终于，2013年12月13日，天刚亮，我们就起飞，冲进南极。在准确的极点或附近，有一个巨大的旗帜环绕的圆圈，代表《南极条约》的十二个签署国。我们站在旗子前，筋疲力尽，如释重负，不知所措。"为什么那具棺材上有一面英国国旗？"然后我们拥抱在一起。一些媒体报道说，一个士兵把他的假肢取下来，拿它当啤酒杯喝香槟。听起来没错，但我不记得了。我这辈子喝过很多次用假肢盛的酒，不敢保证那是其中一次。

旗帜后面矗立着一座巨大的建筑。那是我见过的最丑陋的建筑之一。宛若一个没有窗户的盒子，是美国人建造的研究中心。我想，设计这个怪物的建筑师，一定对人类同胞、对这个星球、对极地充满了仇恨。看到一个如此丑陋的东西统治着一片如此纯洁的土地，我的心都碎了。尽管如此，我还是和其他人一起，匆匆走进这幢丑陋的建筑里，想去暖和暖和，撒泡尿，喝点儿可可。

里面有一个很大的咖啡馆，我们都饿了。可是抱歉，咖啡馆已经关闭。"想喝杯水吗？"

"水吗？哦。好的。"

每人都得到一杯水。

每人还得到一份纪念品。一支试管。

上面有个小软木塞。

侧面印着一个标签：世界上最干净的空气。

69

我直接从南极到桑德林汉姆。

和家人一起过圣诞节。

那一年，"奶奶酒店"客满，住满了家人，我被安排在狭窄的后走廊里一间"迷你小屋"，就在王宫工作人员的办公室中间。我从未在那里住过，连去都没怎么去过。（这很正常。奶奶的每一座庄园都很大——要花一辈子的时间才能看遍每一个角落。）我喜欢探索、尝试未知领域——毕竟我是个经验丰富的极地探险家，在这个未曾涉足的小屋下榻未尝不可。但我总是有一种不被赏识、不被爱的感觉，有一种被发配到蛮荒之地的感觉。

我开导自己要好好利用这间小屋，利用这段时间，保护我在南极获得的宁静。我的"硬盘"被清理了。

唉，那时候，我的家人被一些非常可怕的恶意软件感染。

这在很大程度上与《宫廷公报》有关。它有王室家族每位成员前一年参与"官方活动"的年度记录。这是一份邪恶的文件。到了年底，所有的数字都统计出来之后，报界就会进行比较。

"啊，这个比那个忙。"

"啊，这是个懒骨头。"

发布《宫廷公报》是王室古老的传统，但最近发生了变化，变成一个循环"行刑队"。它没有"创造出"家人相互竞争的感觉，而是放大、扭曲了那种感觉，将之武器化了。虽然我们谁也没有议论过《宫廷公报》，也没有指名道姓地提到它涉及的任何人，但这只会在平静的表面之下制造出更多的紧张气氛。随着年底的临近，这种紧张气氛在无形中加剧。有的家庭成员热衷于在每年的"公报"中尽可能多地记录自己参与的所谓官方活动，不管什么事儿都往上写。他们的成功很大程度上得益于记录那些严格来说根本就不是什么活动的事情，记录那些转瞬即逝的"公共互动"，那些威利和我做梦都不会想到的事情。《宫廷公报》成了一个笑话。"业绩"都是自我报告，充满主观色彩。九次私人探访老兵，帮助他们恢复心理健康？零分。乘坐直升机去马场剪彩？满分！

《宫廷公报》之所以是个笑话、骗局，主要是因为我们自己无法决定要做多少工作，做什么工作。一切都由奶奶或爸爸的资金力度决定。金钱决定一切。在威利和我的问题上，爸爸是唯一的决定者。他控制着我们的资金。我们只能根据爸爸分配的资金和预算，做力所能及的事情。结果，因为爸爸允许我们做了这些事情，就被当众鞭笞——这让人觉得非常不公平，完全是被人操纵的结果。

也许围绕着这些事情的压力来自对君主制本身总体的压力。王室感受到了全球变化的震动，听到了批评人士的呼喊。他们说君主制过时了，代价高昂。这个家族之所以容忍甚至"倾向于接受"《宫廷公报》的胡说八道，与他们接受新闻界的践踏和掠夺，都是因为同一个原因——恐惧。对公众的恐惧，对未来的恐惧，害怕有朝一日，国家会说："好吧，终结它。"所以，在2013年的平安夜，在那条后走廊，在那间迷你小屋，看着苹果平板电脑上的南极照片，我其实很满足。

盯着我的小试管。

世界上最干净的空气。

我打开瓶塞，一口吸进去。

啊——

70

我搬出"獾洞",住进诺丁汉小屋(Nottingham Cottage,也称 Nott Cott)。威利和凯特曾经住在那里,但他们家的人口已经多了,显然住不下,搬进对面的玛格丽特公主的旧居后,他们把钥匙给了我。

离开"獾洞"的感觉真好。但更好的是离威利和凯特很近,他们就在对面。我心里想,以后随时可以去看望他们。

"看!哈里叔叔!"

"嗨!只是想过来看看。"

拿着一瓶酒,抱着一堆送给孩子的礼物,坐在地板上和小乔治闹着玩儿。

"你留下来吃晚饭吗,哈罗德?"

"好呀!"

但事实并非如此。

他们离我住的地方只有半个足球场远,就在一座石砌庭院后面,很近。我可以看到保姆推着婴儿车走来走去,可以听到他们精心装修的声音。我以为他们会随时叫我过去。任何一天。

但日复一日,这一切都没有发生。

我想我明白了。他们很忙!在建设自己的家园!

"或者也许……他们不想被人打搅?""也许我结婚了,情况就不一样了?"

他们不止一次说很喜欢克瑞西达。

71

2014 年 3 月,温布利体育场举行了一场音乐会。舞台上,我经历了典型的恐慌症的折磨。我走到舞台中央，握紧拳头，面对一万四千张年轻的面孔，念着讲稿。他们是为"我们的时代"[①]聚集在一起的。如果我更多地关注他们，也许就不会那么紧张了。但那一天，我度过了一个真正的"我的时代"，一直想着上次在这个舞台上演讲的情景。

那是妈妈去世十周年。

我也很紧张，但不是这副模样。

我匆匆走下舞台，擦去脸上的汗水，摇摇晃晃走到克瑞斯[②]旁边坐下。

她看见我，脸色突然变得煞白。

"你还好吗？"

"还好，还好。"

但她知道，我并不好。

我们看着其他演讲者——应该是她看着。我正努力把气喘匀。

第二天早上，我们俩的照片登上了所有的报纸，并在网上大肆传播。有人向记者透露了我们坐的地方，我们终于被曝光。秘密约会了近两年之后，我们被揭露是一对情侣。

我们说，真奇怪，这件事怎么会成为轰动一时的新闻！以前在瑞士韦尔比耶滑雪时也被拍过照，但没弄出这么大的动静。也许因为这是她第一次和我一起参加与王室有关的活动。

事到如今，我们不再那么偷偷摸摸了，感觉坏事变成好事。几天后，我们去特威克纳姆[③]看英格兰队和威尔士队的比赛，被狗仔跟踪拍摄，但

---

① "我们的时代"（We Day），由"解放儿童组织"主办的年度活动。该活动为鼓励青少年而举办，关注世界各地的青少年发展。

② 克瑞斯（Cress）是克瑞西达的昵称。

③ 特威克纳姆（Twickenham），伦敦西南部一个仅有五万人口的地区。但这里却因为拥有一座可容纳八万余名观众的英式橄榄球圣地特威克纳姆球场而闻名。

我们甚至懒得去谈论这件事。不久之后，和朋友一起去哈萨克斯坦滑雪度假，我们又被拍到了，而我们甚至都不知道。我们太不关注那些事情了。滑雪对我们而言如此神圣，如此具有象征意义，尤其上次去瑞士滑雪度假之后，她奇迹般地打开了我的心扉。

事情发生在一个深夜，在山坡上度过漫长的一天，在滑雪休息吧和大伙儿度过一段快乐时光之后，我们回到堂妹的小木屋。我们住在那里。克瑞斯洗脸、刷牙，我坐在浴缸边。记得当时并没有谈论什么特别的事情，但她突然问起了母亲。

这真是独一无二，前所未有——女朋友问起我的妈妈。但这也是她提问的方式。她的语气恰好融合了好奇和同情，对我回答的反应也恰到好处。惊讶，关心，不加评判。

也许还有其他因素在起作用：身体疲劳、瑞士人的热情好客、新鲜空气、酒精。也许是窗外轻柔飘落的雪花，也许是十七年压抑的悲伤突然进入高潮，也许因为成熟了。不管是什么原因，或者是多种原因的结合，我直截了当地回答了她，然后哭了起来。

记得我当时想：哦，我哭了。

我对她说："这是我第一次……"

克瑞西达向我俯下身来："什么……第一次？"

"这是葬礼后我第一次为妈妈哭泣。"

我擦着眼泪，向她道谢。她是第一个帮我跨过那道屏障、让我涕泪横流的人。这是一种宣泄，加速了我们之间的联系，在过去的关系中增加了罕见的元素——巨大的感激之情。我深深地感激克瑞斯，而这就是当我们从哈萨克斯坦回到家里时，我感到如此痛苦的原因。因为在滑雪旅行的某个时刻，我意识到我们不会成为一对儿。

我知道。我想克瑞斯也知道。虽然我们之间有深厚的感情，深厚而持久的忠诚——但不是永恒的爱。她总是明确表示不想承担王室成员的压力，而我也从不确定自己是否想让她承担。这个不可改变的事实，虽然暗中潜伏了一段时间，但在哈萨克斯坦的山坡上浮出水面。

突然，一切都明朗了。"行不通。"

多奇怪啊，我想，每次我们去滑雪……都会有所感悟。

从哈萨克斯坦回来的第二天，我就给一个朋友打了个电话。他和克瑞斯的关系也不错。我告诉他我的感受，并向他寻求建议。那位朋友毫不犹豫地说，要分手就当机立断。于是我开车径直去找克瑞斯。

她和一个朋友住在一起。她的卧室在一楼，窗外是大街。当我小心翼翼地坐在床边告诉她我的想法时，听到窗外传来的汽车和行人的声音。

她点了点头。这个结局似乎没有让她感到惊讶。看来这些事情也一直在她的脑海里盘旋。

"我从你身上学到了很多，克瑞斯。"

她点了点头，看着地板，眼泪顺着脸颊流下。真该死，我想。

她帮我哭了出来。现在我却在她哭着的时候离她而去。

72

我的朋友盖伊要结婚了。

我没心情参加婚礼。但那是盖伊的婚礼。一个方方面面都好的家伙。他是我和威利的老朋友。我喜欢他，也欠着他的情。因为我，他被媒体曝光，不止一次牵扯进"丑闻"。

婚礼在美国南部举行。

人们对我的到来议论纷纷……还能有什么话题？

拉斯维加斯。

我想：过了这么久，我的到来还会成为热议的话题？真会这样吗？我上次光屁股的照片会那么令人难忘吗？

管不了那么多，我告诉自己。让他们继续谈论拉斯维加斯吧，我要把精力都集中在盖伊的"大日子"上。

在出席盖伊只有男人参加的"告别单身聚会"的路上，我们一群人在迈阿密停下来，美餐一顿，逛了几家俱乐部，跳舞一直跳到午夜后，喝得头昏脑涨。第二天，我们都飞往田纳西州。我记得，尽管婚礼日程排得满满的，我还是抽出时间参观了埃尔维斯·普雷斯利的故居——雅园。（实际上，他原本是买给自己母亲的。）

大家都说："哦，哦，原来这就是猫王住的地方。"

"谁？"

"猫王，埃尔维斯·普雷斯利。"

"哦。猫王。没错儿。"

人们把这所房子称为城堡、豪宅、宫殿，但它让我想起"獾洞"。黑暗，幽闭。我转了一圈儿，说："你说猫王住在这儿？真的吗？"

我站在一个狭小的房间里，里面摆放着花哨的家具和长绒地毯，心想，猫王的室内设计师一定是个致幻药上瘾的家伙。

为了纪念埃尔维斯，参加婚礼的一行人都穿着蓝色麂皮鞋。招待会上，不少人甩掉鞋子，年轻的英国男女醉醺醺地跳着舞，欢快地唱着歌，没有高音和节奏，只是狂欢。我从来没有见过盖伊这么快乐。

他一直都是我们的密友和助手，但现在不是了。他和他的新娘是这场"演出"的明星，是大家关注的中心，我的老伙计理应享受这份荣耀。看到他如此快乐，我非常高兴。尽管有时候，看到前来参加婚礼的夫妻出双入对，情侣们躲到角落里呢喃细语，或者随着碧昂丝和阿黛尔的歌曲尽情摇摆，我会默默地走到酒吧，心里想，什么时候轮到我？一个最渴望结婚、组建家庭的人，但这样的好事似乎永远不会发生。我有些烦躁地想：世界就是这样不公平。

73

但这一切仅仅是热身。我回到英国后不久,电话窃听丑闻的元凶"戒毒怪人"在审判中被无罪释放。

2014年6月。

大家都说,证据确凿。

陪审团却说,还不够充分。他们相信"戒毒怪人"在证人席上的证词。她牵强附会地说自己是因为轻信。不,是滥用了轻信。她对待轻信的态度就像对待王室一位十几岁的红发少年。

她的丈夫也一样。在警方搜查他家的几个小时前,他被拍到将装满电脑、U盘和其他个人物品(包括他收藏的色情片)的黑色塑料垃圾袋扔进车库的垃圾箱。但他发誓这一切都是巧合,所以……司法系统说,没有证据证明他篡改、销毁证据,只能继续调查。和你一样,我从来不相信我读到的那些东西,而此刻,这种感觉更甚——我真的不能相信正在读的东西。他们居然放了这个女人?公众没有愤怒吗?难道人们没有意识到这不仅仅关乎隐私,不仅仅关乎公共安全,不仅仅关乎王室家族吗?事实上,电话窃听案最初之所以公开是因为可怜的米莉·道勒[①],一个被绑架并被谋杀的少女。宣布米莉失踪后,"戒毒怪人"的手下窃听了

[①] 2002年3月的一天,英国一位名叫米莉·道勒的十三岁女孩在放学路上失踪,引发英国警方的大规模搜索行动。六个月之后,道勒的遗体在一片树林里被找到。直到2011年6月,绑架杀害道勒的凶手才认罪。而2011年6月4日,英国媒体报道,这名女孩2002年3月失踪后,英国《世界新闻报》就曾雇佣私人侦探窃听道勒的手机语音信箱,当道勒家人和朋友的留言占满了语音信箱后,《世界新闻报》雇佣的侦探擅自删除了部分留言,这导致受害者家人以为道勒还活着,同时也干扰了警方的侦破工作。这则丑闻让英国全国上下一片哗然。英国议会曾就此事展开紧急辩论。时任首相卡梅伦表示,电话窃听事件令人感到震惊和气愤,并称支持对《世界新闻报》窃听丑闻展开独立调查。

她的电话——他们在米莉父母最痛苦的时候侵害了他们的隐私,给了他们错误的暗示,让他们误以为可怜的小女儿可能还活着,因为她的信息被监听了。那一对父母不知是"戒毒怪人"的团队在窃听。如果这些记者如此邪恶,在道勒夫妇最痛苦的时候还不肯放过他们,而且能逃脱惩罚,别人还能安全吗?

人们不在乎吗?

不在乎。他们不在乎。

那个女人逍遥法外的事实严重地打击了我对整个制度的信心。我需要重新开始,重拾信念。于是我去了常去的地方。奥卡万戈。

跟提吉和迈克一起过几天,恢复一下元气。

确实大有帮助。

回到英国后,我把自己关在诺丁汉小屋。

74

我根本不怎么出去。也许偶尔有个晚宴。也许去参加家庭聚会。

有时我会出入于俱乐部。

但这不值得。每次出去,看到的总是同样的场景。这儿有狗仔,那儿有狗仔。到处都是狗仔。天天如此,重复不变。

晚上出去玩未必一定就快乐,即使快乐也永远都抵不上这种痛苦。

但我又想,如果不出去,怎么能遇到合适的人呢?

所以还得再试一试。

那是土拨鼠日[①]。

一天晚上,我离开一家俱乐部,看见两个人从拐角处跑出,直奔我

---

① 土拨鼠日(Groundhog Day)又称土拨鼠节,是北美地区的传统节日。

而来,其中一个家伙还把手放在屁股上。

有人喊道:"枪!"

我想,好吧,今儿个交好运了。

"岩石比利"手里握着枪,一个箭步冲上去,差点儿朝那两个人开火。

结果发现,那两个家伙是"阿呆"和"阿瓜"。他们压根儿就没有枪,不知道那个"呆瓜"把手伸到屁股后面想干什么。比利抓住他的衣领,对着他的脸吼叫:"你要我们告诉你多少遍?你会害死人的。"

他们不在乎。真的不在乎。

75

2014年8月。伦敦塔。和威利、凯特一起。

我们此行的目的是参观一个艺术装置。干涸的护城河上,"植种"着成千上万株鲜红的陶瓷罂粟①。最终,计划在那里"种植"888 246株陶瓷的罂粟,每一株代表一个在第一次世界大战中牺牲的英联邦士兵。整个欧洲都在纪念战争爆发一百周年。

除了其非凡的美感,艺术装置以一种不同的方式视觉化战争的残酷,实际上,是视觉化死亡本身。我非常难过,为所有这些生命,所有这些家庭。

这次参观伦敦塔正好是妈妈忌日的前三周,我总是把她和大战联系

---

① 陶瓷罂粟(ceramic poppies),为纪念一战期间为英联邦捐躯的全体888 246位将士,在"纪念第一次世界大战爆发一百周年活动"期间,英国陶瓷艺术家用陶瓷制作了888 246株罂粟花。

在一起，因为她的生日是 7 月 1 日，索姆河战役①开始的那天，是第一次世界大战中最血腥的一天，是英国军队历史上最血腥的一天。

"在佛兰德斯战场上，罂粟花迎风盛开……"

伦敦塔外，有人走上前，递给我一朵罂粟花，让我把它放在什么地方。那一刻，所有这一切都汇聚在脑海里，涌上心头。（设计此装置的艺术家希望每一朵罂粟花都由一个活着的人放置。到目前为止，已有数千名志愿者参与其中。）威利和凯特也拿到了罂粟花，并被告知把它们放在他们选择的任何地方。

安放之后，我们三个人都退后一步，陷入沉思。

我相信就在那时，伦敦塔的"警察"出现了。他向我们打招呼，告诉我们罂粟花的事，以及它是如何成为英国战争的象征。"警察"说，在那鲜血浸透的战场，罂粟是唯一盛开的鲜花。这位"警察"不是别人，正是……丹纳特将军。

那个送我重回战场的人。

是的，一切都在汇聚。

他问我们是否愿意快速参观一下伦敦塔。

我们说当然愿意。

我们在陡峭的楼梯上走来走去，凝视着黑暗的角落，不一会儿就发现站在一个厚玻璃展柜面前。

里面是耀眼的珠宝，包括……王冠。

---

① 索姆河战役（Battle of Somme）是第一次世界大战中规模最大的一次会战，发生在 1916 年 6 月 24 日至 11 月 18 日，英、法两国联军为突破德军防御并将其击退到法德边境，在位于法国北方的索姆河区域实施作战。从 6 月 24 日起，英法联军进行了七天的炮火准备，7 月 1 日晨，步兵在炮火支援下发起进攻，遭到德军的疯狂扫射，当天英法联军死伤 6 万余人。战役持续了近五个月，到 11 月 18 日战役结束时，双方伤亡共计 130 万人。

天哪！王冠。

1953年奶奶加冕时戴在头上的那顶。

有那么一瞬间，我以为这顶王冠和放在甘甘的棺材上穿街而过的是同一顶。看起来一样，但有人指出几个关键的区别。

啊，是的。这就是奶奶的王冠，只有她一个人戴过。记得她告诉我，第一次戴在头上时，觉得很重。

王冠看起来确实很重，也很神奇。越看越亮——可能吗？那光芒似乎是内在的。珠宝自然发挥了作用，但王冠似乎拥有某种内在的能量之源，某种超出它各部分之和的东西。珠宝饰带，黄金鸢尾，纵横交错的拱形装饰和闪闪发光的十字。当然还有它的貂皮底座。你情不自禁会想，深夜在伦敦塔内遇到的鬼魂，也会放射类似的光芒。我慢慢地、满怀感激地把目光从王冠底部移到顶部。王冠是一个奇迹，一件卓越而令人回味的艺术品，就像罂粟花一样，但那一刻我唯一能想到的是它被锁在这座塔里是多么的悲惨。

又一个囚徒。

"太浪费了。"我对威利和凯特说。但他们什么也没说。

也许他们在看着王冠上那一圈貂皮，想起我在他们婚礼上的致词。

也许不是。

76

几个星期后，经过一年多的讨论和策划，历经周密的思考和种种担忧，七千名粉丝涌入伊丽莎白女王奥林匹克公园参加开幕式。"不可征服运动会"①（Invictus Games）就此诞生。

起初打算叫"国际勇士运动会"（International Warrior Games）。但大家认为这个名字像个绕口令，很拗口。一位聪明的皇家海军陆战队队员想出了这个更好的名字。

他一提议，我们都交口称赞。以威廉·欧内斯特·亨利②的诗《不可征服》（*Invictus*）命名！

每个英国人都知道这首诗。第一句更是烂熟于心。

Out of the night that covers me...③

哪个男生或女生没有至少读过一次这样掷地有声的诗句呢。

I am the master of my fate,
I am the captain of my soul.④

发表开幕式演讲前几分钟，我站在会场侧翼，手里拿着几张卡片，手明显在颤抖。对我而言，讲台像个绞刑架。我一遍又一遍地读着手里的卡片。九架红箭飞行表演队⑤的飞机进行飞行表演，喷出红色、白色和

---

① "不可征服运动会"是哈里王子发起的运动会，旨在表彰和鼓励英联邦国家的伤残军人回归社会，保持积极、健康生活。
② 威廉·欧内斯特·亨利（William Ernest Henley，1849—1903），19 世纪英国诗人，以其 1875 年写就的诗作《不可征服》（*Invictus*）闻名。
③ 中文大意是：走出笼罩我的暗夜……
④ 中文大意是：我是自己命运的主宰，我是自己灵魂的统帅。
⑤ 红箭飞行表演队（Red Arrows），英国皇家空军的红箭特技飞行队。

蓝色的烟雾。伊德瑞斯·艾尔巴①朗读了《不可征服》，他可能比任何人都读得好。米歇尔·奥巴马通过卫星，就运动会的意义发表了慷慨激昂的讲话。最后，她把我介绍给大家。

走过铺着红地毯的迷宫曲径，仿佛走了一条漫漫长路，我嘴角的笑容像凝固了一样，脸颊看上去也像铺了红地毯。潜意识里，战斗或逃跑两种念头拉扯着。我暗自责备自己不该这样。运动会为那些肢体残缺不全、却将身体推向极限的人提供了一个展示自己的舞台，我却因为一个小小的演讲而抓狂。

但这不是我的错。此时，焦虑控制了我的身体，我的生命。而这篇我认为对很多人意义重大的演讲，却只能加剧我的病情。

另外，走上舞台时，制片人告诉我，要抓紧时间。"太好了，又有事情要考虑了。谢谢。"

走上演讲台——那是我亲自仔细选定的位置——我就开始在心里埋怨自己。因为站在这里，所有参赛选手尽收眼底。所有那些充满信任、健康向上的面孔都正对着我，一双双眼睛期待地望着我。我强迫自己把目光移开，什么也不看。我抓紧时间、匆匆忙忙大声说："对一些参赛者来说，这次运动会将是他们进入精英体育的垫脚石。但对其他人来说，这将标志着他们身体康复的结束和一个新篇章的开始。"

我离开演讲台，走到前排，找自己的座位。爸爸坐在旁边，把手搭在我肩上。"干得好，亲爱的孩子。"他很善良，明知道我的演讲太过仓促，却没有说出"真相"。这很让我高兴。

仅从数据上看，"不可征服运动会"大获成功。两百万人通过电视观看了比赛，每一场比赛都有数千人在现场观看。对我来说，最精彩的是

---

① 伊德瑞斯·艾尔巴（Idris Elba, 1972— ），英国演员。

轮椅橄榄球决赛，英国对美国，成千上万的球迷在铜箱馆①为英国的胜利欢呼。

那一周，无论我走到哪里，人们都会围拢过来，和我握手，把他们的故事讲给我听。孩子们、父母们、祖父母们总是含着热泪告诉我，他们一直担心自己的亲人——儿子、女儿、兄弟、姐妹、母亲、父亲因为伤残一蹶不振，但这次运动会恢复了他们的亲人昂扬向上的精神。一位女士拍了拍我的肩膀，告诉我，我让她丈夫又满脸笑容。

"哦，那微笑，"她说，"自从他受伤我就再也没有见过。"

我知道"不可征服运动会"会在世界上引起反响，我一直都知道，但这些赞赏和感激让我措手不及。还有喜悦。

然后是电子邮件。成千上万，纷至沓来，一个比一个动人。

有人说："我的背部骨折已经五年，看到这些勇敢的男男女女之后，我今天从沙发上站起来，准备开始新的生活。"

有人说："从阿富汗回来后，我一直患有抑郁症，但运动会展示的人类勇气和坚韧让我看到希望……"

在闭幕式上，就在我介绍完戴夫·格罗尔②和喷火战机乐队之后不久，一对男女走了过来，小女儿在他们中间。女儿穿着粉红色的连帽衫，戴着橙色护耳罩。她抬头看着我："谢谢你让我爸爸……再一次成为好爸爸。"

他赢得了一枚金牌。

她说，只是有一个问题，她个子太小，看不到喷火战机乐队。

啊，好吧，不能让你看不到呀！

---

① 铜箱馆（Copper Box），是伦敦奥运会的一个场馆，采用纯铜制作，以其独特的3000平方米铜质外壳给人留下深刻印象。
② 戴夫·格罗尔（Dave Grohl, 1969— ），美国摇滚音乐家，歌手与作曲人，擅长多种乐器。1994年组建了喷火战机乐队。

我把她扛在肩上,我们四个人一起看着,跳舞,歌唱,庆祝我们都活着。

那天是我的三十岁生日。

77

比赛结束后不久,我通知王宫我将退役。Elf 和我一起起草公告,可很难找到合适的措辞,很难向公众解释清楚,也许是因为我对自己都说不明白。事后我发现,这本来就是一个很难解释的决定,因为它根本就不是一个决定。只是"时候到了"。

但是除了退役,那个到了的"时候",是个什么"时候"呢?从现在起,我将成为自己从未成为过的人——全职的王室成员。

我要怎么做呢?

那是我想成为的人吗?

在我一生的生存危机中,这是一个大麻烦。当你不再是你一直以来的样子,不再是你训练出来的样子时,你是谁?

后来有一天,我觉得找到了答案。

那是一个凉爽的周二,在伦敦塔附近。我正站在马路中间,突然他来了,沿着路慢跑,是年轻的本,那个 2008 年和我一起从阿富汗飞回来的士兵,那个我曾经拜访并为他用新装的假肢爬上一堵墙而欢呼的士兵。那次飞行六年后,他如约跑了马拉松。不是伦敦马拉松,它本身就是个奇迹。他跑了"他的马拉松"——沿着自己设计的路线,环绕伦敦那一大片罂粟花奔跑。

那是震撼人心的 31 英里,他跑完全程,以此举筹集资金,同时提高人们的健康意识。

"太让人震惊了。"看到我时,他说。

"让你震惊吗?"我说,"我也一样。"

看到他站在那里,仍然是一名气宇轩昂的士兵,尽管他不再是士兵——这就是我苦苦思索了这么久想要找到的答案。

问题:若你一直是(或一直想成为)一名士兵,你如何让自己停止成为一名士兵?

答案:你不必停止。

即使你不再是士兵,你也不必停止做士兵。你永远是战士。

78

在圣保罗大教堂参加阿富汗战争仪式。参加伦敦金融城公司在市政厅举办的招待会。为"与英国伤员同行"活动揭幕。参观英格兰橄榄球队,观看他们与法国的比赛训练,然后一起去特威克纳姆为他们加油。参加纪念奥运会选手理查德·米德的活动,他是英国历史上最成功的马术运动员。和爸爸一起去土耳其参加加里波利战役一百周年纪念仪式,会见在那场史诗般的战役中战斗过的战士的后代。回到伦敦,为伦敦马拉松比赛的参赛者颁发奖牌。

这就是我 2015 年的开始。

当然都是亮点。

报纸上充斥着关于威利懒惰的报道,有媒体称他为"不爱工作的威尔斯"。这种报道荒诞不经,很不公平,因为他正忙于生儿育女,照顾家庭。(凯特又怀孕了。)而且,他还得听命于掌管财政大权的爸爸。爸爸要他做什么,他就得做什么。有时候做得不多,是因为爸爸和卡米拉不想让威利和凯特太多出头露面。他们不喜欢威利和凯特把公众的注意力从他们或他们的事业上吸引到自己身上。他们为此公开责备了威利很多次。

举个例子：凯特按计划访问一家网球俱乐部时，爸爸的新闻官员痛斥威利的团队，因为正巧那天爸爸也有活动，通知俱乐部取消凯特的访问为时已晚，爸爸的新闻官员便警告说："要确保公爵夫人在任何照片中都没有拿网球拍！"

这样一张引人注目的照片无疑会把爸爸和卡米拉从头版头条挤掉。这当然是他们无法容忍的事情。

威利告诉我，他和凯特都觉得受到媒体、爸爸和卡米拉的限制，受到不公平的待遇，所以我觉得有必要在2015年为我们三个人扛起大旗。但是说实话，我也不想让媒体找到我的头上，被他们污蔑"懒惰"。这让我不寒而栗。我不想看到我的名字前面被加上这两个字。我人生的大部分时间，都被媒体指责"愚蠢""淘气""种族歧视"，但如果有人敢说我"懒惰"……我不能保证我不会跑到舰队街把他们从办公桌后面揪出来。

直到几个月后我才明白，媒体之所以把矛头对准威利，还有更多的原因。首先，他不中他们的圈套，不让他们随便接触他的家人，这让他们都很生气。他几次拒绝像展示一匹珍贵的赛马一样把凯特"拉出去遛遛"。媒体认为他做得太过分了。

然后，他竟然大着胆子站出来，发表了一个含糊不清的反脱欧演讲。这真的让他们很恼火。报道英国脱欧是他们的生计，他怎么敢说那是胡扯。

79

我去澳大利亚参加了一轮军事演习，在那里听到一个消息：威利和凯特迎来了他们的第二个孩子夏洛特。我又当叔叔了，心里十分高兴。

可以预见的是，在那天或第二天的一次采访中，一位记者问起我这件事，那样子就好像我得了绝症一样。

"不，伙计。我激动得要命。"

"但你在继承顺序上又后移了。"

"我真心为威利和凯特高兴。"

记者追问：排到第五了，嗯，连"替补"的"替补"都不是了。

我心里想：首先，离火山中心远一些是件好事。其次，在这样的时刻，什么样的混蛋才会考虑自己和自己的继承顺序，而不是欢迎一个新生命来到这个世界？

一位朝臣曾经说过，当你排在第五或第六顺位时，那么距离王座只差一架飞机失事了。

我无法想象那是什么样的生活。

记者坚持发问。他问，难道孩子的出生没有让你质疑自己的选择吗？

"选择？"

"你是不是该安定下来了？"

"嗯，嗯。"

"人们已经开始拿你和布里吉特·琼斯[①]作比较了。"

我想：真的吗？布里吉特·琼斯，是吗？

记者等待着。

该来的一定会来。我向他保证。也许是她。我已经记不起那个记者是男是女了，只记得一连串荒谬的问题。"那么，好好先生，你打算什么时候结婚呢？"我对其保证，该结的时候自然而然就结了，就像对一个唠唠叨叨的阿姨保证那样。

---

① 布里吉特·琼斯（Bridget Jones）是由米拉迈克斯影业公司发行的爱情喜剧片《BJ 单身日记》（*Bridget Jones*）中的主人公。《BJ 单身日记》改编自英国作家海伦·费尔丁（Helen Fielding，1958— ）的同名小说，讲述了一位住在伦敦西区的大龄剩女布里吉特·琼斯努力寻找真爱的故事。

那个不知道叫什么名字的记者怜悯地盯着我,一脸遗憾。

"但是,真的会吗?"

80

人们常常猜测我坚持单身生活是因为我认为独来独往如此惬意。很多个夜晚我都在想:要是他们现在能看到我该多好。

然后我就回去叠内衣,看《老友记》中莫妮卡和钱德勒的婚礼的那两集。

除了自己洗衣服(通常放在散热器上晾干)外,我自己做家务,自己做饭,自己买东西。王宫附近有一家超市,我溜溜达达就去了,每周至少去一次。

当然,我会像在穆萨卡拉附近巡逻一样仔细计划每一次外出。我会随机在不同的时间到达,避开媒体。我会乔装打扮一番,棒球帽压得很低,穿着宽松的外套,在货物架之间大步流星地走着,抓起我喜欢的三文鱼片和我喜欢的品牌的酸奶。(我已经记住了商店的地图。)再加上一些苹果和香蕉。当然,还有一些薯片。

然后冲到收银台。

就像我在阿帕奇直升机上磨炼起飞前的检查一样,我现在把买杂货的时间缩短到了十分钟。但是有一天晚上,我到了商店,在过道跑来跑去,发现货架子上的东西位置都变了。

我急忙走过去求助一个服务员。

"出什么事了吗?"

"你指什么?"

"东西都放哪儿去了?"

"……放在哪儿了?"

"为什么所有东西的位置都变了?"

"要听实话吗?"

"是的,说实话。"

"让顾客在这儿待的时间长一些,就会买更多的东西。"

我目瞪口呆。你们能干出这种事儿?有法律依据吗?

我有些慌了,在过道跑来跑去,盯着时钟,尽快装满手推车,然后冲到收银台。结账始终是最麻烦的事。因为你左右不了收银台,一切都取决于其他人。更重要的是,收银台就在超市摆书报杂志的架子旁边,那上面放着所有英国小报和杂志,一半的头版和杂志封面是我家人的照片。有妈妈的,也有我的。

我不止一次看到顾客站在那儿读关于我的文章,听到他们争论关于我的话题。2015 年,我无意中听到他们经常讨论我是否会结婚,是否快乐,我是不是同性恋。我总忍不住想拍拍他们的肩膀说:"嗨!"

一天晚上,我乔装打扮一番,又到商场购物,看见几个人正在讨论我和我的人生选择,突然注意到队伍前面有人在吵架。原来是一对老夫妻正辱骂收银员。起初听起来让人不快,后来就无法忍受了。

我走上前,露出脸,清了清嗓子:"对不起。虽然不知道发生了什么,但我觉得你们不该这么跟她说话。"收银员快要哭出来了。那对辱骂她的夫妇转过身来认出了我。他们一点儿也不惊讶,只是因为我责备他们而生气。

那一对夫妇离开之后,轮到我结账。收银员一边把牛油果装进袋子里,一边感谢我。我说不必言谢,还告诉她要坚持,然后像青蜂侠[①]一样

---

① 电影《青蜂侠》(*Green Hornet*)中的人物。《青蜂侠》主要讲述了出版人布瑞特·里德每到夜晚就变身戴面具的英雄"青蜂侠",与来自上海的助手加藤一起惩恶扬善,为正义而战的故事。

收拾好东西就跑了。

买衣服就没那么复杂了。通常我不会考虑衣服的问题,我根本不相信时尚,也不明白为什么会有人相信。我经常被时尚媒体嘲笑,因为我的衣服不搭配,鞋子破旧。作者们会在我的照片上做标记,并想知道为什么我的裤子那么长,衬衫那么皱皱巴巴。(他们做梦也没想到我会用暖气片把衣服烘干。)

他们会说,不太像王子。

没错儿。我心里想。

父亲也曾关心我的穿戴。他给我买了一双黑色雕花皮鞋。简直像一件艺术品,和保龄球一样重。我一直穿到鞋底磨出洞。当人们嘲笑我穿一双鞋底磨穿的皮鞋时,我终于找鞋匠把它们修好了。

我每年从爸爸那里得到一笔官方补助的服装津贴,但那是严格意义上的正装津贴。如西装、领带、礼服。至于日常穿的休闲装,我会去折扣店 T.K. Maxx 买。我特别喜欢他们一年一次的促销活动,那时他们会囤满盖璞或 J. Crew[①] 的商品。这些商品刚刚过季或有轻微损坏,如果选对了时间,在促销的第一天就赶到那里,就能买到别人在大街上花高价买到的衣服。有两百英镑,就能把自己打扮得像个时尚达人。

到那儿购物,我也有一套办法。关门前十五分钟到商店,拿起一个红色塑料桶,快步跑到顶楼,开始一个架子一个架子地搜寻。

如果发现有喜欢的衣服,就站在镜子前,把它举到胸前或腿上比量,从不在颜色和款式上磨蹭,当然也从不到试衣间试穿。如果看起来不错、舒服,就把它扔进桶里。如果拿不定主意,就问"岩石比利"。他以兼任我的"造型师"为乐。

打烊的时候,我们拎着两个巨大的购物袋跑出商店,很是兴奋。现

---

① J.Crew,美国著名服装品牌。

在报纸不会骂我懒汉了。至少暂时这样。

更好的是，在接下来的六个月里，我不用再考虑衣服的问题了。

81

2015 年，除了偶尔购物，我不再出门，停止了一切活动。

不再与朋友共进晚餐，不再有家庭聚会，不再到俱乐部。什么交往都没有。

每天晚上，我下班后直接回家，站在水池边随便吃点儿东西，然后抓紧时间赶着文书工作，把背景音《老友记》调得很低。

爸爸的厨师有时会在我的冰箱里放些鸡肉馅饼。我庆幸不必冒险常去超市买东西……尽管这些馅饼有时会让我想起廓尔喀人和他们的炖山羊肉。主要是因为我们的馅饼辛辣味太淡。我想念廓尔喀人，想念军队。我怀念战斗的岁月。

晚饭后，我会抽一根大麻，努力确保烟不要飘到旁边肯特公爵的花园里。

然后就早早睡了。

独居的生活，让人局促不安的生活。我感到孤独，但孤独总比恐慌好。我刚刚开始发现了一些缓解恐慌的良方，但在我对这些方法有更深入的了解之前，在我感觉到自己有了更坚实的基础之前，我一直在依赖这种显然并不健康的方法——逃避。

我患了广场恐惧症[①]。

现在让我在大庭广众之下抛头露面，几乎不可能了。

---

① 广场恐惧症（agoraphobe），焦虑症的一种。特指在公共场合或者开阔的地方停留的极端恐惧，因为要逃离这种地方是不可能的或者是会令人感到尴尬的。

在一次无法避免或取消的演讲结束后，我差点儿晕过去，正在后台的威利走到我面前，笑着说："哈罗德！看看你！都被汗水湿透了。"

我最无法理解的是，在所有的人里偏偏是他做出这样的反应。因为我第一次"恐惧症"发作时他就在我身边，还有凯特。那天，我们开着他们的"路虎"去格洛斯特郡看马球比赛，我坐在后面，威利从后视镜里盯着我看，看见我满头大汗，满脸通红。"你没事吧，哈罗德？"

不，我还真有事儿。那是一段只有几个小时的旅程，可是每走几英里我就想让他靠边停车，跳下去喘口气。

他知道发生了什么事，而且不是什么好事。那天或之后不久，他就让我去看医生，可现在他竟然取笑我！我无法想象他怎么会如此麻木不仁。

但我也有错。我们俩都应该更清楚地认识到，我为什么会情绪激动、精神崩溃？因为我们刚刚讨论发起的一项公众运动，正是为了提高人们对心理健康的认识。

82

我去了伦敦东部的米尔德梅教会医院，为的是纪念它建院一百五十周年和最近的修缮。我母亲曾去那里做过一次著名的访问。她牵着一个艾滋病病毒携带者的手，从而改变了整个世界对艾滋病的看法。她证明 HIV 不是麻风病，也不是邪恶的诅咒。她证明疾病没有剥夺人们爱和被爱的资格。她提醒全世界的人们，尊重和同情不是上帝馈赠的礼物，而是我们彼此欠对方最起码的人情。

我了解到，她这次"著名的访问"实际上只是许多次中的一次。一个米尔德梅的工作人员把我拉到一边，告诉我，妈妈总是偷偷溜进医院，从不大张旗鼓，没有留下照片。她只是顺道来，看望一下，让几个病人感觉好一些，然后就跑回家。

另一个女人告诉我，她是妈妈上门看望的病人之一。这位妇女出生时就是 HIV 阳性，她记得自己曾坐在妈妈的腿上，当时她尚年幼，但她还清清楚楚记得那温馨的一幕。

"我拥抱着她——你的妈妈。拥抱着。"

我满脸通红，非常羡慕。

"是吗？"

"是的，是的！那感觉太好了。她紧紧地拥抱着我！是的，我记得清清楚楚。"

但我似乎不曾被妈妈那样拥抱。

我绞尽脑汁，还是什么都记不起来。

83

我去了博茨瓦纳，跟提吉和迈克待了几天。我对他们有一种渴望，渴望和迈克一起散步，渴望把头放在提吉的腿上，和她说话，那种感觉让我觉得安全。

回家的感觉。

2015 年年底。

我向他们吐露心声，告诉他们我与焦虑作斗争的经历。

我们三个人坐在营火旁边，火光闪闪，这里总是讨论这类事情最好的地方。我告诉他们，我最近发现了一些治疗的办法，似乎还有用。

所以……希望还是有的。

例如，心理治疗。我按照威利的建议去做了相应的治疗，虽然还没有遇到非常喜欢的治疗师，但仅仅和几位治疗师交谈就打开了我的思路，看到各种可能性。

还有一位治疗师不假思索地说，我显然患有"创伤后应激障碍"，这让我有一种柳暗花明的感觉。我想，他让我朝着正确的方向前进。

另一种似乎有效的方法是冥想。冥想使我纷乱的思绪平静下来，给我带来一定程度的安宁。我不是一个做祈祷的人，大自然仍然是我的上帝。最糟糕的时候，我会闭上眼睛，一动不动。有时我也会寻求帮助，虽然不知道在向谁求助。

我不时感到有答案出现在脑海之中。

然而，事实证明，最有效的补救办法是工作。帮助他人，在世界上做一些好事，向外看，而不是向内看。这才是正路。"非洲"和"不可征服运动会"，一直是我最关心的问题。但现在我想深入研究。在过去一年左右的时间里，我和直升机飞行员、兽医、护林员交谈过，他们都告诉我，一场战争正在进行，一场拯救地球的战争。你说，是战争？

帮我报个名吧。

有个小障碍，那就是威利。他说非洲是他的。他有权利这么说，或者说他觉得有权利这么说，因为他是"继承人"。他有权否决我的提案，而且他很想行使甚至卖弄这种否决权。

我告诉提吉和迈克，我们还真的为这事儿吵闹过一场。有一天，我俩差点儿在我们儿时的伙伴——艾米丽和休的儿子——面前打起来。其中一个儿子问："为什么你们俩不能都在非洲工作呢？"

威利勃然大怒，怒斥这个儿子竟敢提出这样的建议。"因为犀牛、大象，都是我的！"

一切都是那么明显。比起寻找自己的人生目标和心中激情，他更关心如何赢得与我终生的竞争。

经过几次争论，我意识到我去北极时，威利心里很不痛快。因为他没有被邀请，觉得自己被轻视了。但他强调，是他宽容大度，主动退让，允许我去北极的。他说，事实上，是他允许我和那几位受伤的士兵一起工作的。"我让你有老兵,你为什么不能让我有非洲象和犀牛?"

我向提吉和迈克抱怨说,我终于找到了自己的路,终于找到一样东西,填补因当兵而留下的心灵空洞。这是一种更持久的东西——而威利阻挠了我的路。

他们非常惊讶。"继续战斗,"他们说,"非洲有你们俩发展的空间。非洲需要你们。"

就这样,在他们的鼓励下,我开始了为期四个月的调查之旅,了解"象牙战争"的真相。博茨瓦纳、纳米比亚、坦桑尼亚、南非。我去了克鲁格国家公园①,一大片干燥贫瘠的土地,面积相当于以色列。在打击偷猎者的战争中,克鲁格是绝对的前线。在越南等国的犯罪集团的刺激下,大批偷猎者涌入,犀牛的数量——无论是黑犀牛还是白犀牛——都在急剧下降。一只犀牛角能卖到一大笔钱,所以每逮捕一个偷猎者,就会有另外五个人补上他们的空缺。

黑犀牛更稀有,因此更值钱。它们也更危险。作为吃高地草木的动物,黑犀牛生活在茂密的灌木丛中,靠近它们会让你陷入灭顶之灾。这些家伙不知道你是来帮忙的。我被它们袭击过几次,所幸没有被顶到。(提示:一定要知道离你最近的树木的位置,因为你可能需要爬上去。)我有些朋友就没这么幸运了。

白犀牛更温顺,数量也更多。然而也许正是因为它们温顺,这种"繁荣兴旺"的情况不会持续太久。作为食草动物,白犀牛也生活在开阔的草地,更容易被人看见,更容易被射击。

我参加过无数次反偷猎巡逻。在克鲁格的几天里,我们总是到得太晚。我肯定见过四十具满是弹孔的犀牛尸体。

---

① 克鲁格国家公园(Kruger National Park),南非最大的野生动物园,位于德兰士瓦省东北部,勒邦博山脉以西地区,毗邻津巴布韦、莫桑比克两国边境。

听说，南非其他地区的偷猎者并不总是射杀犀牛。子弹很贵，而且枪声会暴露他们的位置。所以他们会给犀牛注射镇静剂，趁犀牛熟睡的时候取走犀牛角。犀牛醒来时脸都没了，跌跌撞撞跑进灌木丛等死。

我曾协助医生给一头名叫霍普的犀牛做过一次手术，修复它的面部，修补犀牛角被取走后伤口暴露的筋膜。手术花了好长时间，我和整个手术团队的心灵深处也都受到重创。我们都想知道，对于这头可怜的犀牛来说，这样做是否正确。它非常痛苦！

但我们不能让它这样死去。

84

一天早晨，我们乘坐直升机在克鲁格上空盘旋，寻找偷猎者留下的蛛丝马迹。突然，我发现了最能说明问题的迹象。

"看那儿。"我说。

是秃鹫。

我们迅速降落。

着陆时，成群的秃鹫飞了起来。

我们从直升机上跳了下来，看到地上到处都是杂乱的脚印。弹壳在阳光下闪闪发光。到处都是血。我们沿着一条小路，走进灌木丛，发现一头巨大的白犀牛，它的角被砍断，留下一个大洞，背部到处都是伤。我数了数，十五个弹孔。

六个月大的小宝宝躺在它身边，也已经死了。

我们把这里发生的惨剧拼凑起来——偷猎者开枪打中了犀牛妈妈。受了伤的犀牛妈妈带着宝宝拼命奔跑。偷猎者一直把它们追到这个地方。犀牛妈妈还有一丝力气保护孩子不受伤害，那些丧心病狂的家伙便用斧头砍它的脊背，让它动弹不得。它还活着，流血不止。凶残的偷猎者就割走了它的角。

我一句话也说不出来。阳光从湛蓝的天空照射下来。

保镖问护林员:"谁先被杀的,婴儿还是母亲?"

"很难说。"

我问:"你认为偷猎者就在附近吗?能找到他们吗?"

"不可能。"

即使他们在这个区域,也是大海捞针。

85

在纳米比亚,穿越北部沙漠寻找沙漠犀牛时,我遇到一位和蔼可亲的医生。他正在追踪沙漠狮子。在纳米比亚的那个地区,狮子被大量捕杀,因为它们经常侵占农田。医生正在观察一些动物,研究它们的健康状况和活动情况。他记下我们无线对讲机的号码,答应如果找到了就会告诉我们。

那天晚上我们在一条干涸的溪边扎营。别人都睡在帐篷里或卡车上,但我在篝火旁边铺开席子躺下,盖了一条薄薄的毯子。

团队里每个人都认为我是胡闹。"这地方到处都是狮子,老大。"我告诉他们不会有事儿,"我在荒野里睡过无数次了。"

午夜时分,对讲机响了。是医生。他在 4 公里开外,刚发现两头狮子。

我们跳进陆地巡洋舰,沿着跑道飞快地行驶。政府给我们派的纳米比亚士兵坚持要跟我们一起去。当地警察也不愿意被落下。尽管天很黑,我们还是很容易地找到了医生。他站在两头巨大的狮子旁边。那两个庞然大物都趴在地上,脑袋重重地搁在爪子上。医生用手电筒照着它们。我们看见狮子的胸膛起伏,安静地呼吸。

我跪在母狮子身边，抚摸它的皮毛，看它半闭着的琥珀色眼睛，无法解释，也无法找出什么理由……只是觉得我了解它。

我站起身的时候，一个纳米比亚士兵从我身边走过，蹲在另一头狮子旁边。那是一头很大的雄狮。那个士兵举起 AK-47 步枪，让他的一个伙伴拍照，就好像是他杀掉的那头狮子一样。

我刚想制止，"岩石比利"先我一步，让那个纳米比亚士兵离狮子远点儿。

士兵阴沉着脸，偷偷溜走。

我转身刚想对医生说点儿什么，眼前亮起一道闪光。我再次转过身，想看看那亮光是从哪里来的，是哪个士兵在用手机拍照，这时听到身边那几个人都倒吸了一口气。

回头一看，只见母狮子站在我面前，好像突然复活了一样，跌跌撞撞向前走去。

"没事，"医生说，"没关系。"

它又躺了下来，就在我脚下。

晚安，亲爱的公主。

我左看看，右看看，旁边没人。士兵们都跑回到他们的卡车上。拿 AK-47 的那个人正在摇窗户，就连"岩石比利"也正要往回走。

医生说："很抱歉。"

"没什么好抱歉的。"

回到营地之后，大伙儿都钻进帐篷或卡车，各就各位，除了我。

我又回到篝火旁边的席子上躺下。

"你在胡闹！"他们都说，"难道没有狮子吗？我们刚才亲眼看到这里有狮子，老大。"

"相信我，那头母狮子不会伤害任何人。"

事实上，它可能在照看我们。

86

2016 年 1 月，我和两个好伙伴回到美国。

我的朋友托马斯正在和一个住在洛杉矶的女人约会，所以我们的第一站就是她家。她开了一个欢迎派对，邀请了几个朋友。大伙儿对酒精的看法都是一致的——换句话说，都可以在短时间内大量饮酒。

意见不一致的是喝哪种酒。

作为典型的英国人，我点了一杯杜松子酒加奎宁水。

"当然不行。"美国人笑着说，"你现在在美国，伙计，入乡随俗。喝龙舌兰酒。"

我很熟悉龙舌兰酒，但大多时候是在俱乐部喝龙舌兰酒，或在深夜喝龙舌兰酒。现在他们给我倒的是正宗的龙舌兰酒，醇香扑鼻。还有人向我详细介绍喝龙舌兰酒的不同方法。盛着各种龙舌兰酒的酒杯送到我面前，有不加冰的，有加冰的，有玛格丽塔①，有加少许苏打水和酸橙的。

我喝光了，一滴不剩，感觉非常好。

我心里想，我喜欢这些美国人，很喜欢他们。

在这个时候"亲美"怪怪的。世界上大多数国家都不"亲美"，英国当然也不例外。许多英国人鄙视美国在阿富汗发动的战争，也不愿被卷入其中，一些人的反美情绪高涨。我想起了我的童年，那时候人们总是警告我，要提防美国人。他们太爱大声喧哗，太富有，太开心，太自信，太直接，太诚实。

是的，我一直这么想。美国佬口无遮拦，不拐弯抹角，说话前不会礼貌地哼一声，清清嗓子。他们不管心里怎么想，都会像打喷嚏一样说出来，虽然这样做有时会出问题，但我通常认为这总比言不由衷更可取。

---

① 玛格丽塔（Margarita），用龙舌兰酒、柠檬汁等调制而成的鸡尾酒。

没人愿意说出自己的真实感受。

没人想听你的感受。

我十二岁的时候就有过这种经历。现在三十一岁，体会尤深。

那天，我仿佛漂浮在龙舌兰酒粉红色的云雾中。不对，说"漂浮"是错的。我驾驶着粉红色的云，着陆后——顺便说一句，是教科书式的着陆——醒来时，没有任何宿醉的感觉。真是奇迹。

第二天，或者第三天，因为某种原因，我们从托马斯女朋友的家搬到柯特妮·考克斯①家。她是托马斯女朋友的朋友，房间比较大。而且，她出差了，不介意我们在她家过夜。

我没有抱怨。作为《老友记》的狂热粉丝，在莫妮卡家借宿的想法极具吸引力，也很有趣。但后来……柯特妮出现了。我很困惑。她出差的事儿取消了吗？但我觉得没资格问这问那。我的问题是："这是否意味着我们必须离开？"

她笑了："当然不是，哈里。房子足够大。"

太好了。但我还是困惑不解，因为……她就是莫妮卡，我是钱德勒。我不知道自己会不会鼓起勇气告诉她。加州有足够的龙舌兰酒让我这么勇敢吗？

到家后不久，柯特妮又邀请了更多的人。另一个聚会开始了。新来的人中有一个人看起来很面熟。

"演员。"我朋友说。

"是的，我知道他是个演员。他叫什么名字？"

朋友不记得了。

我走过去和那位演员聊了起来。他是个很友好的人，我立刻就喜欢

---

① 柯特妮·考克斯（Courteney Cox, 1964— ），美国演员，《老友记》中莫妮卡的扮演者。

上了他。我还是认不出他的脸,也叫不出他的名字,但对他的声音十分熟悉。

我低声问同伴:"我在哪儿见过这个家伙?"

同伴笑了:"蝙蝠侠。"

"请再说一遍。"

"蝙蝠侠。"

我已经喝了第三杯或第四杯龙舌兰酒,有些醉意朦胧,所以在理解和处理这条不同寻常的新信息时脑子里一片混乱,说话前言不搭后语。

"天哪……没错儿。乐高电影蝙蝠侠。"我回过头向那位演员求证,"是真的吗?"

"什么……是真的吗?"

"你是他吗?"

"我是谁?"

"蝙蝠侠。"

他笑了:"是的,没错儿。"

简直太好了!

我恳求道:"来一遍吧。"

"什么来一遍?"

"听听你的声音。"

他闭上眼睛,想说不,又怕显得不礼貌,或者知道我不会就此罢休,便用淡蓝色的眼睛盯着我,清了清嗓子,以完美的、沙哑的蝙蝠侠的腔调说:"你好,哈里。"

哦,我好喜欢。"再来一次!"

他又说了一遍。我更喜欢了。

我们一起开怀大笑。

87

第二天,我们参加了另一个家庭聚会。虽然在内陆,空气中却弥漫着海洋的味道。

更多的龙舌兰,更多人的名字扑面而来。

还有更多的蘑菇。

我们都开始玩某种游戏,猜谜游戏——我想是吧?有人递给我一支大麻。好极了。我抽了一口,看着加州一碧如洗的天空。有人拍了拍我的肩膀,说想让我见见克里斯蒂娜·阿奎莱拉①。"哦,你好,克里斯蒂娜。"此人看上去充满阳刚之气——哦,显然是我听错了,不是克里斯蒂娜·阿奎莱拉,而是那个和她合作写过一首歌的人。

这首歌是《瓶中精灵》(*Genie in a Bottle*)。

我原本就知道歌词吗?还是他告诉我的?

> I'm a genie in a bottle
> You gotta rub me the right way②

不管怎样,那些歌词让他赚得盆满钵满,现在过着奢侈的生活。

"真有你的,伙计。"

我从他身边走开,穿过院子,记忆渐渐消失。我似乎还记得另外一次家庭聚会……那天?还是后来?

最终,我们还是回到了莫妮卡家,也就是柯特妮家。那天晚上,我走下楼梯,来到她家前面的海滨,踮着脚尖站在海里,看蕾丝般的海浪

---

① 克里斯蒂娜·阿奎莱拉(Christina Aguilera, 1980—),美国著名女歌手、演员。
② 中文大意是:我是瓶中精灵,你得用正确的方法抚摸我。

涌上来，退去，又涌上来，仿佛过了好长时间。我看向水面，再看向天空，看向天空，再看向水面……

然后我盯着月亮看。

它跟我说话。

说什么？

来年会很好。

"怎么个好法？"

"大吉大利。"

"真的吗？"

"大喜。"

"不会又是老生常谈吧？"

"不，很特别的事。"

"真的吗？月亮。"

"保证真。"

"请不要对我撒谎。"

那时候，我差不多是爸爸当年结婚时的年纪，而他被认为是个不幸的"晚熟"的人。三十二岁时，他被人们嘲笑没有能力或不愿意找伴侣。

我即将三十二岁了。

"有些事情必须改变，是吗？"

"一定改变。"

我张开嘴，对着天空，对着月亮。

对着未来。

啊——

第三部

我的灵魂导师

1

我闲坐在诺丁汉小屋，浏览着 Instagram①（照片墙），在首页的一条视频里看到了我的朋友维奥列特和一个年轻女孩。她们在玩一款新应用，可以在图像上添加好玩的滤镜。维奥列特和那个女孩的脸上画着狗耳朵、狗鼻子，长长的血红的狗舌头伸在外面。

尽管脸上画着卡通狗图案，这个女孩还是让我不由得坐直了身体。我的天哪，该怎么形容和维奥列特在一起的这个女孩呢……

这个视频我看了好几遍，然后强迫自己放下手机。然后忍不住又拿起来接着看。

我去过世界很多地方，算得上走遍天下。我也到访过所有大陆，见过成千上万的人，也曾经和地球上七十亿居民中人数可观的一部分有过交集。三十二年来，数不清的面孔仿佛在一条传送带上从我面前经过，只有极少数人能让我多看一眼。而这个女孩，她使传送带戛然而止！她把传送带砸得粉碎！

我从没见过这么美好的人！

为什么美给人的感觉像是喉咙上挨了一拳似的？是因为我们天生对秩序的渴望吗？科学家和艺术家不是说美的事物都是对称的嘛，因此美就意味着从混乱中得到解脱。我的生活到这一刻都堪称混乱，所以我无法抑制对秩序的渴望，对美的追求。我刚刚和父亲、威利、凯特一起从法国回来，我们去那儿参加了索姆河战役周年活动，纪念阵亡的英国将士。我还在活动中朗读了一首感人至深的诗《行动之前》（*Before*

---

① Facebook 旗下的一款运行在移动端上的社交应用，以快速、美妙和有趣的方式将随时抓拍下的图片彼此分享。

Action），这是一名士兵在阵亡前两天写的。诗的结尾是：

Help me to die, O Lord.[①]

大声朗读让我明白，我才不想死，我想好好生活。那一刻对我而言有如醍醐灌顶。

但是这个女人的美以及我对此的反应，不仅仅是基于对称理论。她身上有一种能量，一种洒脱的快乐和俏皮，她微笑的样子，她和维奥列特互动的样子，她注视镜头的样子，耐人寻味，自信，自在。我能看出来，她相信人生是一场伟大的冒险，倘若能加入她的旅程，该是多么荣幸的事。

她的脸光洁纯净，我从她的脸上读到一切。这世上总有一个人适合自己吗？我以前从没对这个棘手的问题有过明确的答案，而眼下，我觉得适合我的人只有一张面孔。

就是眼前这张面孔。

我给维奥列特发了个信息。

"她……是……谁？"

维奥列特秒回："哈哈，已经有六个男士问我了。"

"好极了。"我想。

"维奥列特，她是谁啊？"

"一个演员，演过美剧《金装律师》。"

这是一部关于律师的剧集，她演一个年轻的律师助理。

"美国人？"

"对。"

[①] 中文大意是：主啊，求你助我赴死！

"她在伦敦干吗？"

"看网球公开赛。"

"那她来拉夫·劳伦①做什么？"

维奥列特在拉夫·劳伦工作。

"她来试装。如果你愿意，我可以介绍你们认识。"

"好呀，谢谢。"

维奥列特问我能不能把我的Instagram账号推给她。

"当然可以。"

那天是7月1日，周五，我计划第二天离开伦敦前往基思·米尔斯爵士家，我将在基思爵士的船上参加环怀特岛帆船赛。我一边把最后几样东西塞进过夜行李，一边瞟了一眼手机。

Instagram上有一条新的信息。是那个女孩。

那个美国人。

"你好。"

她说从维奥列特那知道我的信息。她夸奖了我的Instagram网页，说上面的照片很美。

"谢谢。"

我的照片绝大部分都是关于非洲的。我知道她去过非洲，我也仔细看了她的Instagram账号，里面有她在卢旺达和大猩猩玩耍时的照片。

她说她在当地参与过关于孩子的公益活动。我们分享了有关非洲、摄影和旅行的想法。

最终我们交换了电话号码，也把谈话转移到了短信上，并且一直聊到深夜。第二天早晨，我离开诺丁汉小屋上车时还在发信息，一刻不停。前往基思爵士家的漫长车程中，我一直在给她发信息，走进基思爵士家

---

① 拉夫·劳伦（Ralph Lauren），美国著名时装公司。

大厅寒暄时依然在发。"你好，基思爵士。"然后我上楼，进入客房，锁上门，一直待在屋里，坐在床上像十几岁的孩子一样不停发送信息，直到该和基思爵士及他家人共进晚餐。吃完饭，我很快回到房间，继续发短信聊天。

我打字速度不够快，我的拇指几乎痉挛。想说的太多，太多的共同话题，尽管我们的背景如此不同。她是美国人，我是英国人。她受过良好的教育，我显然没有。她自由如飞鸟，我却困在笼中。但所有这些差异都无关痛痒、毫不重要，相反，它们让一切更纯粹更有活力。这些矛盾产生了一种似曾相识的感觉。

嗨，我认识你。

但也是：我需要认识你。

嗨，我认识你好久了。

但也是：我寻找你好久了。

嗨，感谢上帝，你终于来了。

但也是：你怎么到现在才来。

从基思爵士的客房能俯瞰河口。发送信息的间歇，我常常走到窗口向外张望，窗外的景色让我想到博茨瓦纳奥卡万戈三角洲，也让我想到命运和缘分。而河流、海洋、陆地、天空的交汇强化了一种风云际会的感觉，仿佛大事即将发生。

这场马拉松式的对话居然发生在 2016 年 7 月 1 日，这是多么的不可思议、超现实和离奇啊。

这一天恰逢我母亲五十五岁的冥诞。

深夜时分，在等待她回复的时候，我搜索了她的名字。上千张照片，一张比一张漂亮。不知她是否也在搜索我，但愿没有。

熄灯入睡前，我问她在伦敦还要待多久。该死，她很快就走了。她要赶回加拿大继续剧集的拍摄。

我问她临走前能否见一面。

我看着手机，盯着不停闪烁的"对方正在输入"……等待她的回复。

……

回复来了："好呀！"

太棒了。现在的问题是，在哪见面好呢？我提议在我家见。

"去你家？初次见面，算了吧。"

"不，我不是那个意思。"

她那时还不明白，作为王室成员意味着我像放射性物质一般危险，无法在酒吧、咖啡馆和别人约会。我不想长篇大论地解释，而是委婉表达了约会有被曝光的风险。但我并没有解释清楚。她提出了一个替代方案。迪恩街 76 号苏豪之家①，是她每次来伦敦的大本营。她可以在安静的房间里订一个位子，周围不会有其他人。

预定就用她的名字，梅根·马克尔。

2

我们整晚都在互发信息，一直到天亮。黎明时分，闹钟响了，我嘟囔着呻吟了一下。该登上基思爵士的船了。我其实心怀感激，因为眼下只有一场帆船赛才能让我放下手机。

我也的确需要暂时摆脱手机，好重拾理智，调整节奏。

基思爵士的船名叫"不可征服"，是对同名运动会的致敬。上帝保佑他。那天，船上有十一个船员，还包括一两个曾在"不可征服运动会"

---

① 苏豪之家（Soho House），一家全球性私人会员俱乐部，提供酒店、餐厅、工作空间和休闲设施。

参赛的选手。五个小时的比赛里我们顶着狂风，绕过三针石①。风太大了，许多船只中途退出了比赛。我曾多次参与帆船运动——记得在一个完美假期里，我和亨纳斯为了找点儿乐子，试图将我们的激光级帆船侧翻——但从没像今天这样，在宽阔的海面上，狂风肆虐，巨浪滔天。我以前从没恐惧过死亡，可现在我一直默念，千万别让我在重要约会之前淹死啊。而另一个恐惧又抓住了我，船上没有洗手间。我只能尽力憋着，直到无法再忍。我把身体探出船侧，向着颠簸的大海……但还是尿不出来，主要是因为怯场，毕竟全体船员都在看我。

最后我回到自己的岗位，害羞地抓紧缆绳，悄悄地尿了裤子。哈，不知马克尔小姐此刻看到我会作何感想。

我们的船赢得了本级别的比赛，综合排名第二。"万岁！"我几乎没时间留下来与基思爵士和船员们庆祝。我只想跳进水里，洗掉裤子上的尿渍，然后赶回伦敦。在那里，有一场更大的比赛，我人生的终极比赛，即将开始。

3

路况糟糕透了。正是周日晚上，人们结束在乡村的周末纷纷返回伦敦，而我还必须经过皮卡迪利转盘，那个地方在交通好的时候都是个噩梦。道路拥堵，永远在施工，交通事故，一动不动……我也遇上了所有能想到的障碍，一次又一次，我的保镖和我不得不把车停在路上，干坐着，五分钟，十分钟……

我呻吟着，流着汗，在心里对着一大群一动不动的车大吼大叫："你

---

① 三针石（The Needles）也译作"尼德尔斯"，地处怀特岛西南端，因为在岛的顶端伸向海上的三座巨大的高出水面30多米的白垩石而得名。

倒是动一动啊！"终于，还是躲不过去了。我发信息给她："对不起，我会晚到一会儿。"

而她已经在那里了。

我抱歉地说："路上太堵了。"

她回复说没关系。

我跟自己说，她可能会走掉。

我跟我的保镖说："她肯定会走的。"

我们的车向着餐厅方向挪动着，我再发信息给她："车子在动，但还是很慢。"

"你就不能下车吗？"

该怎么跟她解释呢？不，我不能。我不能在伦敦的街道上狂奔。那就好像一头美洲驼在街上乱跑一样。会引发骚乱，造成安保噩梦，更别说可能吸引来的各路媒体了。如果我被发现向着苏豪之家狂奔，那将是我们可能拥有的短暂私密时光的终结。

何况我还有三个保镖呢，我总不能突然让他们开始田径比赛吧。

然而信息不适合表达这些内容，所以，我就……不再回复。这肯定让她不高兴了。

还好我终于到了，满脸通红，气喘吁吁，汗流浃背，晚了半个小时。我跑进餐厅，跑进安静的房间，看见她在休息区域，坐在一张低矮的天鹅绒沙发上，面前是低低的咖啡桌。

她抬起头，面带微笑。

我不停地道歉，无法想象会有谁在见这个女人的时候迟到。我在沙发上坐下，再次表示歉意。

她说她原谅我了。

她喝的是一种印度淡啤酒。我则点了一杯佩洛尼。我其实并不想喝啤酒，但感觉这样更简单。房间里一片寂静，我们在感受这一切。

她穿着黑色毛衣，牛仔裤，高跟鞋。我对时装一无所知，但我知道她很时髦。当然，我还知道她能把任何衣服穿出时尚感，哪怕套个大袋子。我更加意识到互联网和现实之间的鸿沟。我看过她拍的很多时尚大片、剧照，充满魅力，光彩照人。但她此刻就在这里，真真实实的，没有修饰，没有滤镜，反而更加迷人，有一种让人心跳加速的美丽。我努力消化着这一切。我的循环系统和神经系统不知发生了什么，反正我的大脑已无法处理更多数据了。交谈，寒暄，使用标准英语，这一刻都成了一种挑战。

她讲到了自己，谈到了伦敦。她说她经常来，有时就把行李放在苏豪之家好几个星期，他们问都不问就帮她保存，好像家人一样。

我想的是，你经常来伦敦？我怎么没见过你？不管因为伦敦有九百万常住人口，还是我很少出门，我觉得如果她在这里，我应该知道啊，我应该被通知啊。

"你常来伦敦做什么？"

"见朋友，参加商业活动。"

"哦，商业？"

她说表演是她的主业，使她被公众所熟知。但是她还有其他的工作，比如生活方式作家、旅游作家、企业代言人、创业者、活动家、模特。她去过世界各地，在不同的国家生活过，曾为美国驻阿根廷大使馆工作，她的履历令人眼花缭乱。

她说，这都是她计划的一部分。

"什么计划？"

"助人，行善，自由自在。"

女服务员又出现了，她告诉我们她叫米沙，有着东欧口音、害羞的笑容和很多文身。我们问起那些文身的意义，她也非常乐意给我们解释。米沙提供了我们所需要的缓冲，就像踩了一下刹车，让我们喘了口气，我想，米沙也知道自己此刻所充当的角色，并对此全情投入。我很感激她。

米沙离开后，我们的谈话才真正开始。最初的尴尬不见了，我们互发信息时的热情又回来了。

我们都经历过没话可聊的初次约会，而现在，要说的太多，却没有足够的时间说完想说的话，这让我们格外兴奋。

但说起时间，我们的时间可是到了。她已经起身收拾好自己的东西。

"抱歉，我得走了。"

"这么快就走吗？"

"我晚饭有安排了。"

如果我没迟到，我们就会多些时间。我站起身来，在心里骂着自己。我们简单地拥抱告别。

我说我来买单，她说既然如此，她出钱给维奥列特买花表示感谢。

"我会买牡丹。"她说。

我笑了。"好的，再见。"

"再见。"

嗖的一下，她走了。

和她相比，灰姑娘辛德瑞拉简直就是漫长告别的女王。

4

我早就计划约会后要去和我的朋友见面。我这会儿给他打了电话，告诉他我在路上了。半小时后，我闯进了他位于国王路的家。

他看了我一眼说："出什么事了？"

我本不想告诉他。我一直对自己说："别告诉他，别告诉他，别告诉他。"但我还是说了。

我复述了约会的全过程,然后焦急地问他:"闹心,哥们儿,我该怎么办?"朋友端出了龙舌兰酒,我们抽烟喝酒,又开始看《头脑特工队》①。

这是一部……关于情感的卡通片。太棒了,我的生活和片名一样,也已经天翻地覆了。②

这时我电话响了。"哦,天哪,"我把手机拿给朋友看,"是她打来的。"

"谁?"

"她!"

她不仅打来电话,还是视频电话。

"你好。"

"你好。"

"你干吗呢?"

"啊,我和朋友在一起。"

"你身后是什么?"

"哦,呃……"

"你在看动画片吗?"

"没有……我是说……对……就看两眼《头脑特工队》。"

我移步到了房间里安静的角落。她刚回到酒店,卸了妆洗完脸。我说,我喜欢你的雀斑。她快速吸了口气说,每次拍照他们都会修掉她的雀斑。

"胡闹,那些雀斑很美。"

---

① 《头脑特工队》(*Inside Out*),由华特·迪士尼电影工作室和皮克斯动画工作室联合出品的 3D 动画电影。

② 《头脑特工队》英文影名"Inside Out"的意思是内外翻转、颠覆。

她说很抱歉刚才急着离开,她不想让我觉得和我见面她不开心。我问她何时能再见,"周二可以吗?"

"我周二就走了。"

"明天可以吗?"她停顿了一会儿问。

"好呀。"

那就是7月4日见。

我们又定下了约会的日期,还是在苏豪之家。

5

梅根一整天都在温布尔登①,就坐在闺密塞雷娜·威廉姆斯②的包厢里为她加油。最后一局结束后她在回酒店的路上给我发了信息,换衣服的时候又发了一条,然后赶去苏豪之家的路上再发了一条。

这次我可是早早地到了,静静等待,面带微笑,颇为自得。

她走了进来,穿着一件漂亮的蓝色太阳裙,上面有白色细条纹,显得神采奕奕。我起身说:"我给你带了礼物"。说着递给她一个粉色的盒子。

她晃了晃问:"是什么?"

"别,别摇。"

我们都笑了。

她打开盒子,里面是纸杯蛋糕。准确地说,是红白蓝三色蛋糕,算是庆祝美国独立日。我说英国人对于独立日的看法和美国人完全不同……但是,哦,这不重要。

---

① 温布尔登(Wimbledon),位于伦敦附近,是著名的国际网球比赛地。

② 塞雷娜·威廉姆斯(Serena Williams, 1981—),美国著名网球运动员。

她说蛋糕看起来棒极了。

第一次约会时为我们服务的米沙又出现了,看得出来,再见到我们,发现我们居然还有第二次约会,她格外开心。她能感觉到此刻在发生什么,也明白她成了见证人,她将永远成为我们个人传奇的一部分。给我们送上一轮酒水后,她便离开很久都没有回来。

当她再出现的时候,我们正在热吻。已不是我们之间的初吻了。

梅根抓着我的衣领将我拉向她,抱紧我。然后一看见米沙,她便立刻松手,我们都笑了。

"哦,抱歉。"

"没关系,还要酒吗?"

我们接着聊天,聊得酣畅淋漓、兴高采烈。汉堡端上来又撤下去,我们都没吃。我有种强烈的新生感,就像序曲、前奏、定音鼓、第一幕。与此同时,我也感到了某种尾声曲终。我人生的前半程至此结束。

夜晚将尽,我们开始了坦诚的讨论,这是无论如何绕不过去的。

"我们该怎么做?"她说话的时候手放在脸颊上。

"我们俩得努力试一试。"

"怎么试呢?我住在加拿大,我明天就回去了。"

"我们会再见的。一起度个长假,就今年夏天。"

"我整个夏天都有安排。"

"我也是。"

"可我们总能在这个夏天找到一小块时间吧。"

她摇了摇头。她说将在夏天开启现实版"美食、祈祷和恋爱"之旅。

"美食、祈祷和恋爱?"

"就是那本畅销书。"

"啊,抱歉,我很少看书。"

我有点儿紧张。她和我完全不同。她爱阅读,有文化。

她笑着说，那本书不重要。问题是她要和三个闺密去西班牙，然后再和两个女友去意大利，然后……

她看着自己的日历，我也看着我的。她抬起眼，微笑着看我。

"怎么了？告诉我。"

"其实，我找到了一段空余时间。"

她解释说，最近剧组里的一个演员，建议她不要把夏天的"美食、祈祷和恋爱"安排得太过紧凑，留出一周的时间，不做什么，给魔法留些空间。于是她推掉了很多事，留出了一周，为此甚至拒绝了一次穿越南法薰衣草田的梦幻自行车之旅。

我看着自己的日历说："我也正好有一周没安排。"

"如果，碰巧我们是同一周呢？"

"可能吗？"

"如果真是，那简直太神了。"

居然就是同一周！

我提议我们去博茨瓦纳，并且竭尽所能向她宣传了那片土地。那里是人类的发源地，是地球上人口密度最低的国家，40%的国土面积属于大自然，是真正的伊甸园。

那里还有地球上数量最大的象群。

最主要的，那里是我发现自己的地方，是我永远可以重新找回自我，并且接近奇迹的地方。如果她对奇迹有兴趣，应该和我一起去体验，去最偏僻的荒原，在星空下宿营。原来远离尘世，才能拥有世界。

她定定地看着我。

"我知道这很疯狂，"我说，"但这一切本来就很疯狂。"

6

我们不能坐同一个航班。首先,我本来就会去非洲。我计划先去马拉维①,和非洲国家公园组织(African Parks)一起做些环境保护工作。

但是我没有告诉她另一个原因:我们不能冒险同行,以免被人看到,被媒体发现。现在还不行。

所以,当她结束了"美食、祈祷和恋爱"之旅后,就从伦敦飞到约翰内斯堡,再飞往马翁市,我会派提吉去那里接她(我当然想去接她,但是不行,会引起麻烦)。经过十一个小时的长途跋涉,包括在约翰内斯堡停留的三小时,再加上前往大本营的闷热车程,梅根完全有权利变得易怒暴躁。但她没有。她双眼明亮,跃跃欲试,准备好了迎接一切。

而且,她看起来近乎完美。穿着剪出了毛边的牛仔短裤,一双惹人喜爱的登山靴,戴一顶皱皱的巴拿马帽,我在她的 Instagram 账号里看到过这顶帽子。

我打开提吉和迈克家的大门,递给她一个用锡纸包裹的鸡肉沙拉三明治。"我想你可能饿了。"但我突然希望手里拿的是一束花,一份礼物,而不是这块可怜巴巴的三明治。我们轻轻拥抱了彼此,气氛有些尴尬。不是因为三明治,而是由于那不可避免的悬念。从最初的约会开始,我们聊天、视频无数次,但这是全新的不同的体验,有些奇怪。

我们都在想着同样的问题。这一切能成功延续到线下的真实中吗?能延续到另一个大陆吗?

"如果不成功呢?"

我问她旅途怎样?她笑着提到了博茨瓦纳机组成员。他们都是《金装律师》的忠实观众,所以请求和她合影留念。

---

① 马拉维(Malawi),非洲中南部国家。

好吧,我嘴上说着,心里却在嘀咕,糟了,只要有一个机组成员在社交媒体发出那张照片,恐怕纸就包不住火了。

我们全体跳上一辆三排座卡车,迎着太阳出发了,迈克负责开车,我的保镖紧随其后。先是一小时的柏油路,接着又在泥土小路上开了四小时。为了让时间过得快些,我一路指出每一种花、植物、飞鸟。"那是鹩哥,那是犀鸟,它就像《狮子王》里的沙祖。那是一只紫胸佛法僧,它好像正在求偶。"

我们客客气气地待了一会儿,我才握住了她的手。

接下来,路面变得平坦了一些,我鼓起勇气亲吻了她。那感觉和我们记忆中的一样。

我的保镖就在我们身后50米处,他们假装什么也没看见。

我们驶进了丛林深处,离奥卡万戈三角洲越来越近,植被也开始变化了。

"在那儿,快看!"

"哦,天哪,那是长颈鹿!"

"再看那里,看呀!"

是一家子疣猪。

我们还看到了一个正在繁殖的象群。有象爸、象妈和小象。嗨,伙计们。我们沿着防火路向前开,路上的小鸟惊慌失措,这让我脊背莫名发冷。

"这里有狮子。"

"不可能。"她说。

冥冥之中有些什么让我回头看了一眼。果然,我隐约看到一条尾巴。我大喊着让迈克停车。他紧踩油门,并快速倒车。就在那儿!站在我们面前的,是一个大家伙——一头雄狮。还有四个小家伙,正和母狮一起懒洋洋地躺在树荫下。

我们远远地欣赏着它们，过了一会儿，继续开车上路。

太阳即将落山之前，我们到达了提吉和迈克创建的一座小型卫星营地。我把行李搬进了钟形帐篷，它建在一棵巨大的腊肠树旁。我们处于一片茂密森林的边缘，往下看是缓坡，直抵河流，更远处就是一片生机勃勃的洪泛区。

梅根——我现在称她为梅格，有时也叫她 M——被震撼了。她虽然常常旅行，但她从未见过这样的景色。那栩栩如生的色彩，纯净清新的空气，这里是世界诞生之前的样子啊！

她打开小旅行箱，拿取所需的东西。我想的是，看吧，她肯定带了镜子、吹风机、化妆包、毛毯、十几双鞋。很惭愧，我对她也有刻板印象：美国女演员等于养尊处优的天后。让我大吃一惊但也喜出望外的是，她的箱子里除了必需品再无他物。短裤、破洞牛仔裤、零食，还有瑜伽垫。

我们坐在帆布椅上，看着太阳落下，月亮升起。我在威士忌里加上一点儿河水，就调制出了丛林鸡尾酒。提吉递给梅格一杯酒，并教她把塑料水瓶的底部剪掉，做成高脚杯。我们讲故事，开怀大笑，提吉和迈克还给我们做了一顿美味晚餐。

我们围着炉火吃饭，抬眼是满天繁星。

睡觉前，我领着梅格在黑暗中走向帐篷。

"手电筒在哪？"她问我。

"你是说火把吗？"

我们都笑了。

帐篷很小，很简朴。如果她期待一场奢华的野营之旅，现在彻底梦碎。我们仰面躺着，感受此刻，思考当下。

帐篷里有我们各自单独的被褥，这是我深思熟虑并和提吉多次商讨的结果。我不想太过冒昧。我们把被褥搬到了一起，然后紧挨着躺下，凝视着篷顶，聊天，倾听，看月光在尼龙布上飞舞。

突然传来一阵巨大的咀嚼声。

梅格一下子跳了起来，"什么声音？"

"是大象。"我说。

据我判断，只有一头，在我们旁边的灌木丛里安静地吃东西呢。

"它不会伤害我们的。"

"它肯定不会吗？"

不一会儿，一声长啸让帐篷晃动起来。那是狮子。

"我们会没事吧？"

"是的，别担心。"

她重新躺下，把头枕在我的胸前。

"相信我，"我对她说，"我会保护你。"

7

天刚亮我就醒了，悄悄地拉开帐篷上的拉链，踮起脚尖走了出去。博茨瓦纳的清晨一片静谧。我看到一群侏儒鹅向河的上游飞去，黑斑羚和短鼻水羚在水边晨饮。

鸟鸣声简直美妙绝伦。

当太阳升起时，我感谢了这崭新的一天。然后走去主营地吃了一片烤面包。回来时，我看到梅格正在河边的瑜伽垫上做着拉伸动作：武士系列、下犬式、婴儿式。

瑜伽结束后，我大声宣布："早餐准备好了。"

我们在一棵金合欢树下吃饭，梅格兴奋地问我今天有什么计划。

"我准备了惊喜。"

首先是清晨汽车之旅。我们跳上迈克那辆没门的旧卡车，一路冲进灌木林。阳光洒在脸上，风吹在发梢，我们在溪流中巡游，在山丘上跳跃，把狮子都从深深的草丛中赶了出来。"谢谢你们昨晚这么吵，孩子们。"一大群长颈鹿正在吃着枝头的树叶，它们的睫毛像耙子一样又硬又长，点头的样子好像在道早安。

不是每个家伙都这么友好。经过一个巨大的水坑时，我们看到前面尘土飞扬，一只脾气暴躁的疣猪和我们发生了对峙。我们寸步不让，它倒退缩了。

河马也好斗地哼了一声，我们挥挥手吓唬它，再向后退，跳回了卡车。

我们看到一群野狗试图从两只母狮子嘴里抢走一头死去的水牛，我试着打断它们，但并不顺利。只能随它们去，让它们自生自灭吧。

草是金色的，在风中摇曳着。"现在是旱季。"我对梅格说。空气温暖洁净，每一口呼吸都是那么令人愉悦。我们吃了一顿野营式午餐，配萨凡纳苹果酒。饭后，我们在河口游泳，警惕地和鳄鱼保持距离。

"一定要远离深色水域。"

我告诉她这是世界上最干净最纯净的水，因为它经过纸莎草的过滤，甚至比巴尔莫勒尔长寿泉的水还要甜……现在最好别去想巴尔莫勒尔。

离妈妈的纪念日只有几个星期了。

黄昏时分，我们躺在卡车的引擎盖上，看着天空。当蝙蝠出来时，我们去找提吉和迈克。我们放着音乐，谈笑风生，围着炉火吃晚餐。梅格向我们讲述了她的生活，她在洛杉矶成长的经历和她成为演员的艰辛历程。两次试镜之间她会在破旧的 SUV 车里快速换装，那辆车的车门常常打不开，她就从后备厢进进出出。她还谈到了身为创业者的不断扩大的事业规划，她的生活方式账号有几十万读者。业余时间，她参与公益活动，尤其热衷女性问题。

我被迷住了，生怕错过任何一个字。从远处传来轻轻的鼓声，像是在说："她好完美！她好完美！她好完美！"切尔西和克瑞斯经常提到，我身上有"杰基尔和海德"①式的两种截然不同的状态。一个是在博茨瓦纳的快乐斯派克，一个是在伦敦的身心受创的哈里王子。而我从来没能让这两种状态和谐共处，这的确影响到我身边的人，也影响到我自己。如今生活中有了这个女孩，我知道我可以一直只做那个快乐的斯派克。

不过，她从不叫我斯派克，梅格现在习惯叫我哈兹。

那一周的每一个时刻，都是启示和祝福，但也使我们离不得不说再见的痛苦时刻又近了一步。没有别的办法，梅格必须得回去工作，我也必须飞往首都哈博罗内，会见博茨瓦纳总统，讨论环境保护的问题。之后，我将开始分为三个阶段的男人之旅，这已经计划了好几个月。

我跟梅格说如果我取消行程，朋友们就永远不会原谅我了。我们分别时，梅格哭了。

"我什么时候能再见到你呢？"

"很快。"

"时间过得太慢了。"

"的确太慢了。"

提吉搂住她，向我保证会好好照顾她，直到她登上几个小时后的航班。我们最后一次亲吻，然后挥手道别。

迈克和我跳上他的白色巡洋舰卡车，前往马翁机场。在那里，我们登上他的小型螺旋桨飞机，尽管分别使人心碎，但我只能忍痛飞走。

---

① 杰基尔和海德（Jekyll and Hyde），指双重性格的人，拥有两种不同面目的人。出自英国作家罗伯特·路易斯·史蒂文森创作的小说《化身博士》（*The Strange Case of Dr. Jekyll and Mr. Hyde*）。

8

我们一行有十一个人,当然有马可和阿迪,还有两个迈克,布伦特、彼得斯、大卫、杰基、斯杰比、韦夫。我们这个小团体的所有人都在。我和大家在马翁会合,再把三艘银色平底船装上满满的补给,就出发了。连续几天我们划独木舟玩漂浮、漂流,还钓鱼,跳舞,每晚也无比尽兴,大家吵闹喧哗,调皮捣蛋。早上我们用明火煎培根和鸡蛋,再去游冷水泳,我还喝了丛林鸡尾酒和非洲啤酒,天气也变得非常炎热,我们决定玩水上摩托艇。我气定神闲,先把苹果手机从口袋里拿出放进摩托艇的控制台里,我为自己如此谨慎感到高兴。这时阿迪跳上了摩托艇的后座,身后还跟着一个无法无天的杰基。

我再谨慎也就仅止于此了。

我叫杰基下去,"一辆摩托艇坐三个人太多了。"可他不听我的。我能怎么办?

我们的摩托艇冲了出去。

大家笑着,在海上四处巡游,尽力避开河马。我们呼啸而过,途经一个沙洲,看见一只 10 英尺长的鳄鱼正躺在水面晒太阳。我把摩托艇向左转弯时,看到鳄鱼睁开了眼睛,并滑入水中。

不一会儿,阿迪的帽子被风吹跑了。

"快回去!快回去!"他叫道。

我做了一个 U 形转弯,船上有三个人,这可不太容易,但我还是把摩托艇开到了帽子旁边,阿迪俯身去拾,杰基同时俯身去帮他,这一来我们都掉进了河里。

我感到太阳镜从我脸上滑落,扑通一声掉进了水里,于是追着赶紧跳进水中。我一浮出水面,就想到了附近还有鳄鱼。

看得出来,阿迪和杰克也在担心同样的事儿。而我们的摩托艇,正侧翻着浮在水中，太倒霉了。

还有我的手机啊！

那里有我所有的照片和所有的电话号码！还有梅格！

我们把摩托艇弄到了沙洲上，我把它向右翻转过来，从控制台上抓起手机，手机已完全湿透，彻底报废。那里面可是有梅格和我拍摄的所有照片啊。

还有我们之间发过的那些信息。

我知道小伙子们的旅行会很疯狂，所以在出发之前给梅格和其他同伴发了一些照片，有备无患。但其余照片肯定找不回来了。

还有一个问题，我该怎么和她联系呢？

阿迪说不用担心，我们可以把手机放进大米里除湿，这种方法绝对行之有效。几个小时后，我们一回到营地，就赶紧把手机放进一大桶生米里。我低头看着，半信半疑："这需要多长时间？"

"大概一两天。"

"这不行，我需要立竿见影的方法。"

迈克和我制定了一个计划。我给梅格写封信，他把信带回在马翁的家，提吉再用手机拍下这封信发给梅格。（她电话里有梅格的号码，第一次去机场接梅格时，我就给了她。）

现在我只需要写那封信就行了。

但问题是从一帮笨蛋身上找到一支笔也不是件容易的事。

"谁有笔？"

"什么？"

"我需要一支笔。"

"我有肾上腺素笔。"

"不，我要一支能写字的笔，一支比罗圆珠笔就行，我愿意用我的王国跟你们换一支圆珠笔。"

"哦，要写字笔啊，不得了。"

不知怎么的，我居然找到了一支笔。接下来要找一个写作的地方。

我走到一棵树下。

凝望天空，字斟句酌，然后写道：

> 嘿，漂亮的你，你知道我无法停止想你。无比想念。电话掉进河里了，此处该有一个悲伤的"表情包"……但除此之外，堪称一段美妙时光。
>
> 真希望你也在这里。

迈克拿着信离开了。

几天后，我们结束了男人们的船上之旅，回到了马翁。一见到提吉，她马上说："别着急，她回信了。"

所以这不是一场梦，梅格是真实的，这一切都是真实的。梅格在回信中说，她很想和我通话。

我喜出望外地和朋友们一起去了莫雷米森林，开启了男人之旅的第二阶段行程。这次我随身携带了一部卫星电话，晚饭接近尾声时，我找到了一块空地，爬上了一棵最高的树，那里的信号想来会好一些。

我拨通了梅格的电话，她接听了。

还没来得及等我开口，她就脱口而出："我也许不该这么说，但我想你。"

"我也不该这么说，但我也想你。"

然后我们就笑着，倾听着彼此的呼吸。

9

第二天,我坐下来提笔撰写第二封信的时候,感受到了巨大的压力,我陷入了写作瓶颈。我找不到准确的词汇来形容我的兴奋、我的满足、我的憧憬和我的希望。

我想,在文笔不够浪漫的情况下,退而求其次的最佳方法是让这封信具有物理上的美感。但我现在所处的地方并不能激发出艺术和手工艺品的创作灵感。

这场男人之旅,现在进入了第三阶段,一段八小时的比赛车程,前往一个偏僻的鸟不生蛋的地方。

怎么办呢?

休息时,我跳下卡车,跑进灌木丛。

"斯派克,你要去哪儿?"我没有回答。

"他怎么了?"

在这些地方闲逛是不可取的,我们可是身处狮子的领地呀。但我一心想找到某样东西。

我跌跌撞撞,踉踉跄跄,眼前是一望无际的棕色草地。"我们是身处该死的不毛之地吗?"

阿迪教过我如何在沙漠中找到鲜花,他总是说,如果碰到荆棘树,一定要查看最高处的树枝。我就是这么做的。果然,被我找到了。我爬上荆棘树,摘下花朵,把它们放进我肩上的小袋子里。

开车路过松香豆森林时,我又看到了两朵亮粉色的黑斑羚百合花。我轻轻摘下了它们。

很快,我就积攒下了一小把花束。

这时,我们来到了一片刚刚遭遇大火肆虐的森林。在一片烧焦的风景中,我发现了一片很有趣的铅木树皮。我抓起它,把它放进了包里。

我们在日落时分赶回了营地。我写好第二封信，将信纸的边缘微微烧焦，装点上我采摘的花朵，再放进烧过的树皮里，然后用阿迪的手机拍了一张照片，发给梅格。我数了几秒钟，就收到了她的回复。她最后的署名是"你的女孩"。

依靠随机应变和坚定的信念，我设法在整个男人之旅中和梅格保持密切联系。当我终于回到英国时，我有一种巨大的成就感，我没有让被浸泡的手机、喝醉的同伴、糟糕的手机信号或者其他十几个障碍，破坏了我们之间这美好的……开始。

该怎么描述这段关系呢？

我回到了诺丁汉小屋，行李扔得到处都是。我盯着墙，使劲问自己。我们之间到底是什么？我该用什么词去形容？

她是……我命中注定的那个人吗？我找到她了？

我终于找到她了吗？终于！

我一直告诫自己，对于王室成员来说，恋爱关系里有严格的规定要去遵守，至少涉及忠诚的时候是这样的。最主要的一条是，你必须和一个女人约会三年，然后才能迈出关键的下一步。否则，你怎么有足够的时间了解她？她又怎么可能了解你和你的王室生活？你们又怎能确定，这是你们想要的，是你们可以一起承受面对的未来？

王室生活，并不适合每一个人。

但梅格似乎是一个美好的例外，她打破了所有的规则。我和她一见如故，她了解我，真正的我。这一切看起来也许很草率，甚至不合逻辑。但却是真实的。事实上，平生第一次，我觉得自己生活在真实之中。

10

我们疯狂地发短信，打视频，尽管相隔千里，但其实从未分开。每天醒来，我总会收到一条短信，并立刻回复。之后，发短信，发短信，发短信。午餐后，是视频时间。然后，整个下午，发短信，发短信，发短信。到了深夜，又是一场马拉松式的视频。

但这远远不够，我们渴望再次见面。于是定下了8月末见面，也就是大约十天后。我们一致认为她来伦敦是最佳选择。

到了见面的大日子，她刚刚抵达酒店，一走进客房就打通了我的电话。

"我到了，快来酒店见我。"

"现在不行，我还在车里。"

"你去做什么？"

"是有关我妈妈的一些事。"

"你妈妈？那你在哪儿？"

"我在奥尔索普。"

"奥尔索普是哪里？"

"我舅舅查尔斯住的地方。"

我跟她说我以后会和她解释的。而所有那一切……我们都还没有谈及。

我非常肯定她没有上网搜过我，因为她总是问这问那。她似乎对王室一无所知，这让人觉得耳目一新。这表明她对我们并不在意。而这也是熬过王室魔咒的第一步。更重要的是，由于她还没有深入研究相关文学和公共记录，她的头脑中也没有充斥着虚假信息。

我和威利在妈妈的墓地献上鲜花之后，就一起坐车返回伦敦。电话中我告诉梅格已经在路上了，并尽量显得若无其事，以免在威利面前露出马脚。

梅格说可以走一条秘密通道进入酒店，然后再坐货运电梯到达客房。她的朋友凡妮莎在苏豪之家工作，她会接我，并带我进入酒店。

一切都按计划顺利进行，我见到了凡妮莎，并像走迷宫一样地经过了苏豪之家的内部通道，终于来到梅格的客房门前。

我敲了敲门，然后屏息等待。房门猛然打开！

我终于又看到了那迷人的微笑。

她的秀发微微遮住了眼睛。她伸出手臂将我拽进房间，并对朋友表示了谢意，这几个动作一气呵成，然后在被人发现之前，飞快地将门重重关上。

我想说在门上挂一个请勿打扰的牌子吧。

但是，我觉得顾不上了。

11

第二天早晨醒来，我们急需食物补给，于是点了客房送餐服务。当房门被敲响的时候，我慌张地环顾四周想找个藏身之处。

房间里什么都没有，没有小隔间，没有衣柜，没有大衣橱。

于是我就平躺在床上，用被子蒙着头。梅格低声让我躲到浴室里，但是我更喜欢我的藏身之处。

给我们送早餐的，可不是随随便便普通的服务员，而是酒店的助理总经理，他非常喜欢梅格，梅格也对他印象不错。他想和梅格聊会儿天，压根没有注意到推车上有两份早餐，也没有注意到被子下面那个王子形状的人形凸起，他说啊说啊，几乎聊到了所有的最新话题，我躲在被子里，就快喘不过气了。

谢天谢地，这么多年来经常藏在比利的警车后备厢里看来是有用的。那个人好不容易走了，我掀开被子坐了起来，使劲大口喘气。

我们俩都长出一口气，然后笑得前仰后合。

我们决定当晚在我家吃饭，邀请一些朋友过来，我们自己做，会很有趣,但这意味着我们要先去购买食材。我的冰箱里除了葡萄和农家馅饼外,什么都没有。

"我们可以去维特罗斯超市啊。"我说。

当然,我们不能一起去维特罗斯超市,那样会引起混乱。因此我们制定了一个计划,各自稍做伪装,同时购物,但保持距离,互不理睬。

梅格比我早几分钟就到了超市,她穿着法兰绒衬衫,肥大的外套,戴一顶便帽。我还是很惊讶,竟然没有人认出她来。很多英国人肯定都看过《金装律师》,但就是没有人盯着她看。换成是我的话,一定会在成千上万的人群中一眼就发现她。

也没有人对她的购物车多看两眼,那里面可是装满了她的手提箱,还有两个大大的苏豪之家的袋子,里面是她退房时,刚刚为我们购买的酒店松软的浴袍。

同样,也没有人注意我,我抓起一个购物篮,随意地在过道上走来走去。在水果和蔬菜区附近,我感觉到她从我身边走过。与其说我们是溜溜达达,不如说我们是大摇大摆。我们的目光偶尔碰到一起,只是片刻,然后迅速走开。

梅格从《美食与美酒》中找到了一份烤三文鱼食谱,我们列了一个购物单,分成了两份。她负责寻找烤盘,而我负责寻找烘焙纸。

我给她发短信:"烘焙纸是什么鬼?"

她一边说一边引导我找到目标。"就在你头顶上方。"

我猛地转过身来,她就在几步之外,正透过货架偷偷向我张望。我俩都笑了。

我重新在货架上寻找。

"是这个吗?"

"不是,是它旁边那个"。我俩都笑了。

我们按购物清单完成了任务。我去结账,然后发信息给梅格,告诉她会合地点。"就在商店下面的停车坡道上,有一辆商务车,窗户漆黑。"很快,我们的战利品妥帖地放进了后备厢,主心骨一般的比利坐在驾驶位,我们的车冲出了停车场,向着诺丁汉小屋驶去。我看着房屋、行人、城市飞快地向后退去,心想:"我迫不及待想让你们都认识她!"

12

我兴奋地迎接梅格的到来,心里还有些忐忑。诺丁汉小屋可不是什么宫殿。诺丁汉小屋与宫殿相邻——这是你能给出的最好说明。我看着她穿过白色栅栏,走上门前小径,颇感欣慰,她并没有显得沮丧失望,也没有幻想破灭的迹象。

进屋后,她说有点儿男生宿舍的感觉。我环顾四周,觉得她说得很对。

角落里的英国国旗(我曾在北极挥舞的那一面)、电视架上的来福步枪(出访安曼后官方赠送的礼物),还有游戏机。

"这只是我存放东西的一个地方。"我一边解释,一边把散乱的文件和衣服挪开,"我不常住这里。"

小屋是为前人建造的,当时的人们较为矮小。所以,房间局促,天花板很低,像玩具房似的。我带她迅速参观了一下,用时不到三十秒。"小心撞头。"

直到这时,我才注意到家具有多么破旧。棕色沙发、棕色豆袋椅。梅格在豆袋椅前停下来,回应说:"我知道,我知道。"

晚餐的客人有我堂妹尤金妮亚、她男朋友杰克以及我朋友查理。梅格做的三文鱼好吃极了,每个人都对她的烹饪天赋赞赏有加,并且津津有味地听她讲述关于《金装律师》的幕后轶闻以及她的旅行趣事。他们对梅格发自内心的好奇和温暖让我非常感激。

今夜，美酒良伴，不醉不归。饭后，我们换到一个更舒服的区域，戴上滑稽可笑的帽子，伴着音乐手舞足蹈。关于当晚，我有模糊不清的记忆，还有手机上画质粗糙的视频，视频里查理和我在地板上打滚，梅格坐在一旁，开怀大笑。

然后，我们又喝起了龙舌兰酒。

我记得尤金妮亚拥抱了梅格，好像亲姐妹一样。我还记得查理冲我竖起了大拇指，我暗自思忖，如果和家里其他人见面也如此和谐，我们就高枕无忧了。这时我注意到梅格状态很糟，她抱怨胃不舒服，看上去苍白虚弱。

我心想，酒量不行啊。

她先告辞上床休息了。我们其余人又喝了一杯，大家这才告别离开。我略略整理了一下，午夜时分上床睡觉，很快就沉沉入睡。凌晨2点，我突然醒来，听到梅格在浴室里。她病了，病得很厉害，不是我以为的不胜酒力，而是其他问题。

食物中毒。

她说她午饭在一家餐馆吃了鱿鱼。

原来是英国乌贼，谜团解开了。

她瘫坐在地上，有气无力地说："我呕吐时，你千万不用管我，不用帮我拢我的头发啊。"

"我肯定会管你。"

我不停轻抚她的后背，再扶她上床。她虚弱极了，眼泪汪汪的。她说，她想象中的第四次约会和今天有天壤之别。

像现在这样，彼此照顾？这不就是意义所在嘛。我想，这就是爱吧，但我努力把这句话藏在了心里。

13

就在梅格回加拿大之前,我们去弗罗格莫尔花园散步。它在去机场的路上。

这里是我最喜欢的地方,同样也让她感觉格外亲近。她特别喜欢这里的天鹅,尤其喜欢那只脾气暴躁的(我们给它取名叫史蒂夫)。我说大多数天鹅的脾气都糟透了,充满威严,但有点儿讨人嫌。我一直想知道为什么,每只英国天鹅都是女王陛下的财产,虐待它们就是犯罪行为。我们聊到了尤金妮亚和杰克,梅格非常喜欢他俩。我们也聊了她的工作和我的工作。但大部分时间我们都在谈论这段关系。这个话题太大,聊起来似乎永无止境。我们回到车上,开车前往机场的路上,在车里继续聊着相关的话题,直到我悄悄地把她送到机场,还在停车场聊了一会儿。我们达成共识,如果我们都认真地想给自己一个机会,一个真正的机会,我们需要一份非常严谨的计划,那就是不管发生什么事,我们都保证分开绝不超过两个星期。

我们都各自有过异地恋,异地恋太难了,部分原因是缺乏认真的计划。辛苦将是常态,但你必须和距离抗争,必须打败距离,这意味着要长途跋涉,一次又一次长途跋涉。

问题是我的一举一动,都会引发关注,惊动媒体。一旦我跨越边境,当地政府势必会被知会,地方警察也一定会被通知,而我的保镖们也都必须调动。因此,旅行的重担就落在了梅格的肩上。在早期,她必须花很多时间飞来飞去,在大洋上空穿梭,同时仍然全职参与《金装律师》的拍摄工作。专车经常会在凌晨4点15分来接她去片场。

她说,一个人承受这份重担并不公平,但她愿意,因为也别无选择。总不能不见我呀,那是她完全不能接受的。

她彻底打开了我的心扉,7月1日以来,这样的时刻数不胜数。然后我们再次道别。

"两个星期后见哦!"

"上帝啊,整整两个星期!是的。"

14

那天之后不久,威利和凯特邀请我共进晚餐。他们觉察到一些什么,所以想搞个明白。

我还没准备好告诉他们,也没准备好让任何人知道。但是两个孩子入睡后,我们在客厅坐下,那一刻我又觉得时机刚好。

我装作不经意地说,我遇到了一个……女人。他俩拥过来问道:"她是谁?"

"我会告诉你们的,但是我需要你们两个替我保守秘密。"

"当然,哈罗德,她是谁?"

"一个演员。"

"哦。"

"是个美国人。"

"哦?"

"她演的电视剧叫《金装律师》。"

他俩面面相觑,嘴巴张得老大。然后威利冲着我说:"别胡扯了!"

"你在说什么呢?"

"不可能!"

"我没明白你的意思。"

"我说这不可能!"

我一头雾水,威利和凯特解释说,他们是《金装律师》的忠实观众。太好了,我一直在担心没影的事儿。我总怕威利和凯特不欢迎梅格加入这个大家庭，但现在我不得不担心他们会向梅格索要签名。

他们用各种各样的问题对我狂轰滥炸。我告诉他们我和梅格是怎样相识的，讲到了博茨瓦纳，讲到了我们去超市购物的事情。还讲到，我已经深陷情网。但总的来说，我告诉他们的版本是经过删减的，我只是还不想表露太多心迹。

我还说了，我迫不及待地想让他们见她，也无比期待我们四个人在一起度过很多时光。我第一百次坦承，这一直以来是我的一个梦想，和一个志同道合的伴侣一起，加入他们，组成完美四人组。我不止一次和威利提到过这个梦想，而他的回答每次都是：这不可能，哈罗德，你一定要接受这一点。

我知道，但我感觉时机成熟，一切即将发生，我也告诉了他我的感受，但他还是让我慢慢来。

"毕竟，她是个美国演员，什么都有可能发生。"

我点点头，心里有点儿难过，然后拥抱了他和凯特，告辞了。

15

一周后梅格又回到了伦敦。

2016年10月。我们与马可和他的家人共进了午餐，我向梅格介绍了几个我亲近的好朋友，一切都很顺利，大家都喜欢她。

我大受鼓舞，觉得时机已到，是时候让她见见我的家人了。梅格也表示同意。

我们的第一站是皇家小屋，先去见见菲姬婶婶，因为梅格已经认识菲姬的女儿尤金妮亚及其男友杰克。所以这似乎是顺理成章的第一步。但当我们快到达皇家小屋时，电话里有人通风报信。

奶奶在那儿。

她是从教堂回城堡的路上突然来访的。

梅格说:"太好了,我喜欢奶奶。"

我问她是否知道如何行屈膝礼,她说她应该知道吧,但并不确定我是否认真地提出这个问题。

"你就要见到女王陛下了。"

"我知道,但她是你奶奶。"

"但她是女王。"

我们把车开进车道,驶过碎石路,停在巨大的黄杨树篱旁。菲姬有些紧张地走出来问:"你知道怎么行屈膝礼吗?"

梅格摇了摇头。菲姬演示了一次。梅格照样学着。

没有时间进行更高级的教程了,我们不能让奶奶久等。

当我们向门口走去时,菲姬和我都靠近梅格,小声提醒她:"当你初次见到女王时,要称呼她为'陛下'。之后称呼她为夫人(Ma'am)就可以,元音的发音和火腿(ham)相同。"

"还有,无论你做什么都不要打断她说话。"我和菲姬抢着提醒梅格。

我们走进前厅,她就在那里,我的奶奶,英国君主,伊丽莎白二世女王,就站在房间中央。她微微地转过身来,梅格径直走向她,深深地完美地行了一个屈膝礼。

"女王陛下,很荣幸见到您。"

尤金妮亚和杰克站在奶奶身边,假装不认识梅格。他们没有说话,非常得体,每人在梅格的脸上快速地亲吻了一下,纯粹的王室亲吻,非常英国范。

奶奶身旁还站着一个男士,在指针 12 点方向!梅格望向我,想知道这人是谁,我也爱莫能助,以前从没见过他。尤金妮亚悄悄地对我说,这人是她妈妈的朋友。好吧,我仔细看了他一眼,心想:"太棒了,恭喜你在见证我人生最重要的时刻之一。"

奶奶穿着去教堂的衣服，色彩鲜艳，头戴同色礼帽。可惜我记不清衣服的颜色了，印象中格外明亮，隆重。看得出来，梅格有些后悔牛仔裤黑色毛衣的搭配太过随意。

我也在为自己穿着一条破裤子而感到懊恼，我想告诉奶奶，我们事先一点儿都不知道。但她正忙着询问梅格此次到访的情况。

"非常棒，太好了。"我们说。我们也问起了今天教堂活动的情况。

"很圆满。"

一切都令人感到愉快，奶奶甚至问梅格她如何看待唐纳德·特朗普这个人。（这次会面是在2016年11月份美国大选之前，当时几乎每一个人都在好奇并讨论这个共和党候选人。）梅格认为政治是一场没有赢家的游戏，所以她把话题转到了加拿大。

奶奶眯起了眼睛，"我以为你是美国人。"

"是的，我已经在加拿大工作七年了。"

奶奶看起来非常高兴，加拿大是英联邦国家，很好。

二十分钟后，奶奶说她要走了。安德鲁叔叔一直坐在她身边，帮她拿着手提包，也起身送她出门，尤金妮亚也一同离开。走到门口前，奶奶回头向杰克和菲姬的朋友道别。

她也和梅格对视了一下，朝她挥了挥手，露出温暖的笑容，"再见。"

"再见，很高兴见到您，夫人。"道别之际，梅格又深深地行了屈膝礼。

她的座驾离开后，所有人都拥进了房间，气氛立刻不同。尤金妮亚和杰克又恢复了平常的样子，有人提议得喝上一杯。

对，得喝一杯。

每个人都称赞梅格的屈膝礼，那深深的一蹲，姿态标准。过了一会儿，梅格向我问起了女王身旁的助手。

我问她说的是谁？

"就是刚才那个帮女王拿着手提包,还送她出门的人。"

"那不是她的助手。"

"那他是谁?"

"他是女王的二儿子安德鲁。"

看得出来,她的确没有上网搜过我们。

16

接下来该去见威利了,我知道如果我再拖延时间,他一定饶不了我。于是在我和他启程去打猎之前的一个下午,我和梅格跑去见他。穿过庭院走向大拱门下的 1A 号房门时,我觉得比见奶奶更加紧张。

我问我自己这是为什么?

我想不出答案。

我们走上灰色石阶,按响了门铃。没有人应答。

等了一会儿,门开了,开门的是我哥哥。他略略打扮了一下,穿着漂亮的长裤、衬衫,领口敞开着。我介绍了梅格,梅格探身给了他一个拥抱,这让他措手不及。

他向后躲闪了一下。

威利不习惯拥抱陌生人。而梅格恰恰相反。那一刻是一场经典的文化碰撞,就像手电和火把之间的差异,我觉得有趣又迷人。然而回看当初,我想那一刻也许不止于此。也许威利期待梅格向他行屈膝礼?这倒是符合初次见到王室成员时的礼仪要求。但是梅格并不知情,我也没有告诉她。见奶奶之前,我明确表示过要按觐见女王的规矩来。但是,和哥哥见面,他就只是威利而已,《金装律师》的忠实观众。

不管怎样,威利很快恢复了常态。他和梅格站在大厅的方格地板上,亲切地聊了几句。寒暄很快被他的猎犬卢波打断了,它冲着我们狂吠,好像我们是窃贼一样。威利命令卢波安静下来。

"凯特呢?"

"她和孩子们出去了。"

"真不巧,只能下一次再见了。"

是时候告别了,威利要抓紧时间收拾行李,我们俩很快要出发。梅格亲了亲我,祝我们周末打猎愉快,然后她将返回诺丁汉小屋,在那儿独自度过第一个夜晚。

接下来的几天,我一直不停地谈论梅格。她已经见过了奶奶,也见过了威利,她不再是这个家里的秘密了,于是我有那么多话想说。我哥哥专心地听着,脸上带着浅浅的笑容。我知道,听一个爱得神魂颠倒的人表达爱意,是一件多么无聊的事情。但我无法阻止自己。

值得称赞的是,他没有取笑我,没有叫我闭嘴。相反,他说了我希望他说并且需要他说的话。

"我为你高兴,哈罗德。"

17

几周后,梅格和我开车从大门进入克拉伦斯宫,郁郁葱葱的花园让梅格惊叹不已。

"你应该看看春天时这里的美景。都是我爸爸自己设计的。"

我又补充道:"为了纪念甘甘。你知道,在我爸爸搬来之前,她住在这。"

我向梅格说起了甘甘,还提到我从十九岁到二十八岁一直住在克拉伦斯宫。我搬走后,卡米拉把我的卧室变成了她的更衣室。我尽量不介意,但是第一次亲眼见到时,还是有些介怀。

我们在前门停了一下,时间刚好 5 点整。这时候迟到,可是万万不行的。

　　我告诉梅格，她看起来美极了。她穿着一件黑白连衣裙，长长的裙摆上有着花朵图案。我的手放在她的后背上，能触摸到面料的细密轻盈。我建议梅格将头发散下来，因为父亲喜欢女人秀发披肩的样子。奶奶也是，她经常夸奖凯特有着一头美丽的长发。

　　梅格淡淡地化了妆，这也是我的建议。爸爸不喜欢女人浓妆艳抹。

　　门开了，迎接我们的是爸爸的廓尔喀男仆和老管家莱斯利，他也曾为甘甘工作。他们领着我们穿过长长的走廊，沿路是一幅幅巨大的画像和镶金边的镜子，还有深红色的地毯，装满闪闪发光的瓷器和精美传家宝的巨大玻璃柜。楼梯吱吱作响，上三个台阶后向右转，再向上走十二个台阶后，再向右转，这时就看到爸爸站在我们上方的楼梯平台处。

　　卡米拉就站在他的身旁。

　　这一刻梅格和我曾经多次演练。"见爸爸要行屈膝礼，称呼他'殿下'或者'先生'，如果他靠近的话，就亲吻他的脸颊，否则握握手就可以了。对卡米拉不用行屈膝礼，亲吻一下面颊或者握个手就够了。"

　　"不行屈膝礼？你确定吗？"

　　我觉得对卡米拉行屈膝礼不合适，没有必要。

　　我们来到一间大客厅，爸爸边走边问梅格，她是不是真的像别人告诉他的那样，是美国肥皂剧的明星。梅格笑了，我也笑了。我迫不及待地想说："肥皂剧？咱们家上演的才是肥皂剧吧，爸爸。"梅格说，她出演的剧集晚间时分在有线频道播出，名叫《金装律师》。

　　爸爸说："太棒了，一定很精彩。"

　　我们坐在一张圆桌前，桌上铺着白布，旁边是一辆手推车，上面放着茶点：蜂蜜蛋糕、烤燕麦饼、三明治、热松饼、饼干和一些奶油酱，还有爸爸最喜欢的罗勒碎，全都整整齐齐地摆放着。爸爸背对敞开的窗户坐着，尽可能远离壁炉里爆裂的火焰，卡米拉坐在他对面，背对炉火，梅格和我面对面地坐在他们中间。

我狼吞虎咽地吃了一块儿松饼加马麦酱,梅格吃了两小块儿熏鲑鱼三明治。一整天我们紧张得什么都没吃,饿坏了。

爸爸给梅格夹了一块儿烤燕麦饼,她很爱吃。

卡米拉问梅格喜欢什么茶,红茶还是淡茶?梅格也不清楚,她有些抱歉地说:"我以为茶就是茶而已。"这引起了关于茶、酒、其他饮料以及英式和美式的热烈讨论。然后我们又谈到了一个更大的话题,关于我们共同喜爱的东西,我们最先聊起了狗。梅格谈到了她的两个"毛孩子"博加特和盖伊,它们都曾是流浪狗,而盖伊有一个特别悲伤的故事。梅格在肯塔基州的一个救助站里发现了它。它被遗弃在森林深处,没有食物和水。梅格解释说,比格犬在肯塔基州被弃养的数量远远超过了其他州。博加特则是她在收容所的网站上看到的,第一眼便爱上了它。

卡米拉沉下了脸,身为"巴特西猫狗之家"的赞助人,这些故事总会使她格外难过。爸爸也是,他听不得有动物受苦。这多半会让他想起心爱的小狗噗噗(Pooh),它在苏格兰松鸡荒原上走失后,可能掉进了兔子洞,从此不见踪影。

我们的谈话轻松随意,四个人经常一起开口。随后爸爸和梅格和谐地聊了起来,我只好转向卡米拉,但她似乎更想听那两个人在说什么,而不是和我这个继子说话。不过,除了我,她此刻别无选择。

但我们很快就互换了谈话对象。我心想,这也太奇怪了,我们是本能地遵守着和奶奶参加国宴时的礼仪。

最终谈话范围再次扩大,从两两分组到四人一起。我们谈到了表演,也大致聊了聊艺术本身。爸爸说,要在这样的行业中闯出一条路来实在太过艰难。关于梅格的职业生涯他有很多的问题,而梅格的回答给他留下了深刻的印象,她的自信和智慧,让他始料未及。

很快时间到了,爸爸和卡米拉还有其他活动,王室生活就是如此,日常管理严格，行程紧锣密鼓。

我提醒自己，稍后要向梅格解释这一切。

我们都站了起来，梅格靠向爸爸，我有些紧张。和威利一样，爸爸也不喜欢拥抱。还好，梅格只是给了他一个标准的英国式脸贴脸，爸爸看起来很高兴。

我和梅格一起走出克拉伦斯宫，走进了郁郁葱葱、芳香扑鼻的花园，感到欢欣鼓舞。好吧，就这样了，我心想。欢迎来到我家。

18

2016年10月末我飞往多伦多。梅格很兴奋地向我展示她的生活，她的狗，她很得意的小房子。我渴望看到这一切，渴望了解关于她的每一个细节（我曾经悄悄去过加拿大，而这是我第一次正式到访。）我们在空旷的大峡谷和公园里遛狗，也熟悉了附近少有人光顾的角落。多伦多不是伦敦，但也不是博茨瓦纳，所以我们随时保持警惕，社交圈子不大，出门总会乔装打扮。说到乔装打扮，我们邀请了尤金妮亚、杰克，还有梅格最好的朋友马库斯，一起过万圣节。多伦多的苏豪之家届时将举办主题为世界末日的大型派对，当晚着装必须切题。

我嘟嘟囔囔地对梅格说，我参加主题化装舞会可是吃过大亏的，不过我还是会再试一次。离开伦敦前，我打电话给我朋友——演员汤姆·哈迪，问他能不能把《疯狂的麦克斯》中那套行头借给我。

"你要整套吗？"

"是的伙计，整套。"

我离开英国前，他把整套的服装都给了我。此刻，我在梅格的小浴室里穿戴整齐走了出来，梅格捧腹大笑。

我看起来有点儿滑稽，还有点儿吓人，但最主要的是没人能认出我了。

与此同时,梅格穿着黑色破短裤,迷彩上衣和渔网袜。如果这是世界末日该有的服装,我想世界末日也不会差到哪去。

聚会喧闹无比,颇具暗黑风,大家都醉醺醺的,堪称完美。梅格穿过房间时,有几个人瞄了她两眼,但没有人会对她身边这个反乌托邦怪咖多看一眼,我真希望每天都能穿成这样,也希望第二天能再穿上它去《金装律师》的片场探班。

话说回来,我最好还是不要去探班。我犯过一个错误,在网上搜索并观看了她在剧中的一些爱情片段,她和一个搭档在办公室或会议室里扭做一团。这些画面需要电击疗法才能从我脑海中抹去,我可不想去看现场直播。不过,我这些小心思没有必要,因为第二天是周日,她不用工作。

事实上,所有的小心翼翼都毫无意义,我们的生活将被永远改变。第二天,我们恋爱的消息就会铺天盖地。

我们一边安慰自己说这事早晚会发生,一边紧张地盯着手机。

事实上,我们早就接到消息,当天我们的关系很可能会被曝光。在前往万圣节世界末日化装舞会之前,我们得到了另一个末日劫难即将到来的消息,证据再一次表明,宇宙总有一种邪恶的幽默感。

出发去机场前,我们俩坐在沙发上。

"梅格,你准备好了吗?"

"算是吧,你呢?"

"我准备好了。"

"你害怕吗?"

"怕,也不怕,可能有那么一点儿吧。"

"我们肯定会被媒体追杀,没有其他的可能性。"

"我会像我们在博茨瓦纳丛林中那样对待这一切。"

她提起我在博茨瓦纳曾经说过的那些话,当时雄狮正在咆哮。

"相信我,我会保护你的安全。"

她说她相信我,无论当时,还是现在。

当我的飞机抵达希思罗国际机场,关于我俩的消息居然无疾而终了。因为一切都未经证实,没有照片,没有能够添油加醋的东西。

这是暂时缓一缓吗?也可能会有惊无险呢,我暗自思忖。并不是,这不过是暴风雨来临之前暂时的平静。

19

在 2016 年 11 月的最初几小时乃至最初几天里,几乎每隔几分钟就会出现一次超越底线的恶毒。我非常震惊,并且深深责备自己居然会震惊且毫无准备。我其实已经做好了准备,应对小报通常的疯狂诽谤,但我没有预料到会遭遇如此无节制的谎言。

首先,我没有为直面种族歧视做好准备,无论是"吹狗哨"[①]式隐晦的种族歧视,还是明显粗俗的、公然的种族主义。

《每日邮报》率先报道,标题是《哈里的女朋友是(或算半个)康普顿[②]人》,还有个副标题"她母亲遭黑帮蹂躏的家曝光了——他会去她家喝茶吗?"。

另一家小报也加入了这场口水战,用了更加耸人听闻的标题《哈里

---

① 吹狗哨,英文是 dog-whistle,在西方国家,"dog-whistle"被引申为一个政治概念,比喻表面上讲着一些再普通不过的事情,但对于特定的目标群众来说,其所言之事则另有含义。或以模棱两可的语言让听众解读成自己想听到的内容。

② 康普顿(Compton),位于美国加州的城市,人口接近 10 万,40% 为非裔居民,以犯罪率高著称。

将与美国黑帮联姻？》。我脸色凝重，血液也凝固了。我出离愤怒，但更多的是羞愧难当。这是我的祖国呀，他们居然如此对待她，如此对待我，为什么？

《每日邮报》似乎觉得标题还不够丢人。它在正文里接着说"仅在上周，美国康普顿地区就发生了 47 起犯罪"。想象一下，47 起。先不说梅格从没在康普顿居住过，甚至从没在康普顿附近居住过，她住在离康普顿开车半小时远的地方，那距离就像白金汉宫离温莎城堡一样远。但忘了这一点吧，即使她几年前或现在住在康普顿，那又如何呢？谁在乎康普顿地区或其他任何地方发生多少罪行，只要梅格不是犯下这些罪行的人就行。

一两天后《每日邮报》再次发难，这次是伦敦前市长鲍里斯·约翰逊的妹妹发表文章，预测梅格会从遗传基因层面对英国王室做出一些改变。

> 梅根和哈里王子据传是一对，要说有什么问题，那就是她浓烈而充满异国情调的 DNA，将会丰富温莎家族原本就稀薄的尊贵血统，改变斯宾塞家族传统的苍白肤色和红色头发。

约翰逊的妹妹继续信口雌黄，她说梅格的母亲多利亚来自声名狼藉的街区，还引用了多利亚的脏辫作为铁证，而这种污言秽语居然得以向三百万英国人传播。可爱的多利亚，她出生于美国俄亥俄州克里夫兰，毕业于费尔法克斯高中，成长于洛杉矶典型的中产阶级地区。

《每日电讯报》以一篇没那么恶心，但同样疯狂的文章加入了这场争论。作者从各个角度审视了一个棘手的问题：我是否能够合法的迎娶一位离婚者。

天哪，他们已经在扒她的历史，审视她的第一次婚姻。

先不说我的父亲是一位离婚人士，并且已经和另一位离过婚的人结婚了。还有我的姑姑安妮公主，也是一位再婚的离婚人士。这个名单我可以一直说下去，而英国媒体居然在 2016 年认为离婚还是一个羞耻的禁忌。

接下来，《太阳报》仔细梳理了梅格过往的社交媒体，发现了一张她和一位朋友以及一位职业冰球运动员的旧照片，并据此炮制了一段梅格和这位运动员热恋的故事。关于此事，我问过梅格。

她说："才没有呢。他和我的朋友好上了，是我介绍他们认识的。"

因此，我请王室律师联系这家报纸，告诉他们这篇报道纯属虚假诽谤，应立即删除。而该报对此的回应是耸耸肩，并对我竖起中指。

"你们太草率了。"律师警告该报的编辑。而编辑对我们的警告却是不屑一顾。

我们已知的事实是，报社派出了私家侦探调查梅格，以及梅格社交圈和生活中所有相关人士，甚至包括那些八竿子打不着的人。据此我们可以得出结论，这些人对于梅格的生活背景、前男友了如指掌，他们可以称得上是"梅学"专家，他们对梅格的了解，远胜于世界上除梅格以外的任何一个人。所以他们心知肚明，他们写的关于梅格和冰球运动员的每一句话都是热气腾腾的垃圾。但他们继续以同样的不以为然的态度拒绝回应王室律师的多次警告，这相当于一种嘲讽：我们。根本。不在乎。

我和律师密谈，试图保护梅格，使她免受这次以及未来可能的伤害。每天我从睁眼那一刻开始直到午夜，大部分时间都在努力让伤害停止。

我一遍又一遍地告诉律师，起诉他们。律师反复解释说，报纸最希望我起诉他们。他们巴不得呢，因为一旦我提起诉讼，这将确认我和梅格的关系，小报就可以堂而皇之地造谣了。

我气疯了，而且充满自责。我的生活就像是致病性极强的传染病，它已经严重影响了梅格和她的妈妈，我曾发誓要保护她的安全，可现在我已任由她身处险境之中。

除了律师，我也和肯辛顿宫的媒体专员杰森一起商讨对策。他非常睿智，但对我而言，危机正如火如荼，他却太过冷静。他劝我按兵不动，"你这是自投罗网，沉默才是最好的选择。"

但沉默不在我的选项里。在所有的选择当中，沉默是最不可取的。沉默意味着放弃抵抗。而我绝不能让小报继续对梅格为所欲为。

即便我已经说服他，我们需要做点儿什么，说点儿什么，任何举动都好。王宫还是拒绝了。朝臣们对我们严格限制，他们说，一切都无济于事，因此只能按兵不动。

我接受了这最后的决定，直到我在《赫芬顿邮报》上读到一篇文章，作者写道，英国人对种族主义甚嚣尘上的温和反应是意料之中的，毕竟他们是种族主义殖民者的后代，但她补充道，真正"不可原谅的是哈里的沉默"。

我的"沉默"。

我给杰森看了这篇文章，告诉他我们必须立刻纠正过往的行为。不再没完没了地辩论、权衡，马上发表声明。

一天之内，我们就写出了声明的草稿。态度坚定、表达准确、充满愤怒、无比诚实。我并不认为这会是伤害的结束，但也许是结束的开始。

我最后读了一次这份声明，告诉杰森尽快发表。

20

就在声明发出前几小时，梅格正在来看我的路上。她开车前往多伦多皮尔逊国际机场，狗仔们一路追赶，梅格小心翼翼地穿过旅客，感到无比紧张、无处躲藏。航空公司休息室里坐满了人，加拿大航空的一位工作人员很同情梅格，把她带到休息室附近的一个小房间里，还给她拿来些吃的。

当她抵达希思罗机场时，我的声明已经铺天盖地，但什么都没有改变，恶毒的攻击仍在继续。

事实上，我的声明引发了新一轮抨击——来自我的家人。爸爸和威利很生气，他们唠唠叨叨一直怪我，说我的声明令他们难堪。

怎么就让他们难堪了？

原来在此之前，当自己的女友或妻子受到骚扰时，他们从未发表过声明。

所以梅格此次到来和以往不同，完全相反。我们没有在弗罗格莫尔花园散步，没有坐在厨房畅想未来，没有悠闲地相守了解彼此，而是倍感压力，一直忙着会见律师，寻找打败疯狂的方法。

原则上说，梅格不看互联网，她想保护自己，远离有毒信息。明智的做法，但并不可行，我们要为她的荣誉和人身安全而战，所以我需要确切地知道哪些是事实，哪些是谎言。这意味着每隔几个小时，我就要问她一些网上新出现的大大小小的事情。

"这是真的吗？那是真的吗？这里有一丁点儿的真实性吗？"

她总是忍不住哭起来："他们为什么会这么说？哈兹，我不明白。他们可以这样凭空编造吗？"

"当然，他们一直都这样。"

尽管可怕的压力使人倍感焦虑，但我们呵护着这份情感，在那几天可怕的日子里，也从未对彼此发火。在梅格此行的最后几个小时里，我们像平常一样亲密、快乐，梅格说，她要做一顿特殊的临别午餐。

和往常一样，我的冰箱里空空如也。街上有一家有机食品超市，我给她指了方向，是一条最安全的路线。经过王宫守卫，向右转，前往肯辛顿宫花园，再到肯辛顿大街，那有一个警察设置的隔离区，你向右走，就会看到那家超市。"超市很大，一眼就能看见。"那天我有公务在身，但很快就可以回家。

"你戴一顶棒球帽，穿上夹克，低头走侧门，我保证你没事儿。"两个小时后，我回到家，看到她正浑身颤抖地哭个不停。

"怎么了？出什么事儿了？"我看到她泣不成声。

她说她按我建议的打扮低调，在超市里逛来逛去，怡然自得，没被认出来。但走上自动扶梯时，一个男人靠近她问道："劳驾，请问出口在哪里？"

"哦，就在前边向左转。"

"嘿，我看过你演的电视剧《金装律师》，我说得对不对？我老婆超级喜欢你。"

"哦，谢谢，你叫什么名字？"

"杰夫。"

"很高兴认识你，杰夫，请转告你太太，谢谢她喜欢我们的节目。"

"我会的。我能拍张照片吗，给我妈妈？"

"你刚才不是说是你太太吗？"

"哦，对呀。"

"抱歉，我正忙着买东西。"

他立刻变了脸色，"就算你不跟我合影，但你总不能阻止我拍照吧？"

他快速掏出手机，跟着她来到熟食柜台，趁她看火鸡的时候疯狂地拍照。去他的火鸡，梅格心想，然后赶紧去结账。那个男人也一路紧跟。

梅格排在队伍里等着结账，在她面前是一排排的八卦杂志小报，每一份的封面上，都有最令人震惊和恶心的标题，下面全是她的照片。其他顾客也注意到了，他们看看杂志再看看她，然后也像丧尸一样掏出了手机。

梅格看到两个收银员也露出了不怀好意的微笑，她付了钱，走出超市，撞见四个男人，正举着手机对着她。梅格低着头，快速来到肯辛顿大街，眼看就要到家了，却碰到正在举行什么仪式，有马车从肯辛顿宫花园里出来，宫殿的大门因此被堵住了，梅格被迫沿着主路返回，那几个男人再次闻风而至，并一直追着她直到正门，一路狂叫着她的名字。

终于回到诺丁汉小屋后，她给几个最好的闺密分别打了电话，每个人都在问她："梅根，这个人值得你这么做吗？有任何人值得你这样做吗？"

我搂着她说对不起，我非常抱歉。

我们拥抱着彼此，直到一阵诱人的饭菜香气扑鼻而来。

我环顾四周，觉得不可思议。——等等，这是……

"在你遇到了这么多麻烦之后，居然还做了午饭？"

"我想在你走之前喂饱你嘛。"

21

三周后，我在巴巴多斯[①]一间临时诊所准备接受艾滋病病毒检测。和蕾哈娜[②]一起。

多么神奇的王室生活。

当时正值世界艾滋病日，我在最后一刻才问蕾哈娜是否愿意参与此事，帮助加勒比海地区提高对预防艾滋病的认识。出乎我的意料，她竟然答应了。

那是 2016 年 11 月。

---

① 巴巴多斯（Barbados），位于东加勒比海的一个拉丁美洲国家。
② 蕾哈娜（Rihanna，1988—），在美国发展的巴巴多斯女歌手，欧美流行音乐天后。

那是极其重要的一天，很有意义的活动，但是我心不在焉，我一直担心梅格，她的家被狗仔团团包围，有家难回。她也不能前往位于洛杉矶的妈妈家，那里同样遍布狗仔。正赶上拍摄间歇，又适逢感恩节假期，她独自一人，无家可归。我只能求助我的朋友，他在洛杉矶有一处空置的房屋，他慷慨地借给梅格暂住。棘手的问题终于暂时得到解决。但我仍然忧心忡忡，对媒体充满敌意，而此刻我正被媒体团团围住。

是同一拨王室随团记者。

我狠狠盯着他们，心想，那是沆瀣一气的同伙。针头刺进了我的手指，我看到有血滴涌出，我想起了朋友、路人、战友、记者、小说家、同学。他们都曾经称我和我的家族为蓝血。人们用蓝血来形容贵族王室，我很好奇这说法从何而来，有人说我们的血是蓝色的，因为它比常人的更冷，但这种说法不对吧。我家人则总是说，我们的血是蓝色的，因为我们与众不同。这种说法恐怕也不对，看着护士把我的血抽进试管，我心想，看，红色的，和所有人的都一样。

我和蕾哈娜一边聊天一边等待结果，结果当然是阴性。

活动结束了，我只想赶快离开，找到有网络信号的地方，问问梅格怎么样了。但这不可能，我的日程排得满满的，一系列的会议、访问，没有任何回旋的余地。然后，我必须返回那艘载着我探访加勒比海地区的锈迹斑斑的英国商船。

深夜时分我登上轮船，船上的Wi-Fi信号糟透了，我只有站在船舱的长椅上，手机紧贴舷窗，才能勉强发短信给梅格，但总算知道了她在我朋友的住处，安然无恙。更妙的是，她的父母也都悄悄溜进来和她共度了感恩节。然而她父亲竟然带了一大堆小报，莫名其妙地想聊聊有关八卦。结果可想而知，她父亲只能早早离开。

她正讲到一半，信号断了。商船隆隆地驶向下一个目的地。

我放下手机，凝视着舷窗外漆黑的大海。

22

从片场回家的路上，梅格注意到有五辆车一直紧随其后。然后，他们开始加速追赶。

每辆车的司机都是个看起来鬼鬼祟祟的男人，神色阴暗。

正是加拿大的冬天，路面结着冰。那些车在她周围打转，他们强行超车、乱闯红灯、紧紧尾随，而且还不停地拍照。她觉得自己随时都会撞车。

她告诉自己不要慌张，不要鲁莽行事，不要让他们得逞，然后她给我打了电话。

我当时在伦敦，正坐在车里，我的保镖开着车，她带着哭腔的声音，一下子把我带回了童年，带回了巴尔莫勒尔。"手术不成功，她走了，亲爱的孩子。"我恳求梅格保持冷静，紧盯路况。我曾经接受过的飞行训练派上了用场。我告诉她前往最近的警察局，她下车时，我可以听到在背景声中，那些狗仔也跟着她一起走到了警察局门口。

"来吧，梅根，冲镜头笑一个。"咔嗒！咔嗒！咔嗒！

梅格告诉警察发生了什么，并恳求他们的帮助。警察表示同情，反正他们是这么说的，但鉴于梅格是公众人物，他们也无能为力。梅格只能又回到自己的车上，狗仔们蜂拥而至。我一路引导她开车经正门回到自己的住处，一回家她就彻底崩溃了。

我也有些崩溃，感到非常无助，这是我的阿喀琉斯之踵。只要我能有所行动，我就有能力直面困境。倘若只能袖手旁观，我甚至想一死了之。

梅格从进屋开始，就没有任何喘息的机会。和之前的每一个夜晚一样，狗仔和所谓的记者不断地敲门、按门铃，梅格的狗都快疯了，它们无法理解到底发生了什么。为什么她不开门？为什么房子遭到了袭击？

它们嘶吼着,在房间里跑来跑去,梅格瘫在地上,蜷缩在厨房的角落。午夜过后,当一切平静下来,她才敢透过百叶窗向外张望,她看到狗仔们就在外面的汽车里睡觉,连引擎都没关。

有邻居告诉梅格,他们也受到了骚扰。有陌生人在街上走来走去,问各种问题,试图拿钱来收买关于梅格的任何消息——哪怕是个耸人听闻的谎言。有一位邻居说有人想出高价,在他家的屋顶上安装实时流媒体摄像机,镜头直指梅格的窗户。另一位邻居则收了钱,摄像机就装在自家屋顶上,镜头正对梅格的后院。梅格再次联系了警方,但警方依然袖手旁观。她被告知,安大略省的法律并不禁止这些行为,只要邻居不是故意闯入,他甚至可以把哈勃望远镜挂在自己家里,指向梅格的后院,也没有任何问题。

与此同时,梅格妈妈在洛杉矶也天天被狗仔穷追不舍,从家里到洗衣店,从上班到下班。她也遭到了诽谤。有报道称她为"拖车垃圾",另一篇则称她为"瘾君子"。而事实上,她就职于临终关怀机构,跑遍洛杉矶,在患者生命的尽头照料他们。

狗仔们不放过她曾照料的病患,翻越人家的围墙、栅栏,换言之,每天都会有人像妈妈一样,在生命最后一刻听到的是按动相机的咔嗒声。

23

我们又团聚在诺丁汉小屋,一起准备着晚餐,度过宁静的夜晚。
2016 年 12 月。

梅格和我发现,我们俩最喜欢的食物都是烤鸡。我不会做,她正在教我。

我记得厨房的温暖和食物美妙的味道,切成楔形的柠檬在案板上,还有大蒜、迷迭香和炖锅里冒着气泡的肉汁。

我记得先给烤鸡抹上食盐，然后打开了一瓶酒。

梅格放着音乐，她拓宽着我的视野，教我欣赏民间音乐、灵魂音乐，还有詹姆斯·泰勒和妮娜·西蒙。

> It's a new dawn.
> It's a new day. ①

也许是酒有点儿上头，也许是过去这几周和媒体的斗争让我疲惫不堪。总之出于某种原因，当谈话突然转变方向，我一下子敏感，进而愤怒起来，是那种莫名其妙没头没脑的愤怒。

起因是梅格说了些话让我误会了，这一半是基于文化差异，一半是因为语言障碍，或者仅仅是因为那天晚上我太过敏感，我心想她为什么拿我撒气？

我对她大声斥责，措辞严厉残忍。当那些话从我的嘴巴脱口而出的时候，我能感到房间里的一切都停止了，肉汁不再冒泡，空气分子不再旋转，就连妮娜·西蒙的歌声也被按下了暂停键。梅格走出了房间，消失了整整十五分钟。

我上楼找到了梅格，她在卧室里，非常平静。她用平和安静的语气对我说，她永远无法忍受有人以那样的方式和她说话。

我点了点头。

她想知道我刚才的愤怒从何而来。

"我也不知道。"

"你在哪里听到过有男人以这样的方式对女人说话？还是在你成长的

---

① 中文大意是：这是新的黎明，这是新的一天。歌词出自妮娜·西蒙演唱的歌曲《感觉良好》（*Feeling Good*）。

过程中，你听到过有大人以这样的方式讲话？"

我清了清嗓子，眼光移向别处："是的。"

她绝不会容忍这样的伴侣、未来孩子的父亲，绝不容忍这样的生活，她不会在愤怒和不尊重的氛围中抚养孩子。她说得非常清楚。我们都知道我的愤怒并非由我们的谈话引起，它来自我内心深处某个角落，那是需要挖掘的地方。很明显，我需要一些帮助。

我告诉她，我尝试过心理治疗，是威利叫我去的，但没有找到合适的医生，不起任何作用。她轻声说这样不行，她让我再试一次。

24

我们躲在一辆黑色轿车的后座上，这辆车和以往的完全不同，没有任何标记。大约下午6点30分，我们从后门驶离肯辛顿宫。保镖说后面没人跟踪，于是在摄政街附近遇到交通堵塞时，我们就下了车。我们要去剧院看演出，不想因为迟到而引发关注。但是太专注于不迟到，一直警惕着时间，以至于我们没有看到他们就跟在身后——如此明目张胆地违反《反跟踪法案》。

在剧院附近，他们透过公共汽车站的窗户，在一辆行驶中的车辆上，偷拍到了我们。偷拍者自然是"阿瓜"和"阿呆"。

我们讨厌被跟踪偷拍，尤其讨厌被那两个人拍。过去五个月，我们设法避开了他俩。干得不错，我们在心里说。

几周后，我们又一次被拍到。当时我们刚和梅格的母亲多利亚吃完晚餐，她是和梅格一起飞来伦敦的。狗仔拍到了我们，但令人开心的是，没有拍到多利亚。她正准备返回酒店，我们和保镖则向我们的车走去。狗仔压根没看到她。

那顿晚餐让我非常紧张，第一次见女朋友的母亲总是件让人头疼的事儿，尤其是，你正使她女儿陷入地狱一般的境地。《太阳报》最近在头版头条刊登了一篇文章《哈里的女朋友上了Pornhub①》。这篇文章里展示了一些变态在色情网站上发布的《金装律师》中梅格的剧照，当然《太阳报》没有说明，这些照片是非法使用的，梅格对这些照片一无所知，梅格对色情网站一无所知的程度和奶奶差不多。这篇文章只是一个诡计，一种引诱读者购买报纸或者点击故事的方法，待读者发现里面什么劲爆的东西都没有，为时已晚。广告收入早已进了《太阳报》的腰包。

我们据理力争，提出了正式投诉，但是谢天谢地，当天晚餐中，我们并没有谈论这个话题。我们有更令人愉快的事情要讨论。梅格刚刚和世界宣明会（World Vision）一起去了印度，推广针对年轻女孩的月经健康管理和教育。之后，她带着多利亚在果阿②进行了一次瑜伽疗养，这是多利亚迟到的六十岁生日活动。此刻，我们在彼此最喜欢的地方，迪恩街76号苏豪之家为多利亚庆生，也庆祝我们相守在一起。讲到印度，我笑着谈起在梅格离开之前我曾给她建议：千万不要在泰姬陵前拍照。她问我为什么？我说："因为我妈妈。"

我解释说，因为我妈妈曾经在那里拍过照片，那张照片已经成为经典，我不想让任何人误会梅格在模仿我妈妈。但梅格从未听说过这张照片，因此一头雾水。而我喜欢她这样。

和多利亚的晚餐非常美妙，但我现在回想，那只是一段序曲的结束。第二天，狗仔的照片就出现了，各种社交媒体上又涌现出了新的故事：有关种族主义、厌女症和愚蠢的犯罪的言论越来越多。

我不知道该向谁求助，于是给爸爸打了电话。

"别看那些报道，我亲爱的孩子。"

---

① "Pornhub"是2007年创立于加拿大的一家大型成人视频分享类网站。
② 果阿，印度联邦共和国面积最小的一个邦，是印度著名的旅游地之一。

我生气地表示事情没那么简单。我可能会因此失去这个女孩,她可能会认为我根本不值得这么多麻烦。又或者媒体可能毒害公众,让一些白痴干出傻事,以某种方式伤害她。

这一切已经慢慢地发生了。我们收到过死亡威胁。她的工作场所被封锁,因为有人对媒体的内容做出了反应,发出实质性的威胁。她现在是完全孤立的,而且生活在恐惧之中。她已经好几个月没有打开家里的百叶窗了——而你只是告诉我,不要去读那些八卦就好了?

他说我反应过度了。"可悲的是,事情就是如此。"

我想让他觉得整件事和他利益相关。无所作为会让君主制看起来糟糕透顶,民众对她身上发生的事情极其关注,爸爸,他们会认为这一切和自己息息相关,你需要理解这一点。

而他无动于衷。

25

这个地址离诺丁汉小屋只要半小时,开车穿过泰晤士河,再经过公园就到了。但感觉就像是穿越极地之旅。

我心跳加速,深吸了一口气,敲了敲门。

开门迎接我的是位女士,她带着我经过一条短短的走廊来到她的办公室。办公室在走廊靠左边第一扇门。

房间不大,窗户上挂着百叶帘。办公室位于一条繁华的街道上,你可以听到外面的汽车声,鞋子在人行道上发出的咔嗒声,人们有说有笑。

她比我大十五岁,但看起来很年轻,这让我想起我当年的保姆蒂吉。我有些吃惊,她竟带给我如此相似的感觉。

她冲我指了指一张深绿色的沙发,自己坐在对面的一把椅子上。那时候是秋天,可我却大汗淋漓,我抱歉地说:"我很怕热,容易出汗,而且我有点儿紧张。"

"没事,不用解释。"

说完她突然跳起来跑了出去,不一会儿拿了一把小电风扇回来,并且把风扇冲着我吹。

"啊,太好了,非常感谢。"

她等着我先开口,但我不知该从何说起,于是我说起了我妈妈,说我很怕失去她。她用一种探究的眼神看了我好久。

她当然知道,我妈妈已经不在了。想来有些不可思议,遇到一个了解你大部分生活的心理治疗师,甚至她可能在海滩度假时读了一整本关于你的书。

"是的,我已经失去了我妈妈。我担心的是,此刻在这里,和一个完全陌生的人谈起她,也许会减轻失去她的痛苦,但这会让我再次失去她,失去那种感觉,那种她存在的感觉。我怕失去感知她存在的能力。"

治疗师眯起了眼睛,而我继续试着理清自己的情绪。

"你知道,痛苦……如果的确是痛苦的话……那是我仅存的,是我的动力。有时候只有痛苦能让我打起精神,如果没了痛苦,我怕她会觉得我忘记了她。"

我知道这听起来很傻,但情况就是如此。

我突然感到无比悲伤。我解释说,我对母亲的大部分记忆都消失了。那些记忆都去了高墙的另一面,我跟她说了那面高墙的事。我曾经和威利也说到过,说我对妈妈的记忆越来越淡了。他建议我多翻翻相册,我照做了,但无济于事。

所以,我妈妈不只是一个形象,也不是我脑海当中的画面,她是我心上的一个洞,如果我愈合了那个洞,修补了它,那会怎样呢?

我问她这听起来是不是很疯狂。

"不会。"

我们都沉默不语。很长时间不说话。

她问我需要什么帮助。"你为什么来这儿?"

我说:"我需要摆脱掉我胸口的压迫感,我需要……"

"你需要什么?"

"我需要大哭一场,请你帮助我好好地哭一场。"

26

第二次治疗时,我问她是否可以躺下。她笑了,"我还在想你什么时候会问呢。"

我躺在绿色沙发上,在脖子下面塞了个枕头。

我谈到了身体上情感上的痛苦,那些恐慌、焦虑、大汗淋漓。

"这种情况持续多久了?"

"有两三年了,以前情况更糟。"

我说了我在滑雪假期时和克瑞斯的谈话。封存情感的瓶塞一旦打开,我的情绪开始喷涌而出,我哭了一会儿,但还不够,我想大哭一场,可做不到。

我聊到了心里深深的愤怒,这也是我找到她、寻求帮助的表面诱因。我描述了那天在厨房里和梅格争吵的情景。

我摇了摇头。

我开始发泄对家人的不满。爸爸、威利、卡米拉。每当听到窗外有路人经过,我就会停下来。如果他们知道哈里王子正在这里喋喋不休地抱怨他的家人,谈他自己的问题,那些八卦小报就该大做文章了。

接下来我们谈到了媒体的问题,这里有太多的恩怨,我一吐为快。我自己的同胞对我所爱的女人表现出如此的蔑视、如此的不尊重。当然这些年来媒体对我一直很残忍,但我们情况不同,我生在王室,有些时候，我也算自作自受吧。

"但这个女人是无辜的，凭什么对她如此残忍？"

每当我私下或公开抱怨的时候，人们就会翻翻白眼，他们说我只是嘴上抱怨而已，假装想拥有隐私，他们说梅格也是在做样子。"她被狗仔骚扰了是吗？饶了我们吧，她没事儿，她是演员，早就习惯了狗仔，事实上她离不开狗仔。"

可是没人想要这样的生活，没有人会习惯这样的疯狂。那些冲我们翻白眼的人连十分钟都忍受不了。梅格有生以来第一次感到恐慌，她最近收到了一个陌生人发来的短信，那个人知道她在多伦多的地址，并发誓会用子弹射穿她的脑袋。

心理医生说我听起来充满了愤怒。妈的，的确，我无比愤怒。

她说，不论我的抱怨多么合情合理，我其实一直困在过去。当然，梅格和我正经历一场磨难，但是那个对梅格怒不可遏大发脾气的哈里并不是眼下这个人——这个通情达理、躺在沙发上理智地陈述自己情况的哈里，而是十二岁的哈里，深受创伤的哈里。

"你如今所经历的一切都是1997年的回忆。哈里，我有点儿担心，你的一部分还困在1997年。"

我不喜欢她这种说法，觉得有点儿被侮辱了。说我是个孩子吗？不太礼貌。

"你说你想要真相，你说你认为真相高于一切，这就是真相。"

我们的治疗超过了规定的时间，持续了将近两个小时。结束前，我们约好不久再见面，我问她是否可以拥抱她。

"当然可以。"

我轻轻拥抱她，对她表示了感谢。

我来到外面的大街上，脑海里无法平静。街道两边到处都是赏心悦目的餐馆商店，我真想不管不顾地好好逛一逛，看看橱窗，给自己一些时间来消化我刚才所说所学到的一切。

当然，这是不可能的。我可不想惹麻烦。

27

我的心理治疗师曾经见过蒂吉，这是多么惊人的巧合。这世界真的太小了。于是，在某一个治疗环节里，我们聊起了蒂吉，对于我和威利来说，她曾替代了母亲的角色。我和威利会习惯性地把母亲的角色赋予身边女性，而她们也常常热切地把自己塑造成那个角色。

我承认，有人在身边代替妈妈的角色会让我感觉稍好，但也会更糟，因为我会感到内疚，"妈妈会怎么想？"

我们也谈到了内疚。

我提到了妈妈也曾接受过心理治疗，我觉得对她帮助不大，甚至雪上加霜。有太多人觊觎她，利用她，包括心理医生。

我们也谈到了妈妈的教育方式，有时她会对我们过度照护，有时又会凭空消失一段时间，这样的谈论似乎很有必要，但也是某种背叛。

我觉得更内疚了。

我们谈到了英式生活和王室生活，泡沫中的泡沫，这种感受无法对没有经历过的外人言说。人们根本意识不到，当他们听到诸如"王室""王子"这样的词，就会失去所有的理性判断，

"啊，你是一个王子，那你肯定没有任何烦恼。"

人们认为——不，人们被驯化得相信——这一切都是一个童话故事，而我们并非人类。一个备受英国民众尊敬、著作等身、获奖无数的历史小说家撰写了一篇关于我家庭的文章，她在文中说我们就像大熊猫一样。

我们当今的王室没有熊猫那样的繁殖障碍，但他们和熊猫一样，都需要花费高昂的维护费，且都不具备适应环境与时俱进的能力。不过他们的确很有趣，而且赏心悦目。

我永远不会忘记那位备受尊敬的作家，在英国最受尊敬的文学刊物上写道，我母亲的早逝"让大家都避免了很多乏味"。（他在同一篇文章中提到了所谓戴安娜和下人之间的幽会）。但关于熊猫的比喻，让我觉得既敏锐，又无比野蛮。我们的确生活在动物园里，但作为一名士兵，我也深知，以非人的方式，像对待动物一样对待他人，是虐待、摧毁他们的第一步。如果连一个著名的知识分子都把我们当作动物来看待，那么对大街上的寻常男女还能寄予什么希望呢？

我向心理医生讲述了这种非人道的境遇对我前半生的影响，而现在，对于梅格的非人化对待，则充满了更多仇恨、更多尖酸刻薄和种族歧视。我告诉她过去几个月来我的所见所闻，我所目睹的一切。我一度从沙发上坐起来，歪着脖子看她是否在仔细倾听。她的嘴张得老大，她一生都住在英国，她以为对这一切早就了然于胸。

她其实并不了解。

治疗接近尾声时，我询问了她的专业意见："我的感觉正常吗？"

她笑了，什么是正常呢？

但她承认有一点无比清晰：那就是，我正置身于极不寻常的境遇当中。

"你觉得我是上瘾型人格吗？"

更准确地说，我想知道，如果我的确是上瘾型人格，接下来会发生什么？

"很难说，你知道，这一切都是假设。"她问我有没有使用过违禁药品。

"用过。"

我给她讲了一些很荒唐的故事。

"我很吃惊,你居然不是瘾君子。"

然而在有一件事上,我的的确确上瘾了,那就是媒体。她说,不停地阅读那些报道,并因此怒不可遏,那就是明显的强迫症。

我笑了,她说得对。

"那就是一堆狗屎。"

她也笑了:"的确是。"

28

我一直认为克瑞西达创造了奇迹,她让我敞开心扉,释放压抑已久的情绪。但她只是开了个头,现在的治疗师完成了这个奇迹。

过往的岁月里,我一直告诉人们,我不记得过去,不记得我的母亲,但我从未向任何人透露实情——我的记忆消失了。而现在,经过几个月的治疗,我的记忆开始慢慢复苏,重获新生。

有时,我睁开双眼,会看见妈妈就站在我面前。

无数的画面重新浮现在脑海中,明亮生动、栩栩如生,就像全息图一样。

我记得在妈妈位于肯辛顿宫的公寓里,早上保姆叫醒威利和我,带我们下楼到妈妈的卧室,记得她有一张水床,威利和我会在床垫上跳来跳去,又叫又笑,头发蓬乱。我记得我们一起共进早餐,她喜欢吃西柚和荔枝,很少喝咖啡或茶。我记得早餐后我们会和她一起开始工作,在她打电话审核一天的工作安排时,就坐在她身边。

我记得有一次,威利和我跟她一起同克里斯蒂·特灵顿、克劳迪娅·西弗、辛迪·克劳馥等名模聊天,对于两个正经历着或即将进入青春期的害羞男孩而言，那场面令人困惑。

我记得在肯辛顿宫，每晚上床睡觉前，我们会在楼梯下对她说晚安，亲吻她柔软的脖颈，闻着她的香水味，然后在黑暗中躺在床上，感觉如此遥远，如此孤独，渴望再次听到她的声音。我记得我的卧室离她最远，每晚在黑暗中，在可怕的寂静中，我总是无法放松，无法放手。

心理医生鼓励我坚持下去，"我们正在实现突破，"她说，"千万不要停下来。"我带了一瓶妈妈最喜欢的香水到她的治疗室（为此，我找到了妈妈的姐姐，向她询问香水的名字）。首先是一瓶梵克雅宝香水。治疗一开始，我打开香水瓶盖，使劲地闻了一下。

就像服用了LSD[①]。

我曾经在某个地方读到过，嗅觉是人类最先拥有的感觉。这与我在那一刻所经历的相吻合，熟悉的气味让我大脑中最原始的部分涌现出一幅幅从前的画面。

我记得在拉德格罗夫小学，妈妈曾偷偷把糖果塞进我的袜子，我们在学校是禁止吃校外零食的，而妈妈无视校方规定，一边笑一边把糖果放到袜子里，这让我更加爱她。我们一边往袜子底部塞糖果一边哈哈大笑，我大声说："妈，你太淘气了。"我至今还记得那些糖果的牌子：欧宝糖果。

那是些色彩鲜艳的水果硬糖，有点儿像这复活的记忆。

难怪我那么喜欢"聚餐日"和欧宝糖果。

我记得有一次妈妈开车带我们去上网球课，威利和我坐在后排。她突然毫无征兆地猛踩油门，我们飞快地向前冲去，穿过狭窄的街道，猛闯红灯，在拐角处飞速转弯。威利和我当时都系着安全带，所以我们看不到窗外发生了什么，但是能感觉到有人在追赶我们，是那些骑着摩托

---

① LSD，麦角酸二乙基酰胺，一种致幻剂。

车和电单车的狗仔队。"妈妈，他们会杀了我们吗？我们会死吗？"妈妈戴着宽大的墨镜，不停地查看后视镜。我们好几次差点儿撞车，十五分钟后，妈妈猛踩刹车，把车停了下来，然后跳下车，朝狗仔走去，"看在上帝的分上，别再骚扰我们了，我车上还有孩子们呢，就不能让我们自己待着吗？"然后她战栗着，脸颊通红地回到车里，砰的一声关上门，摇上车窗，把头靠在方向盘上，开始哭泣。而狗仔们则在窗外咔嗒咔嗒地拍个不停。我记得她的眼泪从大墨镜里滚落下来，我记得威利像一尊雕塑一样一动不动，我记得那些狗仔们在外面拍个不停。我记得我对他们充满了仇恨，对车上的每一个人则有着深深的永恒的爱。

我记得有一次在内克岛度假，我们三个人都坐在悬崖边的小屋里。这时一艘满载摄影师的船只向我们驶来，船上狗仔在寻找我们的踪影。我们一直在玩水球，身边正好还有好几个。妈妈很快装好了弹射器，并把水球分给我们，然后数到三，我们就把水球扔到摄影师的头上，那天她大笑的声音，这些年我几乎已忘记，而现在重现耳畔，嘹亮清晰，就像治疗室窗外的车流一样。

听到那久违的笑声，我高兴地哭了。

29

《太阳报》就梅格黄色影片的不实报道刊登了一则更正声明，在报纸的第二页，寥寥数语，根本没有人会看到。

更不更正有什么用呢？伤害已经造成。

而且，梅格还为此花了数万美元的律师费。我又给爸爸打了个电话。

"别去看那些八卦小报，我亲爱的……"

我打断了他，我不想再听那些废话了。

更何况，我也不再是男孩了。

这次我尝试了一个说服他的新论点。我提醒他，这些卑鄙无耻的混蛋，一辈子都试图把他描绘成小丑，还嘲笑他敲响了气候变化的警钟。这些折磨他、欺负他的人，现在又在折磨和欺负他的儿子以及儿子的女朋友，这难道不足以激起他的愤怒吗？

"为什么我必须要求你呢，爸爸？这难道不是你最应该直面的事情？媒体如此对待梅格难道不会让你痛苦，让你在夜晚辗转难眠吗？你说过你喜欢她的呀。你们因为对音乐有共同的爱好而格外亲近，你觉得她聪明风趣，举止得体，你告诉我的，所以为什么？爸爸，为什么？"

我无法得到一个明确的答案。我们一直在兜着圈子讲话，当我挂上电话的时候，有一种被抛弃的感觉。

与此同时，梅格伸出双手向卡米拉求助，卡米拉试图劝说她，这是英国媒体对王室新人的一贯做法，假以时日这些都会消失。曾经，卡米拉自己也被视作恶人。

她的言外之意是什么呢？现在轮到梅格做坏人了？可二者之间根本无从比较。

卡米拉还向梅格建议，让我出任百慕大群岛总督，远离火热的旋涡中心，这可以解决我们所有的问题。对，对，这个计划还有一个额外的好处，就是把我们排挤出王室的中心。

出于无奈，我去找威利寻求帮助。恰逢 2017 年 8 月末，我俩都在奥尔索普，这是多年来难得一遇的彼此安静相处的机会，这也是妈妈去世二十周年的日子。

我们划着小船到了岛上（为了给妈妈更多的隐私，也为了防止闯入者，岛上的小桥被拆掉了），各自将一束鲜花放在了妈妈的墓地上。我们静静地站着，沉浸在自己的思绪中，然后我们谈到了彼此的生活。我向他简要介绍了梅格和我一直在应对的麻烦。

"别担心，哈罗德，没人会相信那些乱七八糟的东西。"

"不，他们相信的。媒体每天一点一滴地把谎言喂给他们，他们不知不觉间就相信了。"

他并没有一个令人满意的答案，于是我们都沉默了。

然后他说了一些不同寻常的话。他说他觉得妈妈就在这里，在我们中间。

"是的，我也这么觉得，威利。"

"我觉得她一直在我生命中，哈罗德，指引我，为我铺平道路。我觉得她帮助我组建了一个家庭，而现在她也在帮助你。"

我点了点头。"完全同意。我觉得是她帮我找到了梅格。"

威利后退了一步，看上去有点儿担心。我刚才的话也许有些过头。

"嗯，哈罗德，我不确定，我倒不会那么说。"

30

2017年9月，梅格又来到了伦敦。我们在诺丁汉小屋的厨房里，一起准备晚餐。

小屋里温情四溢，爱意似乎快从敞开的大门流向外面的花园，那里有一小块杂草丛生的土地，很久以来无人问津。但梅格和我一起翻土，除草，种植，浇水，将它慢慢开垦出来。许多个晚上，我们坐在院子里的地毯上，听公园里传来的古典音乐会。我告诉梅格在我们围墙的另一边有一个花园，那是妈妈的花园。那是威利和我儿时玩耍的地方。而现在它和我们永远隔绝了。就像我曾经的记忆一样。

"现在那是谁的花园？"梅格问道。

"现在属于肯特郡迈克尔亲王的王妃，还有她的那些暹罗猫。妈妈不喜欢那些猫。"

我闻着从花园传来的香气，思考着这崭新的生活，更觉无比珍惜。

梅根正坐在厨房的另一边，把拉面从纸盒盛到碗里，我不假思索地脱口而出："我也不知道，我只是……"

我背对着梅格，愣住了，话说到一半，我犹豫着要不要讲完，要不要转身。

"你不知道什么，哈兹？"

"我……"

"什么？"

"我爱你。"

我等着她的回答，而她什么也没说。

但我能听到、感觉到她正朝我走来。

我转过身来，她就在我面前。

"我也爱你，哈兹。"

"我爱你"这三个字从我们相识的最初就在我的嘴边呼之欲出，所以从某种意义上说，它们并没有特殊的含义，甚至没有必要。我当然爱她，梅格知道我爱她，她能够看到，整个世界都能看到，我全心全意地爱着，从未像爱她一样爱过任何人。但即便如此，说出这三个字，让一切变得更真实，说出这三个字，让一切自然而然地发生变化，说我爱你，是迈出的第一步。

这意味着我们还要向前迈出几大步。比如……搬到一起住？

我问她是否会考虑搬到英国，和我一起住在诺丁汉小屋。

我们讨论了这一切意味着什么。是否可行。她将为此放弃什么。我们谈到了她结束在多伦多生活的一系列问题：何时结束，怎样结束，最重要的是，为什么结束。

"我不能因为仅仅尝试一下，就离开我的节目，辞掉我的工作。搬到英国来意味着永久的承诺吗？"

我说，是的，是永久的承诺。

她微笑着说，既然如此，那好吧。

我们亲吻拥抱，然后坐下来吃晚餐。

我长舒了一口气，心想，一切将会水到渠成。

晚上她入睡之后，我分析了自己，算是心理治疗的延续吧。我意识到，伴随着我所有躁动的情绪，还有一种巨大的解脱，她也对我说了"我爱你"这三个字，而这并不是必然的，也不是走形式。不可否认的是，我内心的一部分已经做好了最坏的准备。"哈兹，对不起，我不知道我能不能做到这些……"我内心的一部分担心她会逃跑，回到多伦多，听从她闺密的建议换掉电话号码。

"真有谁值得这样的付出吗？"

我内心甚至认为，如果她足够聪明，她应该跑得远远的。

31

纯粹是巧合，2017年"不可征服运动会"将在多伦多举办。那里是梅格的地盘。王宫决定，这将是我们第一次正式公开亮相的绝佳时机。

梅格有点儿紧张，我也是，但我们别无选择。这是我们必须完成的任务，我们已经隐蔽得太久了，这场运动会对我们而言，是最可控、最可预测的绝佳选择。

更重要的是，一旦我们公开亮相，就会大大减少狗仔标注在我们头上的赏金，而当时的赏金大约为十万英镑。

我们坐在前排观看轮椅网球赛，专注于比赛本身和美好的事业，尽可能忽略相机的声音，让一切变得正常。我们尽情享受，和身旁的几个新西兰人有说有笑，第二天报纸登出的照片也很有趣，不过还是有英国媒体批评了梅格，说她居然穿着破洞牛仔裤。没有人提到她的穿着，包括平底鞋、纽扣衬衫，每一样事先都得到了王室批准。我所说的"没有人",指的是王宫的任何人。

倘若在那个星期有一份声明为梅格辩护,情况可能会截然不同。

32

我告诉Elf和杰森,我准备求婚。他俩都表示了祝贺。

但随后Elf表示,他需要尽快做些调查,看看有没有相关条例,对这类事情是有严格规定的。

规定?真的吗?

几天后,他对我说,在我采取任何行动之前,我需要先征得奶奶的同意。我问他这是一条铁律,还是我们可以绕过的规则?

"哦,不,这是非常严格的规定。"

这完全不合情理,一个成年男子在结婚之前竟然要征求他的奶奶同意?我不记得威利在向凯特求婚之前问过奶奶,我也不记得表哥彼得①向他妻子奥特姆求婚之前问过奶奶。但我确实记得爸爸想迎娶卡米拉之前,问过奶奶的意见。一个五十六岁的男人要征得母亲的允许才能结婚,这件事的荒谬我当时就无法理解。

Elf说,一味地研究此事的原因和规避方法是没有意义的,因为这是不可改变的规则。英国王室前六位王位继承人结婚之前必须获得许可,具体可以参考1772年的《王室婚姻法》或者2013年的《王位继承法》。他不停地说啊说啊,我简直不敢相信自己的耳朵。

重点是,爱在法律面前要退居其后。

他说,事实上,法律不止一次战胜了爱情,比如一位王室近亲就曾被强烈劝阻而没能嫁给她的一生挚爱。

---

① 彼得是安妮公主之子,女王伊丽莎白二世的外孙。

"谁?"

"你的姨祖母玛格丽特公主。"

"真的?"

"她当初想嫁给一个离过婚的人,结果……"

"离过婚的人?"

Elf点了点头。

哦,见鬼,这事可能没那么容易。

但是爸爸和卡米拉都离过婚,他们得到了结婚的许可,这是不是意味着该规则已经不再适用了?

Elf说他们是他们,你是你呀。

更不用说王室对某位国王的愤怒了。这位国王想迎娶一位离异的美国女人,Elf提醒我,别忘了此事最后以该国王的退位和流亡而告终。"温莎公爵,你总听说过吧?"

这些陈年旧事令我心有余悸,我拿出日历,Elf帮我选中了10月下旬的一个周末,那个周末我们全家会去桑德林汉姆打猎,打猎总能让奶奶心情愉快。

也许那时她对爱情会有更包容的想法吧?

33

狂风大作的一天,我跳上了爷爷改装过的一辆路虎老爷车,这车以前曾是陆军救护车。爸爸开车,威利坐在后面,我在副驾驶的座位上,心里一直想着是否应该先告诉他俩我的意图。

但我决定还是暂且不说。我猜爸爸多半已经知道,而威利根本不赞成我的做法。他觉得一切发生得太快了。

事实上,他甚至连我和梅格约会都不太赞成。一天,我俩坐在他的花园里，他预言，我和一个美国女演员交往，肯定会遇到一大堆麻烦。"美国女演员"这几个字在他嘴里就像在说重刑犯似的。

"哈罗德，你确定就是她吗？"

"我确定，威利。"

"但你知道这会有多难吗？"

"你想让我怎么做呢？让我不再爱她？"

我们三个人都戴着鸭舌帽，穿绿色夹克、灯笼裤，仿佛效力同一支运动队。（在某种程度上，我们也的确效力同一支队伍。）爸爸开着车带我们驶入田野，他问起了梅格，并不是因为关心，只是随口一说而已。尽管如此，因为他并不常问，所以我还是很高兴。

"她很好，谢谢您。"

"她还准备继续工作吗？"

"什么？您再说一遍。"

"她还想继续演戏吗？"

"哦，我是说，我也不确定，但我想她多半不再演戏了，她会和我在一起，做我们分内的工作。这意味着《金装律师》就拍不成了，因为他们是在多伦多拍摄。"

"嗯，我明白了，亲爱的孩子，你知道，我恐怕没有更多的钱了。"

我目瞪口呆，他在叨叨些什么呀？

他给出了解释，或者说，他在尽力向我解释："我没有能力再供养他人了，我已经负担了你哥哥和凯瑟琳的生活开销。"

我瞬间退缩了，他说出"凯瑟琳"的时候让我想起，他和卡米拉曾建议凯特改变自己姓名的拼写方式。因为王室成员里面已经有两个人的名字首位字母是"C"，查尔斯（Charles）和卡米拉（Camila）。倘若再加上一个凯瑟琳（Catherine），首位字母也是"C"，那未免令人困惑。他们建议在拼写"Catherine"的时候写成"Katherine"。

我很想知道这条提议的后续结果。

我转头看威利，给他使了个眼色，意思是："你听到他在说什么了吗？"

威利面无表情。

爸爸并不是出于慷慨，才在经济上支持威利、我以及我们的家人，那是他的工作，这是我们谈妥的条件。我们同意为君主服务，派我们去哪我们就去哪，让做什么就做什么。我们愿意放弃自主权，随时随地将自己禁锢在镀金的牢笼里，作为交换，笼子的主人同意为我们提供食物和衣服。康沃尔公爵领地给爸爸带来每年数百万美元丰厚的利润，可他还是觉得我们的囚禁让他付出了太高昂的代价？

再说了，梅格的住宿和吃饭能花多少钱呢？她吃得本来就不多，你知道的。如果你愿意，我还可以让她自己做衣服。

我突然想明白一点，这一切和金钱无关，爸爸可能会担心负担我们的生活将使他的成本上升，但他真正无法忍受的，是有一个新人闪亮登场，成为王室的中心，万众瞩目的焦点，使他和卡米拉黯然失色。这是他曾有过的经历，他绝不想再重走老路。

我现在无法应付这些问题，根本没时间对付嫉妒和宫廷阴谋，我正使劲琢磨到底该对奶奶说些什么呢，时机已经成熟了嘛。

路虎车停了下来，我们下车，沿着爸爸放置的树篱排成一行，等着鸟儿的出现。风很大，我脑子里乱七八糟的。但当第一轮射击开始，我发现我居然打得很好，像是进入了某种状态。也许想想其他的事情不失为一种解脱。也许我更乐于关注下一枪的精准，而不是我计划攻克的那个难关。我不停地挥动枪支、扣动扳机，几乎击中了每一个目标。

午餐时间到了，我试了几次，都没有找到机会单独接近奶奶。所有人都围着她喋喋不休，于是我赶紧吃饭，等待时机。

这是一顿经典皇家射击午餐。我们一边烤着冰冷的双脚，一边享用烤土豆、多汁的肉和奶油汤，工作人员细心照料每个细节。饭后来块布丁，喝点儿茶，喝一两杯酒，回去接着打猎。

在当天最后两轮的射击中，我一直偷偷朝奶奶的方向张望，看看她怎么样。她气色很好，专注淡定。

她真的不知道将会发生什么吗？

最后一轮射击结束后，一行人散开，大家忙着捡拾自己的战利品，然后回到各自的路虎车上。我看到奶奶跳上她的小型路虎揽胜，驱车来到麦茬地的中央寻找猎物，她的狗也帮着四处搜寻。

她身边没有保镖，这似乎是我的机会。

我走到麦茬地中间，和奶奶一起往前走，也随时搭把手。我们一边在地上搜寻被打下来的鸟，我一边和她闲聊着让她放松，也让我自己的声音放松。风越来越大，尽管奶奶把围巾紧紧地包裹在头上，她的脸依然冻得冰冷。

雪上加霜的是，我的潜意识开始作祟。我开始意识到整件事的严重性。如果奶奶不同意……我必须和梅格分手吗？我无法想象没有她的生活……但我也无法想象公然违抗奶奶意愿的结果。她是我的女王，我的总司令。如果她拒不同意，我会痛苦心碎。当然，我还是会寻找机会再次征得她的同意。但如此一来我的胜算将非常之低。奶奶绝不是轻易改变主意的人，所以此刻对我而言，要么是人生的开始，要么是人生的终结。这一切都取决于我的措辞、我的表达方式，以及奶奶对此如何解读。

如果这一切还不足以让我紧张到张口结舌的话，我还看到不少源自王室的新闻报道，说我们家有些人"不太喜欢"梅格，不喜欢她的直率，不喜欢她的工作热情，甚至不喜欢她偶尔提的问题。梅格健康、自然的好奇心却被他们视作粗鲁无理。

也有传言说，王室内部对于她的种族存在着一种模糊而普遍的不安。关于英国是否"准备好了"的问题，某些角落也表达了"关切"。这意味着什么？这些垃圾有没有传到奶奶的耳朵里？如果她也有所耳闻，我的这次请求是否将成为一次无望的尝试？

我注定会成为下一个玛格丽特公主吗？

"看，一只鸟。哇！"

我回想着生命中许多个申请许可、请求批准的关键时刻。请求控制部门允许我向敌人开火，请求皇家基金会允许我创办"不可征服运动会"，我也想到了飞行员请求我的允许飞越我的空域。顿时感觉我的生活像一系列没完没了的许可请求，而所有这些请求都是这一刻的前奏。

奶奶向她的路虎揽胜走去，我快速跟在她身后，那些狗在我脚边跑来跑去。看着它们，我的心开始狂跳。我妈妈以前常说，跟奶奶和她的那些柯基犬在一起，就像是站在一块移动的地毯上。过去那些狗我基本都认识，无论是活着的还是已经死去的。他们就像是我的表兄弟。杜基、艾玛、苏珊、林内特、皮克斯、奇伯，据说都是维多利亚女王养的柯基犬的后代。有些事，越是物换星移，越是一成不变。但眼前这些不是柯基犬，而是猎犬。他们有不同的目标，我也有不同的目的。我意识到我需要毫不犹豫，开门见山。奶奶放下了后挡板，那些狗跳了起来，我想抚摸它们，但意识到我的手上各拎着一只死鸟，它们软绵绵的脖子就夹在我的手指间，呆滞的眼睛向后翻着（鸟啊，我明白你的感受），隔着手套，我依然能感觉到它们温热的身体。我转身望向奶奶，她也转头看着我，眉头微皱。（她知道我在害怕吗？既害怕女王陛下，也害怕向她提出请求。她知道吗，无论我多么爱她，在她面前我总是很紧张？）我知道她在等我开口，而且不太有耐心。

她的脸上散发着光芒："有什么话就说吧！"

我清了清嗓子，然后说："奶奶您知道我非常爱梅格，我决定向她求婚，但是我被告知，嗯……我必须先征得您的同意才能求婚。"

"必须征得我的同意？"

"嗯，是的，这是您的工作人员告诉我的，我的工作人员也这么说。必须先征得您的同意。"

我静静地站着，就像我手里的死鸟一样，一动不动。我紧盯着她的脸，但读不出任何信息。最后她终于说："既然如此，那我必须同意喽。"

我困惑地眯起眼睛。你觉得你必须同意？这意思是你同意了？还是说你其实想说"不同意"？

我没明白，她是在讽刺挖苦我吗？故意说反话，模棱两可？她在玩文字游戏？我以前从没见奶奶玩过文字游戏，也许她偏偏选择了这么一个时刻开始，那就太奇怪了（更不用说非常不方便了）。或者她只是看到有机会利用我不当使用"必须"这个词的时机，忍不住和我玩文字游戏？

又或者，文字游戏背后隐藏着某种含义？某种我无法读懂的信息？

我站在那里，眯着眼睛，微笑着，一遍又一遍地问自己，此时此刻英国女王在对我说什么？

终于我意识到：她答应你了呀，你这个笨蛋！她批准了你的请求。谁在意她怎么遣词造句？只要知道什么时候该把"是"当作答案就好了呀。

于是我结结巴巴地说："好的，好的，奶奶！好极了！谢谢，太感谢了！"

我想拥抱她。

我渴望拥抱她。

我没有拥抱她。

我看着她上了车，然后大步回到爸爸和威利身边。

34

  我从梅根的首饰盒里拿了一枚戒指交给设计师，这样他就可以知道梅根手指的尺寸。

  由于他也替我们保管着妈妈留下的那些手镯、耳环和项链，我就让他从妈妈戴过的一只漂亮手镯上取下几颗钻石，制作成一枚戒指。

  我提前和威利说明了情况，问哥哥能否把手镯给我，并且告诉了他我的用途。我不记得他答应把手镯给我的时候有过哪怕短短一秒钟的犹豫。他虽然嘴上常表示担心，但似乎很喜欢梅格，凯特也一样。梅格在伦敦期间，我们曾邀请威利和凯特来家里吃晚饭，梅格下厨，宾主尽欢。那天威利有点儿感冒，不停地打喷嚏，咳嗽，梅格就上楼给他拿了一些顺势疗法的药，有牛至油、姜黄什么的。威利很开心，也有点儿感动，不过凯特在餐桌上说，他不会接受这些非常规的治疗手段。

  我们在餐桌上谈到了温布尔登网球赛和《金装律师》，威利和凯特非常腼腆，不好意思承认自己是这个剧的超级粉丝。

  我能想到唯一可能不和谐的地方，就是这两个女人在穿着打扮方面的显著差异。她们似乎都注意到了这一点。

  梅格的风格是：破洞牛仔裤，光着脚。凯特的风格是：妆发一丝不苟。

  我想这也没什么大不了的。

  除了手镯上的那几颗钻石，我请设计师又加上了一颗来自博茨瓦纳的无血钻石。

  他问我是不是很着急拿到戒指。

  好吧……既然你问了，那就是着急。

35

梅格清空了房子，放弃了她在《金装律师》中的角色。已经第七季了！对于她来说，这是一个艰难的时刻，因为她热爱这部戏，爱她扮演的角色，喜欢剧组的演员和工作人员——喜欢加拿大。而另一方面，她在剧组的生活已变得难以为继，尤其是在片场，该剧的编剧们常常焦头烂额，因为王室公关团队会建议他们改变某段台词，告诉他们梅格的角色该做什么，该怎么做。

她还关闭了自己的网站，退出了所有的社交媒体，这也是王室公关团队要求的。她告别了自己的朋友，告别了她的车，告别了她养的一条狗——博加特。梅格的家被媒体团团包围的那些日子里，不断响起的门铃声使博加特深受创伤，以致梅格在它身边时，它的行为举止已发生了很大的变化，变成了一只好斗的看家狗。于是，梅格一位好心的邻居收养了它。

然后盖伊来了，不是我朋友盖伊，而是梅格的另外一条狗，一条原本就伤痕累累的小猎犬，最近更是如此。它当然很想念博加特，但更要命的是它伤势严重。梅格离开加拿大的前几天，盖伊从它的监护人身边逃跑了（梅格当时正在工作）。找到它时，它离梅格家很远，已经无法行走，如今它的腿被打上了石膏。

我常常要把它直直地抱起来，它才能够尿尿。

我一点儿都不介意，我喜欢这条狗，我总是忍不住地亲它，抚摸它。是的，我对梅格强烈的爱使我爱屋及乌，而且我一直想要一条狗，我以前从没养过狗，是因为我总是像流浪汉一样居无定所。梅格搬来英国后不久的一个晚上，我们在家里做晚饭，和盖伊一起玩，诺丁汉小屋的厨房里充满了爱，就像我去过的任何一个房间一样。

我打开了一瓶香槟——这是一直以来我为某个特殊场合而保存的一

份颇有年头的礼物。梅格笑着问我:"今天是什么日子?"

"没什么特别的。"

我抱起盖伊,带它来到外边有围墙的花园里,把它放在我事先铺在草地里的毯子上。然后我跑回屋里,让梅格拿起她的香槟杯和我一起来到院子里。

"怎么了?"

"没事儿。"

我带她来到花园,那天晚上很冷,我们都裹着厚厚的大外套,她的衣服有个帽子,里面缝着人造皮草,把她的脸衬托得像一块精美的浮雕。我在毯子周围放满了电蜡烛,希望这一切看起来像在博茨瓦纳的灌木丛中,那是我第一次想到求婚的地方。

然后我单膝跪在毯子上,盖伊就在我的身旁,我们俩都抬起头,看着梅格,等待答案。我的眼里早就充满了泪水,我把戒指从口袋里掏了出来,说了我想说的话。我浑身颤抖着,心怦怦乱跳,声音哽咽。但是她听懂了。

"和我共度一生吧,让我成为这个世界上最幸福的男人。"

"好的。"

"你确定?"

"是的!"

我笑了,她也笑了。难道还会有其他的回答吗?在这混乱的世界里,在这充满痛苦的生活里,我们终于做到了,我们终于找到了彼此。

然后,我们又哭又笑,抚摸着盖伊,它看起来快冻僵了。我们准备回到房间里。

"哦,等等,亲爱的,你不想看看这枚戒指吗?"她甚至都没想起来我还没有把戒指给她。

我们匆匆走回屋内,在温暖的厨房里庆祝了一番。那天是11月

4日。

这个秘密,我们设法保持了大概两个星期。

36

按道理,我应该先去找梅格的父亲,请求他的祝福。但托马斯·马克尔是个复杂的人。

梅格两岁时,他和梅格的妈妈就分开了。此后,梅格的时间由两人分配。周一到周五和妈妈住,周末则和爸爸一起。尔后,中学的绝大部分时间,她彻底搬去和父亲一起生活,他们非常亲近。

大学毕业后,梅格开始周游世界,但一直和爸爸保持着密切的联系。都三十多岁了,还是称呼他为爹地。她爱他,事事为他操心——他的健康,他不好的生活习惯——而且极度依赖他。参与拍摄《金装律师》的那些年,几乎每周她都会向他征求关于现场灯光的意见。(她的父亲曾经在好莱坞做灯光指导,获得过两次艾美奖。)近些年他没有固定的工作,消失了一段时间后,在墨西哥边境的一个小镇上租了一所小房子,总体情况并不好。

梅格觉得,无论从哪方面来说,他的父亲都无法承受被媒体跟踪所带来的心理压力,事实也的确如此。很久以来,梅格生活圈子里的每一个人——朋友、前男友、表亲(包括她从没见过的那些远房亲戚)、前雇主或前同事,都饱受媒体骚扰。而在我求婚之后,媒体认为梅格的父亲最具新闻价值,开始发了疯似的接近他。《每日镜报》公布了他的住处之后,各路媒体蜂拥而至,每天骚扰他,试图引诱他走出家门。他们的做法比猎狐或引诱狗熊出洞更卑鄙。陌生的男男女女以金钱礼物和友谊为诱饵,当这一切都不起作用后,他们干脆租下了他隔壁的房子,每天透过窗户偷拍他的照片。媒体报道说,这迫使梅格的父亲把胶合板钉在了窗户上。

事实倒未必如此。早在梅格开始和我约会之前,他还住在洛杉矶时,就经常把胶合板钉在窗户上。

怎么说呢,他是个复杂的人。

他们开始跟着他进城,在他跑腿处理琐事的时候尾随着他,当他在商店里走来走去购物的时候,紧随其后。他们刊登了他的照片,标题是《逮到他了》。

梅格经常给父亲打电话,敦促他保持冷静。"别跟他们说话,爹地,别理他们,只要你不回应,他们最终会离开的。王室告诉我们应该这么做。"

37

处理所有这些棘手之事的同时,我们很难专注于策划王室婚礼数不胜数的细节。

奇怪的是,白金汉宫似乎也很难集中注意力。

我们想尽快结婚,何必给小报和狗仔更多的时间胡作非为呢。但白金汉宫似乎无法选定日期或场地。

我们等着上层的法令,来自王室决策机构难以捉摸的上层的法令。与此同时,我们开始了一次传统的"订婚之旅"。英格兰、爱尔兰、苏格兰、威尔士——我们跑遍了英国的上上下下,向公众介绍梅格。

所到之处,人们为她疯狂。"梅根,戴安娜一定会喜欢你的。"我一次又一次听到女人们高声尖叫。这和英国小报的基调完全不同,也再一次提醒人们,英国媒体绝不等同于现实。

旅行归来,我给威利打了电话,试探性地问他,觉得我们该在哪里结婚。我告诉他,我们想的是威斯敏斯特教堂。

"不行，我和凯特就是在那儿结的婚。"

"也对，那……圣保罗教堂呢？"

"太富丽堂皇了，而且爸爸和妈妈是在那里结婚的。"

"对，有道理。"

他提议泰特伯里教堂。

我没同意，"泰特伯里？靠近海格洛夫的那个小教堂？你是认真的吗，威利？那里能容纳多少人呢？"

"你不是说你就想要一个小而安静的婚礼吗？"

事实上，我们两个人想私奔，光着脚在博茨瓦纳，叫一个朋友来主持婚礼，这就够了。这是我们的梦想。但人们期待着我们和大家分享这一时刻，我们身不由己。

38

我转头又去问王宫有关人员，婚礼日期和地点定了吗？他们的回答是：没有。

3 月怎么样？

3 月都订满了。

6 月呢？

抱歉，6 月有嘉德日（Garter Day）。

最终，他们回复了我们一个时间：2018 年 5 月。同时也接受了我们的选址要求：圣乔治教堂。

事情尘埃落定。我们也和威利、凯特首次共同亮相。

2018 年 2 月，皇家基金会论坛。

现场观众很多，我们四个人坐在舞台上，由一位女主持人向我们提出一些比较温和的问题。基金会成立已将近十年，我们回顾了它的过往,也展望了由我们四人共同执掌的未来。观众们很热情,我们四个都很开心,现场气氛良好。事后,一位记者称我们为"非凡四人组"(Fab Four)。好吧,看我们的吧。我满怀希望地想。

几天后,争议出现了。大概意思是说梅格表达了对"Me Too"[①]运动的支持,但凯特没有——据说是通过各自着装表达了立场?我理解的情况大致如此,但是谁能说得清呢?整件事根本是子虚乌有。不过我认为这使凯特坐立不安,也让她和周围的人意识到,从此以后,她将随时被人拿来和梅格做比较,并被迫与之竞争。

而这一切发生在后台一个尴尬时刻。梅格借用了凯特的唇彩,这在美国司空见惯。梅格自己忘带了,又担心可能会需要,于是向凯特求助。凯特明显吃了一惊,从提包里不情愿地掏出一管,梅格挤了些在自己的手指,然后涂抹在嘴唇上。凯特做了个鬼脸,表情不太开心。这顶多就是个人风格上的小冲突而已吧?这本是我们可以一笑置之的事情,但它留下了一点儿隐患,媒体闻风而动,试图把它变成一个新闻大事件。

好吧,又来了!我悲哀地想。

39

奶奶于2018年3月通过皇家法令正式批准了我们结婚的请求。

与此同时,梅格和我的家庭也在不断壮大。我们领养了一只小狗,她成了小盖伊的妹妹。可怜的盖伊急需一个伙伴。所以当我在诺福克的朋友告诉我,他家的黑色拉布拉多犬生了一窝小狗,并要把一只漂亮的有着琥珀色眼睛的雌性小狗送给我时,我根本无法拒绝。

[①] Me Too,美国反性骚扰运动的代称。

梅格和我给它起名叫普拉。塞茨瓦纳语[1]是"雨"和"祝你好运"的意思。

许多个清晨，我醒来发现自己被所爱的一切包围，他们爱我、依赖我，我何德何能拥有这么多幸运呢。抛开工作挑战不说，这就是幸福。生活的确美好。

一切似乎沿着一条注定的轨迹运行。婚礼许可法令颁发当天，正逢梅格的《金装律师》季终集告别播出。剧中，她饰演的角色瑞秋也即将结婚，真是艺术完美演绎了生活。

《金装律师》剧组做事相当体面，让梅格的角色最后以出嫁收场，而不是把她推下电梯。要知道，在现实生活中，很多人想这么做。

那年春天，媒体比以往收敛很多，他们更热衷于对婚礼细节的爆料，而不是编造新的谎言。几乎每天都有一个关于婚礼所用的鲜花、音乐、食物和蛋糕的"全球独家"报道。对媒体而言，事无巨细，都值得报道，连移动厕所也不放过。媒体说，受到皮帕·米德尔顿[2]婚礼的启发，我们将提供最豪华的拥有陶瓷洗手盆和镀金座椅的移动厕所。事实上，我们根本没有注意过人们在皮帕家大小便的方式和地点有什么不同。而我们也没有为我们的婚礼选择移动厕所。但我们真诚地希望，每个人都能自在、安静地做自己的事。

最重要的是，我们倒希望王室记者继续报道和粪便相关的事，而不是做搅屎棍。

因此，当王宫鼓励我们向皇家轮值记者团的记者提供更多婚礼细节时，我们服从了。但同时我也告诉王宫，在我们一生中最快乐的那一天，我不想在教堂里看到任何一位王室记者，除非默多克本人为电话窃听行

---

[1] 塞茨瓦纳语（Setswana），一译茨瓦纳语，南非官方语言之一。
[2] 凯特王妃的妹妹。

为道歉。

王宫方面对此嗤之以鼻,朝臣警告说,禁止皇家轮值记者团出现在婚礼现场,将引发全面宣战。

"那我们就开战吧。"

我已经受够了皇家轮值记者团,不管是具体到个人还是整个系统,它都比马车更过时。四十年前皇家轮值记者团的诞生,让英国的报纸和广播记者第一次有机会接触王室。但如今它越来越散发出一股恶臭,它的存在妨碍了公平竞争,产生了任人唯亲的弊端,还鼓励了一小群恶霸,让他们觉得自己可以为所欲为。

经过数周的争吵,我们双方达成一致意见,皇家轮值记者团不被允许进入教堂,但他们可以在场外等候。

这是一场小小的胜利,但值得好好庆祝。

40

爸爸想帮我们挑选婚礼用的音乐,于是邀请我们去克拉伦斯宫吃饭,兼欣赏小型音乐会。

他拿出无线音响,我们开始试听各种音乐,美妙无比。我们想用管弦乐队,而不是管风琴,他完全赞同,还放了不同的管弦乐帮我们寻找感觉。

过了一阵儿,我们转而聆听古典音乐,他谈到了自己对贝多芬的热爱。

梅格则谈到了她对肖邦的深厚情感。她说她一直喜欢肖邦,而在加拿大,她变得越来越依赖肖邦,因为只有肖邦的音乐能安抚盖伊和博加特。于是,她整日整夜给它们播放肖邦的音乐。爸爸颇为同情地笑了。

当一首曲子结束,他会立刻播放另一首,一边哼唱,一边用脚敲击节奏，他活泼、机智、迷人，我频频摇头，觉得不可思议，我知道爸爸一向喜欢音乐，但我从不知道他竟如此热爱音乐。

梅格唤醒了他身上我以前从没见到过的品质，在她面前，爸爸变得孩子气了。我亲眼所见，他们之间的纽带越发牢固，这让我觉得与他之间的联系也日益紧密。很多人对待梅格态度恶劣，所以看到我的父亲把她当成即将成为公主（也许生来就是公主）的人对待，我心里充满了感激。

41

我是顶着巨大压力请求奶奶允许我迎娶梅格的，这之后我想我再没有勇气向她提出别的请求了。

然而，我现在又要斗胆再问一句："奶奶，我可以在婚礼上留胡子吗？"

这也不是一个小问题。有些人认为留胡子明显违反了礼仪和长期以来的规范，尤其是，我是要穿着军装结婚的，英国军队禁止留胡须。

但是我已经不在军队服役了，而且我极力想留住一些能有效帮助我缓解焦虑的东西。

这听起来不合逻辑，但事实如此。我在去南极的旅途中开始留胡子，回家之后依然保留。这和心理治疗、冥想以及其他手段一起，有助于平息我的紧张，我无法解释其中的原因，尽管我确实找到了描述这种现象的文章，这也许是弗洛伊德式的心理暗示——胡子就像安全毯一样；也许是荣格说的——胡子就像面具。不管是什么，它能让我平静，而我想在婚礼那天尽可能地平静。

况且，我未来的太太从没见过我不留胡子的样子。她喜欢我的胡子，她喜欢揪着我的胡子把我拽过去亲吻我。我可不希望她在婚礼上经过长长的走道，看到一个完全陌生的人。

我向奶奶解释了这一切，她说她非常理解，何况，她自己的老公也喜欢偶尔有点儿邋遢不羁。她说，你可以保留你的胡须。可当我告诉哥哥，他居然，愤怒了。他说这事并没有定论。然后又提到了军队、规则，等等，等等。

我给他上了一堂速成历史课，我提到了历史上很多留胡子也穿着军队制服的王室成员，比如爱德华七世国王、乔治五世国王、阿尔伯特亲王，更近一些的还有肯特的迈克尔王子。

我还建议他搜索谷歌图像，希望有所帮助。他说那不一样。

我告诉他，其实我不用征求他的意见，因为我已经问过了奶奶，并得到了奶奶的许可。他变得脸色铁青，并且提高了嗓门。

"你去问了她？"

"是的。"

"奶奶说了什么？"

"她说我可以留胡子。"

"你将她置于一个非常尴尬的境地，哈罗德，她没有选择，只能同意。"

"没有选择？她是女王，如果她不希望我留胡子，她会说的。"

但威利一直觉得奶奶溺爱我，纵容我这个"替补"，却总是用高得不能再高的标准严格要求他这个"继承人"。这让他非常恼火。

我们两个人争论了一周，无论当面还是打电话，他总是没完没了。

有一次他居然真的命令我，以"继承人"的身份对我这个"替补"说："刮掉你的胡子。"

"你是认真的吗？"

"我告诉你，刮掉你的胡子。"

"看在上帝的分上，威利，这件事为什么对你这么重要？"

"因为我不被允许留胡子。"

啊——他终于说出原因了。当年他从特种部队执行任务回来，也留着浓密的胡子，但是有人对他说，做个乖孩子，把它刮掉吧。他恨透了我可以享受到他没得到的福利。

我怀疑，这勾起了他更多的糟糕回忆，就像当年他被告知不能穿着自己选择的军队制服结婚。

果然，他直截了当的表达，证实了我的怀疑。某次我们又聊到了胡子问题，他狠狠抱怨了我可以穿皇家骑兵礼服结婚，他却不行，而那本来是他婚礼上想穿的衣服。

我说他简直是莫名其妙，这让他火气更大了。

最后我果断地、挑衅地告诉他，他满脸络腮胡子的弟弟马上就要结婚了，他要么同意，要么不同意，选择权在他手里。

42

我准备在自己的婚前男人聚会上玩它个痛快，要开怀大笑、尽情欢乐，将所有压力一扫而光。不过我也担心，如果我喝得太多，酩酊大醉，或干脆喝到昏迷不醒，威利和他的同伴一定会按住我刮掉我的胡子。

事实上，威利非常严肃地明确告诉我，这的确是他的计划。

所以在尽情欢乐的同时，我也一直确保我哥哥始终在我的视线之内。

我们的聚会在汉普郡乡村的朋友家里。不是媒体报道中列出的那些地点，不在南海岸，也不在加拿大或非洲。

除了我哥哥以外，出席聚会的还有十五个朋友。主人在室内网球场上布置了男人爱玩的玩具：巨型拳击手套、《指环王》中的弓箭、一头机械公牛。

我们在脸上乱涂乱抹，打打闹闹嗨翻了天，像疯子一样，太好玩了。一两个小时后我就累了，这时有人大喊午餐准备好了，我长出一口气。

我们在一个通风的巨大谷仓里举办了丰盛的野餐，然后成群结队跑去临时射击场。

一群醉醺醺的人武装到牙齿，这听起来颇为危险，但不知怎么回事，居然没有一个人受伤。

玩够了步枪射击，他们就把我打扮成一只巨大的黄羽鸡，让我下到靶场，然后对着我发射烟花。好吧，是我主动提出的。谁最接近我谁就赢了。这让我想到了很久以前，在诺福克的那些周末，与休和艾米丽的孩子们一起躲避烟火。

不知道威利是否也想起了那些日子。

我们是如何从当年的亲密无间到如今渐行渐远呢？我们的确远离那些日子了吧？

也许我们还可以重新拥有它？而现在我也要结婚了。

43

关于梅格是否可以或应该在婚礼上佩戴面纱的问题，王宫在私下里一直争论不休。有人说，这完全不可能。

对于离过婚的人来说，婚礼上戴面纱被认为是不可能的事。

但出人意料的是，在这个问题上，有话语权的人竟然表现出了一定的灵活性。

接下来就是王冠的问题。我的姨妈问梅格，是否愿意佩戴我母亲的王冠，这让我们非常感动。于是梅格花了很多时间和婚纱设计师一起，给婚纱做出一个扇形的边缘，使之和王冠契合。

而就在婚礼前不久，奶奶也向我们伸出了援手。她允许我们使用她收藏的王冠，甚至邀请我们前往白金汉宫试戴。我记得她说："你们过来吧。"

那天上午非同寻常。我们去了奶奶的更衣室，就在她卧室的旁边，我以前从来没有去过那里。一位珠宝专家和奶奶在一起，他同时也是一位著名的历史学家，了解王室收藏中每一块钻石的来历。在场的还有奶奶的化妆师和知己安吉拉。桌上排列着五顶王冠，奶奶让梅格站在一面落地镜前，一一试戴。我站在后面，静静地看着。

有一顶王冠镶满翡翠，还有一顶满是海蓝宝石，一顶比一顶更让人眼花缭乱，每一顶都美到令我无法呼吸。

而我，并不是唯一一个被震撼到的。奶奶温柔地对梅格说："你很适合戴王冠。"梅根感动坏了。"谢谢您，夫人。"

大家意见一致，五顶王冠中有一顶脱颖而出。它光彩夺目，似乎是为梅格量身定做的。奶奶说，将把它存放在保险箱中，期待大日子到来的时候，看到它在梅格的头顶熠熠生辉。

她又补充道："一定要和你的发型师一起多多练习如何佩戴王冠。挺难的，千万不能婚礼当天才第一次佩戴。"

离开王宫时，我们的心里充满了敬畏、爱和感激。

一周后我们联系了安吉拉，麻烦她把挑选好的王冠交给我们，这样梅格就可以练习佩戴。我们做了研究，并且问过凯特的亲身经历，我们发现奶奶的警告正中要害。王冠的摆放是一个复杂而精细的过程，必须先把它缝在面纱上，然后梅格的发型师要把它固定在发辫中，整个过程麻烦、耗时，我们至少需要一次带妆彩排。

但不知什么原因，安吉拉一直没有回复我们的请求。我们继续尝试联系她。

依然没有回音。

当我们最终联系到她时，她说，这顶王冠需要在一名勤务人员和一名警察的护送下才能离开王宫。

这听起来有一点儿过分，但如果规定就是如此，那我们就去找一个监护人员和一名警察，立刻开始行动，时间的确不多了。

令人费解的是，她居然说："这样不行。"

"为什么不行？"

她说她的日程太满了。

很明显，她在给我们设置障碍，但出于什么原因呢？我们甚至不敢斗胆猜测，我也考虑过告诉奶奶，但这可能意味着将引发一场全面的对抗，我不太确定奶奶会站在哪一边。

而且在我看来，安吉拉是个麻烦制造者，我可不想把她变成我的敌人。最重要的是，她掌管着那顶王冠。

所有好牌都在她手里。

44

尽管媒体暂时放过梅格，并将注意力放在即将到来的婚礼上，但伤害早已造成。在对梅格进行了长达十八个月的攻击后，所有的妖魔鬼怪已被唤醒，他们正从地窖和巢穴中爬出来。自从我们公开情侣关系以来，社交媒体上就充斥着针对我们的种族主义嘲讽和死亡威胁。（回见，你这个种族的叛徒！）而现在，王宫安全部门用来分配人员和枪支的官方威胁级别已经上升到了令人晕眩的高度。婚前我们通过与警方的谈话了解到，自己早已成为恐怖分子和极端分子的目标。我记得丹纳特将军说，我像是一块吸引子弹的磁铁，任何站在我身边的人都不安全。嗯，我又成了吸引子弹的磁铁，但此刻站在我身边的是这世上我最爱的人。

有报道称，王宫曾经考虑对梅格进行有关生存策略的训练，以防有绑架发生。曾有一本畅销书描写过，某天安全部队来到我家带走梅格，对她进行了几天高强度的训练。把她推到汽车后座、后备厢里，驾车飞速驶向安全屋——所有这一切都是无稽之谈，梅格从来没有接受过哪怕一分钟的训练。恰恰相反，王宫曾经考虑过根本不给她提供任何安全保卫，因为我现在只是王位的第六顺位继承人。我多么希望有关特种部队的报道哪怕有部分是真实的，我多么渴望给特种部队的朋友打电话，让他们来训练梅格，并且重新训练我。而更好的方法，就是他们参与进来，保护我们。说到这里，我真想派遣特种部队去拿回那顶王冠啊。

安吉拉还是没有把王冠送过来。

梅格的发型师从法国飞来参加彩排，但王冠没到，他只好打道回府。我们只好再次给安吉拉打电话，但还是音信皆无。

最后，安吉拉突然出现在肯辛顿宫，我在接见室里见到了她。

她把一份王冠租借的免责书放在我面前，我签署之后，她将王冠递给了我。

我向她表示了感谢，但补充说，如果能早点儿拿到王冠，我们的准备工作会更从容些。

她目光咄咄逼人，并开始教训我。

"安吉拉，你确定你现在要这样做吗？真的？现在吗？"

她用一种使人不寒而栗的眼神盯着我，我能从她脸上看到一个明确的信号：

"这一切，没完。"

45

几个月来梅格一直试图安抚她的父亲。他总是读到关于自己的负面信息，并难以释怀。他的自尊心不断受到伤害。几乎每一天报纸上都会出现令人难堪的照片。托马斯·马克尔买了新马桶。托马斯·马克尔买了啤酒。托马斯·马克尔的大肚腩挂在腰带上。

对此我们完全理解。梅格告诉他我们清楚他的感受，那些媒体狗仔非常恶劣。她告诉他,对于所写的内容做不到完全置之不理,但在生活中要尽可能忽略他们,不理睬那些接近他的人。特别要提防那些假装是他亲密朋友的人。对于我们的劝说,他好像听进去了,情绪上也变得稳定了一些。

然而在婚礼前夕的周六,杰森打来电话:"我们有麻烦了。"

"怎么了?"

"《星期日邮报》将刊登一篇文章,声称梅根的父亲一直和狗仔合作,并曾为了钱摆拍了一些照片。"

我们立即致电梅格的父亲,告诉他接下来可能会发生的事情,并且问他,这是不是真的,他是否为了钱而摆拍了一些照片?

"没有。"

梅格说:"爹地,我们也许可以阻止这篇报道,但如果证明你在撒谎,我们此生将无法阻止关于我们或我们孩子的任何虚假报道,所以事关重大,你必须告诉我们真相。"

他发誓说,他从来没有摆拍过任何照片,他也没有参与过媒体的谎言,他更不认识文章中提到的狗仔。

梅格小声对我说:"我相信他。"

我们告诉他在这种情形下,要尽快离开墨西哥:"你很快就会遭遇变本加厉的骚扰,所以来英国,我们会给你安排一个公寓,你在那儿安全地待到登上飞往英国的航班。"

梅格为他预订并支付了新西兰航空的头等舱机票。我们会立即派车和私家保镖去接他。

他说他还有些事情要处理。

梅格的脸色变了。有些事情不对。

她再次转向我,叹了口气:"他在撒谎。"

第二天新闻爆出来了,比我们担心的还要糟糕。有梅格的父亲在网吧和狗仔见面的视频，还有一系列滑稽的摆拍照片，其中一张里，他正在阅读一本关于英国的书，仿佛在为参加婚礼做准备。据说这些照片价值十万英镑。这一切似乎毫无疑问地证明了，梅格的父亲确实一直在撒谎。他参与了这场骗局，也许仅仅是为了赚钱，也许他有一些把柄在狗仔手里，我们不得而知。

那篇报道的标题是《梅根·马克尔的父亲是个骗子，为了钱参与照片的拍摄》。婚礼前一周，这篇报道成为人们关注的焦点。

尽管这些照片是几周之前拍摄的，但它们一直被保留到这最具破坏性的时刻才公之于众。新闻被曝光后不久，托马斯·马克尔给我们发来了一条短信：

我很惭愧。

我们打电话给他。
我们发信息给他。
我们一遍遍打电话给他。
"我们没有生你的气，请接电话。"
他没有回复。
然后，我们和全世界所有人一起得到消息，他心脏病发作，无法参加婚礼。

46

第二天，梅格收到了凯特的短信。

显然，伴娘的礼服出了问题，需要修改。这些衣服都是法国定制，量体裁衣，手工缝制。所以有需要修改的地方也不奇怪。

梅格没有立刻回复凯特。的确,她收到无数和婚礼相关的短信,但眼下绝大部分时间她都在处理和她父亲相关的麻烦事。所以第二天一早她回复凯特说,我们的裁缝阿杰随时在王宫待命。

但这远远不够。

她们约定了当天下午要通个话。

"夏洛特的裙子太大、太长、太肥了。"凯特说,"她在家试穿的时候都哭了。"

"是的,我跟你说过,我们的裁缝从早上8点就一直在这里待命,就在肯辛顿宫,你能像其他妈妈一样带着夏洛特来这里改衣服吗?"

"不,所有的衣服都需要重新制作。"

凯特补充说,她自己的婚纱设计师也这么认为。

梅格问凯特是否了解眼下正在发生的事,有关她父亲的事。

凯特说她很清楚。但是衣服怎么办?"婚礼还有四天。"

"是的,凯特,我知道……"

凯特对梅格策划婚礼的方式还有其他意见。比如说,是否该给婚礼伴童办一个派对?

"给伴童办派对?"

婚礼上一半的伴童都来自北美,他们还没到呢。

两个人就这样来来回回说了很久。

"我不知道还能说什么,如果裙子不合身的话,请带着夏洛特去找阿杰,他全天待命。"

"好吧。"

不久后,我回到家,发现梅格坐在地上啜泣着。

看到她如此伤心,我心慌意乱,但并不觉得天会塌下来。当然,经历过上周、上个月、前一天的压力之后,人的情绪难免接近失控。压力之大是无法承受的,但也是暂时的。我安慰她说,凯特也并没有恶意。

果然，第二天一早，凯特带着鲜花和卡片登门拜访，卡片上写着她很抱歉。她出现时，梅格最好的朋友林赛正在厨房。

我告诉自己，一场误会而已。

47

婚礼前夜，我住在科沃斯公园酒店一间私人别墅里。几个朋友和我在一起喝酒，有人说我看起来心不在焉的。

"嗯，是的，最近发生了太多的事情。"

我不想说太多，关于梅格父亲的事，关于凯特和婚礼服装的事，还有随时随地担心人群中有人会做出疯狂的举动。算了，还是不说了。

有人问我哥哥威利在哪儿。

我还是避而不答，这是另一个敏感话题。

他原计划今晚参加我们的聚会，但是和梅格的父亲一样，在最后一刻改变了主意。

他去和奶奶喝茶之前告诉我说："不行，哈罗德，我去不了。凯特和孩子们需要我。"

我提醒他，这是我们之间的传统，在他婚礼前夕我们曾共进晚餐，和围观的人群互动、打招呼。

他不为所动，"我真的去不了。"

我紧追不放，"你为什么要这样，威利？你和凯特结婚前我整晚都陪着你，你为什么这样对我？"

我问自己到底发生了什么。他是因为没有做我的伴郎而生气吗？是因为我请了我的老朋友查理做伴郎而不高兴吗？（王宫透露出的消息是，威利将做我的伴郎，就像他和凯特结婚时，我是他的伴郎一样。）这是部分原因吗？

或者这是"胡须门"的后遗症？

还是他对凯特和梅格之间的事感到内疚？

他不告诉我原因，只是说他来不了，同时一个劲问我为什么对这件事如此在意。

"你为什么还要向人群问好呢，哈罗德？"

"因为王宫新闻办公室要求我们这么做，在你的婚礼上我们也是如此。"

"你不需要听他们的。"

"真新鲜，从什么时候开始不需要的？"

我失望透顶。我曾经相信，不管我们之间有什么问题，我们内在的纽带无比牢固。我也始终相信，我们的兄弟情谊远远胜过伴娘的礼服和胡子。但事实看来并非如此。

下午6点左右，威利一离开奶奶那儿就发来一条短信，他改变主意了，还是会过来找我。也许奶奶出面干预了？

不管怎样，我还是开心地由衷地感谢了他。

不一会儿，我们在外边会合，又上车来到爱德华国王大门。我们轻快地下车，在人群中走动，感谢人们的到来。

人们也纷纷送来飞吻，祝我们一切顺利。我们向大家挥手告别，回到车上。

车子一开动，我就邀请威利来和我共进晚餐，或者留下来过夜，就像我在他婚礼前夕那样。他说他会留下来吃饭，但是待不了太久。

"拜托，威利，留下来吧。"

"对不起，哈罗德，真的不行，孩子们还等着我呢。"

48

我站在祭坛前，整理了一下皇家骑兵礼服的前襟，看着梅格飘逸地朝我走来。为了挑选她行进中的音乐，我真是煞费苦心，最终我选择了亨德尔的《圣光的永恒之源》。

此刻，当独奏的声音在我们头顶响起，我觉得我选得恰如其分。真的，随着梅格越走越近，我对我所有的选择都心怀感激。

不可思议的是，当梅格走上前来握住我的手，我居然还可以在怦怦心跳声中听到音乐的声音。眼前的一切慢慢隐去，往事重又浮现眼前。我们在 Instagram 上发给对方的第一条试探性消息。我们在苏豪之家的第一次会面。我们第一次去博茨瓦纳。我的手机掉进河里后，我们第一次兴奋地交流。我们做的第一只烤鸡。我们第一次飞越大西洋。我第一次对她说出我爱你，并且听到她做出同样的回答。还有带着夹板的小狗盖伊、坏脾气天鹅史蒂夫，以及这一路上为了确保她的安全而和媒体做的艰苦卓绝的斗争。现在我们站在这里，既是终点，也是起点。

在过去的几个月里，没有什么事情能按计划顺利进行，但我提醒自己，那一切原本就不是该有的计划。这才是我们的计划，此时此地和这份爱才是！

我看了爸爸一眼，他陪着梅格走过了红毯的最后一段。虽然不是她的父亲，但同样弥足珍贵，梅格很是感动。这也许不足以弥补她父亲的行为以及媒体利用他所造成的伤害，但，对她有很大的安慰。

为了纪念妈妈，简姨妈朗诵了一首诗《所罗门之歌》。这首诗是我和梅格挑选的。

> Arise, my love, my fair one, and come away...
> Set me as a seal upon your heart, as a seal upon your arm;

For love is strong as death, passion fierce as the grave...①

"如死之坚强,如坟墓般凶残。"我深以为是。

我看到大主教双手颤抖着递来戒指,我差点儿忘了,但他显然没忘记。十二台摄像机正对着我们,二十亿人正在收看电视转播,还有角落里的摄影师,外面欢呼雀跃的人群。

我们彼此交换了戒指。梅格的戒指和凯特的那一枚来自同一块威尔士金。奶奶告诉我,这几乎是最后一块金子了。

最后一块金子,这就是我对梅格的感觉。

接下来是最正式的环节,大主教宣告我们正式成为苏塞克斯公爵和公爵夫人,这是奶奶授予的头衔。从此以后只有死亡才能将我们分开。尽管几天前,大主教已经在我们的花园里主持过类似的环节,那是一个小小的仪式,只有我们两个人,盖伊和普拉是见证者。虽然那是非官方且不具约束性的仪式,但在我们的灵魂深处意义深远。我们很感激此刻圣乔治教堂里和周围的每一个人,也很感激每一个观看电视的人,但我们的爱是从私下开始的,将她公之于众,带来很多痛苦,所以我们希望彼此对爱的第一次奉献,第一次誓言,都可以在私下完成。尽管正式仪式无比神奇,我们还是对人群有一点点恐惧。

强化这种感觉的,是我们沿着红毯走出教堂后看到的第一个画面,除了一张张的笑脸外,是无处不在的狙击手,屋顶上,彩旗中,瀑布般的飘带后,警方告诉我这样的安排极不寻常,但很有必要。

因为,他们收到了前所未有的威胁警告。

---

① 《所罗门之歌》(Song of Solomon),也称《雅歌》(Song of Songs),是《圣经·旧约》中的一卷。这里引用的歌词段落,中文大意为:起来,我的爱人,我美丽的爱人,远走高飞。求你将我放在你的心上如印记,戴在你的臂上如徽章,因为爱如死之坚强,激情如坟墓般凶残。

49

我们的蜜月成了一个严防死守的秘密。乘坐的车子伪装成搬运车，车窗上还挡着纸板，我们就这样偷偷离开伦敦，去地中海度过了十天的时间。能够凭海临风，沐浴阳光，远离喧嚣，实在美好。可惜我们都病了，婚礼的筹备工作使我们疲惫不堪。

我们回来的时候正好赶上了6月份奶奶生日的正式庆祝活动——英国皇家阅兵仪式。这是我们作为新婚夫妇的首次公开亮相。在场的每个人心情都很好，情绪饱满。但随后……

凯特问梅格，第一次参加英国皇家阅兵仪式有什么感想？梅格开玩笑说五颜六色的。

一阵令人窒息的沉默几乎要将我们吞噬。

几天后梅格第一次单独和奶奶出席活动，这让她非常紧张。不过她们相处愉快，还因为对狗的喜爱而更亲近。

行程结束归来，她容光焕发。"我们很投缘，"她对我说，"我们沟通得很好，我说自己很想当妈妈，她说最好的催产方法是开车经过一条颠簸的道路。我告诉她，到时候我会记得她的话。"

我们都认为，一切将要峰回路转。

然而，报纸却宣称这次行程是一场不折不扣的灾难，他们把梅格描绘成一个傲慢、爱出风头、不懂王室礼仪的人，因为她犯了不可思议的错误，居然先于奶奶上车。

事实上，她完全听从着奶奶的吩咐。奶奶让她快上车，她就上了车。

不管怎样，报纸上接连几天都是梅格坏了规矩、欠缺教养的报道——在奶奶面前她竟敢不戴帽子。而事实上是白金汉宫特别指示梅格不要戴帽子的。还有，奶奶身着绿色，以此纪念格伦菲尔塔的遇难者，但并没有人提醒梅格最好也选择绿色以示尊重。于是人们批评她对遇难者满不在乎。

我说:"白金汉宫会打电话给媒体,他们会更正的。"

但他们什么也没说。

50

威利和凯特邀请我们去喝茶,以便消除误会。

2018年6月。

一天午后,我们步行来到他们家。进入前门,经过前厅,穿过走廊,进入书房,一路上我看到梅格的眼睛睁得大大的。

"哇。"她不断地赞叹。

壁纸、天花板上的石膏线,胡桃木的书架上摆满了色彩和谐的图书,还有价值连城的艺术品,他们的家华丽得有如一座博物馆。我们如实相告,对他们的装修大加赞赏,不过我们都不好意思地想到了自己的宜家灯具,还有最近在大减价时购买的打折沙发,那是用梅格的信用卡在网上买的。

梅根和我在书房一角的双人沙发落座,凯特面对我们坐在壁炉前的一张皮质三角凳上,威利坐在了她左边的扶手椅上,托盘上摆放着茶点和饼干,我们客客气气地聊了十分钟,"孩子们好吗?你们的蜜月怎么样?"

然后,梅格提到了我们四个人之间的紧张关系,并小心翼翼地指出,这可能要追溯到她刚进入这个家庭的那些日子——误会在不知不觉中就产生了。凯特以为梅格想抢她的时尚资源,但梅格有自己的……他们的关系也许从一开始就搞砸了?梅格还补充说,所有的事情又都被那场婚礼和可恶的伴娘礼服放大了。

但其实另有原因……而我们对此一无所知。

威利和凯特显然因为没有收到我们的复活节礼物而不满。

复活节礼物？我们有这个习俗吗？威利和我从没有交换过复活节礼物啊。爸爸倒是对复活节格外重视，但那是爸爸，他重视所有的节日。

尽管如此，如果威利和凯特因此难过，我们还是表达了歉意。

我们补充说，威利和凯特在我们的婚礼上自行更换了位置卡和座位，我们也不太高兴，我们遵循了美国的婚礼传统，安排夫妻坐在一起。但威利和凯特不喜欢这种传统，所以他们那桌是唯一一个夫妻俩分开坐的。

他们坚称座位不是他们换的，是别人。他们还说我俩在皮帕的婚礼上也曾如此。

我们可没换座位，虽然我们很想换。当时有个巨大的鲜花装饰摆在我俩中间把我们隔开，尽管很想坐在一起，但我们并没采取什么行动。

我觉得这些抱怨对大家没有任何好处，我们原地踏步毫无进展。

凯特向花园望去，她的手紧紧抓着皮凳的边缘，手指都发白了，她说，我们欠她一个道歉。

梅格问："为什么道歉？"

"你伤害了我的感情，梅根。"

"什么时候的事？请告诉我！"

"我跟你说有件事我记不起来了，你说那是因为激素的变化。"

"你在说什么呀？"

凯特说是在一次通电话的时候，她们讨论婚礼安排时间的那次。

梅格说："哦，是的，我记得，有件事你想不起来了，我说那没什么大不了的，这是孕脑，你刚刚生完孩子，这是激素在作祟。"

凯特睁大了眼睛，"对，你谈到了我的激素。我们还没有亲密到你可以随意谈论我的激素的程度。"

梅格的眼睛也睁大了，她看起来着实困惑，"很抱歉，我谈到了你的激素，但这就是我和闺密们聊天的方式。"

威利指着梅格说："这很粗鲁，梅根，这不是我们在英国说话做事的风格。"

"请把你的手指从我面前拿开。"

这种事真的该发生吗？真的到了这个地步吗？我们对彼此大喊大叫，只因为座位卡和激素？

梅格说，她从未有意伤害凯特，倘若确有无心之失，希望凯特能够告诉她，这样就不会再发生了。

于是我们彼此拥抱，勉强算是拥抱吧。

然后我说我们该告辞了。

51

员工们也感觉到了我们之间的不和，他们关注媒体报道，办公室里经常发生争吵，大家纷纷站队，剑桥队和苏塞克斯队之间剑拔弩张。[①]竞争、嫉妒、计较彼此的行程安排，这一切彻底破坏了曾经的氛围。

雪上加霜的是，每个人都在夜以继日地工作。众多媒体采访的邀约等待处理，持续不断的报道错误需要去澄清，而我们几乎没有足够的人力或资源，充其量只能解决10%左右的问题。大家濒于崩溃的边缘，变得极具攻击性。在这样的环境中，不可能存在建设性的批评，所有的反馈都被视作冒犯和侮辱。

不止一次，有员工崩溃地在桌子上哭泣。

对于这一切，包括每个细枝末节，威利都怪罪在梅格一个人身上。他跟我说过好几次，但当我提醒他已经越界的时候，他会恼羞成怒。他总是重复着新闻报道里的话，喋喋不休地讲述他读到或听到的虚假内容。

---

① 威廉王子是现任剑桥公爵，哈里王子是现任苏塞克斯公爵。

我告诉他，最大的讽刺是，那些真正的恶人，是他从政府带来的。他们对这类冲突不是无动于衷，而是沉迷其中。他们有暗箭伤人的本领，有钩心斗角的天赋，经常使我们两组员工互相对抗。

与此同时，在一片混乱中，身处其间，梅格却能设法保持冷静。尽管有人对梅格有看法，我却从未听她说过任何人的坏话、她也从未当着任何人的面说过哪怕一句坏话。恰恰相反，我眼见她加倍努力地释放善意。她寄出的感谢信都是手写的，她对生病的员工嘘寒问暖。她给苦苦挣扎、失意落寞、因病缺勤的人送去食物、鲜花和其他精美礼物。我们的办公室又黑又冷，于是她用自己的信用卡购买了新的灯具、加热器，让房间变得温暖起来。她还买来比萨饼干，举办茶歇和冰激凌联谊会，她和办公室里的女孩子们分享品牌送给自己的衣物、香水、化妆品。

她总能看到人们身上的优点，这份能力和决心使我感到敬畏。而有一天她宽广的胸怀彻底将我打动。我当年住在"獾洞"时楼上的邻居R先生突遭重创，他已长大成人的儿子去世了。

梅格不认识R先生，也不认识他的儿子，但知道这家人曾是我的邻居，也经常看到他们遛狗，她因此感到极度悲伤，并给R先生写了一封信，表示哀悼。她说想给他一个拥抱，但不知是否恰当。信中还附上了一颗栀子花，以纪念他的儿子。

一周后，R先生出现在我们诺丁汉小屋的门前，他递给梅格一封感谢信，并紧紧拥抱了她。我为梅格感到骄傲，也为我和R先生之间曾经的争执感到遗憾。

另外，我为我的家人与我妻子之间的不和感到遗憾。

52

我们可不想等，我们都想马上要孩子。

虽然我们的工作时间长、要求高，要孩子的时机并不好，可是没办法，这一直都是我们的当务之急。

我们担心日常生活的压力，可能会让怀孕变得困难。事实上，伤害已经在梅格身上显现出来。过去这一年，尽管吃了不少牧羊人馅饼，她还是瘦了好多。虽然她自己说，她吃得比以往任何时候都多，可体重还是不断下降。

朋友推荐了一位主张阿育吠陀疗法的医生，这个医生曾经帮助他们成功怀孕。据我了解，阿育吠陀医学把人按不同体质分类，我不记得这个医生把梅格归为哪一类，但他确实证实了我们的怀疑，体重下降极有可能就是梅格怀孕的障碍。

医生承诺，只要增重 5 磅，就会怀孕。

于是，梅格开始大吃特吃，很快就按医生的要求增加了 5 磅体重，我们看着日历满怀希望。

2018 年夏末，我们去了苏格兰梅城堡①，和爸爸一起度过了几天时光。爸爸和梅格之间原本就紧密的纽带，在那个周末变得更加牢固。一天晚上，我们聊着天，喝着饭前鸡尾酒，弗雷德·阿斯泰尔的歌声在房间里婉转低回，大家突然发现梅格和爸爸最爱的人甘甘竟是同一天生日。

8 月 4 日。

爸爸笑着说太巧了。

一说起甘甘以及她和我新婚妻子之间神奇的联系，爸爸突然变得活泼起来，讲了一些我从未听过的故事，绘声绘色，在梅格面前炫耀。

其中一个关于海豹人的故事尤其令人开怀，引人联想。

"爸，你在说什么人？"

---

① 梅城堡（Caste of Mey），一译梅伊城堡，位于苏格兰北海岸，是伊丽莎白王太后最钟爱的城堡。

他说就是苏格兰美人鱼，他们有着海豹的外形，会沿着城堡外的海岸巡游，离我们现在坐的地方只有一箭之遥。"所以当你遇到海豹的时候，你分不清它是海豹还是海豹人？唯一的方法就是对着它们唱歌，如果是海豹人，它们多半也会应和。"

"哦，得了吧，爸，你这是在讲童话故事。"

"不，千真万确。"

是我的想象——还是爸爸确实说过——海豹人会帮你实现愿望？

晚餐中，我们也谈到了承受的压力和说服小报暂时放我们一马的可能性。爸爸频频点头，但还是觉得有必要提醒我们——

"是的，爸爸，我们知道，别去看那些小报。"

第二天下午茶的时候气氛依然很好。我们欢声笑语，聊着各种各样的事。这时，爸爸的管家突然走进房间，手里还拎着一部座机。

"殿下，是女王陛下的电话。"

爸爸立刻坐得笔直，"哦，好的。"他伸手去拿电话。

"抱歉先生，但她要找的是公爵夫人。"

"哦。"

我们都有些吃惊，梅格怯生生地伸手拿起电话。

奶奶打来电话似乎是想谈谈梅格的父亲，梅格曾给奶奶写过一封信，寻求建议和帮助。这通电话也是对信件的回复。梅格说，她不知道该如何让媒体不再采访他，诱使他说出可怕的话，奶奶建议梅格别理会媒体，直接去找她的爸爸，试着说服他。

梅格解释说，她父亲住在墨西哥边境的一个小镇上，她不知道自己该如何通过机场，躲过遍布他家四周的媒体，再从小镇那里悄无声息地安全返回。

奶奶也承认这个计划存在许多问题。

"既然如此，那就给他写封信？"

爸爸表示同意。这是个好主意。

53

梅格和我来到了城堡前的海滩，天气寒冷，但阳光明媚。

我们站在岩石上，望向大海，在一片覆盖着柔滑海藻的环礁中，我们看到了些什么。一个脑袋，一双目光深邃的眼睛。

"看，是海豹。"

它的头上下摆动，那双眼睛清清楚楚地望向我们。

"快看，又一只！"

按照爸爸的指示，我跑到水边，给它们唱歌，唱小夜曲。

"啊呜……"

没有回应。

梅格也加入我的行列，一起为它们唱歌。而那些海豹也跟她一唱一和。我想她的确很神奇，连海豹都一清二楚。

突然，水面上到处都是海豹，它们晃着脑袋，对她唱起了歌。

"啊呜……"

海豹的歌剧。

这也许是愚蠢的迷信，但我不在乎，我认为这是个好兆头。于是我脱下衣服，跳入水中，向海豹游去。

事后，爸爸的澳大利亚籍厨师吓坏了，他告诉我们，这是一个糟糕透顶的主意。比不小心潜入奥卡万戈最黑暗的水域更为愚蠢。他还说苏格兰海岸的这一片水域，到处都是虎鲸。对着海豹唱歌，就像是在呼唤它们走向被鲜血浸透的死亡。

我摇了摇头。

这本来是个多么美好的童话故事啊，我想。

怎么瞬间变得如此黑暗?

54

梅格的例假迟了。

我们买了两支验孕棒,一个作为备用。然后,梅格把两支都拿进了诺丁汉小屋的浴室。

我躺在床上,等梅格的时候,我睡着了。醒来时,她就在我身旁。

"怎么样?结果是……"

她说她还没看呢,在等我。

验孕棒就在床头柜上,那上面我只摆了几样东西,其中,蓝色的小盒子里放着我妈妈的头发。我想,好吧,看看有妈妈的保佑结果会怎样。

我伸手拿起验孕棒,看了一眼那个小窗口。是蓝色。

明亮鲜艳的蓝色。两个都是。蓝色意味着……孩子。

"哇!"

"太好了!"

我们拥抱,亲吻。

然后我把验孕棒放回床头柜上。

谢谢,海豹人。

谢谢你,妈妈。

55

尤金妮亚和杰克要结婚了。我们为他们也为自己高兴,有些私心,因为我们都喜欢杰克。梅格和我原本应以新婚夫妇身份第一次出访国外,但我们将出发日期推迟了几天,以便出席婚礼。

而且，和婚礼相关的各种聚会也会使我们有机会将梅格怀孕的好消息一一告诉家人。在温莎城堡为新郎新娘举办的酒会开始前，我们特意去书房找到爸爸。他坐在宽大的书桌后面，从那里一眼望去就是长长的林荫小路，这是他最喜欢的风景。所有的窗户都敞开着，房间凉爽宜人。微风吹过一堆堆的文件，它们摆放整齐，顶部压着镇纸。得知自己将第四次当爷爷，爸爸很开心，他灿烂的笑容温暖了我。

在圣乔治大厅举办的酒会结束后，梅格和我把威利拉到一个大房间里，房间的墙上挂着盔甲，诡异的房间，奇特的时刻，我们把怀孕的消息悄悄地告诉了威利，他微笑着说，我们一定得亲口告诉凯特。而凯特正在房间的另一边和妹妹皮帕说话，我们想稍等片刻，但威利很坚持，于是我们走过去告知了凯特，她也报以灿烂的微笑和衷心的祝福。

他俩的反应和我希望的一样，一模一样。

56

几天后梅格怀孕的消息被公之于众。有报道说，她饱受疲劳和眩晕的折磨，吃不下任何东西，早上尤为严重。报纸说的都不对，她有时会觉得累，但总的来说精力充沛。事实上，她很幸运，自从我们开始紧锣密鼓高强度地出访以来，还没有出现严重的晨吐。

所到之处，总是人潮涌动，梅格也从未令他们失望。澳大利亚、汤加、斐济、新西兰，这一路梅格表现亮眼。一场特别激动人心的讲演结束后，全场起立为她鼓掌。

她表现太过出色，以至于访问途中，我觉得有必要提醒她。

"你做得太好了，亲爱的，太过完美，你让一切看来易如反掌。而我妈妈也正是因为这样，开始遇上麻烦的……"

也许我听起来有点儿疯狂、偏执，但人尽皆知，妈妈的境遇越来越糟，正是因为她让世界和整个家族看到了，她在出访中表现更佳，她更善于和民众沟通，她是更好的王室代言人，而这远超出了她的本分。

一切从那时开始发生了变化。

出访归来，我们受到了热烈欢迎，报纸的标题也令人欢欣鼓舞。作为一名准妈妈和王室的完美代表，梅格受到了肯定和赞美。

舆论没有一丁点儿负面的声音。

风向变了，我们说，风向终于变了。

但后来，风向又变了。

谁知道变化是如何发生的呢？

杜撰的故事源源不断地出现了，像沙滩上的浪花。首先是爸爸的传记作家写的一篇垃圾文章，说我在婚礼前发了脾气。然后一系列的谎言都可以出一本虚构类文学作品了，说梅格使员工痛苦不堪，把他们逼得太紧，还犯下了不可饶恕的错误，一大早就给人发邮件。（事实上，她碰巧早起，好和远在美国的夜猫子朋友联系，她没要求任何人收件即回。）还逼走了我们的助手，事实上，她是在我们告知王宫人力资源部门，她利用职务之便索要免费赠品后，才被要求离职的。但由于我们不能公开谈论助手离职的原因，谣言填补了空缺。总而言之，这是麻烦的真正开始。此后不久，"难伺候公爵夫人"的故事开始见诸报端。

接着，一家小报刊登了一篇关于王冠的故事，文章说梅格想要借一顶曾属于我妈妈的王冠，遭女王拒绝后，我大发雷霆说："梅根想要什么，梅根就会得到什么。"

几天后，出现了惊天大爆料，一位王室记者写了篇近乎科幻小说的东西，描述凯特和梅根之间"越来越冷淡"的关系（天哪），声称据两个消息来源，梅根因为伴娘礼服的事，把凯特气哭了。

这位王室记者令人作呕，她总是把事实搞错。但这一次，却感觉没那么简单。

我瞠目结舌地读完这篇文章。梅格没看,她还是什么都不看。然而,她还是听说了这件事。因为这是之后二十四小时全英上下唯一讨论的话题。我永远忘不了她看着我的眼睛说话时的语气。

"哈兹,我把她弄哭了?我,把——她——弄哭了?"

57

我们安排了第二次和威利、凯特的重要会面。这次是在我们的地盘上。

2018年12月10日,傍晚时分。

我们聚集在小前厅里,这一次没有寒暄,凯特开门见山,承认报纸上关于梅格把她弄哭的报道纯属子虚乌有,"我知道,梅根,其实,是我把你弄哭了。"

我松了口气,心想,这是良好的开始。

梅格对此感到欣慰,但她也想知道报纸何出此言,又采取了哪些措施纠正这些错误。换句话讲,"为什么你的办公室不站出来替我说话?为什么不致电编故事的可恶女人,要求她撤销这篇文章?"

凯特有些慌张,没有回答。威利插嘴说了些表示支持却避重就轻的话,而我早就知道实情。王宫不会有人给记者打电话,因为这会招致不可避免的反驳:好吧,如果我写错了,那请问到底发生了什么?两位公爵夫人之间到底发生了什么?

那扇门永远不能打开,因为这会让未来的王后难堪。

无论如何,都要不惜代价保护君主制。

我们的话题从如何应对这篇报道转向了找出它的出处。谁是始作俑者?谁有可能最先把它透露给了媒体?到底是谁?

我们想了一轮又一轮,嫌疑人名单变得少得可怜。

最后，威利向后靠了靠，承认说，他们在澳大利亚访问时，他与凯特同爸爸和卡米拉共进晚餐……他有些难为情地说，他可能不小心透露了我们两对夫妇之间有些争吵。

我用手蒙住脸，而梅格则愣在一旁，死一般的寂静。现在我们终于知道了真相。

我对威利说："在所有人当中，你应该最清楚……"

他点了点头，他说知道。

又陷入死一般的寂静。

他们该走了。

58

媒体没完没了，编了一个又一个故事，这让我时常想起拉德格罗夫学校的马斯顿先生不停地摇着他疯狂的铃铛。

谁能忘记头版的大量报道，把梅格描述成末世的罪魁祸首。具体来说，她被"抓到"吃牛油果吐司，许多媒体不厌其烦地解释说，牛油果的种植加速了热带雨林的消亡，破坏了发展中国家的稳定，并资助了国家恐怖主义。当然，同样的媒体最近也纷纷报道凯特对牛油果的喜爱。（哦，那些牛油果让凯特的皮肤光彩照人。）

值得注意的是，从这时开始，每一个故事所蕴含的超级叙事逻辑发生了变化。这不再是两个女人打架，两个公爵夫人不和，甚或两个家庭间的矛盾。现在的故事里，一个女人变成了女巫，导致人们纷纷远离她。这个女人，就是我的妻子。在构建这种超级叙事的过程中，媒体显然得到了王宫里某个或多个人的帮助。

一个对梅格心怀不满的人。

某天的新闻如下：真恶心，梅格的胸罩带子露出来了。（粗俗的梅根）

第二天的新闻：她居然穿了那件裙子。（没品位的梅根）

又一天：上帝啊，她的指甲涂成了黑色。（哥特风梅根）

又过了一天：天哪，她还是不知道如何正确行屈膝礼。（美式梅根）

又一天：哎呀，她又关上了自己的车门。（傲慢的梅根）

59

我们在牛津郡租了个房子，可以偶尔远离旋涡的中心，也远离诺丁汉小屋，小屋虽然温馨，但太过狭小，而且老旧到就快散架了。

后来，房屋的情况糟糕到我不得不打电话给奶奶，告诉她我需要一个新的地方安家。我解释说威利和凯特不是因为家庭规模大了住不下诺丁汉小屋，他们是在逃离那个地方，需要维修的太多了，房子又不够住，我们现在面临相同的问题，再加上还有两只暴躁的狗和一个即将出生的孩子。

我跟她说，关于住房的情况，我们和白金汉宫讨论过了，他们也提供了几处房产供考虑，但我们觉得每一处都太大了，太奢华，而且装修费用将太过昂贵。

奶奶有所考虑，几天后我们又聊起了此事。

她提议我们住弗罗格莫尔。

"弗罗格莫尔，奶奶？"

"是的。"

"您是说弗罗格莫尔别墅？①"

---

① 弗罗格莫尔别墅（Frogmore House），坐落于温莎城堡庄园内，是一座典型的英国乡村别墅，始建于 16 世纪 80 年代，1793 年被乔治三世买来送给夏洛特王后作为乡村度假地。白色的主建筑高大漂亮，由 33 英亩的私人花园和独属的湖泊组成。现在的弗罗格莫尔别墅主要用来举办王室内部私人和官方活动。

那个地方我很熟悉，那是我们拍摄订婚照的地方。

"不，我说的是弗罗格莫尔小屋①，离弗罗格莫尔别墅不远。"

有点儿隐蔽，很僻静，最初是夏洛特王后和她女儿的乡间别墅，后来维多利亚女王的一名助手住在那儿。之后它被分割成一些较小的单元，但也可以重新组合。奶奶说这地方不错，而且有历史价值，是皇家庄园的一部分，很温馨。

我告诉她，梅格和我喜欢弗罗格莫尔花园，我们常去那里散步，如果能住在花园附近，就太完美了。

不过她也给我打预防针："目前那里有点儿像工地，只剩个建筑外壳了，但你去看看，告诉我是否合适。"

我们当天就去看了，奶奶说得没错，我们俩喜欢这所房子，迷人、有很强的可塑性。尽管靠近皇家墓地，但又怎样呢？我和梅格都觉得无所谓，只要逝者答应不打扰我们，我们也不会打扰他们。

我给奶奶打电话说，弗罗格莫尔小屋将是一个梦想成真的地方，我非常感谢她。经她许可，我们开始和施工队共同计划对小屋进行最低限度的装修，加装管道、供暖、供水系统，使之更适合居住。

房屋装修的同时，我们计划彻底搬去牛津郡。我们喜欢那里，空气清新，地面绿草如茵，而且，没有狗仔队。更重要的是，我们可以借助父亲的长期管家凯文的优势，他熟悉牛津郡的房子，知道如何使之舒适宜居。更妙的是，他也了解我，我婴儿时期他还抱过我。当年母亲在温莎庄园孤立无援急需安慰的时候，他们成了朋友。他告诉我，妈妈是这

---

① 弗罗格莫尔小屋（Frogmore Cottage），是夏洛特王后在19世纪初为女儿们建造的，距离弗罗格莫尔别墅不远。这座建筑被列为二级历史建筑，一度是服务于弗罗格莫尔别墅的工作人员的住所。2018年，女王伊丽莎白二世将弗罗格莫尔小屋送给哈里夫妇作为婚后住所（只有居住权）。哈里王子脱离王室后，交回了弗罗格莫尔小屋。

个家里唯一一个愿意到楼下和工作人员聊天的人。事实上，她经常偷偷跑到楼下和凯文坐在厨房里，一边喝着饮料吃着零食，一边看电视。在妈妈的葬礼那天，凯文负责迎接我和威利回到海格洛夫。他回忆说，他站在门前的台阶上，等着我们的车，心里一遍又一遍想着见到我们该说点儿什么。但当车停下，他打开车门，我却对他说："你还好吗，凯文？"

他觉得我好有礼貌。我觉得太压抑了。

梅格很喜欢凯文，凯文也喜欢她，所以我认为这可能是美好的开始。一个崭新的生活环境，自己的阵营里又多了一个盟友。然后有一天，我看到手机上有团队发来的短信，提醒我注意《太阳报》和《每日邮报》上刊登了引人注目的报道，还有从空中拍摄的我在牛津郡住所详尽的照片。

直升机在住所上空盘旋，狗仔蹲守门口，长焦镜头对着每一扇窗户，也包括我们的卧室。关于牛津郡的梦想就此结束。

60

一天我从办公室回到家里，发现梅格坐在楼梯上，正在抽泣着，无法自已。

"亲爱的，发生什么事儿了？"

我以为我们的孩子没了。

我跪在地上靠近她，她哽咽着说，不想再继续下去了。

"不想继续什么？"

"不想活下去。"

一开始我没有领会她的意思，我完全不明白，也许是我不想搞明白。我的大脑不想去处理这些词。

她哭着说，这一切太痛苦了。

"什么太痛苦了?"

"被大家厌恶,可到底为什么呢?"

她问我她到底做了什么,她是真的想知道,她犯了什么罪,要这样惩罚她!

她说,她只是想让痛苦停止,不仅为自己,也为每一个人。为我,为她妈妈。但她无法阻止这一切,所以她很想消失。

"消失?"

她说,没有她,媒体就会走开,我就不用再这样生活了,我们尚未出生的孩子将来也不用这样生活。

"一切再清楚不过了。"她不停地说,"只有停止呼吸,停止这一切。现在的局面都是因为我的原因。"

我恳求她要坚强,要挺住。

不可思议的是,当我安慰她拥抱她的时候,我居然还该死的像王室成员一样在思考。当天晚上我们在皇家阿尔伯特音乐厅有一场森特贝尔慈善机构的演出,我一直告诉自己:我们不能迟到,我们绝对不能迟到,否则他们会活剥了我们的皮,会迁怒于她。

我太迟钝了,我意识不到迟到是我们眼下最不起眼的问题。

我说晚上的活动她当然不用参加了,可是我得去,我去露个面,很快就回家。

不,她坚持说不敢自己一个人在家,独自面对如此绝望的情绪,哪怕只是短短的一小时。

她涂上了深色的口红,好让人们的注意力从她充血的眼睛上移开,然后我们盛装出门。汽车停在皇家阿尔伯特音乐厅外,我们走向了一片光的海洋,蓝色的警灯,媒体白色的闪光灯交汇在一起,夺目刺眼。梅格伸手紧紧攥住我的手,并且越握越紧,这让我感到欣慰,我想,她还在坚持,这总比放手要好。

但当我们在皇家包厢就座，灯光变暗后，她不再压抑自己的情绪，忍不住流下眼泪，无声地哭泣着。

音乐响起，我们转身面向前方。在太阳马戏团演出的整个过程中，我们都紧握着对方的手，我低声地向她保证：

"相信我，我会护你周全。"

61

我醒来就收到了杰森的短信。

"有个坏消息。"

"又怎么了？"

《星期日邮报》刊登了梅格写给父亲的私人信件，那是奶奶和爸爸建议她写的。

2019年2月。

我躺在床上，梅格在我身旁，还在熟睡。

我等了一会儿，然后轻轻地把消息告诉了她。

"你父亲把你的信给了《星期日邮报》。"

"不会！"

"梅格，我不知道该说什么。他把你的信给了他们。"

那一刻对我来说是决定性的。关于马克尔先生，也关于媒体。这一路有过很多关键时刻，但这一刻是压倒骆驼的最后一根稻草。我不想再听关于规则、传统、战略的讨论了。够了，我想，我受够了。

报纸知道发表那封信是违法的，他们非常清楚，但还是这么做了，为什么？因为他们深知梅格毫无还手之力，他们知道梅格没有家人坚定的支持，他们怎么可能知道这一切？除非有来自家庭内部或亲信的爆料。报纸清楚梅格唯一的出路是起诉，但她却不能这么做。因为只有一名律师为我们全家工作，而他只听命于白金汉宫，白金汉宫绝不会授权他代表梅格行事。

那封信里没有任何值得羞愧的内容，一个女儿恳求父亲举止得体有什么错吗？梅格为自己的每一个字负责。她也清楚这封信有可能会被人拦截，被她父亲的邻居，或者在门口监视的狗仔，他们都有可能偷走信件，一切都有可能。但她从来没想过，她的父亲会亲手把这封信交给媒体，更没想过媒体真的会收下并刊登出来。

甚至，媒体还做了恶意篡改。事实上，这应该是最令人愤怒的事情，编辑们把梅格的话删删减减变换顺序，使之看起来冷漠无情。

看着自己的隐私被一览无余地展示在报纸上，并且被英国人就着早餐时的吐司和果酱贪婪地吞下，我们感觉被狠狠地侵犯了。与此同时，所谓的笔迹专家接受访问，他们分析了梅格的字体，并从她写"t"和"r"时的交叉或弯曲方式推断出她是一个糟糕的人。这一切加剧了我们承受的痛苦。

这一笔向右倾斜？说明她过度情绪化。字体高度风格化？说明是表演型人格。行与行之间排列不整齐？缺乏自控。

当我把媒体的诽谤一一告诉梅格的时候，她脸上的表情慢慢消失了……我见过悲伤的样子，毫无疑问，梅格正经历着真正的悲伤。她在为失去父亲而哀悼，也在为失去自己的纯真而哀悼。她低声地告诉我，好像怕有人听到似的说，中学时她上过书法课，所以她的字一直写得很好，常被人夸奖，大学时她甚至用这项技能来挣零花钱。常常在晚上、周末帮人写婚礼和生日派对邀请函，赚钱支付房租。而现在人们竟然说她的字是她的灵魂的窗口，她的玻璃窗上，污秽不堪？

《卫报》的一篇文章标题是《折磨梅根·马克尔已经成为一项令人羞耻的全民运动》。的确如此，但没有人感到羞耻，这就是问题所在。没有人感到哪怕一丝良心上的不安。

如果我们离婚了呢？如果又有人死了呢？他们会觉得不安吗？20世纪90年代末，人们良心发现后又怎样了呢？

梅格想起诉他们，我也是。我们都觉得别无选择。我们对自己说，如果不起诉，我们对媒体、对世界在发出怎样的信号？于是我们再次着手和王室律师进行磋商。

他们依然推诿搪塞。

我去找爸爸和威利，他们都曾因隐私被侵犯和被诽谤而起诉媒体。爸爸曾就所谓的"黑蜘蛛信件"提起诉讼，那是他给政府官员的备忘录。威利起诉则是因为凯特的走光照。

但两人都强烈反对梅格和我采取任何法律行动。为什么？我问。

他们支支吾吾，我能从他们那里得到的唯一答案是，我们的做法不明智，做事要守规矩合传统，等等。

我问梅格："你说我们起诉的该不会是他们的朋友吧？"

62

威利想和我见个面，他想聊聊这场正在发酵的灾难。他说，就我们两个人。

适逢梅格在外地看望闺密，时机正好，我于是邀请他来我这里。

一小时后，他走进诺丁汉小屋，自从梅格搬来后，他还是首次光临。看上去他有点儿来者不善。

那是傍晚时分，我给他倒了一杯酒，问起他的家人。

大家都挺好的。

但他并没有问起我的家人。他上来就开门见山，把问题全都摊到桌面上。

"梅根很难相处。"他说。

"哦，是这样吗？"

"她没有礼貌，很粗鲁，疏远了几乎一半的员工。"

我直截了当地指出，这已经不是他第一次学舌媒体的话了，诸如公爵夫人很难伺候之类的无稽之谈，还有那些来自他的团队的谣言、小报的垃圾八卦。我告诉他，我对我哥哥的期待更高。出乎我的意料，这一切彻底激怒了他。他来这里难道期待会有不同的结果吗？他以为我也认同我的新娘是个恶魔吗？

我请他冷静下来，好好想想，认真地问问自己：梅格难道不是他的弟妹吗？王室体制对初来乍到者到底是不是伤害极大——退一万步讲，如果他的弟妹在适应新工作、新家庭，新国家和新的文化时遇到困难，他难道不应该通融一下放她一马吗？

"你就不能给她一些支持，帮帮她吗？"

他懒得和我辩论，他来的目的就是发号施令。他想让我承认梅格错了，并且保证知错就改。

我该怎么做呢？骂她？开除她？和她离婚？我不知道，威利自己也不知道。他完全不讲道理。每次我试图让他冷静下来，并指出他话语中不合逻辑的地方，他就会提高嗓门。我们你一言我一语互不相让，冲对方大喊大叫。

那天下午我哥哥心里一定五味杂陈，着实令我费解的是，他看起来真的很委屈，好像被欺负了似的。他似乎觉得我没有乖乖地服从他，我居然无理地否定他，藐视他，并驳斥他从他信任的助手那里得来的信息。何况我们之间是有剧本的，我却胆敢不按剧本行事。此刻他完全进入了"继承人"的模式，无法理解我为什么不尽职尽责地演好我这个"替补"的角色？

我坐在沙发上，他站在我旁边，我记得我对他说："威利，你听我把话说完。"他不听，他一个字也听不进。

平心而论，他一定觉得我也不可理喻。

他开始用各种难听的话骂我，指责我拒绝为发生的一切承担责任，说我根本不在乎自己的职务和那些为我工作的人。

"威利，请你给我举一个例子——"

他打断我，说他只是想帮助我。

"你是认真的吗？你在帮助我？对不起，这就是你所说的帮助我？"

不知什么原因，这真的激怒了他。他朝我走来，骂骂咧咧地。

到那一刻为止，我只是觉得不舒服而已，可现在我有点儿害怕。我站起来，从他身边走过，来到厨房水池边，他紧跟在我身后，一直大叫着骂我。

我给自己倒了杯水，也倒了一杯递给他，但他碰也没碰。

"威利，你这样子我没法跟你说话。"

他放下水，又叫着我的另一个名字，然后向我扑来。一切发生得太快了，非常之快，他抓住我的衣领，撕扯我的项链，把我打倒在地。我摔倒在一只狗碗上，碗在我身下裂开，碎片划破了我的身体，我躺在那里待了一会儿，头有点儿晕，然后站起身，请他离开。

"来吧，打我呀！打了我，你会感觉好些。"

"你干什么？"

"来啊，我们以前不是老打架吗？打我一顿你会感觉好受些。"

"不，我打了你，只会让你感觉好受，你走吧！"

他走出厨房，但没有离开诺丁汉小屋，我知道，他还在客厅。我在厨房待了两分钟，感觉时间漫长。他又回到厨房，满脸懊悔，并向我道歉。

然后他朝门口走去，这一次我也跟了过去。临走前，他转身冲我说："这件事儿，你不需要告诉梅根。"

"你是说刚才袭击我的事儿?"

"我没有袭击你,哈罗德。"

"好吧,我不告诉她。"

"谢谢。"

他告辞离开。

我看了看手机,对自己说,承诺了就要做到。所以我不能给妻子打电话,尽管我很想打。可我需要找个人倾诉,于是拨通了治疗师的电话。

谢天谢地,她接听了电话。

我为打扰她而表示了歉意,我说刚才和威利打了一架,我被揍倒在地,也不知该跟谁通个话。正说着,我一低头,发现衬衫被撕破了,项链也被扯断了。

我告诉她,我们以前打过无数次架,小时候,我们整天除了打架还是打架,但这次的感觉截然不同。

治疗师让我深呼吸,并几次让我描述刚才的场景,每一次的描述都让我感觉像是一场噩梦。却也使我渐趋平静。

我告诉她,我为自己感到骄傲。

"为什么感到骄傲,哈里?"

"我没有还手。"

我还信守承诺,没有告诉梅格。

不过她旅行归来不久,我洗完澡从浴室出来,她看到了,不由倒吸一口气。

"哈兹,你背后那些伤和淤青是怎么回事?"

我不能对她撒谎。

她并不吃惊,也没有特别愤怒。

她只是非常难过。

63

那天后不久，正式宣布了剑桥和苏塞克斯两个王室成员家庭将不再共享办公室，不再以任何身份合作的消息。"非凡四人组"就此画上了句号。

公众反应基本和预期的一样，民众抱怨，记者则炸了锅。我家人的反应更令人沮丧。他们始终保持沉默，从未公开发表任何评论，私底下也从未对我说过什么。爸爸没有，奶奶也没有。这不禁让我深思，家人对我和梅格的遭遇一言不发意味着什么。我一直安慰自己，他们只是没有明确地谴责媒体，这并不意味着他们宽恕了媒体。但现在我不禁要问：果真如此吗？我怎么会知道，如果他们什么都不说，我凭什么假设我了解他们的感受呢？

我凭什么知道，他们肯定会站在我们这一边呢？

我所学到的一切，我成长过程中信仰的家庭、君主制及其基本公正和促团结反分裂的使命，统统受到质疑，遭到重创。这一切都是假的吗？这一切只是一场表演吗？如果我们不能相互支持，不去力挺家族第一个混血新成员，那么我们到底算什么？这是真正的君主立宪吗？这还算是个家吗？

"互相保护"难道不是每个家庭的首要任务吗？

64

梅格和我把办公室搬到了白金汉宫。我们也搬进了新家。

弗罗格莫尔一切就绪。

我们从一开始就爱上了那个地方，好像命中注定要住在那里。早上我们总是迫不及待地醒来，去花园里散步，再去看看天鹅，特别是坏脾气史蒂夫。

我们见到了女王的园丁，知道了他们的姓名，也熟悉了鲜花的名字，对园丁的手艺我们极为欣赏，并大加赞扬，这令他们开心不已。

在众多变动中，我们和新任媒体主管萨拉一起，制定了新的战略，其核心就是，全面中止和皇家轮值记者团的关系，并希望借此迎来全新转机。

2019年4月末，在梅格即将分娩的前几天，威利打来了电话。我在我们的新花园里接了电话。

他跟爸爸和卡米拉之间发生了一些事，我没听懂整个故事，因为他讲得太快，情绪太激动了，简直是满腔怒火。我猜是爸爸和卡米拉团队的人编造了一个或者多个关于他和凯特还有孩子们的谣言，他不想再听之任之了，他说爸爸和卡米拉太得寸进尺了。

"这将是他们最后一次这样对我。"

我明白，他们也是如此对待我和梅格的。

但从技术角度讲，这也不能全怪爸爸和卡米拉。幕后操盘手是他们公关团队中的一个狂热分子，一位真正的信徒，是他设计并发起了这场新的运动，以发布负面新闻牺牲我们为代价，为爸爸和卡米拉赢得正面新闻。一段时间以来，这个人一直向各家报纸兜售关于"继承人"和"替补"的不光彩的故事或假新闻。我怀疑关于2017年我去德国打猎的小道消息全是他的手笔。我几乎被他们描绘成了一个17世纪肥胖的男爵，渴望鲜血和战利品，而事实上我和德国农民一起宰杀野猪为的是保护庄稼。我认为这是一个直接的利益交换，以换取媒体获得更多的机会接触爸爸，或者撤掉卡米拉儿子的负面新闻，他在伦敦游手好闲，可是闹出了很多低俗的新闻。我对自己如此被利用感到不快，对梅格的遭遇尤感愤怒，但不得不承认，类似情况近来频繁地发生在威利身上，他理所当然地怒火中烧。

他已经为这个女人的事和爸爸当面对质过一次，我还陪他前往以示道义上的支持。这一幕发生在克拉伦斯宫爸爸的书房里，那天晚上应该很暖和，印象中窗户敞开着，白色的窗帘被风吹起，威利厉声质问爸爸："你怎么允许一个陌生人这样对待你的儿子？"

爸爸立刻火冒三丈，他大声指责威利是偏执狂，说我们俩都是。不能因为我们受到了负面报道，而他的舆论良好，就污蔑是他的员工在背后使坏。

但我们有证据，有记者在报社的编辑室里向我们证实，正是这个女人出卖了我们。爸爸根本听不进，他的反应无礼而可笑。"奶奶有自己的人，为什么我不可以有？"爸爸所说的奶奶的人是指安吉拉，她为奶奶处理很多事，据说最擅长编故事。

威利说，这是多么糟糕的比较啊。一个心智正常的人——更别说一个成年男人了——为什么需要一个安吉拉那样的人呢？

但爸爸一直不停地嘟囔着，奶奶有自己的人，奶奶有自己的人，他也早该有自己的人了。经历了那么多不愉快后，威利仍然愿意跟我谈谈爸爸和卡米拉的事，让我觉得很欣慰。我看到了一个可以解决我们最近紧张的关系的机会，于是我试着把爸爸和卡米拉对他的所作所为与媒体对梅格的所作所为联系起来。

威利厉声说道："我对你俩有不同的看法。"

转眼之间，他将所有的愤怒都转移到了我身上，我记不起来他具体说了什么，因为我们之间的争斗早已让我身心俱疲，更不用说，最近我又搬进弗罗格莫尔的新家，搬进新办公室，我的注意力都在我即将要出生的孩子身上。但是我记得现场的每一个细节。水仙花开了，嫩草正在发芽，一架喷气式飞机从希思罗机场起飞，向西飞行。它飞得很低，引擎的声音使我的胸部微微颤动。我记得当时我在想，飞机的噪音这么大，我却还能听到威利的声音，着实厉害。我无法想象，经过诺丁汉小屋冲突之后,他怎么还有那么多的愤怒。

他不停地说着,我已经乱了头绪。我无法理解,也不再试图去理解。我沉默着,等他平静下来。

然后我回头看了看,梅格从房间里出来,径直向我走来。我立刻关掉电话的公放,但她已经听到了,威利的骂声非常大,即便关掉扬声器,她还是能够听到。

她眼里涌出了泪水,在春天的阳光下闪闪发亮。我对她说了些什么,她愣在那儿,摇了摇头。

然后她用手护着肚子,转身走回了房间。

65

多利亚和我们住在一起,等待孩子的出生。她和梅格出门都不会走远,我们都是。平常就是待在家里,偶尔出去散步,看看奶牛。

梅格的预产期过了一周,王室公关团队开始向我施压。孩子什么时候出生?你要知道,媒体不可能一直等着。

哦,让媒体着急了是吗?那真是老天保佑。

梅格的医生尝试用顺势疗法催产,但我们的小客人就是原地不动。(我不记得我们有没有试过奶奶的建议,开车去路上颠簸一下。)最后我们说,还是去医院吧,确保一切正常,也做好准备,以防医生随时会说是时候了。

我们坐上了一辆毫不显眼的三排座商务车,悄悄驶离了弗罗格莫尔,没有惊动任何驻守在门口的记者。他们做梦也不会想到我们会乘坐这样的车。不久我们就抵达波特兰医院,偷偷乘坐秘密电梯来到私人病房。医生进来把全部流程和我们过了一遍,然后说,是时候了,可以催生了。

梅格很平静,我也很平静,但我还想到了两种能让我更加平静的方法：南多炸鸡（是我们的保镖带来的）和梅格床头的一罐笑气。我深吸了好几口笑气。梅格正坐在一个巨大的紫色球上上下跳动，实践证明，这有助催生。她看着我，笑着翻了个白眼。

我又吸了几口笑气，现在我也上下跳个不停。

当宫缩开始加速并加深时，护士准备给梅格吸一些笑气，但笑气用光了。护士看看那个罐子，又看看我，我可以看到一个想法在她脑海中慢慢浮现：上帝呀，她老公把这一罐都吸完了。

"对不起。"我温顺地说。

梅格笑了，护士也跟着笑了起来，并很快换了一罐笑气。

梅格泡澡时，我放起了舒缓的音乐，黛芙·普拉美①，她将梵文咒语重新混合成深情的圣歌，震撼人心。（普拉美声称，还在母亲的子宫里时，她就听到了父亲为她吟诵的第一声咒语。父亲临死前，她也为他诵读了同样的咒语。）在我们的随身旅行袋里，有我求婚那晚放在花园里的电子蜡烛，我把它们摆在了医院的房间里。我还在一张小桌子上摆了一张母亲的照片，这是梅格的想法。时间一点点过去，一个小时又一个小时，依然没什么动静。

为了止疼，梅格一直在做深呼吸，很快深呼吸也不起作用了。她疼痛难忍，需要进行硬膜外麻醉。

麻醉师匆匆跑来，音乐停止，灯光亮起。哇，现场氛围立刻改变。

医生在梅格的脊椎底部打了一针。

但疼痛仍然没有减轻，药物显然没有起到它该起的作用。一会儿医生再次回来，又打了一针。

疼痛减缓了，而分娩却在加速中。

---

① 黛芙·普拉美（Deva Premal，1970— ），德国歌手，是一位以冥想精神新时代音乐而闻名的音乐家。

两个小时后，医生回来，双手戴上了橡胶手套："各位，我们开始吧。"我站在床头，握着梅格的手，鼓励她："用力，亲爱的，深呼吸。"医生给了梅格一面手拿的镜子，我尽量不去看，但又不得不看，我瞥了一眼，看到了镜子里婴儿的脑袋，被卡在那里动弹不得。"哦，天哪！"医生抬起头，她的嘴使劲抿着，情况有点儿紧张。

我对梅格说："亲爱的，我需要你用力。"

我没有告诉她为什么，没有告诉她脐带的事，也没有告诉她有可能需要紧急剖宫产。我只是对她说："我需要你用尽全力。"

她也努力配合着。

我看到了那张小脸，还有小小的脖子、胸部、手臂，它们使劲扭动着，挣扎着，这就是生命！生命！不可思议！我想，原来生命就是从争取自由开始的。

护士把婴儿裹在毛巾里，放在梅格胸前，看着他，我们都哭了，一个健康的小男孩来到了我们身边。

我们的阿育吠陀医生告诉我们，从生命的第一分钟开始，婴儿就会感受到我们对他所说的一切，"所以对宝宝轻声细语，告诉他你的愿望，你的爱。告诉他。"

我们说了，我们爱他。

我不记得给谁打过电话，发过短信。我记得看着护士给我刚出生的孩子做检查，然后我们就离开了病房，进电梯，来到地下停车场，坐上商务车，离开了医院。孩子出生两个小时后，我们就回到了弗罗格莫尔。太阳已经升起，我们已安居家中，官方才发布消息说梅格快分娩了。

我和莎拉为此吵了一架。我说："你知道的，她已经生完了。"

她解释说，必须给媒体提供他们所需的有戏剧性的、有悬念的故事。

我说："但事实并非如此。"

真相无关紧要。让人们关注我们的话题，才是问题的关键。

几个小时后，我在温莎城堡的马厩外，告诉全世界，我们生了个男孩。又过了几天，我们宣布了他的名字：阿奇。

媒体被激怒了，说我们愚弄了他们。

的确如此。

他们觉得我们的举动不是合作伙伴该有的样子。

太不可思议了，他们竟然还视我们为合作伙伴吗？想想过去三年他们对待我们的方式，真的还期望获得我们特别的考虑和优待吗？

然后媒体就向全世界展示了他们作为合作伙伴的真面目。一位BBC广播节目主持人在社交媒体上发布了一张照片：一男一女，牵着一只黑猩猩。

标题是《王室婴儿出院》。

66

在奶奶动身去巴尔莫勒尔之前，我和她喝了很长时间的茶。我给她回顾了最新的情况，她原本也知道一点儿，但我又填补了重要的空白。

她看起来很震惊。

她说她感到太可怕了，并表示要派"蜜蜂"来和我们谈谈。

我一生都在和宫内的大臣们打交道，总有几十个人了。但现在我主要和其中的三个人接触，都是中年白人男性，他们通过一系列大胆的马基雅维利主义[①]策略巩固了权力。他们都有着普通的名字，非常英国式的名字，但我觉得更适合把他们按动物分类："蜜蜂""苍蝇""黄蜂"。

---

① 马基雅维利主义（Machiavellian），一种政治策略和手段，强调为达到目的可以不择手段，这种思想源自意大利政治家、历史学家尼可罗·马基雅维利。

"蜜蜂"有着一张椭圆形的脸，毛发浓密，行为举止平静而镇定，所到之处仿佛给万物带来福音。他非常温和，以至于人们并不怕他。事实证明大错特错，而犯错的人通常不会再有机会。

"苍蝇"在他职业生涯的绝大多数时间里都在与粪便为邻，甚至被粪便吸引。政府和媒体的污秽之物，爬满虫子的内脏，他都来者不拒，靠这些养肥了自己。他常常幸灾乐祸地乐见其成，还假装置身事外。他努力给人一种轻松、超然、冷静、高效、乐于助人的感觉。

"黄蜂"身体瘦长、迷人、傲慢、充满活力。他善于假装彬彬有礼，甚至有些卑躬屈膝。但是，当你陈述一个事实，一件根本无可争辩的事，比如你说"我相信太阳在早上升起"，他会结结巴巴地让你考虑一下被误导的可能性："我不知道，殿下！您看，这完全取决于您所说的早晨是什么意思？"

因为他看起来弱不禁风、腼腆谦逊，你可能会忍不住要反驳，坚持你的观点，这时候他就会把你列入他的黑名单。没过多久，在没有任何征兆的情况下，他会用超大的毒刺猛刺你。你会困惑地大叫："这狗东西是打哪儿来的？"

我讨厌这些人，他们对我毫无意义。在他们看来我也无关紧要，甚至愚蠢不堪。最重要的，他们知道我是如何看待他们的：他们是谋权篡位者。在内心深处，我担心他们每个人都觉得自己才是真正的君主，每个人都在利用一位九十多岁的女王，表面上尽忠职守，实则醉心权力。

我得出这个结论是通过血淋淋的事实。举个例子，梅格和我曾就媒体的问题咨询过"黄蜂"，他认为目前的情况非常恶劣，如果不采取行动加以制止，难免会有人受到伤害。我说："说得对，我们完全同意你的观点！"他建议王宫召集媒体主编开会，向他们表明我们的立场。

我对梅格说终于有个明白人了。然后我们就再也没有他的消息了。

所以当奶奶提出要派"蜜蜂"来找我们的时候，我将信将疑。但我告诉自己，要保持开放的心态，也许这一次会有所不同，毕竟是奶奶亲自派他来的。

几天后梅格和我欢迎"蜜蜂"来到弗罗格莫尔，请他在我们的新客厅里尽可能舒适随意。我给他倒了一杯香槟，然后详细介绍了我们的困境。他认真做了笔记，时不时地用手捂住嘴摇摇头，他说他看到了那些标题，但没有意识到这些对于年轻夫妇可能造成的全部恶果。

他说这种仇恨和谎言的泛滥，在英国历史上是前所未有的。"远远超出我的所见所闻。"

"谢谢，谢谢你的理解。"我们说。

他承诺将和相关各方讨论此事，并尽快就行动计划和具体解决方案回复我们。

我们再也没有收到他的消息。

67

梅格和我在同艾尔顿·约翰以及他的同性伴侣大卫通电话时，承认我们需要帮助。

"我们有点儿撑不住了，伙计。"

"来找我们吧。"艾尔顿说。他指的是去他们在法国的家。

2019年夏天。

我们去了他家。一连几天我们都坐在露台上，沐浴着阳光，长时间凝视蔚蓝的大海，既治愈，又心虚地觉得有些颓废，这不仅仅因为奢华的环境，还由于全方位的无限的自由，会让人有罪恶感。能在鱼缸之外度过哪怕一个下午，都像是监狱放风一样，弥足珍贵。

一天下午，我们和大卫一起，沿海岸公路，驾摩托车做环海湾骑行。我驾车，梅格坐在我身后。当我们在小镇上飞驰而过，梅格伸出双臂高兴地大喊大叫。敞开的窗户里传来晚餐的香味，我们向花园里玩耍的孩子们挥着手，孩子们也微笑着挥手回应，没人知道我们是谁。

　　这次旅行最精彩的部分就是眼看着艾尔顿、大卫以及他们的两个儿子爱上阿奇。我常常看到艾尔顿盯着阿奇的脸，我知道他想起了我妈妈。我之所以知道，是因为我也常常会有这样的感受，一次又一次地，看着阿奇脸上的表情，会突然恍惚。我几乎要对艾尔顿说："我多么希望我妈妈能抱抱她的孙子。"而每次拥抱阿奇的时候，我好像都能感觉到她，或者说，我希望能感觉到她。于是所有的拥抱，都带着淡淡的忧伤。每次为阿奇掖被子哄他入睡也带着些许难过。

　　还有什么能像为人父母一样使你必须直面过去呢？

　　最后一晚，我们都因假期即将结束而沮丧不安：生活为什么不能永远这样呢？我们在露台和泳池间来来回回，艾尔顿准备了鸡尾酒，大卫和我聊起了新闻、新闻界令人遗憾的现状以及这一切对英国的影响。

　　我们聊到了书籍，大卫提起艾尔顿的自传，这本书他写了好多年，如今终于大功告成，为此他深感骄傲，出版日期也日益临近。

　　"太棒了，艾尔顿。"

　　艾尔顿说他的书将被连载。

　　"真的吗？"

　　"是的，在英国《每日邮报》连载。"

　　他看到了我的脸色，目光立刻转向了别处。

　　"艾尔顿，你怎么能——"

　　"我想让更多的人看到我的书。"

　　"但是，艾尔顿！就是这帮人让你痛苦不堪的啊。"

　　"没错儿。还有哪个比它更适合连载呢？还有哪个比这个让我一生都深受其害的报纸更适合呢？"

　　"还有哪个？"我……搞不懂了。

那天晚上很暖和，我本来就在出汗，而现在，豆大的汗珠从我额头滑落。我提醒他别忘了，《每日邮报》曾经刊登过有关他的谎言。更严重的是，他曾起诉过他们——就在十几年前，这家报纸声称他在慈善活动中禁止人们和他说话。

《每日邮报》最后赔了他一张十万英镑的支票。

我提醒他，他曾在一次采访中激动地说："他们可以说我是个又胖又老的家伙，可以说我是个毫无天分的混蛋，可以骂我是个痞子，但不能编造谣言。"

他不知该如何回答我。我也没再追问。

我爱他，我会永远爱他。

而且，我也不想破坏这个假期。

68

眼看着南非全国上下都喜欢我的妻子，身为丈夫，与有荣焉。

2019年9月。

这是我们代表女王的又一次出访，并再次大获全胜。从开普敦到约翰内斯堡，所到之处，人们对梅格无比狂热。

我们因此有了些底气，也更加勇敢。回国前几天，我们拉开架势，就小报长期进行电话窃听等无耻行径，将四家中的三家（包括刊登梅格写给父亲那封信的媒体）告上了法庭。

多亏了艾尔顿和大卫，在我们假期临近结束时，给我们介绍了一位律师，是他们的熟人，很靠谱的一个家伙，也是我见过的对电话窃听事件最了解的人。他和我分享了自己的专业知识以及大量公开的法庭证据，我告诉他，我真希望自己能诉诸行动，无奈每次都被王宫阻拦。而他则提供了个无懈可击的变通方案。

"你们为什么不自己请个律师呢?"

我语无伦次地说:"你是说……你的意思是说……你说我们可以……"

好主意!我怎么没想到。

我已经习惯了听令行事。

69

我提前给奶奶和爸爸打了电话,说明情况。也给威利发了信息。

我还提前将诉讼的事知会了"蜜蜂",让他知道我们即将发表声明,并请他将不可避免会引发的媒体查询转至我们办公室。而他则祝我们好运。所以听说他和"黄蜂"都声称事先没有被告知,我觉得很是滑稽。

将诉讼公之于众使我有机会向全世界陈述我的情况:

"我的妻子是英国小报最新的受害者。他们对个人隐私的侵犯是从不计后果的,过去这一年,他们丧心病狂的行为更是不断升级,在她怀孕和产后照料婴儿期间也从未停止。我无法形容其中的痛苦。虽然提起诉讼不一定是明智的行为,但却是正确的选择。因为我最深的恐惧是害怕历史将会重演。我已经失去了我的母亲,而现在我不能眼睁睁看着我的妻子沦为同一股恶势力的牺牲品。"

这起诉讼并没有得到广泛的报道,受关注程度完全不及"梅格居然敢关上车门"这样的事。事实上,几乎没什么报道。尽管如此,朋友们还是注意到了,很多人发信息问我:"为什么现在告他们?"

原因很简单,几天后英国的隐私法将做出对小报有利的变更,我希望,我们的案件能在规则被破坏之前得到审理。

朋友们还问道:"你们现在媒体上声望正高,为什么要打官司呢?南非之行是一次胜利,媒体普遍给予了高度评价。"

"这就是问题的关键。"我解释说,"这不是因为我们渴望或者需要媒体说好话，而是因为不能让暴行和谎言逃脱法律的制裁，尤其是那些足以摧毁无辜者的谎言。"

也许我听上去有点儿自以为是，或高高在上，就在我们宣布诉讼后不久，《快报》上一篇无耻透顶的文章彻底激发了我的斗志。

"梅根·马克尔的鲜花差点儿要了夏洛特公主的命。"——这一最新丑闻与我们婚礼上花童们佩戴的花冠有关，这可是一年多前的事了。花冠上曾用了几朵铃兰，这种花具有毒性，倘若孩子们食用可能会有危害。

即便如此，父母无须担心，误食后的反应只是略微感到不适。只有在极罕见的情况下，才有可能产生致命的影响。

没人在意这些花冠是由王室花艺师搭配的，没人在意做出如此危险决定的人不是梅格，没人在意包括凯特和我母亲在内的前几任王室新娘都曾经佩戴过铃兰。

这些都不重要。"杀人狂魔梅根"的故事实在太精彩了。

文章还配了照片，我可怜的小侄女头戴花冠，小脸有些痛苦地扭曲着，搞不清是因为病情发作还是仅仅打了个喷嚏而已。旁边则是梅格的一张相片，她看起来无比高冷，一个天使般的孩子都快死了，她也无动于衷。

70

我被传唤到白金汉宫和奶奶爸爸共进午餐。

"蜜蜂"发来一封简明扼要的邮件，算是邀请。他的语气可不是：你介意过来一趟吗？更像是：赶紧给我滚过来。

我套上西装，跳进车里，赶了过来。

我走进房间，最先看到的是"蜜蜂"和"黄蜂"。这是突然袭击呀。我还以为这是一场家庭午餐，但看来并非如此。

团队和梅格都不在身边，我孤军奋战，直面他们对于诉讼的不满。我父亲说这严重损害了家族的荣誉。

"怎么会？"

"这使我们和媒体的关系变得复杂了。"

"复杂？这个词有意思。"

"你做的任何事都会影响到这个家。"

"那你的行为和决定也是如此，也会影响到我们。比如和那些攻击我和我妻子的编辑记者喝酒吃饭。"

我不记得当时是"蜜蜂"还是"黄蜂"，跳出来提醒我说："我们必须保持和媒体的关系，殿下，我们以前讨论过这个问题。"

"是的，保持正常关系，而不是肮脏的交易。"

我尝试了一种新的策略："这个家里所有人都起诉过媒体，包括奶奶。为什么我不可以？"

大家沉默不语，只有蟋蟀啾啾地叫着。

我们又争论了几句之后，我说："我们别无选择，如果你们一直在保护我们，与此同时也保护了君主制，那我们根本无须如此。但你们对我妻子不管不顾，这是在帮倒忙。"

我看了一眼在座所有的人，大家都面无表情，这很难理解吗？他们都认知失调了吗？还是他们在下一盘大棋？或者他们确定对一切一无所知？又或者他们一直远离现实，完全意识不到情况变得有多么恶劣？

比如说，《尚流》（*Tatler*）杂志曾引用一位伊顿公学校友的话，说我之所以娶梅格，是因为和有着良好家庭背景的女孩相比，像她这样的外国人更容易掌控。

又比如，《每日邮报》说，梅格是在"攀高枝"，因为她只用了一百五十年就完成了"从奴隶到王室"的蜕变。

还有社交媒体上有帖子说，她是"游艇女郎""应召女郎"，或者称她为"拜金女""妓女""贱人""荡妇",甚至使用 N-word[①]——不停地羞辱她,很多这样的帖子就在王室三个社交账号的评论区里,但并未被删除。

还有人发推文说:"亲爱的公爵夫人,我不想说我恨你,我只希望你下一次来月经的时候是在一个鲨鱼池里。"

还有英国独立党领袖亨利·博尔顿的女友乔·玛尼被曝光的种族主义言论,其中一条说我的"美国黑人"未婚妻会玷污了王室的血统,为将来拥有"黑人国王"铺路。还断言自己绝不会和"黑人"发生性关系。

"这里是英国,不是非洲。"

还有,《邮报》还抱怨说,梅格整天双手不离孕肚,还不停地抚摸,好像个女妖。

事情变得如此失控,以至于来自两个主要政党的七十二名女性在议会中谴责了媒体对苏塞克斯公爵夫人报道中的殖民主义言论。

但所有这一切都不足以使我的家人公开或私下发表任何评论。

我知道他们是如何将这一切合理化的,他们会说这和卡米拉或凯特所受到的对待没什么区别呀。区别太大了。一项研究密切关注了四百条有关梅格的恶意推文,参与研究的数据专家和计算机分析师发现,这种排山倒海般的仇恨是非常罕见的,这和针对卡米拉以及凯特的言论有着天壤之别。有一条推文称梅根是"猴岛女王",这一切从未有过先例,或类似的先例。

这不是我们个人情感或自尊心受伤的问题,仇恨是真的伤身。有大量科研表明,被公众憎恨遭到群嘲有害健康,由此引发的社会效应更为可怕。某些人群更容易被这种仇恨影响,受到煽动。也因此会有可疑的白色粉末被送到我们的办公室,并附上了令人厌恶的种族主义文字。

---

① 英语中用 N-word 代指种族主义的蔑称,"N"指白人用来贬低黑人的词。

我看了看奶奶，并环顾四周，提醒他们，梅格和我凭一己之力，在应对极其独特的情况。我们专职人员人手不够，太过年轻，资金严重不足。

"蜜蜂"和"黄蜂"轻哼了一声，指责说我们资金不够，应该一早就告诉他们。

"应该告诉他们？"我说我曾多次请求过他们的帮助，所有人我都问过。我的一位高级助手也曾向他们递交过申请，不止一次。

奶奶直视着"蜜蜂"和"黄蜂"："这是真的吗？"

"蜜蜂"看着奶奶的眼睛，"黄蜂"则用力点头表示是真的。"蜜蜂"说："陛下，我们从未收到任何急需帮助的申请。"

71

梅格和我参加了安康儿童奖（WellChild Awards）颁奖典礼，这是一项一年一度的活动，表彰鼓励患有严重疾病的儿童。时间是 2019 年 10 月。自 2007 年担任该组织的皇家赞助人以来，我曾多次参与活动，每一次都颇感心痛。孩子们无比勇敢，他们的父母为此骄傲，但也备受煎熬。当晚颁发了多个奖项，表彰孩子们的毅力和带给我们的鼓舞。我给一个坚韧的学龄前儿童颁了奖。

我走上舞台，开始了简短的致辞，并注意到了梅格的表情。回想起一年前，她和我一起参加了这个颁奖活动，就在我们在家做了验孕测试的几周后。当时我们像所有的准父母一样，内心希望和担忧并存。而现在我们有了一个健康的小男孩，可这些父母和孩子并没有那么幸运。感激和同情汇聚在我的心中，我哽咽了。我用手紧紧地抓住讲台，身体微倾，说不出话来。主持人是我母亲的朋友，他走过来轻轻抚了抚我的肩膀，这很有帮助，现场热烈的掌声也使我平静下来并开始致辞。很快，我收到了威利发来的信息，他正在巴基斯坦访问，他说我看上去状态不好，他很担心我。

我感谢他的关心，也请他放心，我一切都好。我刚刚做了父亲，又面对一屋子生病的孩子和他们的家人，突然情绪失控，也不足为奇。

他认为我的状态不对，一再说我需要帮助。

我提醒他，我正在接受治疗，事实上他最近跟我说想陪我一起去见一次医生，因为他怀疑我被"洗脑"了。

"那就来吧。"我说，"这对你有好处，对我们都有帮助。"

但他从没来过，他的策略显而易见：我的状态不好，这意味着我所有的举动都不明智，我所有的行为都需要受到质疑。

我尽力在给他的短信中保持有礼有节，尽管如此，我们的交流还是演变成了争论，持续了七十二小时之久。我们你来我往，从早到晚。在此之前，我们从未有过这样的争吵。彼此都生着气，却又远隔万里，这种感觉就是鸡同鸭讲，无法沟通。偶尔我会意识到，我最害怕的事情正在发生。经过几个月的治疗，在努力变得更加清醒，更加独立之后，对我哥哥来说我已变成了陌生人。他再也无法理解我，更无法容忍我了。

或许这只是过去几年或者几十年的压力，终于倾泻而出。

我保存了那些信息，现在也还留着。偶尔再看看，心里会伤感和困惑：我们怎么会变成这样的？

威利在最后一条信息里说他爱我，深切地关心着我，他会尽一切所能帮助我。他告诉我永远不要怀疑这一点。

72

梅格和我谈到了离开的问题，但这次我们说的不是去温布尔登待一天或者和艾尔顿一起过周末。

我们说的是逃跑。

一个朋友说,他认识一个人,在温哥华岛有一套房子,我们可以借来住。那里安静祥和、绿树成荫,远离喧嚣,只有坐轮渡或飞机才能到达。

2019 年 11 月。

我们带着阿奇、盖伊、普拉以及保姆,在夜色的掩护下于暴风雨之夜抵达。接下来的几天,我们努力调整,紧绷的神经很快得以放松。从早到晚,我们无须担心被媒体偷袭,房子紧挨着一片郁郁葱葱的绿色森林,还有个大花园让阿奇和狗玩耍,四周是清澈冰冷的大海,一大早我可以去游个泳,立刻精神抖擞。最棒的是,没人知道我们在这儿。我们散步、划船、嬉戏,无人打扰。

几天后,我们需要物资补给,于是小心翼翼地出门,开车沿路来到最近的村庄,像恐怖片里的人一样,沿着人行道向前走着,随时提防着突如其来的攻击。

但想象中的一切并没有发生。人们没有大惊小怪,没有直勾勾地看着我们,甚至没有伸手去拿手机。每个人好像都知道或感觉到我们正经历着什么,于是给予我们空间,同时又让我们感到被接纳,他们善意地微笑,向我们挥手,让我们觉得融入了社区,回归了正常。

这样的日子持续了六个星期。

然后,《每日邮报》就爆出了我们的地址。

几个小时后,各种船只纷纷抵达,好似海上入侵,每艘船上都布满了长焦镜头,像大炮一样排列在甲板上,每个镜头都对准了我们的窗户,对准了我们的孩子。

在花园里玩耍是不用再想了。我们抱起阿奇,把他带回屋里。

喂阿奇吃饭的时候,那些人会透过厨房的窗户偷拍。我们只好拉下百叶窗。

我们再次开车进城的时候，沿途一共有四十个狗仔。四十个，我们数了数。还有人开车紧追。我们最喜欢的小杂货店在橱窗里挂了一块牌子，上面满是怨气地写着：谢绝媒体。

买完东西，我们匆匆赶回家，把百叶窗关得紧紧的，回到一种永恒的暮色中。回到加拿大，却不敢开窗，梅格说，她转了一圈又回到了原点。

但只有百叶窗还远远不够。房屋后面围栏上的安全摄像头很快就捕捉到一名瘦骨嶙峋的男子，他来回踱步，窥探，伺机闯入，还把相机举过围栏拍照。他穿着脏兮兮的羽绒背心和脏兮兮的裤子，裤腿堆在破旧的鞋子上，那副嘴脸看上去什么都干得出来。他叫史蒂夫·丹尼特，是一个自由职业的狗仔。以前他在娱乐新闻图片社工作的时候就曾经跟踪骚扰过我们。

他就像一只害虫，但下一个狗仔也许不只是一个害虫。我们认为这里不能再待下去了。

那接下来怎么办呢？

虽然只有短短几周，但自由的味道让我们欲罢不能。如果生活可以永远像现在这样该多好！如果我们每年至少有一部分时间可以找个地方远远地生活，同时又能为女王效力，但可以远离媒体的魔爪，该多好！

远离这一切，远离英国媒体，远离那些冲突，远离所有的谎言，更要远离所谓的公共利益，正是借其之名，对我们的疯狂报道才变得"名正言顺"。

现在的问题是去哪儿呢？

我们想到了新西兰，想到了南非，也许每年在开普敦待半年？这是可行的，这样可以远离闹剧，也离我的环保工作和其他英联邦国家更近。

我以前跟奶奶提到过这个想法，她甚至都同意了。我也在克拉伦斯宫和爸爸说过，当时"黄蜂"在场。爸爸让我把这些想法写下来，我立刻照办。可几天后，这消息就上了所有的报纸，并引起一场轩然大波。所以，2019 年 12 月末，当我和爸爸在电话里重提此事，我说我们比以往任何时候都更认真地打算，一年中有一部分时间居住在海外时，他再次让我落实成文字，我没接受。

"嗯，之前写过一次了，爸爸，我们的计划立刻被泄露，结果泡汤了。"

"但亲爱的孩子，如果没有书面申请，我帮不了你。这些事情必须经由政府部门审批。"

以爱之名……

于是，2020 年 1 月的头几天，我给他发了一封带水印的信，大致描述了我的想法，并附有要点和细节。在随后的交流中，我们将所有信函都标明私人信件务必保密，并强调一个重要主题：我们准备做出任何牺牲，包括放弃我的苏塞克斯公爵头衔，以寻求平静和安全。

我打电话给他想听听他的想法。但他不接我的电话。

我很快收到了一封长长的邮件，他认为我们必须坐下来好好讨论一下，并希望我们尽快返回。

"碰巧了，爸爸，我们正准备几天后回英国看奶奶，我们什么时候见面？"

"1 月月底之前不行。"

"怎么啦？那还有一个多月呢。"

"我在苏格兰呢，1 月月底之前我回不去。"

"我真心希望并相信，我们能够进一步商讨，而不会让整件事进入公共领域并成为一场闹剧。"我在信里写道。

他的回答在我看来带着不祥的威胁："在我们有机会坐下来商讨之前，如果你一意孤行，那就是在违抗君主和我的命令。"

73

1月3日,我给奶奶打了个电话。"我们马上就回英国了,想见见您。"

我明确地告诉她,想和她讨论一下我们的计划,制定一个不同以往的工作规划。她不太高兴,但也不吃惊,她知道我们有多不开心,也早就料到会有这么一天。我觉得,只要和我奶奶好好聊一聊,这场磨难就会结束。

我说:"奶奶,您有空吗?"

"是的,当然有,我整个星期都有空,我的行程表是空的。"

"那太好了,梅格和我可以过来喝茶,然后再开车回伦敦,我们第二天在加拿大之家有个活动。"

"长途奔波会让你们筋疲力尽的,你们想留在这里吗?"

她说的这里,是指桑德林汉姆。

"是的,这样会方便很多。"我如实相告,"那太好了,谢谢您。"

"你计划去看你父亲吗?"

"我问过他了,但他说不行,他在苏格兰,月底之前都回不来。"

她发出了一点儿声音,像是一声叹息,又或是意味深长地哼了一声。我忍不住笑了。

她说:"我对此只有一句话要说。"

"什么话?"

"你爸爸总是做他想做的事。"

几天后,1月5日,梅格和我正准备在温哥华登机,就收到员工发给我的紧急信息,他们收到了"蜜蜂"发来的急电,奶奶不能见我们了。

女王陛下原本以为时间允许,但计划有变。苏塞克斯公爵明天

不能前往诺特福克,女王陛下将在本月安排其他会面时间。在此之前,不得就任何事情发表声明。

我对梅格说:"他们竟然阻止我去见我奶奶。"

我们的飞机降落后,我考虑直接开车去桑德林汉姆,让"蜜蜂"见鬼去吧,他以为他是谁?还想拦着我?我想象着我们的车被王宫警卫拦在门口,但我们冲过岗哨,车头将大门撞开。离开机场这一路,天马行空的幻想有助于打发时间。但我必须耐心等候。

我们到达弗罗格莫尔后,我立刻打电话给奶奶。我想象着电话在她的桌上响起,甚至在脑海中都能听到它的声音,就像在阿富汗时我和战友们所用的帐篷里的那部红色电话。都是两军对阵的时刻。

这时我听到了她的声音。

"你好!"

"嗨,奶奶,我是哈里。对不起,我可能理解错了,前几天您说您今天没有任何安排。"

"临时有些事,我事先也不知道。"她的声音听起来怪怪的。

"我明天可以过来吗,奶奶?"

"嗯,我这一周都很忙。"

但她补充说,至少"蜜蜂"是这么告诉她的。

"他和您在一起吗,奶奶?"奶奶没有回答。

74

我们从莎拉那里得知,《太阳报》将刊登一篇报道,称苏塞克斯公爵和公爵夫人即将辞去王室职务,以便有更多时间在加拿大生活。这家报纸的娱乐版编辑是个可鄙的小人,据说他是负责该报道的主要记者。

为什么是他？这么多人，为什么居然是娱乐版的这个家伙？

因为最近他改头换面摇身一变成为一名准王室记者，这很大程度上是因为他和威利的新闻秘书的某个密友之间有着秘密关系，后者向他提供了一些琐碎（而且多为虚假）八卦。

他这次肯定又会错误百出，就像他上一篇独家报道"王冠门"那样。他也同样会争分夺秒把自己的故事塞进报纸抢个版面。因为他多半正和王宫里应外合，而王宫的朝臣们一定会抢占先机编造故事。我不能让他们得逞，不能任由其他人来泄露、歪曲我们的消息。

我们必须尽快发出声明。

我再次给奶奶打电话，说了《太阳报》的事，也告诉她我们需要尽快发出声明，奶奶表示理解并批准我的做法，只要不添油加醋就行。

我没有告诉她我们的声明具体会说什么，她也没有问。其实我自己也并不全然了解。我给了她大概要点，并提到了我在爸爸要求的备忘录中描述过的一些基本细节，那份备忘录她也看过。

声明中的措辞需要准确，语气需要平静。我们不想推卸责任，不想火上浇油，更不能添油加醋。

这是一次高难度的写作挑战。

我们很快意识到，这是不可能的，我们没有足够的时间率先发表声明。

我们打开了一瓶酒。你接着干吧，你这可怜的小人。

他果然继续紧锣密鼓。当天深夜《太阳报》在自己的网站发表了他的文章，并于第二天上午刊登在该报头版，标题是《我们不干了》。

不出所料，文章把我们的离开描绘成一种寻欢作乐、随心所欲、享乐主义的离场，而不是一次有理有节的撤退和自我保护的尝试。文章中还包括我们曾提出放弃苏塞克斯头衔的重要细节，而世上只有一份文件曾经提到这一点，那就是我给父亲的私人机密信件。

只有极少数人才知道这些信息，我们甚至都没告诉过最亲密的朋友。

1月7日，我们对声明的草稿继续做了些修改，在公开活动中短暂亮相，还和自己的团队见了面。知道将会有更多的细节被媒体披露出来，1月8日这一天，我们和团队两名资深工作人员在白金汉宫的一间议事厅里安营扎寨，对声明字斟句酌。

我一直很喜欢这间大厅，浅色的墙壁，闪闪发光的水晶灯，而现在我觉得它尤为可爱，我在想：它是一直如此吗？如此有皇家气派？

房间的一角有一张巨大的实木桌，我们就在这里办公，轮流坐在那儿用笔记本电脑打字。我们尝试不同的语句，我想说我们是想削弱我们在王室的职责，是向后退一步，而不是彻底放弃王室职责。要找到恰当的用词和语气太难了，我希望声明是严肃而得体的。

偶尔我们中的某个人会在附近的扶手椅上伸个懒腰，或者透过两扇巨大的窗户望向花园，让眼睛放松一下。当我需要多休息一会儿，我就在蓝色的地毯上踱来踱去。房间另一头的左角处，有一扇小门通向比利时套房，梅格和我曾在那里过夜。在附近的角落，有两扇高大的木门，人们一听到宫殿这个词，就会想到这种木门。木门通向另一个房间，我曾在那儿参加过无数次鸡尾酒会。我回忆着那些聚会和我在这里度过的美好时光。

我记得隔壁房间是每年圣诞午餐前，我们一家人聚在一起喝酒的地方。

我走出房间来到大厅，那里有一棵高大美丽的圣诞树，依然灯光闪烁。我站在树前，回忆着过往，然后从树上取下了两个圣诞装饰，是软软的柯基狗玩具，拿回来送给工作人员，一人一个，算作这次奇特任务的纪念品。

他们很感动，但有点儿愧疚。

我向他们保证："没人会发现他们的。"① 这句话一语双关。

当天晚些时候，当我们接近定稿时，工作人员开始感到焦虑。他们非常担心自己参与其中是否会被发现，如果被发现对他们的工作意味着什么。但他们更多的还是感到兴奋，觉得自己站在了正确的一方。两个人都阅读了这几个月来媒体和社交网络上对梅格施暴的每一句话。

下午6点，大功告成。我们围坐在笔记本电脑旁，最后一次通读了草稿。一名工作人员给奶奶、爸爸和威利的私人秘书分别发了信息，告诉他们接下来将发生什么。威利的人马上回复说："这事儿的影响是核弹级的。"

当然，我知道很多英国人会感到震惊和悲伤，这也让我五内俱焚，但假以时日，当他们知道真相，我相信他们会理解的。

一名工作人员问我："我们真的要这么做吗？"

梅根和我都说："是的，别无选择。"

我们把声明发给了负责社交媒体的人，不到一分钟，就出现在了我们的Instagram上。这是我们唯一可用的平台。大家彼此拥抱，擦拭泪水，并快速地收拾东西。

梅格和我走出王宫，快速上车，当我们向弗罗格莫尔疾驶而去时，广播里的每一个频道都在报道我们的消息，我们选择了"Magic FM"（魔法调频），这是梅格的最爱。我们听着广播，那个主持人说着说着表现出了非常英国式的焦躁不安。保镖就在前排，我们手拉手，露出会心一笑，然后静静地望向窗外。

---

① 这里英文原文是"No one will miss'em"，既表示没人会发现丢了两只柯基狗玩具，也可以解读为没人会发现两名工作人员参与了此事。

75

几天后在桑德林汉姆宫举行了一次会议。我不记得是谁把它称作桑德林汉姆峰会,我想多半是新闻界的人。

在前往桑德林汉姆的路上,我收到了马克关于《泰晤士报》上的一篇报道。在这篇报道中,威利声称我和他现在是各自独立的实体。

他说:"我一辈子都在照顾我弟弟,但不能照顾一辈子。"

梅格已返回加拿大去照顾阿奇,于是我一个人单刀赴会。我提早到了那里,希望能和奶奶说上几句话。她坐在壁炉前的长椅上,我坐到了她的身边,"黄蜂"看到我一脸警惕,戒备十足,然后慌里慌张地离开,不一会儿就和爸爸一起赶来。爸爸在我身旁坐了下来,威利紧随其后,他看着我,好像要杀了我似的。"你好,哈罗德。"他在我对面坐下。千真万确,我们已是"独立的实体"。

当所有与会者到齐后,我们移步到一张长长的会议桌旁,奶奶坐最上方,每个人的面前都摆着皇家记事本和铅笔。

"蜜蜂"和"黄蜂"简明扼要地总结了我们目前的处境,媒体的问题很快就被提及了。我谈到了他们和犯罪并无二致的残忍行为,但指出他们一定有大量外援。我们家庭内部却对小报睁一只眼闭一只眼,还会上赶着取悦他们,个别工作人员紧密勾结媒体,给他们通风报信,编造谎言,操纵舆论,偶尔还会搞点儿奖励犒劳,这就是助纣为虐。媒体是我们这场危机的根源,他们的商业模式就是寄希望于我们冲突不断,不过,他们不是唯一的罪魁祸首。

我看着威利,这是该他发言的时候,我希望他说说他和爸爸以及卡米拉之间令人抓狂的事,正好呼应我的观点。可他只是抱怨了一下早报上的一篇报道,报道说他是令我们离开王室的原因。

"大家都在指责我,说我把你和梅根赶出了家门。"

我很想告诉他，我们和这篇报道无关。但假如说，的确是我们向外界透露了这些信息，你会作何感想？这样你就能了解过去三年我和梅格的感受。

奶奶的私人秘书开始向她汇报目前的五个方案。

"陛下，您应该已经了解了这五个方案。"

"是的。"奶奶说。

在座其他人也都已了解。五个方案的内容早已通过邮件发给大家。方案一是维持现状，梅格和我留在英国哪儿也不去，大家都回归常态。方案五则是彻底脱钩，我们失去王室头衔，不再为奶奶工作，也失去王室提供的安保。

方案三则是处于两者中间，算是某种程度的妥协，更接近我们最初的要求。

我告诉大家，首先我急需保留安保人员，家人的安危是我最大的牵挂。我要避免历史重演，避免再有英年早逝的不幸发生，二十三年前那场悲剧几乎将这个家庭摧毁，至今都没能恢复元气。

我咨询了几位宫廷元老，他们对君主制的内部运作及其历史了如指掌。他们也都表示方案三是对各方都有利的选择。梅格和我一年里的部分时间住在英国以外的其他地方，与此同时，继续履行我们的职责，保留安保人员，需要时则返回英国参加慈善庆典等活动。这些元老们都表示这是明智且可行的方法。我的家人当然逼着我接受方案一，除此之外，他们只认可方案五。

我们就这五个方案讨论了将近一个小时，最终"蜜蜂"起身绕桌子递给每人一份即将发表的声明草稿，草稿中宣布了方案五的实施。

"等等，我没搞明白。你们已经起草好了一份声明？我们还没有开始商讨前就准备好了吗？你们从一开始就选定了方案五吗？也就是说，答案早就有了，所谓峰会，就是做个样子而已吗？"

没人回答我。

我问他们是否还有其他几个方案的声明初稿。"哦，当然有。""蜜蜂"肯定地说。

"我能看看吗？"

"这个嘛，"他说，"打印机坏了。"

这也太巧了吧，早不坏晚不坏，偏巧在打印其他版本的时候出了故障。

我笑了起来，"你们是在开玩笑吗？"

大家目光躲闪，要么望向别处，要么盯着脚尖。我问奶奶："您不介意我出去透口气吧？"

"当然。"

我走出房间来到一间大厅，在那儿遇见了为奶奶工作多年的苏珊夫人和我住"獾洞"时的楼上邻居 R 先生。他们看出我情绪低落，问我是否需要帮忙，我微笑着说没事，道了谢，然后又回到房间。

这时大家正就方案三还是二进行着讨论，这使我头痛不已。我觉得筋疲力尽，根本不在乎他们选什么，只要安保措施维持不变就行。我请求继续维持原来的武警保卫，这是我出生以来就拥有且不可或缺的。一直以来，倘若我身边没有三名携带武器的保镖，我哪儿都去不了，即便有个时期我是整个王室最受欢迎的成员也不例外。而现在我和我的妻子、儿子成了前所未有的被仇恨的目标，他们讨论的首要议题却是要取消对我们的保护？

这简直匪夷所思。

我甚至主动提出自掏腰包支付安保费用，虽然不确定怎样才能做到，但我想总会找到办法。

我还尽力尝试了最后的游说："各位，梅根和我根本不在乎特权待遇，我们在意的是工作的机会，服务社会，还有，好好活着。"

我这一番话看来简单却极具说服力。全桌的人都频频点头。

会议接近尾声，我们大致达成了一项基本协议。这份混合方案里的众多细节将在十二个月的过渡期内得到解决，在此期间，我们继续享有安保待遇。

奶奶率先起身，我们也随之纷纷起立，目送她离开。

而我还有一项未尽事宜。我一路寻找着"蜜蜂"的办公室，很巧，正好碰到女王身边最平易近人的侍卫，他素来对我印象不坏。我于是向他问路，他却说会亲自带我过去，然后领我穿过厨房，走后侧曾经仆人专用的楼梯，再经过一条窄窄的长廊。

然后他指着前方告诉我一直往前走就好。

没走几步路，我就看见了一台巨大的打印机，正在运行。"蜜蜂"的助手突然出现在我眼前。

"你好。"

我指着打印机说："这机器看起来运行良好？"

"是的，殿下。"

"它没坏吗？"

"您问这台机器吗？它可结实了，殿下。"

我又问起"蜜蜂"办公室里的打印机："那台机器也没问题吗？"

"是的，殿下，您有需要打印的东西吗？"

"没有，谢谢。"

我沿着走廊继续往前走，又穿过一扇门，这时一切突然变得熟悉起来，我这才记起，我从南极回来之后的圣诞夜就睡在这里。这时"蜜蜂"来了，我们打了个照面，看见我，他显得有些不好意思——"蜜蜂"居然也会不好意思。他清楚我想干什么，也能听到打印机正在运转的声音，他知道自己被抓了个现行。

"哦，殿下，不必担心，这不重要。"

"真不重要吗？"

我转身走开，回到楼下。有人建议我离开前和威利在户外走走，冷静一下。

"好吧。"

我们沿着紫杉篱笆走来走去，天很冷，我只穿了一件轻便的夹克，威利穿着一件套头毛衣，我们俩都冻得瑟瑟发抖。

我再次被这里的美所震撼。就像刚才在议事厅一样，我仿佛第一次领略宫殿的魅力。眼前的花园，使我犹如置身天堂。为什么我们不能好好享受这一切呢。

我做好了被他教训一通的思想准备，结果并非如此。威利很克制，他想听听我有什么要说的。这是很久以来我哥哥第一次倾听我的心里话。这让我无比感激。

我告诉他，有位前员工想害梅格，密谋反对她。还有一位现任工作人员，他的密友向媒体泄露了有关梅格和我的私人信息以换取报酬。我的证据来自媒体记者和律师，我还去过新苏格兰场[1]，所以无懈可击。

威利眉头紧锁。他和凯特也心存怀疑，我的事他会追查下去。我俩也商定会继续保持沟通。

76

我刚上车，就被告知白金汉宫发表了措辞强硬的否认声明，声明彻底粉碎了当天早上有关威利欺凌我们的新闻。而在否认声明上签字的居然是……我，还有威利。我的名字不知被什么人附在我从未见过——更不用说认可——的文字后面。我惊呆了。

---

[1] 新苏格兰场，英国人对伦敦警察厅总部的称呼。

我回到了弗罗格莫尔，在接下来的几天里，我在那里远程参与起草了最终声明，并于 2020 年 1 月 18 日发布。

王宫宣布，苏塞克斯公爵和公爵夫人同意退离一线，我们也不再"正式"代表女王，我们的殿下头衔将在过渡性的这一年里"暂时搁置"，另外，我们还愿意偿还弗罗格莫尔小屋翻修的君主拨款。

对我们的安保情况只字未提。

我飞回温哥华，和梅格、阿奇、小狗团聚，甜蜜无比。然而，最初几天，我总感觉魂不守舍，心似乎还留在英国，留在了桑德林汉姆。我长时间地盯着手机、互联网，密切关注事件的后续，媒体和王宫里那些妖魔鬼怪将沸腾的民怨转嫁我们，令人震惊。

毫无疑问，这就是一种羞辱。《每日邮报》叫嚣道。它还召集了"舰队街媒体陪审团"来审议我们的"罪行"，其中包括女王的前新闻秘书，他和其他"陪审团成员"一起总结说，我们今后"不要指望得到仁慈"。

我摇了摇头，"不要指望得到仁慈"。他们居然火药味这么重？

很显然，这不仅仅是单纯的愤怒。这些人将我视作一种生存威胁。如果我们的离开，像一些人所说的那样，对君主制构成威胁，那么也会对所有以报道君主制为生的人构成威胁。

因此，我们必须被毁灭。

这群人中，有一个人曾写过一本关于我的书，用这本书赚来的钱付房租。她在电视直播中非常自信地解释说，梅格和我离开英国前甚至没有向奶奶请假。她说我们没有和任何人商量，甚至都没和我爸爸商量。她胡说八道的时候是如此笃定，以至于我都忍不住要相信她。于是，她对整个事件的看法就成了很多圈子里所谓的"真相"。"哈里令女王措手不及。"这是当时舆论对事件描述的基调。我能感觉到它也正向历史书渗透。我能想象几十年后，这些垃圾将被灌输给在拉德格罗夫上学的孩子们。

我很晚都没睡，一直在琢磨，在回顾事件的发展，并不停地问自己，这些人是怎么了？他们怎么变成这副样子？

仅仅是因为钱吗？

一向如此吧？我这一生都在听人们抱怨：君主制是昂贵的，不合时宜的。梅格和我现在被当作证据，我们的婚礼被列为证据之一，它花费了纳税人数百万美元，而现在，我们居然拍拍屁股走人，简直忘恩负义。

实际上，婚礼的费用是由我家人支付的，其中一大部分用于安保，这也是在媒体挑起了种族主义和阶级仇恨后不得不采取的措施。安全专家也亲口告诉我们，那些狙击手和警犬不仅仅是为我们的安全而设，也是为了防止有枪手在长街上向人群扫射，或者有自杀式炸弹袭击游行路线。

也许金钱是所有关于君主制争论的核心。长期以来英国人对此也难下决心。很多人支持王室，但也有很多人对维持王室的高昂成本感到担忧。而成本又是不可知的，这更加剧了焦虑，因为这完全取决于谁在处理数据。王室会让纳税人破费吗？当然。但它是否也向政府金库支付了大笔资金？是的。王室是否带来了惠及所有人的旅游收入？当然。王室享有的土地是否来自不公正的制度，财富的获得是否通过剥削工人、烧杀抢掠、吞并领土、奴役人民？

有谁能否认这一切吗？

据我看到的最新一项研究，王室每年的开支平均到每个纳税人，相当于购买1品脱牛奶的钱，鉴于它的很多回报，这似乎是一项回报相当合理的投资，但没有人想听一个王子说他为什么支持君主体制的存在，同样也没人想听他说为什么不支持。所以我只能把君主体制的成本效益分析留给其他人。

在这个问题上，我的情感很复杂，但我的底线却很清晰。我将永远支持女王，我的总司令，我的奶奶。即便在她百年之后。我的问题从来不是针对君主制，也不是针对君主制的概念，而是针对新闻界以及它和王室之间的病态关系。我爱我的祖国，爱我的家庭，这永远不变。我只希望在我生命中第二个至暗时刻，我的家人曾站在我身旁给我支持。

我相信总有一天，他们回望今日，也有同样的希望。

77

现在的问题是：我们该住在哪儿呢？

我们曾考虑过加拿大，总的来说它对我们非常友善，也使我们有了家的感觉。我们可以想象在那儿度过一生。如果能找到一个媒体都不知晓的住处，加拿大也许就是答案。

梅格联系了一位加拿大朋友，他给我们介绍了一位房产经纪人，然后我们开始看房子。我们试着迈出第一步，并努力保持积极心态。我们说，其实住在哪儿都无所谓，只要王室履行自己的义务——我觉得这是它隐含的承诺——确保我们的安全。

一天晚上，梅格问我："你觉得他们不会撤走我们的安保吧？"

"肯定不会。尤其在这种充满仇恨的气氛中，他们不能让发生在我妈妈身上的悲剧重演。"

他们也没有撤走我叔叔安德鲁的安保啊。他被指控性侵了一名年轻女子，而卷入可耻的丑闻。即便如此，事件曝光后，人们甚至提都没提过要取消他的安保。无论人们对我们有什么不满，性犯罪都不在那个名单里。

2020 年 2 月。

阿奇午睡醒来后，我抱着他来到外面的草坪上。天气晴朗而寒冷，我们盯着水面看了一会儿，又摸了摸干枯的落叶，收集了小石子和树枝。我亲吻着他胖乎乎的小脸，逗了逗他，低头看到手机上我们安全团队的负责人劳埃德发来的信息。

他要见我。

我抱着阿奇穿过花园，把他交给梅格，然后走过湿漉漉的草坪，来到劳埃德和其他保镖们下榻的小屋。我们坐在长椅上，两人都穿着羽绒服。海浪在身后轻轻地翻滚着，劳埃德告诉我，我们的安保被解除了，他和整个团队接到命令立刻撤离。

"他们不能这么做。"

"我当然认同你的说法，但他们就是这么做的。"

所谓一年过渡期到此为止。

劳埃德说，我们所受到的威胁程度仍然高于其他所有王室成员，和女王的级别相当。然而，命令已经下达，没有讨价还价的余地。

我说，事已至此，我们面临的是终极噩梦，最坏的情况。现在，世界上随便一个惯犯都能找到我们，能阻止他们的只有我和一把手枪。

"哦，等一下，连手枪都没有，因为我在加拿大。"

我打电话给爸爸，他不接。

就在这时，我收到了威利的短信："你方便说话吗？"

太好了，在桑德林汉姆花园散步后，我相信我哥哥会同情我们，他会挺身而出。

他说这是政府做出的决定。我们无能为力。

78

劳埃德向总部的上司请求，至少允许他们推迟撤走团队的时间，他给我看了邮件，他写道："我们不能就把他们撂在这儿。"

总部的人回复说："决议已定，从 3 月 31 日起，他们只能自求多福。"

我于是赶紧开始寻找新的安全团队。征求顾问的意见，做多方评估，我的笔记本上写满了研究笔记。王宫给我介绍了一家安保公司，该公司给出的安保价格是每年六百万美元。

我慢慢地挂了电话。

雪上加霜的是又有噩耗传来，我的老朋友卡罗琳·弗拉克自杀了。很显然，她受够了！媒体年复一年无情的折磨终于摧毁了她。我为她的家人感到难过。我记得，他们都曾为了她和我约会这条"大罪"而吃尽苦头。

我们见面的那个夜晚，她显得轻松有趣，无忧无虑。那时根本无法想象会有如此可怕的结果。

我告诉自己，这是一次重要的警醒。我没有神经过敏，谁说狼永远不会来？梅格和我所面对的确实是生死攸关的问题。

而我们的时间不多了。

2020年3月，世界卫生组织宣布新冠肺炎为全球性流行病，加拿大开始讨论关闭边境的可能性。

梅格对此毫不怀疑。"他们一定会关闭边境，所以我们需要找到其他可去、能去的地方。"

79

我们正在和演员兼编剧兼导演泰勒·佩里（Tyler Perry）聊天。他曾在我们的婚礼前夕给梅格发来一条信息，告诉她她并不孤单，他了解所发生的一切。此刻我们正在和他视频，我和梅格努力装出一副勇敢的样子，但实际上我们溃不成军。

泰勒看出来了。他关切地询问发生了什么事。

我们大致说明了情况，失去安保，关闭边境，无处可去。

"哇，好吧，出了这么多事儿，但是，呼吸，深呼吸。"

这就是问题所在，我们无法呼吸。

"你们住我的房子。"

"你说什么？"

"我在洛杉矶的房子。它是封闭的，绝对可靠，你们在那里很安全，我会确保万无一失。"

他解释说，他正在筹备一个项目，到处跑，所以房子空无一人，正等着我们去住。

他的举动实在太过慷慨了。

但我们还是急切地接受了他的好意。我问他为什么这么做。

"为了我妈妈。"

"你妈妈？"

"我妈妈很崇拜你母亲。"

我大感意外。他说："自从你母亲参观了哈莱姆区之后，没的说，她在我妈妈马克辛·佩里的眼里就代表着永远正确。"

他接着又说，他母亲十年前去世了，至今他仍在悲痛之中。我想告诉他，痛苦会慢慢减轻。

但我什么也没说。

80

他的房子简直是世外桃源。高高的天花板，价值连城的艺术品，美丽的泳池，真是富丽堂皇。但最重要的是，无比安全。更不用说房子还自带安保，费用由泰勒支付。

2020 年 3 月的最后几天，我们在新房子里收拾行李、四处探寻，熟悉着环境。大厅、衣帽间、卧室，房子里好像永远有新的角落等着被发现，阿奇也总有新的壁柜去玩捉迷藏。

梅格带着他认识周围的一切，看看这个雕像，再看看这个喷泉，还有花园里那些蜂鸟。前厅里有一幅画，阿奇觉得格外有趣，每天早晨起床后就盯着那幅画。那是一幅关于古罗马的画。我和梅格互相询问原因，但毫无头绪。

不到一周，我们就在泰勒的房子里找到了家的感觉。几个月后，正是新冠居家隔离的高峰期，阿奇在花园里迈出了他人生的第一步。我们鼓掌，拥抱他，欢呼雀跃。有那么一瞬间，我想，如果阿奇能和爷爷、威利伯父一起分享这个消息，该多好啊。

阿奇迈出第一步后不久，就努力走到前厅他最喜欢的那幅画像前，凝视着，还发出一种咯咯的声音，好像他认出了什么似的。

梅格于是也靠上前去，仔细看了看。

她第一次注意到画框上有一块铭牌，上面写着，狩猎女神戴安娜。当我们告诉泰勒时，他说他不知道啊，他早就忘了这幅画挂在那里。他说："我鸡皮疙瘩都起来了。"

我们也是。

81

深夜时分，当家人熟睡后，我会在房间四处走动，检查门窗，然后坐在阳台或者花园边上，卷一支烟抽。

从房子往下看，是一座山谷，对面的山坡上满是青蛙。我倾听它们在深夜鸣叫，闻着满是花香的空气，青蛙、香味、树木、辽阔的星空，所有这一切又将我带回了博茨瓦纳。

但不仅仅是因为那些动植物的原因吧，我想。也许更多的是因为安全感，因为真实的生活。

我们在这里干了很多事，也还有不少工作要做。我们成立了一个基金会，我和世界环境保护领域的熟人重新取得了联系。生活变得可控了。然而不知媒体怎么得知我们住在泰勒家，这次他们也花了整整六个星期，和上次在加拿大一样。突然之间，我们头顶上空出现了无人机，街对面、山谷对面，遍布狗仔。

他们剪断了栅栏。

我们再把栅栏修补好。

我们不再贸然走出房门，因为花园尽在狗仔的视野之中。很快直升机也出现了。

令人伤感的是，我们不得不再次逃离。我们需要找到新的地方，而且是尽快。这意味着我们要为自己的安保买单。我重新拿出我的笔记本，开始联系上面记录的安保公司。梅格和我坐下来仔细计算我们能负担得起多少安保，还有房子。而就在我们修改预算时，有消息传来：爸爸要取消给我们的经济支持。

我意识到了其中的荒诞，一个三十多岁的大男人被自己的父亲切断了资金供应。但是我的父亲并不仅仅是我的父亲，他也是我的老板，我的银行家，我的审计官，在我成年以后掌管我钱袋的人。因此，切断我的资金供应意味着解雇我，在我服务了一辈子之后将我打入"冷宫"，而且没有裁员遣散费。更重要的是，过往那些经历将使我一辈子都无法再就业。

我感觉自己像一只吃奶的小牛，被喂肥后等待屠宰。我从没要求在经济上依赖爸爸，我是被迫进入这种超现实状态的，就像一场没完没了的楚门秀，我身处其中，口袋里从来不带钱，从来没买过车，身上从来不带家门钥匙，从来没在网上买过东西，也从未收到过亚马逊的快递，更从来没坐过地铁（在伊顿上学时参加戏剧旅行坐过一次）。报纸说我是寄生虫，但生来就是寄生虫和被禁止学习独立是不同的。经过几十年严格而系统的训练后，我被养成巨婴，再突然被抛弃，并且还会因为不成熟，因为没有依靠自己而遭到嘲笑？

如何负担住房和安全费用的问题让梅格和我夜不成寐。我们当然可以动用妈妈留给我的一部分遗产，但总觉得那是万不得已的手段吧，而且我认为那笔钱属于阿奇和他的弟弟妹妹。

就在这时，我们得知梅格又怀孕了。

82

我们找到了心仪的房子，就在加州圣巴巴拉（Santa Barbara）城外的海边，价格还有很大的优惠。房间宽敞，花园很大，还有攀爬架，甚至有一个养着锦鲤的池塘。

房屋中介提醒我们，这些锦鲤都压力很大。

我们何尝不是，所以彼此会相安无事。

"不，不，不，"中介解释说，"锦鲤需要特别照顾，你们必须雇一个养锦鲤的人。"

"啊？到哪去找养锦鲤的人啊？"

中介也不清楚。

我们笑了，这真是第一世界问题。[1]

我们仔仔细细看了房子，感觉完美。又请泰勒看了看，他建议买下来。于是我们凑齐首付，办理了分期付款，2020年7月就搬进了新家。

搬家本身几小时就搞定了。我们所有的家当正好装进十三个箱子。入住当晚，我们做了烤鸡，喝了杯酒，安静庆祝一下，就早早睡觉了。

---

[1] 第一世界问题（first-world problem），指微不足道的挫折或琐碎的烦心事，与发展中国家所面临的严重问题形成鲜明对比。

我们感觉一切顺利。

然而梅格还是压力巨大。

她对小报的诉讼正在紧要关头,《每日邮报》则使出了惯常的伎俩。他们第一次做出的辩护简直荒唐,现在他们又尝试一种更加荒谬的手段。他们辩称,他们之所以发表梅格给父亲的信件是因为《人物》杂志的一篇报道,其中匿名引用了梅格朋友们的话。小报据此认为梅格精心策划了这一切,利用她的朋友作为自己的代言人,所以《每日邮报》完全有权利刊登她写给父亲的信件。

不仅如此,他们还要求把梅格匿名朋友的名字写进法庭记录,以此打击他们。梅格决心竭尽全力阻止事情的发生,她几乎每晚熬夜,想方设法使好友免受牵连。我们在新家的第一天早上,她突然说肚子很疼。而且,她还在流血。然后,她昏倒在地。

我们飞速赶往当地医院。当医生走进病房时,我根本听不到她说的任何一个字,我只是看着她的脸,她的身体语言,我就懂了,我们都看懂了。毕竟,梅格流了那么多血。

尽管如此,听医生说出那几个字还是有如晴天霹雳。梅格紧紧抓着我,我抱住她,我们都哭了。

我一生中曾有四次感到绝望无助。

一次是坐在车后,我和妈妈、威利一起被狗仔追赶。

一次是我驾驶着阿帕奇在阿富汗上空,等不到开火许可。

一次是在诺丁汉小屋,我身怀六甲的妻子打算自杀。

还有,就是此刻。

我们带着夭折的孩子出院了,它就在一个小小的包裹中。然后我们去了一个只有我们知道的秘密地方。

在一棵绿荫如盖的榕树下,梅格流着泪,我徒手挖了一个洞,把小包裹轻轻放了进去。

83

五个月之后，2020年圣诞节。

我们带阿奇去圣巴巴拉一个快闪店买圣诞树。

我们买了其中最大的一棵云杉树，带回家后就放在客厅里。很是壮观。我们站在那里，欣赏着，默念着自己拥有的幸福。一个新家，孩子健康，我们已签了几个合作公司，使我们有机会重拾工作，聚焦关心的事业，讲述我们认为至关重要的故事，同时还可以赚钱支付我们的安保费用。

平安夜，我们和几个朋友视频聊天，也包括远在英国的朋友，阿奇一直围着圣诞树跑来跑去。

然后我们遵循温莎家族传统，一一打开圣诞礼物。

其中一个礼物是挂在圣诞树上的装饰品，居然做成了女王的样子。我惊呼："这竟然是……"

这是梅格在一家小店发现的，她觉得我应该会喜欢。

我拿起挂件对着灯光看了看，做得和奶奶的脸一模一样。我把它挂在和视线平行的树枝上，能随时看到奶奶让我很开心，梅格和我会心一笑。阿奇在树旁玩着，不小心撞到了树的底座，圣诞树晃了一下，"奶奶"掉了下来。

我听到声响转身一看，挂件摔碎了，碎片撒了一地。

阿奇跑去拿来一支喷雾瓶，不知道为什么，他觉得往碎片上喷水就可以修复它。

梅格说："不，阿奇，不要往甘甘脸上喷水。"我拿来一个簸箕，把碎片扫了进去，心想，这太奇怪了。

84

王宫宣布，已就我们承担的职责和在桑德林汉姆达成的协议进行了审议。从今后，我们被剥夺了所有头衔，只保留几个皇家赞助人身份。

2021年2月。

他们拿走了一切，甚至夺走了我的军人身份。我不再是皇家海军陆战队荣誉总司令。这是我祖父传给我的头衔。我再也不能穿正式军装了。

我告诉自己，他们永远不能拿走我真正的军队制服，也无法拿走我真正的军人身份。但是，事已至此……

此外，声明中还说，我们将不再代表女王履行任何义务。

他们说得好像我们之间已经达成了协议。可实际上，根本没有任何协议。我们在同一天发布的声明中做出了回击，表示我们永远不会停止服务社会。

王宫的这记耳光，仿佛火上浇油。自从离开后，我们一直饱受媒体攻击，但是官方正式切断我们彼此之间所有联系，则掀起了新一轮的攻击，这和之前大不相同。我们每天、每小时都在社交媒体上遭到诽谤，发现自己成了报纸上完全虚构的下流故事的主人公。这些报道总是来自"王室助手""王宫内部人员"或"宫廷消息人士"，很显然这些故事是由宫廷工作人员输出的，大概也得到了我家人的认可。

这些报道我一篇也没有看过，甚至没怎么听说过。我努力避开网络，就像我曾经努力避开加姆塞尔市中心一样。我把手机设成静音，甚至连震动也没有打开。有时一个好心的朋友会发短信说："天哪，我真难过……"我们不得不请这些朋友，所有的朋友，不要再告诉我们他们读到了什么八卦。

老实说，当王宫斩断一切关系时，我并不感到惊讶。几个月前，我经历了一次预演。阵亡将士纪念日前，我曾问王宫是否可以替我在纪念碑前献上花圈，因为我无法亲身前往。

我的请求被拒绝了。

我又问，在这种情况下，能否代表我在英国其他地方献上花圈？

请求被拒绝。

那么，可以在英联邦的某个地方，任何一个地方，代表我献上花圈吗？

请求被拒绝。

我被告知，任何代理人都不得代表哈里王子在世界任何地方为任何军事墓地献上任何形式的花圈。

我恳求说，这是第一次，我没有在阵亡将士纪念日向阵亡将士致敬，他们之中还有我的挚友。

请求遭到拒绝。

最后，我给桑赫斯特皇家军事学院的一位老教官打了电话，请他替我献上花圈。他提议在"伊拉克和阿富汗纪念碑"献，就在伦敦，几年前刚刚揭幕。

当时为纪念碑揭幕的正是我奶奶。

"好的，太棒了，谢谢。"

他说这是他的荣幸。

他又补充道："顺便说一句，威尔士上尉，去他的，他们这么干不对。"

85

我不知道该怎么称呼她，也不知道她到底做过什么。我只知道她自称拥有某种"超能力"。

我知道被骗的可能性很大。但几位我非常信赖的朋友都向我强烈推荐了这个女人，于是我问自己："见见又何妨？"

当我们坐下的那一刻，我的确感觉到她身上充满了某种能量。我想，哇，她果真不同凡响。

她也从我身上接收到一些信息，她说："你母亲就在你身边。"

"我知道，我最近也有这种感觉。"

她说："不，她和你在一起，此时此刻。"

我感觉脖子发热，眼眶潮湿。

"你母亲知道你在寻找清晰的答案，她能感觉到你的困惑，知道你有很多疑问。"

"是的。"

"假以时日会有答案的，就在不久的将来，你要有耐心。"

耐心？这个词卡在我的喉咙里。

这个女人还告诉我，与此同时，我的母亲为我感到骄傲，并全力支持我的决定。她知道这一切并不容易。

"什么并不容易？"

"你母亲说，你正过着她无法拥有的生活，你正过着她希望你拥有的生活。"

我咽了口唾沫，我非常想相信她说的话。我真心希望这女人说的每一个字都是真的，但我需要证据，需要某种预兆，任何预兆都行。

"你母亲提到了一个小装饰品。"

"一个装饰品？"

"她就在这儿。"

"在哪儿？"

"你母亲说，有一个圣诞树上的挂件，做得像妈妈？或者像奶奶？它掉下来摔碎了？"

"阿奇还试着修复它。"

"你妈妈说她觉得很好笑。"

86

弗罗格莫尔花园。

爷爷葬礼之后几小时。

我和威利还有爸爸一起步行了大约半小时,但感觉就像刚参军时经受了长达几天的拉练一样。筋疲力尽。

我们陷入了僵局,来到哥特式废墟。兜兜转转后,我们又回到了原点。

爸爸和威利仍然声称不明白我为什么逃离英国,说他们什么都不知道。而我懒得再争,只想走人了。

然后有谁提到了媒体,又问起我诉讼的进展。

但他们始终没有问及梅格的情况,只是急于知道案件走到哪一步了,毕竟这将直接影响到他们。

"案件还在进行中。"

"这是自杀式的行为。"爸爸喃喃自语。

"也许是吧,但,值得一试。"

我说我很快就能证明媒体不仅仅是骗子,他们更触犯了法律。我要看到他们中的某些人被绳之以法。他们之所以如此恶毒地攻击我,是因为他们知道我有确凿的证据。

这不是我个人的事,事关公众利益。

爸爸摇了摇头,他承认"记者是地球上的人渣",这是他的用词。但是……

我哼了一声。一谈到媒体问题,他总有个"但是"等着我。因为他既憎恨他们对自己的敌意,又无比享受他们的爱戴。可以说,那就是问题的根源,甚至所有问题的根源都可以追溯到几十年前。他小的时候缺乏关爱,遭同学霸凌,所以明知媒体所谓的灵丹妙药害人不浅却欲罢不能。

他把爷爷作为一个很好的例子，来说明为什么对媒体不必大惊小怪。可怜的爷爷，一生中大部分时间都遭受报纸的诋毁，但你看看现在，他成了国宝级的人物，报纸对他从不吝啬美言。

所以只能如此？等我们都死了，一切就会好起来？

"如果你能咬牙坚持，我亲爱的孩子，忍受一段时间，这听起来也许好笑，但他们会因此尊重你。"

我笑了。

"我只是想告诉你，对媒体的话，不要往心里去。"

说到不往心里去，我告诉他们，对媒体我也许能试着咽下这口气，甚至原谅他们对我的欺凌，但我的家人成了媒体的同谋，这我恐怕很难释怀。爸爸和威利的团队即便算不上和魔鬼通力合作，至少也在助纣为虐。

媒体最新的恶毒抹黑简直匪夷所思，无耻至极，梅格被污蔑成了恶霸，为此我们向人力资源部提交了一份长达二十五页、证据充分的报告，一举揭穿了他们的谎言，即便如此，我也很难一笑置之。

爸爸后退了一步，威利摇了摇头，他们你一言我一语地说，这个问题我们聊过多次，是你在胡思乱想，哈里。

他们才是胡思乱想。

退一步讲，即便我相信爸爸、威利以及他们的工作人员从来没有明目张胆地针对我或我的妻子，但他们的沉默却是无法否认的事实。这种沉默是他们一贯的作风，毫不留情，令人心寒。

爸爸说："你必须理解一点，我亲爱的孩子，王室左右不了媒体。"

我又一次放声大笑，这就好像爸爸说他不能任意差遣仆人一样。

威利反咬我和媒体合作，他给出的例子，是我和奥普拉的访谈。

一个月前，梅格和我接受了奥普拉·温弗瑞的采访。（采访播出前几天，报纸上出现了指责梅格蛮横无理的内容，这也太巧了吧。）离开英国后，对我们的攻击呈指数级增长，我们必须设法阻止它。保持沉默没有用，这只会让事情变得更糟。我们别无选择。

我生命中的几个挚爱亲朋，包括休和艾米丽的儿子，艾米丽本人，甚至蒂吉，都因为我上了奥普拉的节目而责怪我。你怎么能对外界说这些事情呢？家丑不可外扬。我告诉他们，我不认为接受奥普拉的采访与我的家人和他们的工作人员几十年来偷偷向新闻界通风报信、编造故事有什么不同！

还有他们合作出版的那些书呢——从1994年，爸爸与乔纳森·丁布尔比合著秘密自传开始，他们合作了无数本书。还有卡米拉和编辑乔迪·格雷格的合作。唯一不同的是梅格和我光明磊落，我们选择了一位挑不出毛病的采访者，也从没拿"消息来自王室方面"之类的说法当挡箭牌。我们让人们看到，那些话出自我们的口中。

我望着那片哥特式废墟，心想，这一切有什么意义呢？爸爸和威利不会理解我，我也无法理解他们。他们从未对自己的所作所为和不作为给出过令人满意的解释，永远也不会。因为根本无法解释。我于是和他们告别，再见，祝你好运，保重。但威利仍在气头上，他大叫着，说如果事情真像我说的那么糟糕，那也是我的错，因为我从不寻求帮助。

"你从来没有找过我们，你从来没有找过我。"

从孩提时起，这就是威利在所有事情上的立场，我必须去找他，有针对性的、直接的、正式的——最好再行个屈膝礼，否则就不会得到"继承人"的帮助。我想知道，当我和妻子处于危难之时，为什么我必须要开口去求我哥哥，才能获得帮助？

如果他看到我被一只熊咬伤了，他也会等着我开口向他求救吗？

我提到了桑德林汉姆协议，当他们违背协议、撕毁承诺、剥夺了我们的一切，我曾向他求助，但他一点儿忙也没帮。

"那是奶奶的决定！你跟奶奶去说！"

我厌恶地挥了挥手，但他猛扑过来，一把抓住我的衬衫，"听我说，哈罗德。"

我使劲地挣开他，不想看他，但他逼着我直视他的目光。

"听我说，哈罗德，听我说！我是爱你的，我希望你快乐。"

我也脱口而出："我也爱你……但你的固执……简直让人抓狂！"

"你又何尝不是？"

我再次挣开他的手。

他又抓住我，扭动我的身体，使我们始终保持对视。

"哈罗德，你必须听我说！我只希望你快乐，哈罗德，我发誓……我以妈妈的生命发誓。"

他突然停住了，我也一动不动。爸爸也愣在那里。

他使出了撒手锏。

他使用了密码，那个通用的密码，从我们孩提时起，这几个字只有在极端危急的情况下才可以使用——以妈妈的生命发誓。二十五年来，只有当我们中的一个人渴望立刻被倾听、被信任，当我们再没有其他方法的时候，才会使用这令人心碎的誓言。

这句话让我不寒而栗，正如它的本意。并非因为他说出了那句誓言，而是因为誓言不起作用。我不相信他，不完全信任他。他对我也如此。这一点他也看出来了。他知道我们之间充满伤痛和怀疑，即便那些神圣的话语都不能使我们摆脱这一切。

我们如此迷失，渐行渐远，彼此的爱与纽带都遭受了重创，究竟为了什么？还不是因为舰队街上那群令人憎恶的笨蛋、老朽和虐待狂，他们折磨一个古老而不和谐的大家族，从中找个乐子，赚点儿钱，顺便收拾他们自己的烂摊子。

威利可不准备接受失败。"发生了这一切后，我真的感到不舒服——

我以妈妈的生命向你发誓,我只希望你快乐。"

我声音颤抖着轻声对他说:"我不相信你真是这么想的。"

我的脑海中突然充满了对过往兄弟情的回忆。其中一个画面尤其清晰,那是很多年前威利和我在西班牙。美丽的山谷中,空中闪烁着格外清澈的地中海的光线。第一声狩猎号角响起,我们两个人蹲在绿色帆布墙的后面。当第一批鹧鸪向我们飞来,我们压低了头上的鸭舌帽,砰砰几声枪响后,鹧鸪纷纷掉落地上。我们把枪交还给装弹手,他们再把上过膛的枪递给我们,然后又是砰砰的枪声,更多的鸟被打了下来,空枪又被换下。我们的衬衫被汗水弄脏,掉落地上的鸟,足够附近村庄的人捡拾好一阵。砰,最后一枪。我们几乎弹无虚发。然后,我们站在那儿,浑身湿透,饥肠辘辘,快乐无比。我们年轻,齐心协力,这是我们的地盘,在真正属于自己的地方,远离恶人,接近自然。这是一个如此超凡脱俗的时刻,我们俩转身做出难得一见的举动——我们彼此拥抱,深深地拥抱。

我发现,即便是我们最美好的时刻、最美好的记忆,在某种程度上也总是和死亡有关。我们的生命总是建立在死亡之上,我们最明亮的日子被死亡的阴影笼罩。回首过去,我看到的不是时间的点点滴滴,而是和死亡共舞。我看到我们是如何沉迷其中的。我们接受洗礼、加冕、毕业、结婚,在迷茫中走过亲人的尸骨。温莎城堡本身就是一座坟墓,那些高墙里埋藏着我的祖先。伦敦塔是用动物的鲜血砌成的,千年前那些最早的建筑者,用它来调和砖块之间的砂浆。外界说我们是邪教,也许我们是死亡教派,这难道还不邪恶吗?埋葬了爷爷之后,我们还觉得不够吗?为什么我们就像文字中描述的那样:一入神秘之邦,从无旅人返回?

虽然也许那对美国来说是一个更恰当的描述。

威利还在说着什么,爸爸也不时插话,我已经听不进任何一个字了。我的思绪已经走远,已经在回加利福尼亚的路上。一个声音在我脑海中响起:"这么多死亡还不够吗?到此为止吧!"

"什么时候,这个家庭里才会有人真正挣脱束缚活下去?"

87

这一次我们都觉得轻松了一些,也许是因为在我们和过去的混乱、压力之间隔着一个太平洋。

当重要的一天到来时,我们俩都更自信、冷静、平稳。我们说,这多幸福啊,不用担心时间安排、礼仪,更不用担心堵在门口的新闻记者。

我们冷静沉着地开车去了医院,又是保镖买来吃的喂饱了我们。这次他们从快闪汉堡店带了汉堡薯条,又从附近一个墨西哥餐厅给梅格买了卷饼。我们吃了好多,然后在医院的房间里跳起了妈妈宝宝的舞蹈。

房间里充满了欢乐和爱。

几个小时过去了,梅格问医生:"什么时候生?"

"快了,差不多了。"

这次我绝对没碰笑气(因为房间里根本就没有)。梅格每一次用力,我都陪在身旁,全身心投入。

当医生告诉我们,分娩是分分钟的事情了,我对梅格说,我希望我们的小女儿最先看到的是我的面孔。

我们已经知道这次是个女儿。梅格点点头,捏了捏我的手。

我起身站在医生旁边,然后我俩都蹲了下去,好像要祈祷一样。这时医生叫道:胎头着冠[①]。

着冠?头戴王冠?我想,这真不可思议。

---

① 胎头着冠(the head is crowning),西医术语,当胎头双顶径越过盆骨出口,宫缩间歇时胎头不再回缩,称为胎头着冠。

婴儿的皮肤是蓝色的,我担心她没有足够的氧气。她不会窒息了吧?我看着梅格。

"亲爱的,再用力推一次,就快好了。"

"这里,在这里,"医生边说边引导我的手,"就在这里。"

一声尖叫后,是一片纯粹舒缓的宁静。这并非像有时发生的那样,过去未来交织在了一起。因为过去并不重要,未来也不存在,你强烈感受到的,只有此时此刻。这时,大夫转向我,大声叫道:就是现在!

我把手放在那小小的脊背和脖子下面,就像我在电影中看到的那样,我轻轻地,但是坚定地把我们的宝贝女儿从那个世界带到了这个世界。我抱着她,想对她微笑,仔细端详她,但老实说我什么也看不见。我想说:"你好。"我想说:"你从哪儿来?"我想说:"你来自更美好的地方吗?那里更平静吗?来到这里你害怕吗?"

"不要害怕,不用害怕。一切都会好起来的。我会保护你的。"

我把她交给了梅格。因为护士说,婴儿需要贴近母亲的肌肤。

不久之后我们带她回家,并且适应了一家四口的新节奏。梅格和我亲密无间,她说:"我从未像那一刻那样爱你。"

"真的?"

"真的!"

她在日记上匆匆记下了一些想法,并且和我分享。

我把它当作一首情诗来读。

我把它当作遗言来读,当作我们誓言的更新来读。

我把它当作经典、纪念、宣言来读。

我把它当作法令来读。

她说:"这就是一切。"

她说:"他是一个顶天立地的男人。"

我的爱人。她说:"不是备胎。"

尾声

我扶着梅格上船，船晃悠了起来。我赶紧走到船中间稳住船身。梅格坐在船尾，我拿起桨，但划不动。

船被卡在那儿动弹不得。

是浅滩上厚厚的泥浆阻碍了我们。

查尔斯舅舅来到水边，帮我们推了一下船。我们向他和两个姨妈挥挥手，"再见，一会儿见。"

船在水塘中滑行着，我凝视着奥尔索普起伏的田野和古老的树木，那数千亩绿地，我妈妈曾在此生活，虽然这里的一切不完美，她却总能在这里找到平静。

几分钟后，我们来到岛上，小心翼翼地走上岸，我领着梅格沿着小路，绕过篱笆，穿过曲径。就在那儿，若隐若现，那一块灰白色的椭圆形石头。每次来这里我都会难过，尤其今年是妈妈去世二十五周年纪念。

这也是梅格第一次来到这里。

终于，我带着心爱的女孩回来见妈妈了。

我们迟疑了一下，又拥抱了彼此，然后我率先走去，把鲜花放在了墓地上。梅格给了我独处的片刻时光，我在心里和妈妈说着话，告诉她，我想念她，请她指引我，让我不再纠结。

我知道梅格也需要一点儿自己的时间，于是我绕过篱笆，去看了看池塘，等我回来时，梅格正跪在地上，闭着眼睛，手摸着那块石头。

我们走回船上后，我问她刚才祈祷了什么。

"我请她指引我,让我不再纠结。"

接下来的几天被旋风式的工作旅行填满了。曼彻斯特、杜塞尔多夫,然后要返回伦敦参加"安康儿童奖"颁奖活动。但 2022 年 9 月 8 日那天午饭时间,我突然接到一个电话。

是个未知号码。

"你好?"

是爸爸打来的。奶奶的身体突然出现了问题。

正值美丽又伤感的夏末时光,奶奶当然正身处巴尔莫勒尔。爸爸挂上电话——他还有很多人要通知。我立刻给威利发去短信,询问他和凯特,是否也会立刻飞去?几时去?怎么去?

没有回应。梅格和我查看了航班。

新闻界开始不断地打来电话,我们不能再拖延了,于是通知团队,确认我们将取消参加"安康儿童奖"颁奖典礼,并尽快前往苏格兰。这时爸爸又打来电话。

他说很欢迎我去巴尔莫勒尔,但"不希望……她去",然后举出了很多理由,非常荒谬无礼,我无法接受。"永远不要这样谈论我的妻子。"

他结结巴巴地道歉,说他只是不希望人太多。其他人的妻子不会去,凯特也不去,所以梅格也不应该来。

"那你完全可以直说。"

那时已是下午 3 点左右,已没有当天飞往阿伯丁的航班了,我仍然没有得到威利的回应,因此唯一的选择是租架飞机从卢顿起飞。

两小时后我已在空中飞行。航程中的绝大部分时间,我看着窗外的白云,回忆着上一次和奶奶聊天的情景。那是四天前,我们在电话里聊了很久,谈了很多话题,谈到了她的健康状况、唐宁街 10 号的混乱,她因为身体原因没能出席布雷马高地运动会的遗憾。我们谈到了《圣经》中的干旱,梅格和我曾经待过的弗罗格莫尔草坪状况非常糟糕,"看起来和我的头顶一样,奶奶,光秃秃的,露出斑驳的土地。"

她笑了起来。

我告诉她要保重身体,并期待着很快再见。

飞机下降时,我的手机屏幕亮了,是梅格的短信:"方便时请尽快回电话。"

我立刻看了看BBC网站。

奶奶过世了。

爸爸继位成了国王。

我系上黑色领带,在浓雾中走下飞机,开着借来的车子向巴尔莫勒尔飞驰而去。车子停在前门,四周漆黑一片,感觉愈发潮湿,这使得几十个摄像机发出的白色闪光更加刺眼。我迎着寒冷,匆匆地走进门厅。安妮姑姑正在那儿等我。

我抱了抱她,问她爸爸、威利以及卡米拉在哪儿?她说他们去了柏克馆。

她问我是否想看看奶奶。

"是的,我想去看她。"

她领着我上楼,来到奶奶的房间。我鼓起勇气走了进去。房间里灯光昏暗,很陌生——我这辈子只进来过一次,我有些犹豫地往前走,她就在那里。我呆呆地站着,凝视着,目不转睛地看着。这太折磨人了,但我还是看着她。心里在想,我多么后悔没有见到我妈妈最后一面。这么多年来,我一直在抱怨缺乏证据,甚至因为渴求证据而推迟了自己悲伤的时间。而现在我想:证据就在眼前了。许愿要谨慎啊。

我低声对她说,我希望她快乐,希望她能够和爷爷团聚。我还说无比敬佩她一生都尽忠职守直到最后一刻,她登基五十周年,迎来新的首相,那么多重要时刻。在她九十岁生日那天,我父亲引用莎士比亚对伊丽莎白一世的描述,为她献上感人的致辞:

……尽心尽责，日复一日。

说得真好。

我离开房间，沿着走廊往回走，走过格子地毯，经过维多利亚女王的雕像。"陛下！"

我给梅格打了个电话，告诉她我已顺利抵达，一切都好，然后走进客厅和家人共进晚餐。大家都在，只有爸爸、威利和卡米拉没有出现。

晚餐接近尾声时，我鼓起勇气准备听风笛演奏，但出于对奶奶的尊重，风笛没有出现。只有一片诡异的寂静。

时间渐晚，人们纷纷回到了自己的房间，除了我。我一个人在楼梯、大厅里走来走去，最后来到了育儿室，那老式的脸盆、浴缸，一切都和二十五年前一样。我几乎整晚都在脑海中穿越时空，同时在电话上忙着行程安排。

最快捷的回程方式是搭乘爸爸或威利的飞机，除此之外，就是英国航空公司的航班，黎明时分离开巴尔莫勒尔。我买了一张票，可以优先登机。在前排就座后不久，我感觉有人走到我的右边，是一位乘客，他说了句"请您节哀"，就向机舱后排走去。

"非常感谢。"

过了一会儿，又有人过来。

"节哀，哈里。"

"谢谢，非常感谢。"

大多数旅客经过我身边时都停下来表达慰问，我感到浓浓的情谊。这是我们的国家，我想。

这是我们的女王。

梅格在弗罗格莫尔前门迎接我，她深深的拥抱正是我迫切需要的。

我们坐下喝了口水,看起了日程安排。我们计划的短途行程将变成奥德修斯式的旅程①。至少需要十天,这是艰难的日子。更难的是,我们离开孩子的时间将比计划的要长,而且我们从没和他们分开这么久。

奶奶的葬礼上,威利和我几乎不怎么说话,我们重又站在熟悉的位置,踏上熟悉的道路,又登上马匹牵引的炮架车,又跟在皇家旗帜覆盖的棺木后。同样的路线,同样的风景,不同以往的是,我们不再并肩作战。而音乐,一直响在耳畔。

我们到达圣乔治教堂时,数十支风笛吹奏出嘹亮的旋律,我想起了在这座屋顶下经历过的所有重大事件。爷爷的葬礼、我的婚礼,还有那些平常日子,通常的复活节,全家都在一起,健健康康的。我突然悲从中来,不由擦了擦眼睛。

为什么现在才哭出来?我有点儿纳闷,为什么?

第二天下午,梅格和我动身前往美国。

有好几天的时间,我们不停地拥抱孩子,抱不够也看不够。我还一直不停地回想他们和奶奶在一起的画面。最后一次访问。阿奇深深地彬彬有礼地鞠躬,他的妹妹莉莉贝特搂着女王的小腿。"多可爱的孩子。"奶奶若有所思地说。她难道原本以为他俩会更像……美国人?也就是说,在她心里,孩子们会更闹腾一些。

此刻,虽然欢天喜地回到家里,又开始接送孩子,给他们讲故事《长颈鹿不能再跳舞了》,但我无法让思绪停止……不论白天黑夜,我的脑海中不断闪过一个个画面。

在我的毕业阅兵典礼上,我挺胸抬头站在她面前,捕捉到她的微微一笑。观礼阳台上,我站在她身旁,尽管场面严肃,但我说了句什么让她猝不及防开怀大笑。很多次,我靠近她,在她耳边说笑,能闻到她香

---

① 奥德修斯式的旅程,指奇幻而惊险的漫长旅程。

水的味道。在最近的一次公开活动中，我亲吻了她的脸颊，又把手轻轻放在她的肩上，才惊觉她已如此羸弱。她为第一届"不可征服运动会"拍了一段搞笑视频，我才发现她天生是个喜剧演员。来自世界各地的参赛者也都惊呼，从没想到她竟极具幽默感——但她就是很有趣，一向如此。这是我们之间的一个小秘密，事实上，通过我们拍的每一张照片、每一次目光交流、每一次的互望，都能清楚看到，我们有属于自己的秘密。

外界总说，我们祖孙俩格外亲，这让我禁不住地怀念，怀念我已失去的祖孙亲情和不再重现的天伦之乐。

我告诉自己，世事如此，不是吗？这就是人生啊。

尽管如此，我还是希望和每一次别离一样，但愿可以再见一面。

我们回家后不久，一只蜂鸟飞进了房间。我费了老大力气想把它引出家门。我想也许该把门窗紧闭，尽管外面有着迷人的海风。

一个朋友说，你知道吗，这也许是个征兆。

他说，在有些文化中蜂鸟被视作精灵、游客。阿兹特克人认为他们是转世的战士，西班牙探险家则称他们为"复活鸟"。

真的吗？

我查了查资料，了解到蜂鸟不仅仅是游客，它们更是旅行家。它们是地球上最轻、飞得最快的鸟类，它们长途跋涉，从墨西哥的冬季家园飞到阿拉斯加的筑巢地。你每看到一只蜂鸟，实际上看到的是一只闪闪发光的小奥德修斯。

于是当这只蜂鸟飞来，在厨房俯冲，又飞速掠过我们口中的"莉莉之家"——那里放着婴儿围栏，围栏里有毛绒玩具，是孩子的圣地——我满怀希望、有些贪婪、愚蠢地想：我们的家是它的歇脚地还是目的地？

有那么半秒钟，我几乎想任由蜂鸟飞来飞去随它高兴，让它留下来。

但我没有这样做。

我用阿奇的渔网轻轻地把它从天花板上抓下来,再把它送到窗外。它的腿像睫毛般纤细,翅膀有如花瓣。

我用两只手轻轻地把这只蜂鸟放在围墙上,让它沐浴着阳光。

再见,我的朋友。

但是,它就站在那里。

一动不动。

不,不要这样,我心里想。

走吧,你走吧。

你是自由的。

"快飞走吧!"

这时,迎着所有困难、所有期望,这神奇的小生命振作起来,飞走了。

©民主与建设出版社，2024

图书在版编目（CIP）数据

替补：哈里王子自传 /（英）哈里王子著；李尧，陈鲁豫译. —— 北京：民主与建设出版社，2025.1.
ISBN 978-7-5139-4643-8

Ⅰ. K835.617=6

中国国家版本馆CIP数据核字第2024XV1483号

Copyright ©2023 by Prince Harry, The Duke of Sussex. This translation published by arrangement with Random House, an imprint and division of Penguin Random House LLC.
中文简体版由北京玉兔文化有限公司与企鹅兰登（北京）文化发展有限公司 [Penguin Random House (Beijing) Culture Development Co., Ltd.] 合作出版
Part Two opening photograph©MoD/Newspix International

著作合同登记号　图字01-2024-5483号

"企鹅"及其相关标识是企鹅兰登已经注册或尚未注册的商标。
未经允许，不得擅用。
封底凡无企鹅防伪标识者均属未经授权之非法版本。

替补：哈里王子自传
TIBU HALIWANGZI ZIZHUAN

著　　者	［英］哈里王子
译　　者	李　尧　陈鲁豫
责任编辑	郭丽芳　周　艺
特约策划	赵鑫玮
特约编辑	高继书　王春霞
文字校对	兰潇涵　高　晶
封面设计	田　珅
出版发行	民主与建设出版社有限责任公司
电　　话	（010）59417749　59419778
社　　址	北京市朝阳区宏泰东街远洋万和南区伍号公馆4层
邮　　编	100102
印　　刷	北京美图印务有限公司
版　　次	2025年1月第1版
印　　次	2025年1月第1次印刷
开　　本	880毫米×1230毫米　1/32
印　　张	17
字　　数	450千字
书　　号	ISBN 978-7-5139-4643-8
定　　价	108.00元

注：如有印、装质量问题，请与出版社联系。